민중의 복음서
민중의 바이블

정통과 진리란 미명아래 서구신학이 기독교를 지배하던
시대는 이미 끝났다. 그런데 오늘의 기독교는 왜 아직도
그 낡은 서구신학에만 매달리고 있는가?

기독교는 〈개혁〉을 포기했는가? 지금은 바로 모든
교회가 전면적인 신앙개혁과 교회개혁에 나설 때이거늘,
기독교는 어찌하여 그 개혁을 거부하고 있는가?

기독교는 민중의 곁을 떠났는가? 지금은 바로 모든
교회가 〈민중의 교회〉로 거듭날 때이거늘 기독교는
지금 무엇을 하고 있으며, 또 어디로 가고 있는가?

KB191810

✟ 기독교의 존재이유는 바로 고통받는 민중과 사회를 해방하고 이 땅에 하나님의 나라와 민중의 나라를 건설하는 데 있다. 그렇다면 오늘의 기독교는 과연 민중해방과 세계해방을 위해 투쟁하는 민중의 종교가 되었는가?

✟ 지금은 바로 낡고 부패한 자본주의와 공산주의가 역사의 무대에서 모두 퇴장해야 할 대변혁의 시대다. 그러면 새 시대를 열망하는 우리는 무엇으로 그 낡은 자본주의와 공산주의를 역사의 무대에서 추방할 것인가?

✟ 인간과 사회를 끊임없이 타락시키고 오염시키는 자본주의! 그 자본주의가 세계를 지배한 한, 기독교가 추구하는 하나님의 나라와 평등한 사회는 결코 도래할 수 없다. 그런데 오늘의 기독교는 어찌하여 그 사악한 자본주의의 세계지배를 그대로 바라보고만 있는가?

✟ 인간착취의 도구로 전락한 자본주의가 지배하는 사회는 언제나 무자비한 정글의 법칙(양육강식의 법칙)이 지배하고, 또 언제나 개인주의·이기주의·물질주의·향락주의가 판을 치는 추악한 범죄사회로 변질되고 만다. 그러면 오늘의 기독교는 무엇으로 그 낡고 부패한 자본주의의 세계지배를 막고, 이 땅에 하나님의 나라와 평등한 사회를 건설할 것인가?

민중의 복음서
민중의 바이블

제1권 **민중사상** 편
張 吉 星

기독교의 존재이유는 바로 고통받는 민중과 사회를 해방하고
이 땅에 하나님의 나라와 민중의 나라, 그리고 다시는 지배
계급의 착취와 억압이 없는 새로운 민중의 낙원을 건설하는
데 있다.

고통받는 민중과 사회를 해방하기 위해 투쟁하지 않는
종교는 참 종교가 될 수 없으며, 그런 종교는 차라리 문을
닫아야 한다. 정치도 마찬가지다. 민중과 유리된 정치는 참
정치가 아니며, 그런 정치는 모두 민중의 이름으로 추방해야
할 것이다.

✝ 기독교는 인간의 사회적 구원을 포기했는가? 인간에게는 영적인 구원과 사회적 구원이 모두 필요하거늘, 오늘의 기독교는 어찌하여 그 사회적 구원을 외면하고 사후세계를 위한 영적인 구원에만 매달리고 있는가?

✝ 가난한 민중의 아들로 태어나신 예수님은 바로 고통받는 민중과 사회를 해방하시기 위해 오신 〈민중의 메시아〉였다. 그러기에 예수님이 먼저 찾아가 복음을 전하신 자들은 바로 사회적 약자인 가난한 〈민중〉이었다. 이처럼 예수님은 어디까지나 민중해방을 위한 민중의 메시아로 오셨거늘, 그가 세우신 기독교는 왜 아직도 민중의 종교로 거듭나기를 거부하고 있는가?

✝ 고난받는 민중의 해방자로 오신 예수님의 첫 설교는 바로 〈민중해방〉에 관한 것이었다(눅4:16~19). 이처럼 예수님은 민중의 해방자로 오셨기에 그 주님은 처음부터 민중해방의 길을 가셨다. 그렇다면 오늘의 기독교는 과연 그 주님을 따라 민중해방의 길을 가고 있는가?

✝ 사도바울의 말씀대로 하나님은 세상의 약한 자들을 택하사 강한 자들을 심판하시는 〈민중의 하나님〉이시다(고전1:27~28). 그러므로 우리 민중의 〈해방투쟁〉은 그 어떠한 고난과 박해 속에서도 반드시 승리할 것이다.

머 리 말

가자 새로운 민중의 시대로!!

우리 민중의 사상적 무기와 투쟁의 무기인 〈민중사상〉은 바로 민중을 사랑하는 사상이며, 또 고통받는 민중과 사회를 해방하고 이땅에 하나님의 나라와 민중의 나라를 건설하기 위한 사상이다.

지난 역사를 돌이켜 보면, 인류 역사는 수많은 전쟁으로 이어져 왔음을 알 수 있다. 그리고 오늘도 세계 도처에서는 피를 부르는 전쟁의 포성이 잠시도 멈추지 않고 있다. 이러한 견지에서 인류역사는 한 마디로 〈전쟁의 역사〉라고 말해도 좋을 것이다.

그러면 인류 역사는 어찌하여 평화의 역사가 아닌 전쟁의 역사로 전락하게 되었는가? 그것은 바로 〈사상의 분열〉 때문이었다. 생각해 보라. 온 인류가 하나의 사상 속에서 하나의 통일사회를 이루었다면, 전쟁의 어두운 그림자는 이미 사라졌을 것이 아닌가?

그러나 오늘의 인류사회는 도리어 온갖 사상의 분열속에서 아직도 전쟁의 드라마를 되풀이하고 있는 안타까운 실정에 있다. 특히 세계의 화약고인 중동에서 끊임없이 벌어지는 〈테러와 전쟁〉으로 인해, 세계인류는 더욱 전쟁의 공포 속으로 빠져 들고 있다. 오늘의 인류는 바로 이러한 사상의 분열속에서 전쟁의 하수인으로 전락한 채, 오늘도 고달픈 삶을 이어가고 있는 것이다.

그러면 이러한 사상의 분열을 조속히 청산하고 온 인류가 한결같이 바라는 사상의 통일을 이룰 수 있는 길은 없는가? 아니다, 있다. 그것은 바로 하나님의 진리말씀에 기초하여 새로운 사상을 확립하는 일이라고 필자는 확신한다.

왜냐하면 하나님의 진리말씀이 아니고서는 인간의 사상문제를 근본적으로 해결할 수 없기 때문이다.

필자는 새 시대가 요구하는 민중해방과 세계해방, 그리고 사상개혁과 사상 통일을 위해, 하나님의 새 진리말씀에 기초한 새로운 종교사상을 제시하는 바, 〈민중사상〉이 바로 그것이다.

그러면 민중사상이란 무엇인가? 그것은 바로 하나님과 메시아를 〈창조의 주체〉와 〈구원의 주체〉로 보는 사상이며, 또 민중을 〈나라의 주인〉과 〈역사의 주체〉 및 세계를 변혁·해방하고 이 땅에 하나님의 나라와 민중의 나라를 건설해야 할 〈변혁의 주체〉와 〈해방의 주체〉로 보는 새로운 기독교 사상을 말한다.

민중사상은 하나님을 〈민중의 하나님〉으로 보는 기본 입장에서 예수님을 민중의 해방자로 오신 〈민중의 메시아〉로 보고 있으며, 또 그가 세우신 기독교도 역시 민중해방을 위한 〈민중의 종교〉로 보고 있다.

그 뿐 아니라 민중사상은 지배계급을 반대하고 민중을 혁명과 건설의 참다운 주인으로 보고 있으며, 이러한 민중사상이 추구하는 근본목표는 바로 고통받는 민중과 사회를 해방하고, 이 땅에 하나님의 나라와 민중의 나라, 그리고 다시는 지배계급의 착취와 억압이 없는 새로운 민중사회를 건설하는 데 있다.

민중사상이 지향하는 민중해방과 세계해방!

그것은 바로 하나님과 주님의 뜻이며, 또한 우리 민중의 간절한 소망이다. 그 누구도 이러한 하나님의 뜻과 민중의 열망을 꺾을 수는 없다. 그러므로 기독교가 추구하는 하나님의 나라와 민중의 나라는 반드시 새 시대가 요구하는 민중해방과 세계해방을 통해서만 그 실현이 가능할 것이다. 이에 필자는 오늘의 모든 성도들이 민중해방과 세계해방을 위해, 또 이 땅에 하나님의 나라와 민중의 나라를 건설하기 위해, 모두가 힘차게 떨쳐 나서기를 간절히 호소하는 바이다.

차 례

제12장 반 공 론

✟ 민중사상은 바로 하나님과 인간을 세계의 주인으로 보는 〈하나님 과 사람중심의 사상〉이며, 또 지배계급을 반대하고민중을 나라의 주인과 역사의 주체로 보는 〈민중계급중심의 사상〉이다.

✟ 기독교는 바로 민중해방과 세계해방을 위해 섭리하시는 〈민중의 하나님〉과 〈민중의 메시아〉를 믿는 종교다.

✟ 기독교의 존재이유는 바로 고통받는 민중과 사회를 해방하고, 이 땅에 하나님의 나라와 민중의 나라를 건설하는 데 있다.

✟ 지금까지 우리 민중은 자기이름으로 된 자기사상을 갖지 못함 으로써, 온갖 잡사상과 잡신앙에 오염되고 말았다. 그런데 우리 민중은 마침내 자기이름(민중의 이름)으로 된 자기사상을 갖게 되었으니, 〈민중사상〉이 바로 그것이다.

✟ 우리 민중의 사상적 무기이며 투쟁의 무기인 민중사상은 바로 고통받는 민중과 사회를 해방하고 이 땅에 하나님의 나라와 민중 의 나라 그리고 다시는 지배계급의 착취와 억압이 없는 새로운 민중사회를 건설하기 위해 투쟁하는 새 시대의 〈혁명사상〉이다.

인간은 빵만을 먹고 사는 동물적 존재가 아니다. 인간은 바로 사상을 먹고 살아가는 사상적 존재이다. 따라서 인간이 인간답게 살아가려면, 우리는 언제나 물질적인 빵보다 정신적인 사상을 앞세우고 살아가야만 한다.(마 4:4)

그러나 여기에도 문제는 있다. 〈사상의 분열〉이 바로 그것이다. 이러한 사상의 분열은 오히려 인간의 참다운 생존을 가로막는 암적인 요인이 되고 있기 때문이다. 예나 지금이나 인간 사이에서 벌어지는 온갖 모순·대립·투쟁 등은 모두가 이러한 사상의 분열에서 비롯되고 있는 것이다. 따라서 인간의 사상이 하나로 통일되어야 함을 두말 할 나위도 없다.

일찍이 예수님은 이르시되 「스스로 분쟁하는 나라마다 황폐해질 것이요, 스스로 분쟁하는 동네나 집마다 서지 못하리라」(마 12:25)고 말씀하셨다. 이 말씀대로 사상이 분열됨으로써 스스로 분쟁하는 개인과 가정, 그리고 사회와 국가는 온전히 설 수 없으며, 마침내는 파멸의 길을 가게 된다. 그러기에 사도 바울도 우리에게 「너희 가운데 분쟁이 없이 같은 마음과 같은 뜻으로 온전히 합하라」(고전 1:10)고 간곡히 당부했던 것이다.

민중사상은 온 인류가 한결같이 바라는 〈사상통일〉을 이룩함으로써, 이 지상에 하나님의 나라를 건설하기 위해 나온 사상이다. 그런데 민중사상은 모든 사상의 통일에 앞서 먼저 기독교사상의 통일에 역점을 두고 있다. 그것은 바로 하나님의 나라를 건설하는 데 있어 가장 우선적으로 해결해야 할 섭리적 과제이기 때문이다. 그러면 이러한 민중사상이 어떠한 사상인가를 좀 더 자세히 알아보기로 하자.

제1절 민중사상의 철학적 기본입장

자본주의와 공산주의를 넘어 민중사상으로!!

세계화란 미명아래 오늘도 세계 곳곳에서 온갖 착취와 억압의 씨를 뿌리는 자본주의와 공산주의!! 그 낡고 부패한 자본주의와 공산주의의 대안으로 떠오른 〈민중사상〉은 바로 민중을 사랑하는 사상이며, 또 고통받는 민중과 사회를 해방하고 이 땅에 하나님의 나라와 민중의 나라를 건설하기 위해 나온 새 시대의 혁명사상이다.

그뿐아니라 민중사상은 하나님과 메시아를 〈창조의 주체〉와 〈구원의 주체〉로 보는 사상이며, 또 지배계급을 반대하고 민중을 〈나라의 주인〉과 〈역사의 주체〉 및 새로운 〈변혁의 주체〉와 〈해방의 주체〉와 〈통일의 주체〉로 보는 사상이다. 이러한 민중사상의 철학적 기본입장을 좀더 자세히 설명하면 다음과 같다.

① 민중사상은 하나님을 〈창조의 주체〉로 보는 사상이다.

인간을 비롯한 이 우주의 삼라만상은 모두 하나님이 창조하셨다. 이것은 성서의 일관된 가르침이다〈사 40:26〉. 그러므로 민중사상은 오직 하나님만을 〈창조의 주체〉로 본다. 무신론자들은 신의 존재를 부인하기 위해 이 우주의 삼라만상을 모두 우연히 생겨난 자연 발생 물로 보고 있지만, 그것은 어디까지나 신의 창조물로 보아야 한다. 생각해 보라. 이 우주에 원인 없는 결과나 결과 없는 원인이 어디 있겠는가? 한마디로 신의 존재를 부인하는 무신론과 유물론에 근거한 사상들은 모두가 이단사상 또는 잡사상이 아닐 수 없다(시 14:1, 잠 1:7).

이와 같이 하나님은 모든 만물을 지으신 〈창조의 주체〉이므로, 민중사상은 언제나 하나님에 대한 〈믿음과 순종〉을 강조한다. 그것은 바로 창조주에 대한 근본 도리이며(전 12:13), 또 인간구원의 필수적 요소가 되기 때문이다(요 5:24, 히 11:6). 따라서 인간은 누구나 하나님을 신봉하는 지혜로운 자가 되어야 하며, 결코 그를 부인하고 반대하는 어리석은 자가 되어서는 아니될 것이다(신의 실존문제는 제2장 「유신론」에서 자세히 다루기로 한다).

② 민중사상은 메시아를 〈구원의 주체〉로 보는 사상이다.

성서의 말씀대로 모든 인간은 타락한 존재다 그런데 하나님은 그 타락한 인간을 구원하시기 위해 이 땅에 〈메시아〉를 보내셨으니, 그가 바로 예수님이었다(요 3:16, 행 2:36). 그러므로 민중사상은 오직 예수님만을 〈구원의 주체〉로 보며, 또 그가 세우신 기독교만을 〈구원의 종교〉로 본다. 기독교는 바로 인류의 구주로 오신 메시아가 직접 세우신 유일한 종교이기 때문이다(마 16:18). 따라서 오늘의 모든 종교는 반드시 그 기독교를 중심으로 통일되어야 할 것이다.

다시 말하거니와 하나님이 세우신 구원의 주체는 바로 〈메시아〉이다. 그러므로 인간의 구원은 오직 그 메시아(구원자)를 통해서만 가능하다(요 14:6, 행 4:12, 행 16:31). 인간은 누구나 구원 받기를 원하지만, 하나님이 세우신 그 메시아를 끝까지 불신하고 반대하는 자는 그가 아무리 양심적인 사람이라고 해도 그는 결코 구원의 길을 갈 수 없으며, 도리어 심판의 길을 가게된다. -제2권 〈민중신학〉 참조

③ 민중사상은 민중을 〈나라의 주인〉으로 보는 사상이다.

민중은 나라의 근본이다. 민중이 없으면 나라도 존재할 수 없다. 민중이 있어야만 나라도 있고 정치도 할 수 있는 것이다. 그러므로 민중사상은 민중을 〈나라의 주인〉으로 규정한다. 그러나 지배계급은 우리 민중이 끝까지 맞서 싸워야 할 〈민중의 적〉으로 규정한다. 왜냐하면 지배계급은 바로 우리 민중을 부단히 억압·착취하는 반민중세력이기 때문이다. -제9장 〈민중론〉 참조

지금까지 지배계급은 나라의 주인으로 행세하며 온갖 착취와 억압을 자행해 왔다. 그러면 이러한 지배계급의 비인간적인 만행을 근본적으로 막을 수

있는 길은 없는가? 아니다. 있다. 그 길은 바로 인간착취의 주범인 지배계급을 몰아내고, 우리 모두가 평등하게 살아가는 새로운 〈민중의 나라〉를 건설하는 것이다. 이러한 민중의 나라를 건설하지 못하면 우리는 결코 나라의 참주인이 될 수 없으며, 또 지배계급의 온갖 착취와 억압에서 벗어날 수도 없다. 따라서 우리 민중의 민주화투쟁〈해방투쟁〉은 이 땅에 새로운 민중의 나라를 건설하는 승리의 그날까지 부단히 계속되어야 할 것이다.

④ 민중사상은 민중을 〈역사의 주체〉로 보는 사상이다.

하나님은 창조의 주체이신 동시에 역사의 주체이시기도 하다. 그러나 인류 역사는 하나님의 단독적인 섭리만으로 진행되는 것이 아니다. 왜냐하면 하나님의 모든 섭리(구원섭리)는 반드시 인간을 통해서 전개되기 때문이다. 그러므로 민중사상은 인간도 하나님을 대신한 〈역사의 주체〉로 본다. 혹자는 하나님만을 역사의 주체로 보고 있지만, 이것은 결코 올바른 견해로 볼 수 없다.

민중사상은 인간을 그 성격상 두 계급으로 구분한다. 〈민중계급〉과 〈지배계급〉이 바로 그것이다. 그런데 민중사상은 그 중에 민중계급〈노동계급〉만을 사회와 역사의 참다운 주체로 보며, 지배계급은 어디까지나 그 사회와 역사의 대전진(발전)을 가로막는 반동세력(반민중세력)으로 본다(제11장 제1절 「사회계급론」 참조).

이와 같이 민중은 바로 하나님을 대신한 〈역사의 주체〉이므로, 우리민중은 누구나 역사적 주체로서의 사명을 완수해야만 한다. 그러면 우리가 완수해야 할 역사적 주체로서의 사명이란 무엇인가? 그것은 바로 온갖 착취와 억압이 벌어지는 낡은 죄악의 역사를 속히 몰아내고, 우리 모두가 평등하게 살아가는 새 역사(민중의 역사)를 건설하는 일이다.

따라서 전세계의 민중세력은 이러한 새 역사를 건설하기 위해 모두가 한결같이 떨쳐 나서야 할 것이다.

⑤ 민중사상은 민중을 〈변혁의 주체〉로 보는 사상이다.

우리 민중이 추구하는 사회는 불평등한 사회가 아닌 평등한 사회다. 그러면 우리는 지금 어떤 사회에서 살아가고 있는가? 우리는 지금 지배 계급이 주도하는 자본주의사회에서 살아가고 있다. 자본주의 사회는 바로 온갖 착취와 억압이 벌어지는 불평등한 사회이며, 또 언제나 개인주의·이기주의·향락주의가 판을 치는 추악한 범죄사회다. 그러면 이러한 낡고 부패한 자본주의사회를 바꾸기 위해 앞장서 투쟁해야 할 변혁의 주체는 누구인가?

민중사상은 지배계급을 반대하고 민중을 〈변혁의 주체〉로 본다. 그 이유는 자본주의를 반대하는 민중계급만이, 낡고 부패한 자본주의 사회를 근본적으로 변혁할 수 있기 때문이다. 만일 민중이 변혁의 주체가 아니라면, 우리는 결코 자본주의사회를 바꿀 수 없으며, 또 새로운 민중사회를 건설할 수도 없다. 그러므로 우리 민중은 모두가 변혁의 주체가 되어야 하며, 또 온갖 착취와 억압이 벌어지는 자본주의사회를 변혁하기 위해 언제나 앞장서 투쟁해야만 한다. 이러한 견지에서 우리 민중의 변혁투쟁은 낡은 자본주의사회를 변혁하고 새로운 민중사회를 건설하는 승리의 그 날까지 부단히 계속되어야 할 것이다.

⑥ 민중사상은 민중을 〈해방의 주체〉로 보는 사상이다.

민중은 나라의 주인이며 역사의 주체다. 그럼에도 불구하고 우리 민중은 지금까지 지배계급으로부터 온갖 착취와 억압, 그리고 온갖 멸시와 천대를 받으며 살아왔다. 그러므로 민중사상은 언제나 지배계급을 반대하고 〈민중해방〉을 주장한다. 우리 민중이 고대하는 평등한 사회는 어디까지나 민중해방을 통해서 실현할 수 있기 때문이다. 그러면 이러한 민중해방을 위해 앞장서 투쟁해야 할 해방의 주체는 누구인가?

민중사상은 지배계급을 반대하고 민중을 〈해방의 주체〉로 본다. 그 이유는 지배계급을 반대하는 민중계급만이 그 지배계급으로부터 민중해방을 쟁취할 수 있기 때문이다. 그렇다면 우리 민중은 모두가 민중해방의 기치를 높이 들고, 세계 전역에서 민중의 적들과 끝까지 맞서 투쟁해야 하며, 결코 그 투쟁을 포기해서는 안된다. 이러한 견지에서 우리 민중의 해방투쟁은, 민중해방과 세계해방을 쟁취하는 승리의 그날까지 잠시도 멈추지 말아야 할 것이다.(롬 12:21, 딤전 6:12).

⑦ 민중사상은 민중을 〈통일의 주체〉로 보는 사상이다.

인간이 추구하는 이상적인 국가와 사회는 어떤 것일까? 그것은 바로 모든 분단의 장벽을 헐어버린 〈통일국가〉와 〈통일사회〉일 것이다. 여기서 통일국가는 세계의 모든 나라가 하나로 통일된 국가를 말하고, 또 통일사회는 온 인류가 한가족한민족한국민이 되어 서로 돕고 위하며 살아가는 아름다운 공동체사회를 말한다. 그러면 이러한 통일국가와 통일사회를 앞장서 건설해야 할 통일의 주체는 누구인가?

민중사상은 지배계급을 반대하고 민중을 〈통일의 주체〉로 본다. 그 이유는 나라의 주인이며 역사의 주체인 민중계급만이 지배계급을 몰아내고 민중이 주도하는 통일국가와 통일사회를 건설할 수 있기 때문이다. 따라서 우리 민중은 그 새로운 통일국가와 통일사회를 건설하는 승리의 그날까지 앞장서 투쟁해야 할 것이다.

위에서 논한 바와 같이, 민중사상은 지배계급을 반대하고 민중을 나라의 주인과 역사의 주체로 보는 〈민중계급중심의 사상〉이다. 그뿐 아니라 민중사상은 고통받는 민중과 사회를 해방하고 이 땅에 하나님의 나라와 민중의 나라를 건설하기 위한 〈혁명과 건설의 지도사상〉이라고 말할 수 있는 바, 오늘 이 시대는 바로 이러한 민중사상이 시급히 요청되는 때라고 하겠다.

제2절 민중사상의 신학적 기본입장

민중사상은 바로 고통받는 민중과 사회를 해방하고, 이 땅에 하나님의 나라와 민중의 나라를 건설하기 위해 나온 새로운 기독교사상이다. 그러므로 민중사상은 언제나 민중해방과 세계해방을 그 중심에 놓고 모든 신학적 과제들을 풀어나간다. 그러면 이제 민중사상이 주장하는 신학적 기본입장에 대해 알아보기로 하자(여기서 다루지 못한 신학적 과제들은 모두 제2권 〈민중신학〉에서 다루기로 한다).

① 민중사상은 하나님을 〈민중의 하나님〉으로 보는 사상이다.

민중사상은 지배계급을 반대하고 하나님을 〈민중의 하나님〉으로 규정한다. 왜냐하면 하나님은 고통받는 민중과 사회를 해방하시기 위해 역사 속에서 부단히 섭리해 오셨기 때문이다.(이 사실은 성서에 잘 나타나 있다) 만일 하나님이 민중의 하나님이 아니라면, 우리는 지배계급과의 투쟁에서 승리할 수 없으며, 또 이땅에 하나님의 나라와 민중의 나라를 건설할 수도 없다. 그러므로 우리는 하나님을 어디까지나 민중의 하나님으로 보아야 하며, 결코 지배계급의 하나님으로 오인해서는 안된다.(출 20:2, 출 22:21~25, 사 61:1~2, 고전 1:27~28).

과거 이스라엘 민중은 애굽에서 바로왕의 온갖 착취와 억압을 받으며 살았따. 그런데 하나님은 그 이스라엘 민중을 애굽의 종살이에서 해방 하시고, 그들을 약속의 땅(가나안)으로 인도해 주셨다(출 20:2). 이러한 출애굽의 섭리만을 보더라도, 우리의 하나님은 어디까지나 민중해방을 위해 섭리하시는 민중의 하나님이심을 분명히 알 수 있다. 이처럼 하나님은 지배계급의 하나님이 아닌 민중의 하나님이시기 때문에, 우리 민중의 해방투쟁은 그 어떤 고난과 박해 속에서도 반드시 승리할 것이다. - 제9장 〈민중론〉 참조.

② 민중사상은 예수님을 〈민중의 메시아〉로 보는 사상이다.

예수님이 활동하시던 갈릴리! 그곳은 당시 로마의 식민지였고, 또 지배계급의 온갖 착취와 억압이 판을 치던 고난의 땅이었다. 그 고난의 땅 갈릴리에서 예수님이 먼저 찾아가 복음을 전하신 자들은 바로 사회적 약자인 가난하고 소외된 〈민중〉이었다.

　그러므로 민중사상은 지배계급을 반대하고, 예수님을 〈민중의 메시아〉로 규정한다. 예수님은 바로 고통받는 민중과 사회를 해방하고, 이땅에 하나님의 나라와 민중의 나라를 건설하시기 위해 오신 분이시기 때문이다.(마 6:33, 눅 4:16~19). 만일 예수님이 민중의 메시아가 아니라면, 우리는 그 주님을 하나님이 보내신 참 메시아로 인정할 수 없으며 또 그가 세우신 기독교도 역시 참 종교가 될 수 없다. 민중사상이 하나님과 예수님을 모두 민중의 하나님과 민중의 메시아로 보는 이유는 바로 여기에 있다.

　일찍이 예수님은 제자들에게 「수고하고 무거운 짐진 자들아 다 내게로 오라. 내가 너희를 쉬게 하리라」(마 11:28)고 말씀하셨다. 그러면 예수님이 애타게 부르신 〈수고하고 무거운 짐진 자들〉은 누구인가? 그들은 바로 지배계급으로부터 온갖 착취와 억압을 받으며 살아가는 가난하고, 소외된〈민중〉이었다. 예수님은 바로 이러한 사회적 약자인 가난하고 소외된 민중들을 해방하시기 위해 이 땅에 오셨다. 그렇다면 우리는 그 주님을 어디까지나 민중의 해방자로 오신 〈민중의 메시아〉로 보아야 할 것이다.(눅 6:20~24, 마 19:21~24).

　거듭 말하거니와, 예수님은 바로 고통받는 민중과 사회를 해방하고, 이 땅에 하나님의 나라와 민중의 나라를 건설하시기 위해 오신 민중의 메시아였다. 오늘의 모든 성도들은 이 사실을 잠시도 잊지 말아야 한다. 그리고 이제는 주께서 그토록 염원하시던 민중해방과 세계해방을 위해 모두가 힘차게 떨쳐 나서야 할 것이다.

③ 민중사상은 기독교를 〈민중의 종교〉로 보는 사상이다.

　기독교는 민중의 종교인가 아니면 지배계급의 종교인가? 이에 대해 결론부터 말한다면, 민중사상은 기독교를 어디까지나 〈민중의 종교〉로 본다. 왜냐하면 기독교는 바로 고통받는 민중과 사회를 해방하고, 이 지상에 하나님의 나라를 건설하기 위해 부름받은 종교이기 때문이다.

「출애굽기」에 보면 하나님은 자신을 히브리인의 하나님이라고 말씀 하셨고(출 3:18, 출 9:1), 또 「창세기」에 보면 믿음의 조상 아브라함도 히브리인이라고 하였다.(창 14:13). 그리고 「고린도서」에 보면 사도 바울도 자신을 히브리인이라고 하였다(고후 11:22, 빌 3:5).

그러면 사도 바울이 말한 〈히브리인〉은 누구인가? 그가 말한 히브리인은 바로 하나님으로부터 택함받은 이스라엘 선민을 가리킨다(신 7:6~7). 그러나 그 말이 처음부터 선민을 지칭한 것은 아니었다.

학자들에 의하면 히브리라는 말의 어원은 〈하비루〉라고 하는데, 이것은 당시 지배계급으로부터 온갖 멸시와 천대를 받으며 살아가던 가난하고 소외된 〈천민〉을 가리키던 말이라고 한다. 이 사실은 과거 애굽인들이 히브리인들을 종으로 여기고(창 38:17), 또 그들과 함께 음식을 먹으며 부정을 타는 것으로 믿었다는 「창세기」의 기록을 보더라도 분명히 알 수 있다(창 43:32). -사회적 약자를 가리키던 〈하비루〉라는 말은 중동의 고대문서에도 많이 나온다고 한다.

이처럼 히브리(하비루)라는 말은 구약시대에 지배계급이 가난한 민중들을 천시하여 부르던 천민의 대명사였다. 다시 말해 히브리인은 그 당시 지배계급으로부터 온갖 착취와 억압, 그리고 온갖 멸시와 천대를 받으며 살아가던 가난한 민중들을 지칭한 말이었다.

그러면 이러한 히브리인 중에서 하나님이 아브라함과 모세를 부르시고, 또 메시아를 부르신 이유는 무엇인가? 그것은 바로 지배계급의 온갖 착취와 억압으로부터 민중과 사회를 해방하고, 이 지상에 하나님의 나라를 건설하시기 위함이었다(마 6:33, 눅 4:16~18).

그러므로 기독교는 그 본질상 언제나 민중해방을 위해 투쟁하는 〈민중의 종교〉가 되어야 하며, 결코 지배계급의 종교가 되어서는 안 된다. 왜냐하면 기독교는 바로 민중의 하나님과 민중의 메시아를 신봉하는 종교이기 때문이다(출 3:18, 마 11:28). 그럼에도 불구하고 오늘의 기독교는 도리어 지배계급이 옹호하는 자본주의에 깊이 오염됨으로써, 이제는 모두 민중의 종교가 아닌 지배계급의 종교로 변질되고 있으니, 이 얼마나 안타까운 일인가?

예나 지금이나 인간과 사회를 끊임없이 타락시키고 오염시키는 주범은 바로 자본주의다(딤전 6:10). 때문에 그 자본주의가 지배하는 사회는 언제나 개인주의·이기주의·물질주의·향락주의가 판을 치는 추악한 범죄사회로 변질되고 만다. 그러므로 오늘의 기독교는 모름지기 그 사악한 자본주의로부터 먼저 자신을 해방시킴으로써, 이제는 고통받는 민중과 사회를 해방하기 위해 앞장서 투쟁하는 참다운 〈민중의 종교〉로 속히 거듭나야 할 것이다.

④ 민중사상은 기독교를 〈천국건설의 주체〉로 보는 사상이다.

일찍이 예수님은 제자들에게 「너희는 먼저 하나님의 나라와 그의 의를 구하라」(마 6:33)고 말씀하셨다. 이 말씀대로 하나님의 구원섭리의 최종목표는 바로 이 땅에 하나님의 나라(천국)를 건설하는 데 있다(단 2:44, 단 7:18, 계 11:15). 혹자는 이러한 지상천국건설을 불가능한 것으로 보고 있지만, 하나님의 나라는 그 본질상 이 지상에서도 반드시 이루어져야만 한다(마 6:10, 계 5:10).

그러면 주께서 말씀하신 하나님의 나라는 어느 종교가 앞장서 건설해야 하는가? 하나님의 나라는 그 성격상 기독교가 앞장서 건설해야만 한다. 기독교는 바로 인류의 구주로 오신 예수님이 직접 세우신 유일한 종교이기 때문이다(마 16:18).민중사상이 기독교를 〈천국건설의 주체〉로 보는 이유도 여기에 있거니와, 사실상 하나님의 나라는 기독교를 통해서만 그 실현이 가능하다. 그러므로 기독교는 반드시 이 땅에 하나님의 나라를 건설해야 하며, 결코 그 사명을 포기해서는 안된다.

영원한 지상천국의 건설! 그것은 바로 하나님과 주님의 뜻이며, 또한 우리 성도들의 간절한 소망이다. 오늘의 기독교는 이 사실을 깊이 깨닫고, 이제는 주께서 명하신 지상천국건설과 세계복음화에 총력을 기울여야 할 것이다(마 6:33, 막 16:15).

⑤ 민중사상은 한국을 새로운 〈선민의 나라〉로 보는 사상이다.

민중사상은 한국을 주께서 재림하실 동방의 새로운 선민의 나라로 본다. 왜냐하면 주님은 반드시 하나님이 세우신 선민의 나라로 오시는데, 이 지구상에서 그러한 선민의 나라로 부름받을 수 있는 섭리적 조건과 지리적 조건을 모두 갖춘 나라는 오직 한국뿐이기 때문이다(주님의 재림에 관해서는 부득이 민중사상의 「신학원리」에서 자세히 논하기로 한다).

오늘날 많은 성도들은 예수님이 오셨던 유대 나라(이스라엘)를 주님의 재림지로 보고 있지만, 이는 매우 그릇된 견해가 아닐 수 없다. 왜냐하면 지금의 이스라엘은 과거 유대인들이 예수님을 십자가에 살해함으로써, 이미 선민의 나라에서 불신과 불순종의 나라로 전락되었기 때문이다(마 8:11~12, 마 21:40~43, 롬 11:11, 살전 2:15~16).

요컨대 오늘의 모든 성도들은 한국이 바로 주께서 재림하실 동방의 새로운 선민의 나라이며 제사장 국가임을 지혜롭게 깨달아야 할 것이다. 그리고 우리 성도들은 모름지기 그 거룩한 선민의 나라에 먼저 하나님의 나라를 건설하기 위해 모두가 한결같이 떨쳐 나서야 할 것이다(마 6:33, 단 7:18, 출 19:5~6, 신 7:6~7, 사 6:8).

제3절 민중사상의 역사적 기본입장

민중사상은 언제나 하나님과 인간을 역사의 중심에 놓고 그 역사를 조명한다. 민중사상은 바로 하나님과 인간을 (역사의 주체)로 보는 사상이기 때문이다. 이처럼 하나님과 인간은 바로 역사의 주체이므로, 우리는 항상 하나님과 인간을 역사의 중심에 놓고 그 역사를 조명해야만 역사의 참 모습을 발견할 수 있다. 그러면 이제 민중사상이 역사를 바라보는 기본 입장에 대해 알아보기로 하자(이에 관해서는) 제6장 제1절 「민중사관의 기본 입장」에서 자세히 다루었으므로, 여기서는 그 요점만 간단히 설명하기로 한다).

① 민중사상은 인류역사를 〈하나님의 구원섭리역사〉로 보는 사상이다.

인류 역사는 하나님이 인간을 창조하심으로써 비로소 시작되었다. 그리고 인류 역사는 타락한 인간을 구원하시기 위한 하나님의 섭리에 의해 부단히 전개되어 왔다. 그러므로 민중사상은 인류 역사를 〈하나님의 구원섭리역사〉로 본다. 이러한 하나님의 구원 섭리역사는 성서에 잘 나타나 있거니와, 만일 인류역사가 하나님의 구원섭리역사가 아니라면, 우리는 영원히 죄악의 굴레에서 벗어날 수 없으며, 또 인류역사도 결국은 비극적인 종말을 맞게 될 것이다.

② 민중사상은 인류역사를 〈민중해방의 역사〉로 보는 사상이다.

인류 역사는 지배계급이 우리 민중을 부단히 억압·착취함으로써, 언제나 추악한 범죄의 역사로 이어져 왔다. 하나님은 이러한 범죄의 역사를 청산하시기 위해 역사 속에서 민중해방을 위한 섭리를 부단히 전개해 오셨다. 그러므로 민중사상은 인류 역사를 〈민중해방의 역사〉로 본다. 이처럼 인류 역사는 민중해방의 역사임에도 불구하고, 그 역사의 무대에서는 아직도 반민중세력인 지배계급이 판을 치고 있다. 그렇다면 우리는 마땅히 그들을 역사의 무대에서 속히 몰아내야 하며, 그러기 위해서는 역사의 주체인 우리 노동계급이 민중해방의 기치를 높이 들고 세계 전역에서 강력한 해방투쟁을 전개해야 할 것이다.

③ 민중사상은 인류역사를 〈계급투쟁의 역사〉로 보는 사상이다.

예나 지금이나 타락한 인간사회에는 언제나 서로 대립·투쟁하는 두 계급이 존재한다. 〈노동계급〉과 〈착취계급〉이 바로 그것이다. 여기서 노동계급이란 자신과 사회를 위해 성실히 일하며 살아가는 자들을 말하며, 또 착취계급이란 노동계급의 정당한 생존과 권익을 부당하게 침해하는 자들을 가리킨다.

이와 같이 타락한 인간사회에는 언제나 서로 대립·투쟁하는 두 계급이 존재하거니와, 노동계급과 착취계급은 그 본질상 서로 공존할 수 없는 적대관계이기 때문에, 역사의 주체인 노동계급(민중)은 그 역사의 무대에서 반동세력인 착취계급을 몰아내기 위한 계급투쟁을 부단히 전개하게 된다.

그러므로 민중사상은 인류 역사를 어디까지나 민중해방을 쟁취하기 위한 〈계급투쟁의 역사〉로 본다. 계급투쟁은 그 성격상 〈범죄와의 전쟁〉을 의미하거니와, 이러한 계급투쟁의 최종목표는 바로 우리 노동계급을 반동세력인 착취계급으로부터 완전히 해방시킴으로써, 이 지상에 착취와 억압이 없는 새로운 민중사회(공동체사회)를 건설하는 데 있다(제11장 「사회론」 참조).

④ 민중사상은 인류역사를 〈재창조의 역사〉로 보는 사상이다.

인류역사는 하나님의 구원섭리역사이다. 그런데 하나님의 구원섭리는 바로 타락한 죄악의 세계를 청산하고, 타락 전 죄 없는 선의 세계를 다시금 찾아 이루는 데 그 목적이 있다. 그러므로 민중사상은 인류 역사를 〈재창조의 역사〉로 본다. 여기서 재창조라는 말은 모든 피조물을 파괴한 후 다시 만든다는 뜻이 아니라, 잃어버린 창조 본연의 세계(에덴)를 다시금 찾아 이룬다는 뜻이다(고후 5:17). 이처럼 인류 역사는 바로 재창조의 역사이거니와, 만일 이러한 하나님의 재창조 섭리가 없다면, 우리는 영원히 창조 본연의 새 하늘과 새 땅을 바라볼 수 없을 것이다(사 65:17, 사 66:22, 계 21:1).

⑤ 민중사상은 인류역사를 〈천국건설의 역사〉로 보는 사상이다.

일찍이 예수님은 제자들에게 「너희는 먼저 하나님의 나라와 그의 의를 구하라」(마 6:33)고 말씀하셨고, 또 하나님의 나라가 이 땅에 임할 것을 위해 기도하라고 가르치셨다(마 6:10). 이 말씀대로 하나님의 구원섭리의 최종목표는 바로 이 지상에 하나님의 나라(천국)을 건설하는데 있다. 사실상 하나님은 이 지상에 영원한 천국을 건설하시기 위해 역사 속에서 부단히 섭리해 오셨다(요 5:17). 그러므로 민중사상은 인류 역사를 〈천국건설의 역사〉로 본다. 만일 인류역사가 천국건설의 역사가 아니라면, 우리 성도들이 고대하는 하나님의 나라는 이 지상에 영원히 나타나지 않을 것이다.

제4절 민중사상의 정치적 기본입장

□ 모든 정치는 민중을 위하여!

인간은 사회적 존재인 동시에 정치적 존재다. 그러므로 인간이 생존하는 한 우리는 그 정치를 떠나서 살아갈 수 없다. 그런데 지금까지의 정치는 불행히도 민중의 정치가 아닌 지배계급의 정치였다. 그 결과 우리 민중은 지금까지 그 지배계급의 온갖 착취와 억압 속에서 말할수 없는 고통과 슬픔을 안고 살아왔다.

그러므로 민중사상은 언제나 민중의 정치적 해방을 주장한다. 우리 민중은 바로 이러한 정치적 해방을 통해서만 지배계급의 종살이에서 벗어날 수 있으며, 또 나라의 주인이 되어 인간답게 살아갈 수 있다. 따라서 우리 노동계급은 언제나 민중의 정치적 해방을 위해 투쟁해야 하며, 결코 그것을 포기해서는 안될 것이다.

민중사상은 바로 민중을 나라의 주인과 정치의 주체로 보는 사상이다. 그러므로 민중사상은 언제나 지배계급을 반대하고, 오직 민중을 위한 민중의 정치만을 참다운 정치로 규정한다. 그리고 이러한 민중의 정치(先民정치)를 실현하기 위해 다음과 같이 주장한다.

① 민중사상은 〈민주정치〉를 주장한다.

민중사상은 민중을 나라의 주인으로 보는 기본입장에서, 〈민주주의〉를 모든 정치의 기초(토대)로 삼는다. 때문에 민중사상은 언제나 독재 정치를 반대하고 〈민주정치〉를 주장한다. 그러면 민주정치란 무엇인가? 그것은 바로 민중을 나라의 주인으로 받드는 정치이며, 또 그것은 반민주적인 독재정치 〈파쇼 정치〉로부터 민중과 사회를 해방하고, 민중이 요구하는 정의로운 민주사회와 민주국가를 건설하기 위한 정치를 말한다.

민주정치는 그 성격상 자본주의(개인주의)를 옹호하는 〈부르주아 민주정치)와 사회주의(공동체주의)를 옹호하는 〈프롤레타리아 민주정치〉로 구분할 수 있다. 그런데 민중사상은 그 중에 사회주의를 옹호하는 프롤레타리아 민주정치만을 참다운 민주정치로 본다. 왜냐하면 지배계급이 옹호하는 자본주의와 결탁한 부르주아 민주정치는 결코 민중을 위한 민중의 정치로 볼 수 없으며, 또 그것은 민중이 요구하는 평등한 민주사회와 민주국가를 건설할 수도 없기 때문이다.

자본주의는 생산수단의 사적인 소유(사유)를 주장하는 개인주의이며, 사회주의는 생산수단의 사회적 소유(공유)를 주장하는 공동체주다. 그러므로 민중사상은 언제나 자본주의를 반대하고 사회주의를 주장한다. 왜냐하면 생산수단의 공유(共有)는 바로 인간평등과 사회평등의 기초가 되며, 또 인간이 추구하는 평등한 사회(공동체사회)는 어디까지나 생산수단의 공유를 통해서만 그 실현이 가능하기 때문이다.

일찍이 사도 바울은 말하기를 「돈을 사랑하는 것이 일만 악의 뿌리가 된다」(딤전 6:10)고 하였다. 그런데 자본주의는 바로 그 돈으로 인간과 사회를 끊임없이 타락시키고 오염시킨다. 때문에 자본주의가 지배하는 사회는 언제나 온갖 사회악이 판을 치는 추악한 범죄사회가 되며, 또 소돔과 고모라보다도 더 음란한 타락사회가 되고 만다.

그뿐 아니라 자본주의가 지배하는 사회는 온갖 착취와 억압이 벌어지는 착취사회가 되며, 또 나라의 주인이 뒤바뀌는 〈거꾸로 된 사회〉가 되고 만다. 왜냐하면 그 사회에서는 언제나 지배계급이 상전이 되어 나라의 주인인 민중을 부단히 억압·착취하기 때문이다. 그럼에도 불구하고 우리는 아직도 그 자본주의가 지배하는 거꾸로 된 세상에서 살아가고 있으니, 이 얼마나 안타까운 일인가?

그러므로 우리는 반드시 그 낡고 부패한 자본주의를 역사의 무대에서 속히 추방해야만 한다. 인간 착취의 도구인 자본주의와 그 앞잡이들이 세계를 지배하는 한, 우리 노동계급(민중)은 결코 인간답게 살아갈 수 없으며, 또 착취와 억압이 없는 평등한 사회를 건설할 수도 없기 때문이다.

② 민중사상은 〈자주정치〉를 주장한다.

민중사상은 반자주적인 예속정치를 반대하고 〈자주정치〉를 주장한다. 그러면 자주정치란 무엇인가? 그것은 바로 민중의 자주성을 실현하기 위한 정치이며, 또 그것은 나라의 자주성이 실현된 자주국가를 건설하기 위한 정치를 말한다.

자주정치는 민중이 요구하는 자주국가 건설을 목표로 삼는다. 그런데 이러한 자주국가를 건설하려면, 우리는 사대주의와 제국주의를 모두 반대하고, 자기 나라의 실정에 가장 알맞은 정치·경제·군사제도를 수립해야 한다. 그래야만 우리는 그 어떠한 외세의 침략에도 굴하지 않고, 나라의 자주성을 스스로 보장하는 강력한 자주국가를 건설할 수 있는 것이다.

③ 민중사상은 〈진보정치〉를 주장한다.

민중사상은 반개혁적인 보수정치를 반대하고 〈진보정치〉를 주장한다. 그러면 진보정치란 무엇인가? 그것은 바로 자본주의(개인주의)를 반대하고 사회주의(공동체주의)를 옹호하는 정치이며, 또 그것은 민중이 요구하는 사회개혁을 통해, 착취와 억압이 없는 평등한 사회(공동체사회)를 건설하기 위한 정치를 말한다.

민중사상은 자본주의 사회를 온갖 착취와 억압이 벌어지는 낡고 부패한 범죄사회로 보고, 그 사회의 전면적인 개혁을 주장한다. 그런데 이러한 전면적인 사회개혁은 사회주의를 옹호하는 진보정치(개혁정치)를 통해서만 그 실현이 가능하다고 본다. 생각해 보라. 자본주의를 옹호하는 반개혁적인 보수정치가 어떻게 낡고 부패한 자본주의 사회를 앞장서 개혁할 수 있으며, 또 민중이 열망하는 새 시대, 새 사회를 건설할 수 있겠는가?

④ 민중사상은 〈도덕정치〉를 주장한다.

민중사상은 반도덕적인 세속정치를 반대하고 〈도덕정치〉를 주장한다. 그러면 도덕정치란 무엇인가? 그것은 바로 법과 덕과 도덕으로 다스리는 정치이며, 또 그것은 인간의 도덕성이 실현된 아름다운 도덕사회를 건설하기 위한 정치를 말한다.

인간은 누구나 죄 없는 선한 세상에서 인간답게 살아가기를 원한다. 그런데 오늘날 우리 모두가 그러한 죄 없는 선한 세상에서 인간답게 살아가려면, 우리는 먼저 자본주의 사회에서 발생하는 온갖 퇴폐문화(범죄문화)를 속히 몰아내고, 인간의 도덕성이 실현된 아름다운 도덕사회를 건설해야만 한다. 만일, 이러한 도덕사회를 건설하지 못한다면 우리가 아무리 풍요로운 물질사회를 이룬다 해도, 우리는 결코 인간답게 살아갈 수 없다. 왜냐하면 인간의 도덕성이 파괴된 사회는 이미 인간사회가 아니며, 그것은 다만 정글의 법칙(약육강식의 법칙)이 지배하는 동물사회에 불과하기 때문이다.

⑤ 민중사상은 〈봉사정치〉를 주장한다.

민중사상은 반민주적인 세도정치(관료정치)를 반대하고 〈봉사정치〉를 주장한다. 그러면 봉사정치란 무엇인가? 그것은 바로 민주주의를 실천하는 정치이며, 또 그것은 나라의 주인인 민중을 위해 복무하는 정치를 말한다(마 20:28, 벧전 4:10).

민중이 요구하는 참다운 정치는 바로 민주주의를 실천하는 정치이며, 그 민주주의를 실천하는 정치는 바로 민중에게 봉사하는 정치가 아닐 수 없다. 왜냐하면 민중은 바로 나라의 주인이기 때문이다. 그럼에도 불구하고 지금까지 지배계급은 도리어 민중에게 군림하는 반민주적인 세도정치를 통해, 우리 민중을 부단히 억압·착취해 왔다. 그렇다면 우리는 마땅히 그러한 세도정치를 속히 몰아내고, 모든 분야에서 민중을 사랑하고 위하는 봉사정치를 전면적으로 실시해야 할 것이다.

제5절 민중사상의 경제적 기본입장

□ 모든 경제는 민중을 위하여!

인간은 바로 정치적 존재인 동시에 경제적 존재다. 그러므로 인간이 생존하는 한 우리는 그 경제를 떠나서 살아갈 수 없다. 그런데 지금까지의 경제는 불행히도 민중의 경제가 아닌 지배계급의 경제였다. 그 결과 우리 민중은 지금까지 그 지배계급의 온갖 착취와 억압 속에서 말할 수 없는 고난과 역경의 길을 걸어왔다.

그러므로 민중사상은 언제나 민중의 경제적 해방을 주장한다. 이러한 경제적 해방이 없는 한 우리 민중은 결코 지배계급의 종살이에서 벗어날 수 없으며, 또 착취와 억압이 없는 평등한 사회를 건설할 수도 없다. 따라서 우리 노동계급은 언제나 민중의 경제적 해방을 위해 투쟁해야 하며, 결코 그것을 포기해서는 아니될 것이다.

민중사상은 바로 민중을 나라의 주인과 경제의 주체로 보는 사상이다. 그러므로 민중사상은 언제나 지배계급을 반대하고, 오직 민중을 위한 민중의 경제만을 참다운 경제로 규정한다. 그리고 이러한 민중의 경제(先民경제)를 실현하기 위해 다음과 같이 주장한다.

① 민중사상은 〈민중경제〉를 주장한다.

민중사상은 인간의 경제적 평등과 사회적 평등을 실현하기 위해, 지배계급이 주도하는 자본주의경제를 반대하고, 민중이 주도하는 〈민중경제〉를 주장한다. 그러면 민중 경제란 무엇인가? 그것은 바로 나라의 주인인 민중이 모든 생산수단을 공유하고 모든 것을 공동으로 생산분배하는 경제이며(레 25:23), 또 그것은 온갖 착취와 억압이 벌어지는 자본주의 경제로부터 민중과 사회를 해방하고, 민중이 요구하는 평등한 사회(공동체사회)를 건설하기 위한 경제를 말한다.

인간에게 있어 생산수단은 곧 생존수단이 된다. 그러므로 모든 생산 수단은 반드시 공유해야 하며, 결코 사유하거나 독점해서는 안된다. 생산수단을 사유하고 독점하는 곳에서는 언제나 부익부빈익빈의 경제적 모순과, 또 착취와 피착취의 계급적 모순이 발생하기 때문이다. 그럼에도 불구하고 자본주의 경제는 도리어 생산수단의 사유(개인소유)를 원칙으로 삼는다. 때문에 자본주의 경제는 언제나 비정하고 냉혹한 정글의 법칙(약육강식의 법칙)이 지배한다. 그러나 자본주의를 반대하는 민중경제는 생산수단의 공유(공동소유)를 원칙으로 삼기 때문에, 결코 그러한 인간착취의 법칙이 지배할 수 없다.

인간이 추구하는 이상사회는 바로 착취와 억압이 없는 〈평등한 사회〉가 아닐 수 없다. 그런데 민중사상은 나라의 주인인 민중이 모든 생산 수단을 공유해야만 그 평등한 사회를 건설할 수 있다고 본다. 왜냐하면 예나 지금이나 사리사욕에 눈이 먼 지배계급은 그들이 사유한 생산 수단을 언제나 인간 착취의 도구로 악용하기 때문이다. 그러므로 우리가 진정으로 착취와 억압이 없는 평등한 사회를 원한다면, 우리는 반드시 지배계급이 옹호하는 자본주의 경제를 버리고 민중이 요구하는 민중경제를 전면적으로 실시해야 할 것이다.

민중이 주도하는 민중경제는 그 성격상 사회주의 경제 또는 공유경제와 상생경제와 나눔경제로 부르기도 한다. 그리고 민중사상은 사회주의가 지향하는 공생(공동생활)·공유(공동소유)·공영(공동운영)·공산(공동생산)·공배(공동분배)의 원칙을 민중경제의 5대 원칙으로 삼는다(행 2:44~47, 행 4:32~35).

위에서 논한바와 같이 민중경제는 바로 민중이 주도하는 경제이며, 또 그것은 개인주의와 이기주의를 넘어, 우리 모두가 한 가족처럼 서로 돕고 위하며 살아가는 아름다운 경제공동체를 건설하기 위한 경제다. 그러므로 민중경제는 지배계급이 옹호하는 자본주의와 공산주의를 모두 반대한다. 지배계급의 앞잡이로 전락한 자본주의와 공산주의가 세계를 지배하는 한, 민중이 주도하는 민중경제는 결코 실현될 수 없기 때문이다. 그렇다면 우리는 마땅히 그 낡고 부패한 자본주의와 공산주의를 역사의 무대에서 모두 추방해야 할 것이다(딤전 6:10, 약 1:15).

* 민중사상은 사회주의와 공산주의를 엄격히 구별한다. 사회주의는 공산주의가 아니기 때문이다. 공산주의는 모든 종교를 반대하지만, 사회주의는 결코 종교를 반대하지 않으며, 또 무신론과 유물론을 주장하지도 않는다. 사회주의는 다만 인간의 경제적 평등과 사회적 평등을 실현하기 위해, 〈생산수단의 공유〉와 〈공동체사회의 건설〉을 주장할 뿐이다. 그러므로 기독교가 사회주의를 거부해야 할 이유는 하나도 없다. 사회주의는 그 성격상 민중의 종교인 기독교가 먼저 받아들이고 실천해야 한다. 그리하여 기독교는 우리 모두가 평등하게 살아가는 아름다운 공동체사회를 속히 건설해야 한다. 민중사상이 자본주의를 반대하고 사회주의(공동체주의)를 주장하는 이유는 바로 여기에 있다.

② 민중사상은 〈자립경제〉를 주장한다.

민중사상은 반자립적인 예속경제를 반대하고 〈자립경제〉를 주장한다. 그러면 자립경제란 무엇인가? 그것은 바로 민중의 경제적 자립을 실현하기 위한 경제이며, 또 그것은 나라의 경제적 자립이 실현된 자립국가를 건설하기 위한 경제를 말한다.

자립경제는 민중이 요구하는 자립국가 건설을 목표로 삼는다. 그런데 이러한 자립국가를 건설하려면, 우리는 사대주의와 제국주의를 모두 반대하고, 자기 나라의 실정에 가장 알맞은 정치·경제·군사제도를 수립해야 한다. 그래야만 우리는 그 어떠한 외세의 압력에도 굴하지 않고, 나라의 경제적 자립을 스스로 보장하는 강력한 자립국가를 건설할 수 있는 것이다.

③ 민중사상은 〈개방경제〉를 주장한다.

민중사상은 고립적인 폐쇄경제를 반대하고 〈개방경제〉를 주장한다. 그러면 개방경제란 무엇인가? 그것은 바로 나라의 경제적 고립을 막기 위한 경제이며, 또 그것은 세계시장에 진출하여 세계 모든 나라와의 경제교류와 경제

협력을 실현하기 위한 경제를 말한다.

우리는 지금 자본주의가 세계시장과 세계경제를 지배하는 새로운 세계화시대에 살고 있다. 이러한 세계화시대를 맞이하여 세계 각국은 모든 분야에서 개혁과 개방을 서두르고 있다. 세계화 시대에는 그러한 개혁과 개방이 나라경제를 살리는 지름길이 되게 때문이다. 그러나 잘못된 개혁과 개방은 도리어 나라경제를 망치는 지름길이 될 수도 있다. 자본주의가 지배하는 세계시장에는 일확천금을 노리는 온갖 투기꾼들과 사기꾼들이 판을 치고 있기 때문이다. 그러므로 민중사상은 비록 개방경제를 주장하지만, 낡고 부패한 자본주의가 세계시장과 세계경제를 지배하는 것은 전적으로 반대한다.

④ 민중사상은 〈실명경제〉를 주장한다.

민중사상은 불법적인 지하경제를 반대하고 〈실명경제〉를 주장한다. 그러면 실명경제란 무엇인가? 그것은 바로 나라의 경제질서를 바로 세우기 위한 경제이며, 또 그것은 지하경제가 판을 치는 추악한 불신사회를 청산하고 우리 모두가 서로 믿고 살아가는 아름다운 신용사회를 건설하기 위한 경제를 말한다.

예나 지금이나 온갖 불법을 일삼으며 나라의 경제질서를 파괴하는 주범은 바로 지하경제이다. 때문에 이러한 지하경제(불법경제)를 그대로 두고서는 결코 정의로운 신용사회를 건설할 수 없으며, 또 온갖 착취와 부정부패를 막을 수도 없다. 그러므로 우리가 추악한 불신사회를 속히 청산하고 새로운 신용사회를 건설하려면, 우리는 반드시 불법적인 지하경제를 몰아내고 합법적인 실명경제를 전면적으로 실시해야 할 것이다.

⑤ 민중사상은 〈시장경제〉를 주장한다.

민중사상은 불평등한 자본주의 시장경제를 반대하고 사회주의 시장경제를 주장한다. 그러면 사회주의 시장경제란 무엇인가? 그것은 바로 나라의 주인인 민중이 모든 시장을 공유(共有)하고 모든 것을 공동으로 생산분배하는 경제이며, 또 그것은 불평등한 자본주의 시장경제를 전면적으로 개혁하고, 사회주의가 지향하는 평등한 사회(공동체사회)를 건설하기 위한 경제를 말한다.

이처럼 사회주의 시장경제는 사회주의가 지향하는 평등한 사회를 건설하기 위해 모든 시장을 공유하고, 모든 것을 공동으로 생산분배하는 것을 원칙으로 삼는다. 그러나 자본주의 시장경제는 반대로 모든 시장을 사유(私有)하고 모든 것을 개인적으로 생산판매하는 것을 원칙으로 삼는다. 때문에 자본주의 시장경제가 지배하는 곳에서는 언제나 치열한 생존경쟁이 벌어지며, 또 온갖 착취와 부정부패가 판을 치게 된다. 그렇다면 우리는 마땅히 그러한 자본주의 시장경제를 버리고 새로운 사회주의 시장경제를 실시함으로써, 우리 모두가 고대하는 평등한 사회를 앞당겨 건설해야 할 것이다.

위에서 논한 바와 같이, 참다운 정치와 경제는 바로 나라의 주인인 민중을 위한 정치와 경제이며, 결코 지배계급을 위한 것은 아니다. 그럼에도 불구하고 반민중세력인 지배계급은 도리어 그들이 장악한 정치와 경제를 통해 우리 민중을 부단히 억압·착취해 왔다. 그렇다면 우리는 반드시 그들이 장악한 정치적 요새와 경제적 요새를 속히 쟁취함으로써 그것들을 모두 민중의 것으로 만들어야 한다. 그래야만 우리는 비로소 지배계급의 온갖 착취와 억압으로부터 민중과 사회를 해방하고, 우리 모두가 평등하게 살아가는 새로운 민중사회(공동체사회)를 건설할 수 있는 것이다.

※ 민중사상은 나라의 주인이며 역사의 주체인 민중이 주도하는 사회를 〈민중사회〉라고 부른다. 그런데 이러한 민중사회를 건설하려면 우리는 먼저 강도 높은 〈정치민주화〉와 〈경제민주화〉를 통해, 기존의 낡은 정치와 낡은 경제를 민중이 요구하는 새 정치와 새 경제로 모두 바꿔야 할 것이다. 따라서 우리 민중의 민주화 투쟁(해방투쟁)은 언제나 계속되어야 하며, 결코 중단해서는 아니될 것이다.

제6절 민중사상의 세계관

이미 논한 바와 같이, 민중사상은 하나님과 인간이 모든 것의 주인이며 모든 것을 결정한다고 보는 〈하나님과 사람중심의 사상〉이다. 여기서 모든 것의 주인이이라는 것은 세계의 주인이라는 뜻이며, 또 모든 것을 결정한다는 것은 세계를 변혁하고 자기 운명을 개척하는 데서 결정적인 역할을 한다는 뜻이다.

그러면 민중사상의 세계관은 어떤 것인가? 그것은 바로 하나님과 인간을 세계의 주인으로 보는 〈하나님과 사람중심의 세계관〉이다. 다시 말해 민중사상의 세계관은 하나님과 인간을 세계의 중심에 놓고 모든 것을 사고하고 실천하며 투쟁함으로써, 이 지상에 하나님의 나라와 민중의 나라를 건설하기 위한 혁명적 세계관이다. 그러면 이제 이러한 민중사상의 세계관〈자연관·물질관·사회관·역사관·인간관〉에 대해 간단히 알아보기로 하자.

1. 민중사상의 자연관

민중사상은 인간을 〈자연의 주체〉로 보는 기본 입장에서 다음과 같은 자연관을 제시한다.

① 민중사상은 자연을 〈인식의 대상〉으로 본다. 고대인들은 자연을 신비의 대상으로 보았지만, 그 자연은 어디까지나 인식의 대상으로 보아야 한다.

② 민중사상은 자연을 〈주관의 대상〉으로 본다. 고대인들은 자연을 숭배의 대상으로 보았지만, 그 자연은 어디까지나 주관의 대상으로 보아야 한다.

③ 민중사상은 자연을 〈개조의 대상〉으로 본다. 고대인들은 자연을 공포의 대상으로 보았지만, 그 자연은 어디까지나 개조의 대상으로 보아야 한다.

④ 민중사상은 자연을 〈보호의 대상〉으로 본다. 현대인들은 자연을 파괴의 대상으로 삼는 경우가 많지만, 그 자연은 어디까지나 보호의 대상이어야 한다.

⑤ 민중사상은 자연을 〈선용의 대상〉으로 본다. 현대인들은 자연을 악용의 대상으로 삼는 경우가 많지만, 그 자연은 어디까지나 선용의 대상이어야 한다.

2. 민중사상의 물질관

민중사상은 하나님을 〈창조의 주체〉로 보는 기본입장에서 다음과 같은 물질관을 제시한다(제3장 「존재론」 참조).

① 민중사상은 물질을 〈하나님의 위대한 창조물〉로 본다. 무신론자들은 물질을 다만 우연히 생겨난 자연발생물로 보고 있지만, 그 물질은 어디까지나 하나님의 창조물로 보아야 한다.

② 민중사상은 물질을 〈성상과 형상으로 된 상대적 존재〉로 본다. 모든 피조물은 상대성 원리에 따라 반드시 내성과 외형의 두 부분을 갖추고 존재하는데, 그 내성과 외형을 각각 성상과 형상이라고 부른다(제3장 제2절 「존재의 기본원리」 참조).

③ 민중사상은 물질을 〈양성과 음성으로 된 상대적 존재〉로 본다. 모든 피조물은 상대성 원리에 따라 반드시 양성과 음성의 두 부분을 갖추고 존재하는데, 민중사상은 그 양성과 음성을 모두 성상과 형상의 본질적인 속성으로 본다.

④ 민중사상은 물질을 〈주체와 대상으로 된 상대적 존재〉로 본다. 모든 피조물은 상대성 원리에 따라 반드시 주체와 대상의 두 부분을 갖추고 존재하는데, 민중사상은 존재의 근본요소인 성상과 형상, 그리고 양성과 음성 중 성상과 양성을 주체로 보고 형상과 음성은 대상으로 본다.

⑤ 민중사상은 창조의 기본 원리인 상대성 원리에 따라 정신(성상)과 물질
(형상)을 모두 〈세계의 제1차적이고 근원적인 존재〉로 본다. 유물론자
들은 오직 물질만을 세계의 제1차적이고 근원적인 존재로 보고 있지만,
민중사상은 이러한 그들의 물질관을 전적으로 반대한다.

3. 민중사상의 사회관

민중사상은 민중을 〈나라의 주인〉으로 보는 기본입장에서 다음과 같은 사
회관을 제시한(제11장 「사회론」 참조).

① 민중사상은 사회발전의 제1단계를 〈원시 공동체사회〉로 본다. 이 사회
는 인간에 의한 인간의 착취와 억압이 없던 사회로서, 선량한 노동계급
만이 그 사회의 주인이 되어 서로 돕고 위하며 살아가던 평등한 계급사
회였다. 사회발전의 최종 목표는 바로 이러한 평등한 계급사회(공동체
사회)를 다시금 이루는 데 있다.
② 민중사상은 사회발전의 제2단계를 〈노예사회〉로 본다. 노예사회는 그
사회의 지배계급(착취계급)으로 등장한 노예상인과 노예소유자들이 우
리 노동계급(민중)을 미천한 노예로 전락시키고, 그들을 무자비하게 억
압·착취하던 불평등한 계급사회였다.
③ 민중사상은 사회발전의 제3단계를 〈봉건사회〉로 본다. 노예사회가 그
러하듯 봉건사회도 역시 그 사회의 지배계급(착취계급)으로 등장한 영
주와 지주들이 우리 노동계급을 미천한 농노로 전락시키고, 그들을 무
자비하게 억압·착취하던 불평등한 계급사회였다.
④ 민중사상은 사회발전의 제4단계를 〈자본주의 사회〉로 본다. 자본주의
사회는 그 사회의 경제적 지배계급(상전)으로 등장한 독점 자본가들이
우리 노동계급을 현대판 노예와 머슴으로 전락시키고, 그들을 부당하
게 억압·착취하는 불평등한 계급사회이다. 이처럼 자본주의 사회는 노

동계급에 대한 온갖 착취행위가 벌어지는 불평등한 계급사회이기 때문에, 그 사회에서는 언제나 〈부익부빈익빈〉의 경제적 모순과 온갖 사회악이 판을 치게 된다.

⑤ 민중사상은 사회발전의 제5단계를 〈공산주의사회〉로 본다. 공산주의사회는 그 사회의 정치적 지배계급(상전)으로 등장한 독재 권력자들이 우리 노동계급을 현대판 노예와 머슴으로 전락시키고, 그들을 무자비하게 억압·착취하는 불평등한 계급사회이다. 이처럼 공산주의 사회도 역시 노동계급에 대한 온갖 적대행위가 벌어지는 불평등한계급사회이기 때문에, 그 사회에서는 언제나 〈지배와 피지배〉 및 〈착취와 피착취〉의 계급적 모순이 판을 치게 된다.

⑥ 민중사상은 사회발전의 제6단계(완성단계)를 〈민중사회〉 또는 〈노동계급사회〉라고 부른다. 민중사회는 바로 우리 모두가 평등하게 살아가는 아름다운 공동체사회를 말한다. 다시 말해 민중사회(노동계급 사회)는 온갖 착취와 억압을 일삼던 지배계급이 모두 사라지고, 선량한 노동계급(민중)만이 나라의 주인이 되어, 하나는 전체를 위하고 전체는 하나를 위해 살아가는 평등한 계급사회를 가리킨다. 이처럼 민중사회는 선량한 노동계급만으로 이루어진 평등한 계급사회를 말하거니와, 민중사상은 바로 이러한 민중사회(공동체사회)를 건설하는데 그 섭리적 목표를 두고 있다(본장 제7절 「민중사상의 기본목표「참조).

4. 민중사상의 역사관

민중사상은 민중을 〈역사의 주체〉로 보는 기본입장에서 다음과 같은 역사관을 제시한다(제6장 「역사론」 참조).

① 민중사상은 인류역사를 〈하나님의 구원섭리역사〉로 본다. 하나님은 타

락한 인류를 구원하시기 위해 역사 속에서 부단히 섭리해 오셨기 때문이다(요 5:17). 따라서 이러한 하나님의 구원섭리를 모른다면, 어느 누구도 인류역사의 참 모습을 발견할 수 없다.

② 민중사상은 인류역사를 〈민중해방의 역사〉로 본다. 하나님은 바로 민중의 하나님이시며(출 9:1), 또 하나님은 고통받는 민중과 사회를 해방하시기 위해 역사 속에서 부단히 섭리해 오셨기 때문이다(출 3:7~8). 이처럼 인류 역사는 바로 민중해방을 위한 역사이므로, 우리 민중의 해방투쟁은 그 어떠한 고난과 핍박 속에서도 반드시 승리할 것이다.

③ 민중사상은 인류역사를 〈계급투쟁의 역사〉로 본다. 타락한 인류사회에서는 언제나 서로 뜻을 달리하는 두 계급(노동계급과 착취계급)이 존재하여 부단히 서로 대립·투쟁하기 때문이다. 따라서 이러한 계급간의 적대적 모순을 근본적으로 해결하려면, 우리는 먼저 민중해방을 위한 〈계급투쟁〉을 통해 모든 분야에서 반동세력인 착취계급을 속히 몰아냄으로써, 이 지상에 인간의 주체성과 자주성이 실현된 평등한 노동계급사회(민중사회)를 반드시 건설해야 할 것이다(제11장 제1절 「사회계급곤」 참조).

④ 민중사상은 인류 역사를 〈재창조의 역사〉로 본다. 하나님은 인간이 타락함으로써 잃어버린 창조 본연의 세계〈에덴〉를 다시금 찾아 이루시기 위해 역사 속에서 부단히 섭리해 오셨기 때문이다(사 65:17, 사 66:22, 계 22:1). 만일 이러한 재창조의 섭리가 없다면, 우리는 잃어버린 에덴(낙원)을 영원히 회복하지 못할 것이다.

⑤ 민중사상은 인류역사를 〈천국의 역사〉로 본다. 왜냐하면 하나님은 이 땅에 하나님의 나라〈천국〉를 건설하시기 위해 역사 속에서 부단히 섭리해 오셨기 때문이다(마 6:33). 만일 이러한 천국 건설의 섭리가 없다면, 우리는 이 땅에 하나님의 나라를 영원히 건설하지 못할 것이다.

5. 민중사상의 인간관

민중사상은 인간을 〈세계의 주인〉으로 보는 기본입장에서 다음과 같은 인간관을 제시한다(제4장 「인간론」 참조).

① 민중사상은 인간을 바로 〈주체성을 가진 사회적 존재〉로 본다. 인간은 본래 세계와 자기 운명의 주인으로 창조된 주체적 존재이기 때문이다. 그런데 인간의 주체성은 예로부터 비인간적이고 반사회적인 지배계급에 의해 부단히 억압·유린되어 왔다. 그렇다면 우리는 반드시 인간의 주체성을 수호해야 하며, 그러기 위해서는 우리 노동계급(민중)이 먼저 철저한 주인의식을 가지고, 모든 분야에서 반동세력인 지배계급과 강력히 맞서 투쟁함으로써, 그들이 자행하는 온갖 착취와 억압의 멍에를 모두 꺾어 버려야 할 것이다. -제9장 〈민중론〉 참조.

② 민중사상은 인간을 바로 〈자주성을 가진 사회적 존재〉로 본다. 인간은 본래 자기 운명을 스스로 개척하며 살아가도록 창조된 자주적 존재이기 때문이다. 그런데 인간의 자주성은 예로부터 비인간적이고 반사회적인 지배계급에 의해 부단히 억압·유린되어 왔다. 그렇다면 우리는 반드시 인간의 자주성을 수호해야 하며, 그러기 위해서는 우리 노동계급이 먼저 확고한 자주의식을 가지고, 모든 분야에서 반동세력인 지배계급과 강력히 맞서 투쟁함으로써, 그들이 강요하는 온갖 예속과 억압의 쇠사슬을 모두 끊어 버려야 할 것이다.

③ 민중사상은 인간을 바로 〈사상성을 가진 사회적 존재〉로 본다. 인간은 본래 자기 사상에 따라 사고하고 행동하며 살아가도록 창조된 사상적 존재이기 때문이다.

인간의 사상은 그 성격상 노동계급(민중)을 옹호하는 민중사상과 지배계급을 옹호하는 반동사상으로 구분할 수 있다. 그런데 지배계급을 옹호하는 반동사상은, 예로부터 언제나 지배계급의 편에서서, 그들이 노동계급을 부당하게 억압·착취하는 데 추악한 사상적 도구가 되었다. 그렇다면 우리 노동계급은 모름지기 그러한 반동사상을 타파하기 위한 혁명적인 사상의식을 가지고 모든 분야에서 지배계급에 대한 〈사상투쟁〉을 힘있게 벌임으로써, 그들이 인간착취의 사상적 도구로 악용해온 온갖 잡사상(반동사상)들을 속히 몰아내야 할 것이다.

④ 민중사상은 인간을 바로 〈계급성을 가진 사회적 존재〉로 본다. 인간은 본래 자신과 사회를 위해 일하며 살아가는 노동계급으로 창조된 계급적 존재이기 때문이다(출 20:9, 살후 3:10, 계 22:12).

인간의 사회적 계급은 그 성격상 서로 대립·투쟁하는 두 계급으로 양분할 수 있다. 노동계급과 지배계급이 바로 그것이다. 그런데 예로부터 지배계급은 노동계급을 부단히 억압·착취함으로써, 그들에게 말할 수 없는 고통과 슬픔을 안겨 주었다. 그렇다면 우리 노동계급은 모름지기 그러한 반동세력을 타도하기 위한 혁명적인 계급의식을 가지고, 모든 분야에서 지배계급에 대한 〈계급투쟁〉을 힘있게 벌임으로써, 그들을 역사의 무대에서 모두 추방해야 할 것이다.

⑤ 민중사상은 인간을 바로 〈창조성을 가진 사회적 존재〉로 본다. 인간은 본래 자연과 사회를 부단히 개조하며 살아가도록 지음받은 창조적 존재이기 때문이다. 따라서 우리는 언제나 사회발전에 필요한 새로운 창조의식을 가지고, 모든 분야에서 자기의 창조성을 적극적으로 발휘해야 한다. 그래야만 우리는 자연과 사회를 개조하고 자기 운명을 개척하는 데서 항상 빛나는 성과를 거둘 수 있는 것이다.

위에서 논한 바와 같이, 민중사상의 세계관은 인간이 세계에서 차지하는 높은 지위와 역할을 새롭게 밝힘으로써, 인간을 세계와 자기 운명의 참다운 주인이 되게 하였다. 그뿐 아니라 민중사상은 인류 역사를 〈민중해방의 역사〉와, 또 하늘편 노동계급이 사탄편 지배계급을 타도하기 위한 〈계급투쟁의 역사〉로 규정함으로써, 우리 노동계급을 사회와 역사의 주체 및 혁명과 건설의 참다운 주인이 되게 하였다.

한편 민중사상은 사회발전의 최종단계(완성단계)를 자본주의사회와 공산주의사회가 아닌 새로운 민중사회(노동계급 사회)로 규정함으로써, 우리 노동계급으로 하여금 역사의 수레바퀴를 더욱 힘차게 밀고 나아가게 하였다.

그러므로 전 세계의 노동계급은 모름지기 새 시대의 지도사상이며 혁명사상인 〈민중사상〉으로 튼튼히 무장하고, 우리 모두가 평등하게 살아가는 새 시대, 새 사회를 건설하는 승리의 그 날까지, 세계 전지역에서 민중해방과 세계해방을 쟁취하기 위한 계급투쟁(해방투쟁)을 더욱 힘차게 전개해야 할 것이다.

제7절 민중사상의 기본목표

민중사상은 바로 이 지상에 하나님의 나라를 건설하기 위해 나온 사상이다. 그러므로 민중사상은 〈지상천국건설〉과 〈세계복음화〉에 그 섭리적 목표를 두고 있다. 하나님의 창조 이상은 바로 지상천국 건설에 있으며(마 6:33), 그러한 천국 건설은 어디까지나 주께서 명하신 세계복음화를 통해서만 그 실현이 가능하기 때문이다(막 16:15). 그런데 지상천국건설의 전단계인 세계복음화섭리는 어디까지나 고통받는 민중과 사회를 해방(구원)하기 위한 것이므로, 먼저 민중해방의 필요성을 논하기로 한다.

1. 민중해방의 필요성

민중사상은 바로 지배계급의 온갖 착취와 억압으로부터 민중과 사회를 해방하기 위한 〈민중해방의 사상〉이라고 말할 수 있다. 이러한 민중해방이 없이는 하나님의 뜻도 인류의 소망도 이룰 수 없기 때문에, 민중사상은 언제나 민중해방의 필요성을 주장한다.

인간은 예로부터 죄 없는 선한 세상에서 인간답게 살기를 원했다. 그런데 우리는 아직도 죄많은 세상에서 인간답게 살지를 못하고 있으니, 그 까닭은 무엇인가? 그것은 바로 우리 사회가 온갖 비인간적인 착취와 억압이 벌어지는 추악한 범죄사회로 전락되었기 때문이다. 그러면 지금까지 인류 사회를 이렇듯 온갖 사회악이 난무하는 범죄사회로 만든 불법자들은 도대체 누구인가?

이미 전술한 바와 같이, 타락한 인간사회에는 언제나 서로 대립·투쟁하는 두 계급이 존재한다. 〈노동계급〉과 〈착취계급〉이 바로 그것이다. 그러면 이러한 두 계급 중에 온갖 착취와 억압을 일삼으며, 우리사회를 추악한 범죄사회로 만드는 자들은 어느 계급인가? 그 계급은 바로 우리 노동계급(민중)을 부단히 억압·착취하는 비인간적인 착취계급이다. 인류사회는 바로 이러한 착취계급이 역사의 무대에 등장함으로써, 추악한 범죄사회가 되고 말았던 것이다.

예나 지금이나 인간사회에서 벌어지는 온갖 사회악은 모두 착취계급으로부터 발생된다. 다시 말해 오늘도 세계 전역에서 노동계급의 정당한 생존과 권익을 부당하게 침해하며, 온갖 착취와 억압을 일삼는 장본인은 바로 착취계급이다. 따라서 이러한 착취계급은 어디까지나 우리 노동계급이 반드시 타도해야 할 적대계급이 아닐 수 없다.

그러면 우리 노동계급이 이 땅에서 착취계급을 속히 몰아낼 수 있는 최선의 길은 무엇인가? 그것은 바로 민중해방을 쟁취하기 위한 〈계급투쟁〉이다. 여기서 계급투쟁이란 사회와 역사의 주체인 노동계급이 반동세력인 착취계급을 몰아내기 위한 모든 투쟁을 말하거니와, 이러한 계급투쟁이 없는 한 우리는 결코 비인간적이고 반사회적인 착취계급을 몰아낼 수 없다. 따라서 전 세계의 노동계급은 모름지기 하나로 굳게 단결하여, 모든 분야에서 민중해방을 쟁취하기 위한 계급투쟁(해방투쟁)을 힘차게 전개해야 할 것이다.

하나님은 온 인류를 죄악에서 해방하시기 위해 이 땅에 메시아를 보내셨으니, 그가 바로 예수님이었다. 다시 말해 예수님은 인간의 영적인 해방과 사회적 해방을 모두 이루심으로써, 이 땅에 하나님의 나라와 민중의 나라를 건설하시기 위해 오신 분이었다(마 6:33). 예수님이 먼저 가난한 자, 억눌린 자, 소외된 자들을 찾아 다니시며 복음을 전파하신 것은, 그가 바로 고통받는 민중과 사회를 해방하시기 위해 오신 분이었기 때문이다(눅 4:16~18, 마 11:28). 그렇다면 우리는 그 주님을 어디까지나 민중의 해방자로 오신 〈민중의 메시아〉로 보아야 할 것이다(눅 6:20~24, 막 1:20~22).

이와 같이 예수님은 인간의 영적인 해방과 사회적 해방을 모두 이루시기 위해 오셨다. 그럼에도 불구하고 지금까지 기독교는 영적인 해방만을 구원의 전부로 착각함으로써, 사회적 해방에 관해서는 언제나 외면하기 일쑤였다. 이러한 기독교의 오류가 시정되지 않는 한, 우리는 결코 이 땅에 하나님의 나라와 민중의 나라를 건설할 수 없다. 따라서 오늘의 기독교는 모름지기 인간의 영적인 해방과 사회적 해방을 동시에 추구하는 새로운 민중해방의 종교로 속히 거듭나야 할 것이다.

위에서 논한 바와 같이, 우리 민중이 인간답게 살아가려면, 무엇보다도 비인간적인 착취와 억압의 굴레에서 속해 해방되어야 한다. 그리고 이러한 민중해방이 실현되려면, 전체 노동계급이 하나로 굳게 단결하여, 정치·경제·사회 등 모든 분야에서 반동세력인 착취계급을 몰아내기 위한 계급투쟁을 힘차게 전개해야만 한다.

오늘날 우리 성도들이 한결같이 고대하는 하나님의 나라와 민중의 나라는 바로 이러한 계급투쟁(해방투쟁)을 통해 하늘편 노동계급이 사탄편 착취계급을 역사의 무대에서 깨끗이 몰아낼 때만이 비로소 건설될 수 있는 것이다(제9장 「민중론」 참조).

2. 천국건설의 필요성

인간은 본래 사회적 존재로서 항상 그 사회와 밀접한 연관을 맺고 살아간다. 인간은 누구도 그 사회를 떠나서는 온전히 생존할 수 없기 때문이다. 이러한 견지에서 사회는 바로 우리 모두가 함께 살아가야 할 제2의 고향이라고도 말할 수 있다.

이와 같이 인간은 누구나 그 사회와 더불어 살아가야 하기 때문에 예로부터 인간은 항상 보다 좋은 사회를 만들고자 노력해 왔다. 그 결과 나타난 대표적인 사회형태가 바로 오늘의 자본주의사회와 공산주의사회인 것이다.

지금까지 자본주의 사회는 자본주의의 우월성을 자랑하였고, 반대로 공산주의 사회는 공산주의의 우월성을 자랑해 왔다. 그러나 우리는 그들이 아무리 자랑을 한다 해도, 이제는 더 이상 기대할 수 없게 되었다. 그 동안 우리는 두 사회에서 제기되는 여러 가지 문제점(병폐)들을 직접 경험해 보았으며, 또한 두 사회의 사상적 대립과 투쟁 속에서 수많은 희생을 치르고 살아왔기 때문이다. 특히 무신론을 신봉하는 공산주의 사회는 세계 적화만을 꿈꾸는 호전적인 독재사회로서, 오히려 세계평화를 위협하고 있는 것이 오늘의 현실이다. 이에 현대인들은 종래의 낡은 사회제도에 이제는 모두 지치고 싫증이 났다. 그들은 한결같이 보다 새로운 사회제도를 요구하고 있는 것이다.

인간이 인간답게 살아가려면, 무엇보다도 먼저 〈지배와 피지배〉 및 〈착취와 피착취〉의 계급적 모순이 해결되어야 한다. 그리고 〈부익부빈익빈〉의 경제적 모순도 반드시 해결되어야 한다. 그러나 오늘의 자본주의사회와 공산주의사회는 그러한 모순들을 아직도 근본적으로 해결하지 못했을 뿐만 아니라, 오히려 그 모순들은 갈수록 확산되고 있다. 그리하여 오늘의 자본주의사회와 공산주의사회는 정치·경제·사회 등 모든 분야에서 온갖 사회악이 판을 치는 부패하고 병든 사회가 되고 말았다. 오늘날 우리 사회가 마치 소돔과 고모라와 같은 음란사회로 나날이 변모해 가고 있음은, 바로 현대사회가 도덕적인 면에서도 깊이 병들어 있음을 보여주는 산 증거가 아닐 수 없다.

그러면 우리는 이렇듯 부패하고 병든 사회를 그대로 바라보고만 있어야 하는가? 우리는 언제나 역사의 주인답게 부패한 사회개혁에 앞장서야 한다. 그리하여 우리는 이 사회가 마지막 임종을 고하기 전에 이 병든 사회를 생명력이 넘치는 건강한 사회로 속히 회복시켜야 한다. 다시 말해 우리는 온 인류가 하나님의 뜻대로 인간답게 살아갈 수 있는 선하고 아름다운 〈천국〉을 이 지상에 건설해야 하는 것이다.

일찍이 예수님은 제자들에게 「너희는 먼저 하나님의 나라와 그의 의를 구하라」(마 6:33)고 말씀하셨고, 또 「뜻이 하늘에 이룬 것같이 땅에서도 이루어지도록 기도하라」(마 6:10)고 가르치셨다. 그리고 「너희는 온 천하에 다니며 만민에게 복음을 전파하라」(막 16:15)고 간곡히 당부하셨다. 이러한 주님의 말씀을 보더라도, 기독교 신앙의 최종 목표는 바로 〈천국 건설〉에 있음을 분명히 알 수 있다.

그러면 인간이 본래 이루고 살아야 할 〈천국〉은 어떠한 세계인가? 천국이라고 하면 우리는 흔히 사후의 영적인 천국만을 생각하기 쉽다. 그러나 여기서 말하는 천국은 어디까지나 현세의 〈지상천국〉을 가리킨다.

지상천국은 바로 온 인류가 하나님을 모시고 서로 사랑하고 위하며 살아가는 선하고 아름다운 공동체사회를 말한다. 민중사상은 이러한 공동체사회를 〈민중사회〉라고 부른다. 따라서 민중사회는 민주주의자건 공산주의자건 누구를 막론하고 한결같이 소망하는 사회가 아닐 수 없다. 민중사상이 추구하는 그 목표는 바로 이러한 민중사회(공동체사회)를 건설하는 데 있거니와, 이것을 좀더 구체적으로 설명하면 다음과 같다(제11장 「사회론」 참조).

3. 민중사상의 기본목표

① 민중사상은 온 인류가 하나님을 모시고 믿음으로 살아가는 〈신앙사회〉를 건설하는 데 그 목표를 두고 있다.

② 민중사상은 온 인류가 하나님의 뜻과 말씀대로 살아가는 〈진리사회〉를 건설하는 데 그 목표를 두고 있다.

③ 민중사상은 온 인류가 나라의 주인으로 살아가는 정의로운 〈민주사회〉를 건설하는 데 그 목표를 두고 있다.

④ 민중사상은 온 인류가 한 국민이 되어 동일한 사상과 언어를 가지고

살아가는 〈통일사회〉를 건설하는 데 그 목표를 두고 있다.

⑤ 민중사상은 온 인류가 한가족이 되어 서로 사랑하고 위하며 살아가는 〈가족사회〉를 건설하는 데 그 목표를 두고 있다.

⑥ 민중사상은 온 인류가 인륜 도덕과 미풍양속을 지키며 살아가는 〈윤리사회〉를 건설하는 데 그 목표를 두고 있다.

⑦ 민중사상은 온 인류가 전쟁과 폭력 및 착취와 억압이 없이 살아가는 〈평화사회〉를 건설하는 데 그 목표를 두고 있다.

⑧ 민중사상은 온 인류가 인종과 인권 및 빈부와 귀천의 차별이 없이 살아가는 〈평등사회〉를 건설하는 데 그 목표를 두고 있다.

⑨ 민중사상은 온 인류가 하나는 전체를 위하고 전체는 하나를 위해 살아가는 〈공동체사회〉를 건설하는 데 그 목표를 두고 있다.

⑩ 민중사상은 온 인류가 서로 사랑과 진실을 꽃피우며 살아가는 정의로운 〈양심사회〉를 건설하는 데 그 목표를 두고 있다.

⑪ 민중사상은 온 인류가 안락한 사회환경을 이루고 살아가는 풍요로운 〈복지사회〉를 건설하는 데 그 목표를 두고 있다.

⑫ 민중사상은 온 인류가 찬란한 정신문화를 꽃피우며 살아가는 아름다운 〈예술사회〉를 건설하는 데 그 목표를 두고 있다.

위에서 보는 바와 같이, 민중사상이 추구하는 기본 목표는 바로 이 지상에 만민이 평등하게 살아가는 〈민중사회〉를 건설하는 데 있다. 다시말해 민중사상은 인간이 인간답게 살 수 없는 추악한 범죄사회를 몰아내고, 인간이 인간답게 살아갈 수 있는 아름다운 공동체사회(민중사회)를 건설하는 데 그 목표를 두고 있는 것이다.

인간이 인간답게 살아가려면, 무엇보다 비인간적인 착취와 억압이 없는 사회가 건설되어야만 한다. 그러한 착취와 억압이 있는 곳에서는 어느 누구도 인간답게 살아갈 수 없기 때문이다. 따라서 온갖 착취와 억압이 난무하는 오늘의 범죄사회가 새로운 공동체사회로 속히 변혁되어야 함은 두말 할 나위도 없다(행 2:44~45, 행 4:32).

그러면 우리 모두가 평등하게 살아가야 할 공동체사회는 어떻게 이룰 수 있는가? 그 사회를 이루려면 우리는 먼저 새 시대가 요구하는 새로운 공동체 사상을 확립함으로써, 인간의 사상을 하나로 통일하지 않으면 안 된다. 왜냐하면 인간은 본래 자기 사상에 따라 사고하고 행동하는 사상적 존재이기 때문이다.

인간은 마음과 몸으로 되어 있으며, 그 중 주체가 되는 것은 외적인 육신이 아니라 내적인 마음, 곧 사상이며, 사회를 건설하고 움직이는 모든 힘은 바로 이러한 사상으로부터 우러나오는 것이다. 예컨대 미국은 민주주의라는 사상이 그 나라를 건설한 것이요, 중국은 공산주의라는 사상이 그 나라를 건설한 것이다.

이와 같이 사상은 어디까지나 인간의 정신적 주체로서 새로운 사회건설의 원동력이 된다. 그러므로 우리가 불평등한 착취사회를 몰아내고 평등한 공동체사회를 건설하려면, 우리는 반드시 새 시대가 요구하는 새로운 공동체 사상을 중심으로 인간의 사상을 하나로 통일시켜야만 한다(고전 1:10, 빌 2:2~3). 오늘의 인류는 바로 이러한 〈사상통일〉을 이룸으로써, 이 지상에 만민이 평등하게 살아가는 정의로운 공동체 사회를 앞당겨 건설할 수 있는 새로운 종교사상의 출현을 목마르게 고대하고 있는 것이다(암 8:11).

제8절 민중사상의 기본노선

민중사상은 바로 세계를 변혁하고 해방하기 위한 사상이다. 그러므로 민중사상은 언제나 우리 민중이 〈변혁의 주체〉와 〈해방의 주체〉임을 강조한다. 그리고 말보다 〈투쟁〉을 요구한다. 왜냐하면 투쟁하지 않는 민중은 세계를 변혁하고 해방할 수 없으며, 또 지배계급의 온갖 착취와 억압에서 벗어날 수도 없기 때문이다. 따라서 우리 민중은 모두가 투쟁하는 민중이 되어야 하며, 결코 그 투쟁을 반대하는 비겁한 자가 되어서는 안된다(롬 12:2, 딤전

6:12, 벧전 5:8~9).

그러면 우리 민중은 세계를 변혁하고 해방하기 위해 어떤 투쟁을 해야 하는가? 그것은 바로 〈혁명과 건설〉이다. 우리는 이러한 혁명과 건설을 통해서만 반동세력이 지배하는 세계를 변혁하고 해방할 수 있으며, 또 이땅에 하나님의 나라와 민중의 나라를 건설할 수 있다.

그러므로 전세계의 민중세력은 이제 모두가 혁명과 건설에 떨쳐 나서야 한다. 그리고 민중해방과 세계해방을 위해 모든 분야에서 그 혁명과 건설을 더욱 힘차게 밀고 나아가야 할 것이다. 여기서 혁명이란 고통받는 민중과 사회를 해방하기 위한 모든 투쟁을 의미하며, 또 건설이란 기독교가 추구하는 하나님의 나라와 민중의 나라, 그리고 새로운 민중사회(공동체사회)의 건설을 의미한다.

1. 민중사상의 기본노선

민중사상은 자본주의를 반대하는 노동계급(민중계급)만을 혁명과 건설의 참다운 주인으로 보며, 또 세계변혁과 세계혁명의 주역으로 본다. 이러한 민중사상의 기본 노선(핵심노선)에는 혁명노선을 비롯하여 민중노선·자주노선·대중노선·연합노선 등이 있거니와, 이것들은 우리 노동계급이 혁명과 건설에서 항상 견지하고 가야 할 확고한 원칙이 된다. 그러면 이러한 민중사상의 기본노선에 대해 알아보기로 하자.

① 혁명노선

이것은 혁명과 건설의 주체인 우리 노동계급(민중)이 강고한 혁명투쟁(해방투쟁)을 통해 고통받는 민중과 사회를 해방하고, 이 땅에 하나님의 나라와 민중의 나라 그리고 다시는 지배계급의 착취와 억압이 없는 새로운 민중사회를 건설해 나가는 것을 말한다.

이처럼 민중사상이 혁명노선을 주장하는 이유는 그 혁명투쟁을 민중해방과 세계해방의 원동력으로 보기 때문이다. 그런데 이러한 혁명노선을 완수하려면, 우리는 먼저 새 시대의 혁명사상인 〈민중사상〉으로 철저히 무장해야 하며, 또 언제나 강하고 담대한 믿음과 불타는 사명감을 안고 모든 분야에서 민중해방과 세계해방을 위한 혁명투쟁(해방투쟁)을 더욱 힘차게 전개해야 할 것이다(수 1:7~9, 딤전 6:12).

민중사상은 민중해방을 위한 혁명노선을 민중사상의 기본 노선으로 삼는다. 그리고 민중사상은 인간개조(사상개조)를 위한 사상혁명과 사회개조를 위한 정치혁명, 그리고 신앙개조를 위한 종교혁명과 문화개조를 위한 문화혁명을 〈민중사상의 4대 혁명노선〉으로 삼는다. 따라서 우리 노동계급은 착취와 억압이 없는 새 시대, 새 사회를 건설하는 승리의 그 날까지, 모든 분야에서 민중사상이 요구하는 4대 혁명사업과 4대 개조사업을 힘차게 밀고 나아가야 할 것이다.

민중해방과 세계해방을 위한 혁명의 길! 그 길은 비록 멀고도 험난한 길이지만 우리 노동계급은 반드시 그 길을 가야만 한다. 그 길을 가지 않고는 우리는 결코 민중해방과 세계해방을 쟁취할 수 없으며, 또 이 땅에 하나님의 나라와 민중의 나라를 건설할 수도 없다. 우리는 승리의 그날까지 민중해방과 세계해방의 기치를 높이 들고, 혁명의 그 길을 힘차게 달려가야 할 것이다.

② 민중노선

이것은 혁명과 건설에서 제기되는 모든 문제들을 언제나 민중의 편에 서서 그들의 정당한 요구와 이익에 맞게 풀어나가는 것을 말한다. 민중사상이 민중노선을 주장하는 이유는 그 민중을 나라의 주인으로 보기 때문이다. 그런데 이러한 민중노선을 완수하려면, 우리는 언제나 민중을 사랑하고, 또 언제나 민중 속으로 들어가 그들에게 봉사하며 모든 문제들을 그들과 함께 풀어나가야 한다. 그뿐 아니라 우리는 고통받는 민중과 사회를 해방하기 위해 언제나 민중의 선봉에서 헌신적으로 투쟁해야 할 것이다.

③ 자주노선

이것은 혁명과 건설에서 제기되는 모든 문제들을 언제나 자주자립의 원칙과 자체의 힘(자력)으로 풀어나가는 것을 말한다. 민중사상이 자주노선을 주장하는 이유는 자력갱생을 자주자립의 지름길로 보기 때문이다. 그런데 이러한 자주노선을 완수하려면, 우리는 언제나 사대주의와 제국주의를 반대하고 모든 분야에서 자력갱생과 자주자립의 원칙을 관찰시켜야 하며, 또 온갖 예속과 굴종을 강요하는 반동세력과 끝까지 맞서 투쟁해야 할 것이다.

④ 대중노선

이것은 혁명과 건설에서 제기되는 모든 문제들을 대중의 단결된 조직과 힘으로 풀어나가는 것을 말한다. 민중사상이 대중노선을 주장하는 이유는 대중투쟁을 민중해방의 지름길로 보기 때문이다. 그런데 이러한 대중노선을 완수하려면, 우리는 언제나 대중을 사랑하고, 또 언제나 대중 속으로 들어가 그들을 혁명사상으로 교양하며 그들과 함께 강력한 대중운동과 대중투쟁을 전개해야 할 것이다.

인민대중(민중)은 바로 나라의 주인이며, 또 세계변혁과 세계혁명의 주체가 된다. 그러므로 우리는 언제나 인민 대중과 함께 투쟁해야만, 새 시대, 새 사회를 건설하기 위한 혁명과 건설에서 승리할 수 있다. 민중사상이 개인주의와 이기주의를 반대하고 집단적인 대중노선을 주장하는 이유는 바로 여기에 있다.

⑤ 연합노선

이것은 혁명과 건설에서 제기되는 모든 문제들을 전 세계의 노동계급이 하나로 굳게 연대하여 풀어나가는 것을 말한다. 민중사상이 연합 노선을 주장하는 이유는 연대투쟁을 세계혁명의 지름길로 보기 때문이다. 그런데 이러한 연합노선을 완수하려면, 우리는 전 세계의 노동계급을 다 같은 혁명의 동지로 보아야 하며, 또 우리 노동계급은 세계 전역에서 민중해방과 세계해방을 쟁취하기 위한 연합투쟁(연대투쟁)을 강력히 전개해야 할 것이다.

민중사상이 지향하는 세계혁명의 최종목표는 바로 지배계급의 온갖 착취와 억압으로부터 세계인류를 해방하고, 이 땅에 하나님의 나라와 민중의 나라, 그리고 만민이 평등하게 살아가는 세계공동체사회를 건설하는 데 있다. 그런데 이러한 세계혁명을 앞당겨 이루려면, 전체 노동계급이 세계혁명의 깃발 아래 하나로 굳게 연대하여 힘차게 투쟁해야만 한다. 민중사상이 지역주의를 반대하고 세계주의와 연합노선을 주장하는 이유는 바로 여기에 있다.

> ※ 민중사상의 기본노선(7대노선)에는 독재정치를 반대하는 〈민주노선〉과 자본주의를 반대하는 〈사회주의 노선〉도 포함된다. 그런데 이러한 기본노선에서 가장 중요한 것은 바로 〈민중사랑〉이다. 민중을 사랑하지 않는 자는 그 민중과 하나가 될 수 없으며, 또 고통받는 민중과 사회를 해방하기 위해 투쟁할 수도 없기 때문이다. 그러므로 우리 노동계급은 언제나 민중에 대한 뜨거운 사랑을 가슴에 안고 투쟁해야 할 것이다.

2. 민중사상의 투쟁원칙

예로부터 우리 노동계급(민중)은 착취와 억압이 없는 〈평등한 사회〉를 열망해 왔다. 그런데 그 평등한 사회는 결코 저절로 이루어지는 것이 아니다. 그것은 오직 고통받는 민중과 사회를 해방하기 위한 피어린 투쟁을 통해서만 비로소 건설할 수 있는 것이다.

민중사상은 고통받는 민중과 사회를 해방하기 위해 언제나 민중의 선봉에서 헌신적으로 투쟁하는 모범적인 사명자들을 〈민중혁명가〉 또는 〈해방전사〉라고 부른다. 다시 말해 민중혁명가는 지배계급의 온갖 착취와 억압으로부터 민중과 사회를 해방하고, 이 땅에 하나님의 나라와 민중의 나라, 그리고 우리 모두가 평등하게 살아가는 새 시대, 새 사회를 건설하기 위해 언제나 앞장서 투쟁하는 모범적인 사명자들을 가리킨다.

과거 모세는 사탄의 앞잡이인 바로왕의 온갖 착취와 억압으로부터 이스라엘 민중을 해방시키고, 그들을 하나님이 예비하신 약속의 땅(가나안)으로 인도하던 위대한 민중혁명가였다. 그런데 오늘날 우리 노동 계급은 모세와 같은 민중혁명가(해방전사)들을 또다시 간절히 고대하고 있다. 왜냐하면 그러한 민중혁명가들만이 고통받는 민중과 사회를 해방하기 위해 언제나 앞장서 투쟁할 수 있으며, 또 우리 노동계급을 착취와 억압이 없는 새로운 약속의 땅으로 인도할 수 있기 때문이다.

그러므로 우리가 진정으로 민중해방을 원한다면, 우리는 먼저 모세와 같은 민중혁명가들을 양성하는 데 총력을 기울여야 한다. 그래야만 우리는 고통받는 민중과 사회를 속히 해방하고, 이 땅에 하나님의 나라와 민중의 나라를 앞당겨 건설할 수 있는 것이다.

다음은 민중사상이 제시하는 〈민중혁명가들의 투쟁원칙〉에 대해 알아보자. 여기서는 열 가지 원칙만을 제시하기로 한다.

① 민중혁명가들은 언제나 하나님의 나라를 건설하기 위해 투쟁해야 한다.
② 민중혁명가들은 언제나 민중의 나라를 건설하기 위해 투쟁해야 한다.
③ 민중혁명가들은 언제나 고통받는 민중과 사회를 해방하기 위해 투쟁해야 한다.
④ 민중혁명가들은 언제나 민중의 생존과 권익을 수호하기 위해 투쟁해야 한다.
⑤ 민중혁명가들은 언제나 민중과 하나로 굳게 단결하여 투쟁해야 한다.
⑥ 민중혁명가들은 언제나 민중을 혁명사상으로 교양하며 투쟁해야 한다.
⑦ 민중혁명가들은 언제나 민중의 높은 지혜와 힘을 모아 투쟁해야 한다.
⑧ 민중혁명가들은 언제나 민중을 사랑하고 위하며 투쟁해야 한다.
⑨ 민중혁명가들은 언제나 민중과 생사고락을 함께 하며 투쟁해야 한다.
⑩ 민중혁명가들은 언제나 민중의 선봉대, 결사대가 되어 투쟁해야 한다.

우리 민중의 사상적 무기와 투쟁의 무기인 〈민중사상〉은 바로 민중을 사랑하는 사상이며, 또 언제나 민중을 위해 복무하는 사상이다. 그 뿐 아니라 민중사상은 고통받는 민중과 사회를 해방하기 위해 투쟁하는 자랑스러운 혁명사상이다. 그러므로 이러한 민중사상으로 무장한 새 시대의 민중혁명가들은 언제나 민중을 사랑하고, 또 언제나 민중해방과 세계해방을 위해 앞장서 투쟁해야 할 것이다.

하나님과 주님, 그리고 역사와 민중 앞에 부름받은 민중혁명가!

그들은 바로 고통받는 민중과 사회를 해방하기 위해, 스스로 고난의 십자가를 지고 투쟁하는 현대판 모세이며 자랑스런 혁명전사이다. 또 그들은 천명(天命)을 받들어 이 땅에 하나님의 나라와 민중의 나라를 앞장서 건설해야 할 세계혁명의 기수이며 세계 복음화의 주역이다. 그렇다면 그들이야말로 새 시대가 요구하는 가장 모범적이고 영웅적인 사명자들이 아닐수 없다.

민중혁명가들은 자신보다 민중해방을 위해 부름받은 사명자들이다. 그러므로 민중혁명가들은 언제나 민중에 대한 뜨거운 사랑과 불타는 사명감을 안고 헌신적으로 투쟁해야만 한다. 그리하여 우리는 모세가 이스라엘 민중을 해방시키듯 고통받는 민중과 사회를 해방하고, 우리 모두가 평등하게 살아가는 새 세상을 속히 건설해야 할 것이다.

새 시대, 새 사회를 열망하는 전 세계의 민중혁명가들이여! 이제는 모두가 민중해방의 가치를 높이 들고 하나로 굳게 단결하라. 그리고 세계 전역에서 민중해방과 세계해방을 쟁취하는 승리의 그 날까지, 혁명과 건설의 주인답게 영웅적으로 투쟁하라. 이것만이 우리 노동계급이 온갖 사회악이 판을 치는 추악한 범죄사회를 속히 몰아내고, 이 땅에 하나님의 나라와 새로운 민중사회(노동계급사회)를 앞당겨 건설하는 지름길이 될 것이다.

제9절 민중사상의 3대주의

예로부터 인간은 불평등한 사회가 아닌 평등한 사회에서 인간답게 살아가기를 원했다. 그래서 사람들은 지금까지 착취와 억압이 없는 평등한 사회를 건설하기 위해 온갖 심혈을 기울여 왔다. 그럼에도 불구하고 우리 사회는 아직도 온갖 사회악이 판을 치는 불평등한 사회가 그대로 계속되고 있는 안타까운 실정에 있다.

우리는 지금 자본주의가 세계를 지배하는 치열한 경쟁사회(불평등한 사회)에서 살아가고 있다. 이 사실은 바로 자본주의가 세계를 지배하는 한 우리는 결코 인간답게 살아갈 수 없으며, 또 우리가 고대하는 평등한 사회도 결코 도래할 수 없다는 것을 의미한다. 왜냐하면 자본주의가 지배하는 곳에서는 언제나 지배와 피지배 및 착취와 피착취의 계급적 모순이 발생하기 때문이다.

인간과 사회를 끊임없이 타락시키고 오염시키는 자본주의는 어이없게도 기독교가 발달한 영국에서 처음 발단되었다. 그런데 당시 기독교는 그러한 자본주의의 모순성과 해악성을 깨닫지 못하고 도리어 그의 앞잡이 역할을 함으로써, 그 자본주의는 기독교와 함께 전 세계로 급속히 퍼져나갔다. 그 결과 오늘날 우리 사회는 자본주의가 지배하는 불평등한 범죄사회가 되고 말았으니, 이 얼마나 안타까운 일인가?

그러므로 우리가 진정으로 평등한 사회를 원한다면, 우리는 반드시 자본주의에 오염된 기독교를 전면적으로 개혁해야 하며, 또 낡고 부패한 자본주의를 역사의 무대에서 깨끗이 몰아냄으로써, 세계인류를 그 사악한 자본주의의 지배로부터 속히 해방시켜야만 한다. 생각해 보라. 자본주의가 발달하면 할수록 그 사회는 더욱 개인주의·이기주의·물질주의·향락주의가 판을 치는 추악한 범죄사회가 되고 마는데, 우리가 어찌 그러한 자본주의를 더 이상 용납할 수 있겠는가?

민중사상은 사회발전의 최종단계(완성단계)인 〈민중사회〉를 건설하기 위해 낡고 부패한 자본주의와 공산주의를 모두 반대하고, 그 대신 새로운 가족주의와 민주주의와 사회주의를 주장하는데, 이것을 〈민중주의〉 또는 〈민중사상의 3대주의〉라고 부른다. 그러면 이러한 민중사상의 3대주의에 대해 좀 더 자세히 알아보기로 하자.

1. 가족주의

◉ 세계인류는 한 가족이다.

민중사상은 세계인류를 한 가족으로 보는 기본입장에서 인종·혈통·민족국가를 모두 초월한 새로운 〈가족주의〉를 주장한다(마 12:50). 그러면 가족주의란 무엇인가? 그것은 바로 세계인류를 한가족으로 보는 주의이며, 또 그것은 세계인류가 한가족이 되어 서로 돕고 사랑하고 위하며 살아가는 아름다운 가족주의 사회(공동체사회)를 건설하기 위한 주의를 말한다. 이처럼 민중사상은 세계인류를 한가족으로 보는 〈가족주의〉를 주장하거니와, 오늘 이 시대는 바로 이러한 가족주의가 시급히 요청되는 때라고 하겠다.

인류는 본래 한 조상으로부터 태어난 한 가족이었다(행 17:26). 그럼에도 불구하고 우리 인류는 불행하게도 인종·혈통·민족국가 등의 장벽에 가로막혀, 이제는 모두가 타인처럼 살아가는 이산가족이 되고 말았다. 그러나 인류는 그 본질상 반드시 한가족으로 되돌아가야 하며, 그러기 위해서는 세계인류를 한가족으로 묶어줄 수 있는 보편적인 사랑의 이데올로기가 있어야 한다. 민중사상은 그것을 〈가족주의〉로 본다. 왜냐하면 우리는 그 가족주의를 통해서만 인종과 혈통, 그리고 민족과 국가의 장벽을 모두 헐어 버리고 세계인류를 한가족으로 만들 수 있으며, 또 세계인류가 한가족이 되어 서로 돕고 사랑하고 위하며 살아가는 가족주의 사회를 건설할 수 있기 때문이다. 그렇다면 우리는 모두가 세계인류를 한가족으로 보는 가족주의자가 되어야 하며, 결코 그 가족주의를 반대하는 자가 되어서는 아니될 것이다.

※ 〈One Family Under God〉을 지향하는 가족주의는 바로 〈사랑주의〉
다. 다시 말해 가족주의는 세계인류를 한가족으로 보고 「서로 사랑하
라」는 주의다. 그러므로 가족주의는 언제나 인류에 대한 사랑과 봉사
를 강조한다. 그리고 인종과 혈통 및 민족과 국가의 장벽을 모두 초월
한다. 필자는 이러한 가족주의을 통해, 우리 모두가 서로 사랑하고 위
하며 한가족으로 살아가는 아름다운 가족사회가 속히 도래하기를 간
절히 기원하는 바이다.

2. 민주주의

◉ 민중은 나라의 주인이다.

민중사상은 민중을 나라의 주인으로 보는 기본 입장에서 독재정치(파쇼정
치)를 반대하고 〈민주주의〉를 주장한다. 그러면 민주주의란 무엇인가? 그것
은 바로 민중을 나라의 주인으로 보는 주의이며, 또 그것은 지배계급의 온갖
착취와 억압으로부터 민중과 사회를 해방하고, 민중이 주도하는 정의로운 민
주사회와 민주국가를 건설하기 위한 주의를 말한다.

민주주의는 그 성격상 자본주의(개인주의)를 옹호하는 〈부르주아 민주주
의〉와 사회주의(공동체주의)를 옹호하는 〈프롤레타리아 민주주의〉로 구분
할 수 있다. 그런데 민중사상은 그 중에서 사회주의를 옹호하는 프롤레타리
아 민주주의(민중민주주의)만을 참다운 민주주의로 본다. 왜냐하면 자본주
의를 옹호하는 부르주아 민주주의는 다만 민주주의의 탈을 쓴 사이비 민주
주의에 불과하기 때문이다. 그렇다면 우리의 민주화투쟁(해방투쟁)은 이땅
에 프롤레타리아 민주주의를 실현하는 승리의 그 날까지 부단히 계속되어야
할 것이다.

오늘날 자본주의 사회에서 실시하는 부르주아 민주주의는 비록 민주주의
를 내세우고 있지만, 우리는 그것을 참다운 민주주의라고 말할 수 없다. 왜
냐하면 자본주의를 옹호하며 그의 앞잡이 노릇을 하는 부르주아 민주주의는

결코 민중이 요구하는 평등한 사회를 만들 수 없으며, 그것은 도리어 우리 민중에 온갖 고통과 불행을 안겨주는 불평등한 사회를 만들 뿐이기 때문이다. 그러므로 우리가 진정으로 평등한 사회에서 인간답게 살아가기를 원한다면, 우리는 반드시 부르주아 민주주의를 몰아내고 프롤레타리아 민주주의를 전면적으로 실시해야 할 것이다.

> ※ 민중사상은 민주주의를 주장하지만, 자본주의와 결탁한 민주주의는 반대한다. 인간 착취의 도구로 전락한 자본주의와 놀아나는 민주주의는 결코 참다운 민주주의로 볼 수 없기 때문이다. 예나 지금이나 지배계급은 우리 민중을 손쉽게 지배하기 위해, 항상 그 전면에 민주주의를 내세운다. 그러나 지배계급의 앞잡이 역할을 하는 그 민주주의는 어디까지나 민주주의를 가장한 사이비 민주주의에 불과하다는 것을 우리는 잠시도 잊지 말아야 할 것이다.

3. 사회주의

◉ 사회주의는 공동체주의다.

민중사상은 민중을 모든 생산수단의 주인으로 보는 기본 입장에서 자본주의를 반대하고 〈사회주의〉를 주장한다. 그러면 사회주의란 무엇인가? 그것은 바로 생산수단의 사적인 소유를 반대하고 사회적 소유(공유)를 주장하는 주의이며, 또 그것은 온갖 착취와 억압을 일삼는 자본주의의 지배로부터 민중과 사회를 해방하고, 우리 모두가 평등하게 살아가는 새로운 공동체사회를 건설하기 위한 주의를 말한다.

생산수단의 소유형태는 그 성격상 자본주의가 주장하는 〈개인소유〉와 사회주의가 주장하는 〈공동소유〉로 구분할 수 있다. 그런데 민중사상은 그 중에서 사회주의가 주장하는 공동소유를 가장 이상적인 소유 형태로 본다. 왜냐하면 생산수단의 공동소유는 바로 인간평등과 사회평등의 기초가 되며, 또 그것은 우리 민중이 온갖 착취와 억압의 굴레에서 벗어나는 지름길이 되기 때문이다.

인간은 본래 사적인 존재인 동시에 사회적 존재이다. 그러므로 민중사상은 인간의 사적인 소유(사유)와 사회적 소유(공유)의 필요성을 모두 인정한다. 그러나 생산수단의 사적인 소유만은 반대한다. 왜냐하면 생산수단의 사적인 소유는 필연적으로 부익부·빈익부의 경제적 모순과 착취와 피착취의 계급적 모순을 초래함으로써, 그것은 다만 우리 사회를 온갖 착취와 억압이 벌어지는 추악한 범죄사회로 만들 뿐이기 때문이다. 민중사상이 자본주의(개인주의)를 반대하고 사회주의(공동체주의)를 주장하는 이유는 바로 여기에 있다.

사회주의는 그 성격상 민주주의를 옹호하는 〈민중사회주의〉와 공산주의를 옹호하는 〈독재사회주의〉로 구분할 수 있다. 그런데 민중사상은 그 중에 민주주의를 옹호하는 프롤레타리아 사회주의(민중사회주의)만을 참다운 사회주의로 본다. 왜냐하면 민주주의가 실종된 독재사회주의는 결코 민중을 위한 사회주의로 볼 수 없으며, 또 그것은 사회주의가 지향하는 평등한 사회를 건설할 수도 없기 때문이다.

민중이 요구하는 참다운 사회주의는 어디까지나 인민 대중을 위한 사회주의이며, 결코 지배계급을 위한 사회주의가 아니다. 인민 대중(민중)은 바로 나라의 주인이며, 또 모든 정치와 경제의 주체가 되기 때문이다. 그럼에도 불구하고 마르크스주의자들은 그 사회주의를 도리어 지배계급을 위한 사회주의로 변질시켰다. 그리하여 공산주의 사회는 언제나 부패한 관료계급이 판을 치는 독재사회가 되었고, 그 결과 그 사회는 스스로 몰락의 길을 가게 되었던 것이다.

지금까지 마르크스의 추종자들은 프랑스의 상시몽과 푸리에 등이 주장한 사회주의를 모두 공상적 사회주의라 비판하고, 오직 마르크스가 주장한 사회주의만을 과학적 사회주의라고 자랑해 왔다. 그러나 민중사상은 마르크스의 사회주의도 역시 공상적 사회주의로 본다. 왜냐하면 프로레타리아 독재를 주장한 마르크스의 사회주의는 바로 민주주의가 실종된 독재 사회주의로서, 그것은 결코 민중이 요구하는 평등한 사회를 건설할 수 없기 때문이다. 이 사실은 이미 소련의 붕괴에서 명백히 드러났거니와, 만일 마르크스의 사회주의가 진짜 과학적 사회주의라면 그 사회주의를 가장 먼저 실시했던 소련은 어찌하여 스스로 붕괴되었단 말인가?

마르크스는 부르주아 독재를 반대하고 프롤레타리아 독재를 주장했지만, 민중사상은 그것들을 모두 반대한다. 왜냐하면 〈독재〉는 바로 민주주의의 적이며, 또 우리 노동계급은 결코 남을 지배하려는 독재계급이 아니기 때문이다. 그럼에도 불구하고 마르크스는 도리어 프롤레타리아 독재를 강력히 주장함으로써, 그의 추종자들은 마침내 민주주의가 실종된 독재국가를 만들어 온갖 반민주적이고 반민중적인 독재정치를 자행했던 것이다.

민중사상은 민중이 요구하는 〈평등한 사회〉를 건설하기 위해, 민주주의와 사회주의의 병행실시를 강력히 주장한다. 민주주의를 역행하는 사회주의나 사회주의를 반대하는 민주주의는 결코 착취와 억압이 없는 평등한 사회를 건설할 수 없기 때문이다. 그럼에도 불구하고 우리는 지금까지 민주주의를 자본주의와 함께 실시하고, 또 사회주의를 공산주의와 함께 실시함으로써, 불행히도 민중이 고대하는 평등한 사회를 건설하는 데 모두 실패하고 말았던 것이다.

지금 유럽에선 영국의 기든스 교수가 주장한 〈제3의 길〉이 새로운 정치이념으로 등장하고 있지만, 우리는 그것을 진정한 민중의 이데올로기로 받아들일 수 없다. 왜냐하면 그가 말한 제3의 길(사회민주주의)은 다만 자본주의의 또 다른 변신에 불과하기 때문이다. 그렇다면 그것이 어찌 고통받는 민중과 사회를 해방할 수 있으며, 또 민중이 열망하는 평등한 사회를 건설할 수 있겠는가? 요컨대 자본주의는 그 본질상 아무리 새 옷을 갈아입고 변신을 거듭한다 해도, 그것은 결코 〈인간 착취의 도구〉라는 오명을 벗지 못할 것이다.

그러면 우리 노동계급(민중)이 기필코 이루어야 할 평등한 사회주의는 어디서 먼저 비롯되었는가? 그 사회주의는 바로 사회발전의 첫 단계인 원시 공동체사회에서 비롯되었다. 그러므로 민중사상은 〈사회주의의 뿌리〉를 원시 공동체사회에서 찾는다. 그러나 〈사회주의의 모델〉은 민중의 종교인 기독교에서 찾는다. 그 예로 우리는 먼저 사도행전에 기록된 〈초대교회〉의 모습을 살펴보기로 하자.

◉ 초대교회는 모두가 평등한 〈민중교회〉였다.

* 믿는 사람이 다 함께 있어 모든 물건을 서로 통용하고, 또 재산과 소유를 팔어 각 사람의 필요를 따라 나누어주고, 날마다 마음을 같이하여 성전에 모이기를 힘쓰고(행 2:44~46).

* 믿는 무리가 한 마음과 한 뜻이 되어 모든 물건을 서로 통용하고, 자기의 재물을 조금이라도 제것이라 하는 이가 하나도 없더라. 사도들이 큰 권능으로 주 예수의 부활을 증거하니 무리가 큰 은혜를 얻어 그 중에 핍절한 사람이 없으니, 이는 밭과 집 있는 자는 팔아 그 판 것의 값을 가져다가 사도들의 발 앞에 두매 저희가 각 사람의 필요를 따라 나누어 줌이더라(행 4:32~35).

◉ 하나는 전체를 위하여! 전체는 하나를 위하여!

사회주의는 평등주의이며 공동체주의다. 그런데 초대 교회의 성도들은 이미 2천 년 전에 그 사회주의를 모범적으로 실천하고 있었다. 당시 초대 교회의 성도들은 개인주의와 이기주의를 초월한 새로운 신앙공동체를 이루고, 모두가 공생·공유·공영하는 사회주의 방식의 공동체 생활을 실천했는데, 이것을 〈기독교 사회주의〉라고 한다. 지난날 세계를 풍미했던 마르크스의 사회주의는 바로 이러한 기독교 사회주의를 모방한 것이었다.

기독교 사회주의(민중사회주의)는 바로 고통받는 민중과 사회를 해방하고, 이 지상에 만민이 평등하게 살아가는 공동체사회를 건설하기 위한 주의다. 그러므로 기독교 사회주의는 자본주의를 비롯하여 개인주의·이기주의·

물질주의·향락주의 등을 모두 반대한다. 왜냐하면 그것들을 통해서는 결코 민중과 사회를 해방할 수 없으며, 또 착취와 억압이 없는 평등한 사회(공동체사회)를 건설할 수도 없기 때문이다.

민중사상은 자본주의를 반대하고 사회주의를 주장하지만, 그 사회주의는 마르크스가 처음 시작한 것이 아니다. 그것은 이미 2천 년 전에 초대 교회의 성도들이 먼저 실천했던 것이었다. 그렇다면 오늘의 기독교는 마땅히 초대 교회가 실천했던 그 사회주의(공동체주의)를 모두 그대로 이어받아야 할 것이다.

그러므로 민중사상은 민중의 종교인 기독교를 사회주의 건설의 신앙적 토대로 삼으며, 또 초대 교회의 성도들이 이루었던 신앙공동체를 사회주의 건설의 모델로 삼는다. 그뿐 아니라 민중사상은 초대 교회의 성도들이 실천했던 공생(공동생활)·공유(공동소유)·공영(공동운영)·공산(공동생산)·공배(공동분매)의 원칙을 〈사회주의 건설의 5대원칙〉으로 삼는다.

사회주의가 지향하는 평등한 사회는 바로 〈착취와 억압이 없는 사회〉이며, 또 〈하나는 전체를 위하고 전체는 하나를 위해 살아가는 공동체사회〉이다. 또 그 사회는 〈능력에 따라 일하고 노동에 따라 분배를 받는 협동사회〉이다. 그런데 이러한 평등한 사회를 건설하려면, 우리는 먼저 〈생산수단의 공유〉를 실현해야 하며, 그러기 위해서는 사회주의를 반대하는 자본주의를 역사의 무대에서 반드시 추방해야 한다. 그래야만 우리는 비로소 그 사악한 자본주의의 지배로부터 벗어날 수 있으며, 또 우리 사회도 마침내 내 불평등한 사회에서 평등한 사회로 거듭나게 될 것이다.

위에서 논한 바와 같이, 민중사상은 사회발전의 최종단계인 민중사회(공동체사회)를 건설하기 위해, 낡고 부패한 자본주의와 공산주의를 모두 반대하고, 그 대신 새로운 민중주의(가족주의·민주주의·사회주의)를 주장한다.

민중주의는 바로 평등주의이며, 공동체주의다. 그러므로 민중주의는 언제나 만민이 평등하게 살아가는 세계 공동체사회의 건설을 주장한다.

그러면 이러한 민중주의(공동체주의)를 실현하기 위해 앞장서 투쟁해야 할 혁명과 건설의 주체는 누구인가? 두말 할 나위도 없이, 그들은 바로 사회와 역사의 주체인 노동계급(민중)이다. 따라서 우리 노동계급은 언제나 그러한 혁명과 건설을 위해 모든 분야에서 더욱 헌신적으로 투쟁해야만 한다. 새 시대, 새 사회를 건설하기 위한 혁명과 건설은 결코 구호만으로 이룰 수 없으며, 그것은 오직 민중과 사회를 해방하기 위한 피어린 투쟁을 통해서만 이룰 수 있기 때문이다. 그렇다면 우리 노동계급이 어찌 그러한 해방투쟁을 잠시라도 멈출수 있겠는가?

새 시대, 새 사회를 열망하는 전 세계의 노동계급이여! 이제는 모두 새로운 〈민중주의〉의 기치를 높이 들고 하나로 굳게 단결하라! 그리고 세계전역에서 민중주의를 실현하는 승리의 그 날까지, 혁명과 건설의 주인답게 힘차게 투쟁하라. 이것만이 우리 노동계급이 사악한 자본주의의 지배로부터 세계 인류를 해방하고, 이 땅에 하나님의 나라와 민중의 나라, 그리고 우리 모두가 평등하게 살아가는 새로운 민중사회(공동체사회)를 앞당겨 건설하는 지름길이 될 것이다.

제10절 민중사상의 지도원칙

민중은 〈혁명과 건설〉의 주체다.

민중사상은 인간을 두 계급으로 구분한다. 〈민중계급〉과 〈지배계급〉이 바로 그것이다. 그런데 민중사상은 그 중에 민중계급만을 나라의 주인과 역사의 주체로 보며, 또 고통 받는 민중과 사회를 해방하고 이 땅에 하나님의 나라와 민중의 나라를 앞장서 건설해야 할 〈혁명과 건설〉의 참다운 주체로 본다. -제9장 〈민중론〉 참조

이처럼 민중은 바로 나라의 주인과 역사의 주체이며, 또 혁명과 건설의 주체이므로, 우리 민중은 정치·경제·사회 등 모든 분야에서 언제나 그 혁명과 건설을 힘차게 밀고 나아감으로써, 이 땅에 하나님의 나라와 민중의 나라를

속히 건설해야 할 것이다.

일찍이 예수님도 제자들에게 하나님의 나라를 건설하기 위한 〈혁명과 건설〉을 명령하셨다. 〈세계복음화혁명〉과 〈신정국가건설〉이 바로 그것이다 (마 6:33, 막 16:15). 이처럼 혁명과 건설은 바로 주님의 절대적인 명령이므로, 우리는 이 땅에 하나님의 나라와 민중의 나라를 건설하는 승리의 그날까지 주께서 명하신 혁명과 건설을 더욱 힘차게 밀고 나아가야 할 것이다.

그런데 민중사상은 하나님의 나라를 건설하기 위한 그 혁명과 건설을 보다 성과적으로 수행하기 위해 열 가지 지도원칙을 제시한다. 그것은 바로 새 시대의 개척자인 우리 민중계급이 혁명과 건설에서 항상 견지해야 할 〈기본정신〉과 〈기본입장〉에 관한 행동지침을 말한다. 그러면 이제 이러한 민중사상의 지도원칙(혁명과 건설의 10대 원칙)에 대해 좀더 자세히 알아보기로 하자.

1. 혁명과 건설의 기본정신

민중사상은 민중해방과 세계해방, 그리고 하나님의 나라와 민중의 나라를 건설하기 위한 혁명과 건설에서 우리 노동계급(민중)이 항상 견지하고 가야 할 기본정신으로 다음의 다섯 가지를 들고 있다. 이것을 〈혁명과 건설의 5대 기본정신〉이라고 부르거니와 그 내용을 설명하면 다음과 같다.

① 영원불변의 애천정신

이것은 하나님과 주님에 대한 절대적인 믿음과 사랑 그리고 불타는 충성심으로 자신을 무장하고, 혁명과 건설을 힘있게 밀고 나아가는 사명자들의 뜨거운 믿음과 사랑을 말한다. 우리는 바로 이러한 〈영원불변의 애천정신〉으로 자신을 무장해야만, 주께서 명하신 혁명과 건설에서 항상 믿음으로 승리할 수 있는 것이다(마 22:36~38. 롬 8:35, 수 1:7, 롬 12:21, 딤전 6:12, 약 4:7, 히 11:24~26, 계 2:10).

② 영원불변의 애민정신

이것은 온갖 고난과 역경 속에서도 민중과 동지들에 대한 끝없는 믿음과 사랑으로 자신을 무장하고, 혁명과 건설을 힘 있게 밀고 나아가는 노동계급의 뜨거운 믿음과 사랑을 말한다. 우리는 바로 이러한 〈영원 불변의 애민정신〉으로 자신을 무장해야만, 주께서 명하신 혁명과 건설에서 결코 민중과 동지들을 배반치 않고 끝까지 생사고락을 함께 하며 투쟁할 수 있는 것이다(요 13:34, 벧전 4:8, 롬 8:35, 고전 13:1~3, 요일 3:13~16, 요일 4:20~21).

③ 자력갱생의 혁명정신

이것은 온갖 고난과 역경을 스스로 이겨내는 굳센 의지와 불타는 사명감으로 자신을 무장하고, 혁명과 건설을 힘있게 밀고 나아가는 노동계급의 강인한 자립정신과 투쟁정신을 말한다. 우리는 바로 이러한 〈자력갱생의 혁명정신〉으로 자신을 무장해야만, 주께서 명하신 혁명과 건설에서 항상 빛나는 성과를 거둘 수 있는 것이다(살전 2:9, 빌 4:11~13, 고후 11:23~28, 딤후 2:3~4, 롬 8:35).

④ 백절불굴의 투쟁정신

이것은 그 어떠한 고난과 핍박에도 굴하지 않는 강한 인내심과 투쟁심으로 자신을 무장하고, 혁명과 건설을 끝까지 밀고 나아가는 노동계의 영웅적인 투쟁정신을 말한다. 우리는 바로 이러한 〈백절불굴의 투쟁정신〉으로 자신을 무장해야만, 주께서 명하신 혁명과 건설에서 결코 낙오되지 않고 끝까지 자기 사명을 수행 할 수 있는 것이다(마 5:10~12, 요 15:18~19, 약 4:7, 딤전 6:12, 고후 11:23~28, 히 11:36~38).

⑤ 십자가의 순교정신

이것은 예수 그리스도의 위대한 순교정신으로 자신을 무장하고 혁명과 건설을 끝까지 밀고 나아가는 사명자들의 헌신적인 희생정신을 말한다. 우리는 바로 이러한 〈십자가의 순교정신〉으로 자신을 무장해야만, 주께서 명하신 혁명과 건설에서 언제나 자랑스러운 주님의 선봉대·결사대가 되어 더욱 헌신적으로 투쟁할 수 있는 것이다(막 8:34~35, 계 2:10, 롬 14:7~8, 고후 7:3, 에 4:16, 사 6:8).

2. 혁명과 건설의 기본입장

민중사상은 민중해방과 세계해방, 그리고 하나님의 나라와 민중의 나라를 건설하기 위한 혁명과 건설에서 우리 노동계급(민중)이 항상 견지하고 가야 할 기본입장으로 다음의 다섯 가지를 들고 있다. 이것을 〈혁명과 건설의 5대 기본입장〉이라고 부르거니와 그 내용을 설명하면 다음과 같다.

(1) 자주적 입장

이것은 혁명과 건설에서 제기되는 모든 문제들을 주인다운 입장에서 자기 문제는 자기 스스로 책임을 지고 자체적으로 풀어나가는 입장을 말한다. 이러한 자주적 입장에 따라 민중사상은 사대주의와 제국주의를 모두 반대하고, 다음과 같이 사상의 주체화, 정치의 자주화, 경제의 자립화, 국방의 자위화 등을 주장한다.

① 사상의 주체화

이것은 혁명과 건설에서 제기되는 사상적 문제들을 새 시대의 혁명사상인 민중사상으로 풀어나가기 위해 그것을 모든 사상의 중심으로 삼는 것을 말한다. 이러한 사상의 주체화를 실현하려면, 우리는 종래의 낡은 사상(잡사상)들을 깨끗이 몰아내고 자신과 사회를 새로운 민중사상으로 철저히 무장시켜야 한다. 그래야만 우리는 온갖 반동사상으로부터 자신과 사회를 보호하고, 또 주께서 명하신 혁명과 건설을 끝까지 성과적으로 밀고 나아갈 수 있는 것이다.

② 정치의 자주화

이것은 혁명과 건설에서 제기되는 정치적 문제들을 자체의 힘으로 풀어나가기 위해 민중사상이 요구하는 자주적 입장을 정치의 기본으로 삼는 것을 말한다. 이러한 정치의 자주화를 실현하려면, 우리는 외세에 의한 정치적 압력과 예속을 끝까지 반대하고, 자기 나라의 실정에 가장 알맞은 정치제도를 수립해야 한다. 그래야만 우리는 나라의 정치적 독립을 스스로 보장하고, 또 민중의 요구와 이익에 맞는 자주적 민주정치를 해 나갈 수 있는 것이다.

③ 경제의 자립화

이것은 혁명과 건설에서 제기되는 경제적 문제들을 자체의 힘으로 풀어나가기 위해 민중사상이 요구하는 자립적 입장을 경제의 기본으로 삼는 것을 말한다. 이러한 경제의 자립화를 실현하려면, 우리는 외세에 의한 경제적 착취와 예속을 끝까지 반대하고, 자기 나라의 실정에 가장 알맞은 경제제도를 수립해야 한다. 그래야만 우리는 나라의 경제적 독립을 스스로 지키고, 또 민중의 요구와 이익에 맞는 자립적 민중경제를 건설할 수 있는 것이다.

④ 국방의 자위화

이것은 혁명과 건설에서 제기되는 군사적 문제들을 자체의 힘으로 풀어나가기 위해 민중사상이 요구하는 자위적 입장을 국방의 기본으로 삼는 것을 말한다. 이러한 국방의 자위화를 실현하려면, 우리는 외세에 의한 군사적 침략과 예속을 끝까지 반대하고, 자기 나라의 실정에 가장 알맞은 군사력과 방위력을 키워야 한다. 그래야만 우리는 적대세력의 어떠한 군사적 위협과 도전에도 당당히 맞서 싸울 수 있으며, 또 혁명과 건설에서 이룩한 빛나는 성과들을 믿음직하게 보위할 수 있는 것이다.

(2) 계급적 입장

이것은 혁명과 건설에서 제기되는 모든 문제들을 언제나 노동계급(민중)

의 편에 서서 그들의 정당한 요구와 이익에 맞게 풀어나가는 입장을 말한다. 우리는 바로 이러한 〈계급적 입장〉을 항상 견지해야만 고통받는 민중 속으로 들어가 그들과 함께 투쟁할 수 있으며, 또 주께서 명하신 혁명과 건설도 어디까지나 민중을 위한 민중의 요구와 이익에 맞게 추진할 수 있는 것이다.

그러므로 우리 노동계급은 언제나 〈계급적 입장〉에 굳게 서서, 혁명과 건설을 힘 있게 밀고 나아가야 한다. 그리하여 우리는 고통받는 민중과 사회를 지배계급의 온갖 착취와 억압으로부터 속히 해방시켜야 할 것이다.

일찍이 예수님은 먼저 가난한 자, 억눌린 자, 소외된 자들을 찾아다니시며 그들에게 복음을 전파하셨다. 그것은 바로 고통받는 민중과 사회를 해방하시기 위함이었다(눅 4:16~18, 마 11:28). 그렇다면 우리도 마땅히 고통받는 민중에게로 달려가, 그들과 함께 민중해방의 기치를 높이 들고 민중이 춤을 추며 살아가는 새 시대, 새 사회를 건설하기 위해 억세게 싸워 나아가야 할 것이다.

(3) 대중적 입장

이것은 혁명과 건설에서 제기되는 모든 문제들을 언제나 대중(민중)속으로 들어가 그들과 머리를 맞대고 함께 풀어나가는 입장을 말한다. 우리는 바로 이러한 〈대중적 입장〉을 항상 견지해야만 고통받는 민중과 사회를 해방하기 위한 대중투쟁(해방투쟁)에서 승리할 수 있으며, 또 주께서 명하신 혁명과 건설도 전체 노동계급이 주도하는 강력한 대중운동(민중운동)으로 발전시킬 수 있는 것이다.

그러므로 우리 노동계급은 언제나 〈대중적 입장〉에 굳게 서서 혁명과 건설을 힘있게 밀고 나아가야 하며, 그러기 위해서는 자본주의 사회의 악성 바이러스인 개인주의·이기주의·물질주의·향락주의 등의 침투를 철저히 차단해야 한다(엡 4:27). 그러한 반사회적 퇴폐주의는 예나 지금이나 인간과 사회를 끊임없이 타락시키고 오염시키는 암적인 요소가 되고 있으며, 또 그것은 새 시대, 새 사회를 건설하기 위한 혁명과 건설의 앞길에도 큰 장애물이 되기 때문이다.

(4) 원리적 입장

이것은 혁명과 건설에서 제기되는 모든 문제들을 하나님의 뜻과 말씀에 기초하여 풀어나가는 입장을 말한다. 우리는 바로 이러한 〈원리적 입장〉을 항상 견재해야만 하나님의 뜻대로 행동(실천)할 수 있으며, 또 주께서 명하신 혁명과 건설도 역시 하나님의 뜻대로 수행할 수 있는 것이다.

일찍이 예수님은 이르시되 「나더러 주여 주여 하는 자마다 천국에 다 들어갈 것이 아니요, 다만 하늘에 계신 내 아버지의뜻대로 행하는 자라야 들어가리라」 (마 7:21)고 말씀하셨다. 이 말씀대로 하나님의 뜻대로 행하지 않는 자는 결코 하나님의 나라에 들어갈 수 없으며, 또 그 나라를 건설할 수도 없다. 따라서 우리는 언제나 하나님의 뜻과 말씀에 기초한 원리적 입장에서 혁명과 건설을 수행해야 할 것이다(마 4:4, 눅 6:46).

(5) 창조적 입장

이것은 혁명과 건설에서 제기되는 모든 문제들을 다양한 현실과 조건에 맞게 온갖 창조성을 발휘하여 성과적으로 풀어나가는 입장을 말한다. 우리는 바로 이러한 〈창조적 입장〉을 항상 견지해야만 새 시대가 요구하는 유능한 일꾼이 될 수 있으며, 또 주께서 명하신 혁명과 건설에서 온갖 창조성을 발휘할 수 있는 것이다.

일찍이 예수님은 이르시되 「할 수 있거든이 무슨 말이냐. 믿는 자에게는 능치 못함이 없느니라」 (막 9:23)고 말씀하셨다. 이 말씀대로 인간은 누구나 하나님이 부여하신 무한한 가능성의 창조적 능력을 지니고 있다. 우리는 바로 이러한 창조적 능력을 다양한 현실과 조건에 맞게 잘 발휘해야만 새 시대가 요구하는 혁명과 건설을 언제나 성과적으로 수행할 수 있는 것이다(빌 4:13).

제11절 민중사상의 이론체계

서구신학을 해체하라!!

지금까지 서구신학은 기독교를 지배하며 그 기독교를 끊임없이 변질시켜 왔다. 그 결과 기독교는 불행이도 수많은 교파로 갈라졌으며, 그 신앙도 온 갖 잡신앙으로 변질되고 말았다. 그렇다면 우리는 마땅히 그 낡은 서구신학을 해체하고 새로운 대안을 찾아야 할 것이다.

민중의 바이블이 서구신학의 대안으로 제시하는 〈민중사상〉과 〈민중신학〉은 두 가지 원리(철학원리와 성서원리)로 구성되었다. 그중 민중사상은 〈철학원리〉로 구성되었고, 민중신학은 〈성서원리〉로 구성되었다. 이처럼 민중사상과 민중신학은 인간의 영적인 구원과 사회적 구원을 모두 이루기 위해 두 가지 원리로 구성되었다.

새 시대가 요구하는 민중사상과 민중신학은 지금 서구 신학의 대안으로 급속히 떠오르고 있다. 그러므로 이제는 모든 성도들이 그 새로운 민중사상과 민중신학으로 다시 무장하고 가야 할 것이다. 이것만이 오늘의 기독교가 그 낡은 서구신학의 굴레에서 속히 벗어나는 지름길이 될 것이다.

① 민중사상의 철학원리

민중사상은 종래의 철학을 새로운 성서적 관점에서 재조명하고 있다. 그리하여 민중사상은 철학도 이제는 신학과 더불어 하나님의 뜻을 이루는 데 유용한 학문이 되게 하였다. 필자는 이것을 철학의 새로운 발전으로 평가하고 싶다. 왜냐하면 종래의 철학은 언제나 신학과 대립적인 관계에 있었으며, 또 하나님의 뜻을 이루는 데 유용한 학문이 되지 못하였기 때문이다.

민중사상은 바로 세계를 변혁하기 위한 사상이며, 또 그것은 고통받는 민중과 사회를 해방하고, 다시는 지배계급의 착취와 억압이 없는 평등한 사회를 건설하기 위한 사상이다. 그러므로 민중사상은 언제나 민중해방과 세계해방을 주장하며, 또 그것을 철학의 주요임무로 삼는다.

현재 민중사상의 철학원리에서는 민중사상론을 비롯하여 유신론·존재론·인간론·인식론·역사론·윤리론·가치론·민중론·통일론·사회론·반공론 등을 다루고 있다. 이 밖에도 민중사상은 여러 분야의 철학적 과제들을 폭 넓게 다룸으로써 철학의 시대적 사명(역할)을 확대·강화하고 있다.

그러면 종래의 철학이 안고 있는 근본적인 문제점은 무엇인가? 그것은 종래의 철학이 관념론과 유물론으로 양분되어 서로 대립하고 있다는 점이다. 예컨대 관념론은 정신만을 앞세우고 유물론은 물질만을 앞세운 채 서로 끝없는 논쟁을 되풀이하고 있는 것이다.

그러나 이러한 관념론과 유물론의 끈질긴 논쟁은 어느 모로 보나 부당하고 어리석은 논쟁이 아닐 수 없다. 왜냐하면 정신이 먼저라 해도 그 정신은 물질을 필요로 하고, 또 물질이 먼저라 해도 그 물질은 정신을 필요로 하기 때문이다.

이와 같이 정신과 물질은 서로 상대방을 필요로 하기 때문에 정신이 있는 곳에는 항상 물질이 있고, 또 물질이 있는 곳에는 반드시 정신이 있게 마련이다. 따라서 우리는 정신과 물질 중에 어느것이 먼저인가를 따질 필요가 하나도 없다. 그럼에도 불구하고 관념론과 유물론은 그것을 애써 따짐으로써, 공연한 대립과 논쟁을 일삼고 있는 것이다.

민중사상은 종래의 철학에서 주장하는 관념론과 유물론을 모두 반대하고, 그 대신 유신론에 근거한 〈창조론〉을 주장한다. 왜냐하면 정신에서 물질이 나오고 또 물질에서 정신이 나온다는 것은 모두 원리적으로 불가능한 일이기 때문이다. 만일 우리가 정신과 물질의 동시성과 피조성을 인정하지 않는다면, 우리는 관념론과 유물론의 어리석은 논쟁에서 영원히 벗어나지 못할 것이다.

그러므로 민중사상은 정신(성상)과 물질(형상)을 어디까지나 동시에 창조된 존재의 근본요소로 본다. 그리고 정신과 물질의 상호관계는 주체와 대상

의 관계로 본다. 그리하여 민중사상은 지금까지 서로 대립과 논쟁만을 일삼
던 관념론과 유물론을 한 자리에서 만나게 하였다.

> ※ 민중사상은 정신과 물질의 〈이중구조〉를 존재의 기본구조로 본다. 왜
> 냐하면 정신과 물질은 모두가 세계의 제1차적이고 근원적인 존재이기
> 때문이다. 그럼에도 불구하고 관념론과 유물론은 지금까지 정신과 물
> 질의 선후문제를 놓고 부질없는 논쟁을 계속함으로써 철학사에 큰 오
> 점을 남겼다.

② 민중신학의 성서원리

민중신학은 종래의 신학을 새로운 성서적 관점에서 재조명하였다. 그리하
여 민중신학은 종래의 신학을 새 시대가 요구하는 가장 진보적이고 개혁적
인 새 신학으로 재정립하였다. 그 이유는 종래의 서구신학이 아직도 기독교
를 지배하며 그 기독교를 온갖 잡신앙으로 끊임없이 변질시키고 있기 때문
이다.

민중신학은 바로 세계를 변혁하기 위한 신학이며, 또 그것은 고통받는 민
중과 사회를 해방하고 이 땅에 하나님의 나라와 민중의 나라를 건설하기 위
한 신학이다. 그러므로 민중신학은 그 성격상 〈해방신학〉 또는 〈혁명신학〉
으로 부르기도 한다.

현재 민중신학의 성서원리에서는 진리론을 비롯하여 성서론·이단론·창
조론·타락론·구원론·천국론·말세론·부활론·예정론·예수론·유일신론·
재림론·섭리론 등을 다루고 있다. 이 밖에도 민중신학은 타종교의 교리를
긍정적인 시각에서 연구·검토함으로써, 기독교와 타종교의 상호불신을 제거
하기 위해 노력하고 있다.

그러면 종래의 신학이 안고 있는 근본적인 문제점은 무엇인가? 그것은 종
래의 신학이 보수적인 입장에서 성서를 문자 그대로 풀이하고 있다는 점이

다. 예컨대 종래의 보수신학은 에덴 동산에 있었다는 선악과를 문자 그대로의 식물성 과일로 풀이해 왔다. 그러나 성서에는 그 중요한 대부분의 말씀이 비유와 상징으로 기록되어 있는데(호 12:10, 마 13:34), 그것들을 문자 그대로 풀이해서야 되겠는가?

성서를 문자 그대로 풀이할 경우, 우리는 사이비 종말론자들이 끈질기게 주장하는 주님의 공중재림과 성도들의 공중휴거를 모두 그대로 믿어야 한다는 딜레마에 빠지게 된다. 그러나 사이비 종말론자들의 비성서적이고 비과학적인 주장은 예나 지금이나 항상 거짓으로 드러나고 있지 않은가? 따라서 우리 성도들이 비유와 상징으로 기록된 성서를 문자 그대로 풀이할 수 없음은 너무도 당연한 일이라고 하겠다.

민중신학은 성서를 문자 그대로 풀이하지 않고 항상 진보적이고 개혁적인 입장에서 성서를 풀어나간다. 그러므로 이러한 민중신학을 이해하려면 종래의 보수신앙에서 속히 벗어나야만 한다. 과거 유대인들은 새 시대의 도래를 미처 깨닫지 못하고 보수적인 율법신상만을 고집하다가, 마침내 메시아를 십자가에 못박는 범죄의 길을 가지 않았던가?

그러므로 주님의 재림을 고대하는 오늘의 모든 성도들은 모름지기 새 술을 새 부대에 넣을 줄 아는 지혜로운 성도가 됨으로써(눅 5:38), 이제는 오시는 주님을 합당히 모실 수 있도록 항상 깨어 준비해야 할 것이다(마 25:1~4).

※ 오늘날 한국교회는 명실공히 세계적인 교회로 성장했다. 그러나 한국교회는 아직도 무속적인 기복신앙과 치병신앙, 그리고 허황된 종말신앙이 판을 치는 안타까운 실정에 있다(마 7:21~23). 따라서 오늘의 한국교회는 반드시 개혁되어야 하며, 그러기 위해서는 모든 성도들이 종래의 보수신앙에서 벗어나 새로운 민중사상과 민중신학으로 다시 무장해야 할 것이다.

제12절 민중사상의 발상지

진리는 동방으로부터!!

민중사상은 바로 고통받는 민중과 사회를 해방하고 이 땅에 하나님의 나라와 민중의 나라를 건설하기 위해 나온 새로운 기독교사상이다. 그러므로 민중사상은 어디까지나 하나님의 특별하신 섭리 가운데 나오게 되었다. 그러면 이제 이러한 민중사상의 발상지에 대해 다음과 같은 몇 가지 관점에서 간단히 알아보기로 하자.

① 민중사상은 하나님의 구원섭리를 〈동방중심의 섭리〉로 본다. 왜냐하면 하나님은 구약시대로부터 신약시대에 이르기까지 언제나 동방중심의 섭리를 해 오셨기 때문이다. 따라서 동방은 주님의 재림시대에도 역시 하나님이 역사하시는 구원섭리의 중심지가 될 것이며, 또 재림시대가 요구하는 새로운 종교사상의 발상지가 될 것이다(사 46:11, 계 7:2~4).

② 민중사상은 하나님의 구원섭리를 〈선민중심의 섭리〉로 본다. 왜냐하면 성서에 나타난 하나님의 구원섭리는 모두가 이스라엘 선민을 중심으로 한 섭리였기 때문이다(신 7:6~7). 따라서 하나님의 구원섭리는 주님의 재림시대에도 역시 선민을 중심으로 전개될 것이며, 또 하나님이 주시는 새로운 종교사상도 반드시 동방에서 부름받은 새로운 선민으로부터 출현하게 될 것이다.

③ 민중사상은 초림시대의 유대민족을 〈실패한 선민〉으로 본다. 왜냐하면 그들은 인류의 구주로 오신 예수님을 이단자로 몰아 십자가에서 살해한 민족이기 때문이다. 따라서 유대 민족은 어느 모로 보나 결코 재림시대의 선민으로 다시금 부름받을 수 없으며, 또 그나라도 역시 새로운 종교사상의 발상지가 될 수 없는 것이다(마 21:43, 마 8:11~12, 롬 11:11, 살전 2:15~16).

④ 민중사상은 한국민족을 주님의 재림시대에 부름받은 〈새로운 선민〉으

로 본다. 그 이유는 세계의 모든 민족 중에서 새 시대의 선민으로 부름
받을 수 있는 지리적 조건과 섭리적 조건을 모두 갖추고 있는 민족은
오직 한국민족뿐이기 때문이다(한국을 주님의 재림지로 보는 이유도
여기에 있다). 따라서 하나님이 주시는 새로운 종교사상은 반드시 새
시대의 선민으로 부름받은 한국민족으로부터 출현해야 할 것이다.

⑤ 민중사상은 한국을 주께서 재림하실 수 있는 지리적 조건과 섭리적 조
건을 모두 갖추고 있는 새로운 〈약속의 땅〉으로 본다. 왜냐하면 주님
은 어디까지나 해돋는 동방에서 하나님이 예비하신 〈선민의 나라〉로
재림하시는데, 그 예비된 선민의 나라가 바로 한국이기 때문이다. 따라
서 주님의 재림시대가 요구하는 새로운 종교사상은 일찍이 인도의 시
성 타고르가 〈동방의 등불〉이라고 예찬했던 〈한국〉에서 출현해야 할
것이다.

※ 미국의 세계적 부흥목사인 빌리 그래함 박사는 그의 저서 「핍박을
통한 승리」에서 한국교회의 미래상을 다음과 같이 증거했다.
「서구의 성령기준이 놀라운 속도로 몰락을 당하고 있는 이 때에 하나님
께서는 섭리 가운데 한국 사람을 세우시어 꺼쳐가는 서구의 기독교를
부활시키는 선교사로 쓰실 것을 나는 확산하는 바이다. 이제까지 여러
해 동안 서구의 선교사들이 동양으로 향해 흘러들어가 그 곳에서 복음
을 전해왔으나, 이제 하나님의 섭리 가운데 이 흐름이 동양에서 서양으
로 전환될 것을 나는 예언하는 바이다. 그리고 오늘의 한국 기독교는
어두운 바다 위에 빛나는 생명의 등대로서 어두운 세계를 비치는 등대
가 될 것이다.」

위에서 보는 바와 같이, 미국의 빌리 그래함 박사는 장차 한국교회가 꺼져
가는 서구의 기독교를 부활시키고 어두운 세계를 밝히는 〈생명의 등대〉가

될 것이라고 예언했다. 이러한 그의 예언은 하나님의 섭리 가운데 반드시 그대로 이루어질 것이다. 그렇다면 오늘의 한국교회는 모름지기 그 낡고 부패한 자본주의와 서구신학의 굴레에서 벗어나, 이제는 고통받는 민중과 사회를 해방하기 위해 투쟁하는 자랑스러운 〈민중의 교회〉로 속히 거듭나야 할 것이다.

맺는 말

모든 민중세력은 단결하라!!

일찍이 예수님은 그 때를 깨닫지 못하는 유대인들에게 「너희가 천지의 기상은 잘 분별하면서도 어찌하여 이 세대는 분별하지 못하느냐」(눅 12:56)고 책망하셨다. 따라서 이러한 주님의 책망을 다시 듣지 않으려면, 우리는 모두가 그 〈때〉를 아는 지혜로운 자가 되어야 한다. 그러면 계시록에 예언된 새 천년을 맞이한 지금은 어떤 때인가?

지금은 바로 모든 성도들이 새 시대의 지도사상인 민중사상으로 다시 무장할 때이며, 또 지금은 모든 교회들이 그 새로운 민중사상으로 전면적인 신앙개혁과 교회개혁을 단행할 때이다.

그뿐 아니라 지금은 바로 새 시대, 새 사회를 건설하기 위해 낡고 부패한 자본주의와 공산주의를 역사의 무대에서 속히 몰아내야 할 대변혁의 시대다. 오늘의 자본주의와 공산주의는 이미 자기 수명을 다한 구 시대의 낡은 이데올로기로 전락되었기 때문에 그것들은 더 이상 새 시대의 지도이념이 될 수 없다. 그렇다면 우리는 마땅히 그 낡은 자본주의와 공산주의를 모두 버리고, 이제는 새 시대가 요구하는 새로운 이데올로기로 다시 무장해야 할 것이다.

민중사상은 세계인류를 한 가족으로 보는 기본입장에서 초인종적이고 초혈통적인 〈가족주의〉를 주장한다(마 12:50). 그리고 민중사상은 그 가족주의를 오늘의 인류가 자본주의와 공산주의를 버리고 마지막으로 선택해야 할 새 시대의 이데올로기로 본다. 인간이 추구하는 세계평화와 세계 공동체는 어디까지나 세계인류가 한가족이 되어 서로 믿고 사랑할 때에만 비로소 찾아올 수 있기 때문이다.

민중사상은 바로 세계인류를 한 가족으로 만들기 위한 가족주의사상이며 공동체사상이다. 그러므로 민중사상은 세계인류가 한 가족이 되어 서로 돕고 사랑하고 위하며 살아가는 〈가족주의 사회〉를 건설하는 데 그 목표를 두고 있다. 민중사상은 사회발전의 최종단계를 〈민중사회〉라고 하는데, 그 민중사회가 바로 공동체사회이며 가족주의 사회인 것이다.-제11장 〈사회론〉참조

한편 민중사상은 자본주의가 지배하는 추악한 범죄사회를 몰아내고 우리 모두가 평등하게 살아가는 새 시대, 새 사회를 건설하기 위한 사상이며, 또 천명(天命)을 받들어 이 땅에 하나님의 나라와 민중의 나라를 건설하기 위해 나온 사상이다.

그러므로 필자는 지금 그 민중사상을 땅 끝까지 전파하기 위한 〈민중사상의 세계화〉를 추진하고 있다. 이것만이 고통 받는 민중과 사회를 속히 해방하고, 이 땅에 하나님의 나라와 민중의 나라를 건설하는 지름길이 될 것이기 때문이다.

민중사상은 역사의 주체인 〈민중〉이 주도하는 새 시대를 〈민중시대〉라고 부른다. 민중시대는 바로 지배계급의 온갖 착취와 억압으로부터 세계인류를 해방하고, 이 땅에 하나님의 나라와 민중의 나라를 건설하기 위한 시대다. 이러한 민중시대를 맞이하여 필자는 먼저 민중사상의 세계화를 실천하기로 하였다. 새 시대의 지도사상으로 등장한 민중사상이 땅 끝까지 전파될 때, 이 땅에는 마침내 하나님의 나라와 민중의 나라가 건설될 것이기 때문이다.

새 시대, 새 사회를 열망하는 모든 성도들이여! 이제는 모두 구시대의 낡은 사상과 옛 신앙을 버리고, 새 시대의 지도사상인 〈민중사상〉으로 속히 무장하라. 그리고 세계 전역에서 〈민중사상의 세계화〉를 강력히 추진하라. 이것만이 우리가 세상을 미혹하는 온갖 잡사상과 잡신앙을 몰아내고 이 땅에 하나님의 나라와 민중의 나라, 그리고 우리 모두가 평등하게 살아가는 새로운 민중사회를 앞당겨 건설하는 지름길이 될 것이다.

◉ 우리 민중의 〈해방투쟁〉은 계속되어야 한다!!

지금까지 우리 민중이 걸어온 고난의 가시밭길은 아직도 끝나지 않았다. 오직 강자만이 살아남을 수 있는 치열한 경쟁사회 속에서, 사회적 약자로 내몰린 우리 민중은 오늘도 온갖 고통을 받으며 그 고난의 길을 가고 있는 것이다.

지난 2000년부터 유엔인권위원회의 식량특별조사관으로 활동하고 있는 스위스의 장 지글레교수는, 그가 저술한 책들을 통해 우리 민중의 그 고통과 참상을 세계에 알리고 있다.

그에 의하면 지금 세계 인류는 그 절반이 굶주리고 있으며, 또 세계곳곳에선 매일 10만여명이 가난과 기아와 질병으로 죽어간다고 한다. 어린이의 경우 지난 2005년에는 10세 미만의 어린이가 5초에 1명씩 굶주림으로 죽어갔다고 한다〈이러한 참상은 지금도 계속되고 있다.〉 -12장 지글러의 〈왜 세계의 절반은 굶주리는가?〉 참조

그러면 우리 민중을 그러한 가난과 기아와 죽음으로 내몰고 있는 그 주범은 무엇인가? 그것은 바로 〈자본주의〉다. 왜냐하면 우리 민중의 온갖 고통과 불행은 주로 그 자본주의가 지배하는 곳에서 발생하기 때문이다. 그렇다면 우리는 반드시 그 사악한 자본주의의 세계지배를 막아야 하며, 결코 그 지배를 옹호해서는 아니될 것이다.

인간과 사회를 끊임없이 타락시키고 오염시키는 자본주의! 세계화란 미명 아래 오늘도 세계 곳곳에서 온갖 착취와 억압의 씨를 뿌리는 자본주의! 거대한 자본을 무기로 세계 시장을 지배하며 자본가들의 배를 불리는 자본주의! 그 추악한 자본주의가 세계를 지배하는 한, 우리 민중의 〈해방투쟁〉은 세계를 변혁하고 해방하는 승리의 그날까지 부단히 계속되어야 할 것이다.

가자! 새로운 민중의 시대로!!

나라의 주인인 민중이여!
새 시대의 선구자인 민중이여!
저 낡고 부패한 자본주의시대를 넘어
가자 우리 모두 새로운 민중의 시대로...

역사의 주체인 민중이여!
새 시대의 개척자인 민중이여!
저 낡고 부패한 공상주의시대를 넘어...
가자 우리 모두 새로운 민중의 시대로,

세계변혁의 주체인 민중이여!
새 시대의 변혁자인 민중이여!
저 추악한 착취와 억압의 시대를 넘어...
가자 우리 모두 새로운 민중의 시대로...

세계해방의 주체인 민중이여!
새 시대의 해방자인 민중이여!
저 추악한 전쟁과 폭력의 시대를 넘어
가자 우리 모두 새로운 민중의 시대로...

세계혁명의 주체인 민중이여!
새 시대의 혁명세력인 민중이여!
저 추악한 불평등(양극화)의 시대를 넘어
가자 우리 모두 새로운 민중의 시대로...

✞ 태초에 하나님이 천지를 창조하시니라…하나님이 가라사대 빛이
있으라 하시매 빛이 있었고, 그 빛이 하나님의 보시기에 좋았더라
(창 1:1~4).

✞ 어리석은 저는 그 마음에 이르기를 하나님이 없다 하도다.
저희는 부패하고 소행이 가증하여 선을 행하는 자가 없도다(시 14:1).

✞ 여호와를 경외하는 것이 지식의 근본이어늘, 미련한 자는 지혜와
훈계를 멸시하느니라(잠 1:7).

✞ 인간도 〈신〉이 될 수 있는가? 아니다. 인간은 그 본질상 결코
신이 될 수 없다. 이것은 민고불변의 진리다. 그렇다면 우리는
언제나 겸손한 마음으로 그 신의 존재를 인정해야 할 것이다.

✞ 하늘에 순종하는 자는 살고, 하늘에 거역하는 자는 망한다(공자).

民 중사상은 신학에서 뿐만 아니라 철학에서도 신의 실존문제를 깊이 있게 다루어야 한다고 본다. 그것은 바로 인간이 모름지기 해결하고 가야 할 생의 근본문제이기 때문이다. 민중사상이 철학에서 〈유신론〉을 다루는 이유도 여기에 있거니와, 만일 철학이 이러한 생의 근본문제를 다루지 않는다면, 그 철학은 결국 관념의 유희만을 일삼는 무가치한 학문이 되고 말 것이다.

예로부터 인간은 신의 실존문제를 해결하기 위해 온갖 심혈을 기울여 왔다. 신의 실존의 밝힘으로써, 인간은 인생과 우주의 영원한 수수께끼를 풀어보고자 했던 것이다. 그러나 유사 이래 이 문제를 완전히 해결하고 간 사람은 아무도 없었다. 저마다 자기 나름대로 신은 〈있다〉, 〈없다〉는 등의 엇갈린 주의주장과 막연한 정의만을 내려 왔을 뿐이다.

그 결과 이 세계는 불행히도 〈유신론〉과 〈무신론〉이라는 양대 사상으로 분열되고 말았다. 오늘의 민주주의 세계와 공산주의 세계는 바로 이러한 양대 사상의 부산물로서, 오늘도 우리에게 인류상잔의 무서운 공포와 비극을 안겨 주고 있다.

이와 같이 인간은 신의 실존을 밝혀 해명하지 못함으로써 온갖 불행을 자초하고 있거니와 사실상 신에 대한 인간의 무지는 인간세계에서 벌어지는 모든 비극과 상충의 온상(원인)이 되고 있다.

그러면 인간이 저렇듯 오랜 역사를 두고 찾아 헤매던 신은 과연 실재하는가? 이 물음에 대한 답은 다음의 여러 가지 논증에서 자세히 밝혀 질 것이지만, 결론부터 말한다면 이 신은 이 우주의 창조주로서 엄연히 실재한다(본론 참조). 따라서 이러한 신의 실존을 모른다는 것은 실로 불행한 일이요, 또 부끄러운 일이 아닐 수 없다(시 14:1, 잠 1:7). 그러면 이제 신의 실존 여부를 다음에서 알아보기로 하자(위의 논제는 편의상 잠시 뒤로 미루고, 다음의 두 가지 논제를 먼저 다루기로 한다).

1. 종교와 과학의 대립문제

　지금까지 많은 사람들은 종교와 과학을 서로가 양립할 수 없는 대립물로 믿어 왔다. 특히 무신론자들은 과학의 만능을 부르짖고 더욱 그렇게 믿었다. 그 결과 무신론자들은 항상 종교를 외면하고 불신하게 되었으며, 또 신의 실존을 부인하는데 있어서도 그들은 과학을 유일한 무기로 삼게 되었다.

　그러면 과연 그들의 주장대로 종교와 과학은 서로가 양립할 수 없는 대립물인가? 아니다. 종교와 과학은 그 본질상 결코 대립할 수 없으며, 또 대립해서도 안 된다. 이러한 종교와 과학의 비대립성은 오늘의 종교계와 과학계의 동향을 보더라도 잘 알 수 있다. 그러면 왜 종교와 과학은 서로가 대립할 수 없는가? 그 까닭은 바로 종교와 과학이 인간의 무지를 극복하기 위한 내외 양면의 길잡이로 나온 것이기 때문이다.

　역사의 흐름을 지적인 면에서 본다면, 그것은 바로 인간이 무지에서 지(知)로 극복해 나아가는 그 과정이라고 말할 수 있다. 그런데 인간은 양과 육으로 된 이중적인 존재이기 때문에(고전 15:44), 인간의 지에는 내적인 지와 외적인 지가 있다. 따라서 무지에도 내적인 무지와 외적인 무지가 있게 된다. 여기서 내적인 무지란 정신세계에 대한 무지를 의미하며, 외적인 무지란 물질세계에 대한 무지를 뜻한다.

　이와 같이 인간의 무지에는 내외 양면의 무지가 있기 때문에, 인간은 오랜 역사의 기간을 두고 이러한 무지를 극복하기 위해 부단히 애써왔다. 내적인 무지에서 내적인 지로 나아가기 위해 내적인 진리를 찾아 나온 것이 바로 종교였으며, 외적인 무지에서 외적인 지로 나아가기 위해 외적인 진리를 찾아 나온 것이 바로 과학이었다. 그리고 보면, 종교와 과학은 바로 인간을 내외 양면의 무지에서 내외 양면의 지로 인도하기 위한 내외 양면의 길잡이임을 알 수 있다. 따라서 종교와 과학이 서로 대립되거나 충돌할 수 없음은 두말 할 나위도 없다.

　지금까지 과학의 연구대상은 원인의 세계가 아니고 결과의 세계였으며,

본질의 세계가 아니고 현상의 세계였다. 그러므로 본질 세계를 추구해 온 종교와 현상세계만을 찾아 나온 과학과는 그 발전과정에서 흔히 대립적인 양상을 보여 왔다. 그러나 오늘의 과학은 이제 결과의 세계에서 원인의 세계로, 현상의 세계에서 본질의 세계로 그차원을 더욱 높이지 않을 수 없는 새로운 단계로 들어서고 있다.

현대 물리학의 최근 동향을 보면, 과학도 이제는 더 이상 결과의 세계만을 추구할 수 없는 마지막 단계에 도달하였고, 이러한 과학의 눈부신 발달은 마침내 종교와 과학이 서로 한자리에서 만나지 않을 수 없도록 만들고 있다.

그럼에도 불구하고 아직도 많은 사람들은 과학의 발달을 앞세워 종교를 외면하고 불신하는 딱한 실정에 있다. 특히 무신론자들은 더욱 그러하다. 과학이 고도로 발달하면 신의 존재도 부인될 것이며, 이에 따라 종교도 자연히 그 자취를 감추게 될 것이라고 그들은 굳게 믿었다. 그러나 그들의 이러한 예상은 그대로 적중되지 않았다. 과학의 발달은 도리어 종교의 필요성을 느끼게 하였고, 나아가서는 신의 실존을 자인하는 데까지 이르게 하고 있다.

일찍이 화학자 파스퇴르는 「과학은 사람을 신에게 접근시킨다」고 말했고, 또 물리학자 막스 플랑크는 「과학연구에 깊은 사람일수록 종교적이 되는 것은 당연지사다」라고 말했으며, 또 물리학자 아인슈타인도 「과학 없는 종교는 맹목이요, 종교 없는 과학은 불구이다」라고 말함으로써, 종교와 과학은 어디까지나 서로 대립적인 것이 아님을 분명히 했다.

위에서 종교와 과학은 바로 인간의 무지를 타개하기 위한 내외 양면의 길잡이이기 때문에 그들은 서로 대립할 수 없으며, 또 대립해서도 안된다는 사실을 밝혔거니와, 사실상 종교와 과학은 서로 대립해 온 것이 아니었다. 종교와 과학이 그 발전과정에서 다소 대립적인 과정을 밟아온 것은 바로 그들이 서로 다른 분야를 독자적으로 개척해 왔기 때문이다. 이처럼 종교와 과학은 서로 대립해 온 것이 아니라, 도리어 서로를 부단히 찾아 나왔다. 즉 종교는 자신을 과학적으로 해명해 줄 수 있는 한 때를 바라보며 과학을 찾아 나왔으며, 과학도 역시 자신을 종교적으로 해명해 줄 수 있는 한 때를 바라보며 종교를 찾아나온 것이다.

이와 같이 종교가 그 자신을 과학적으로 해명하고, 또 과학이 그 자신을 종교적으로 해명함으로써 그들이 서로 한자리에서 만나게 될 때에, 종교와 과학은 비로소 그 본래의 사명을 다할 수 있는 바, 오늘 이 시대는 바로 이러한 〈종교의 과학화〉와 〈과학의 종교화〉가 시급히 요청되는 때라고 하겠다.

2. 神에 대한 인식문제

사물에 대한 인식을 우리는 다음과 같이 나누어 생각할 수 있다. 그 하나는 〈감각인식〉이요, 다른 하나는 〈사유인식〉이다. 그러면 먼저 감각인식에 대해 알아보기로 하자(제5장 「인식론」 참조).

(1) 인간의 감각인식

인간은 영과 육으로 결합된 이중적인 존재이다(고전 15:44, 고후 4:16, 엡 4:16). 그러므로 인간은 모두 내외 양면의 감각기관을 갖는다. 〈영적인 5관〉과 〈육적인 5관〉 등이 바로 그것이다. 이 중 영적인 오관은 무형 세계(영계)를 감각하며, 육적인 오관은 유형 세계(자연계)를 감각한다. 이처럼 인간은 유형과 무형의 두 세계를 감각할 수 있는 내외 양면의 감관을 갖추고 있으며, 이들은 서로 다른 분야를 감각하도록 되어 있다.

그렇다면 우리는 이러한 내외 양면의 두 감관 중 어느 것을 통하여 신의 실존을 인식해야 하는가? 두말 할 나위도 없이, 우리는 무형의 영적인 감관을 통해서 그의 실존을 인식해야 한다. 왜냐하면 신은 어디까지나 유형의 생리적 감관으로 인식할 수 없는 무형의 영적 존재이기 때문이다(요 4:24).

이와 같이 신에 대한 감각적인 인식은 오직 무형의 영적인 감관을 통해서만 가능하다. 그런데 무신론자들은 이 엄연한 법칙적 사실을 전혀 모르고 있으며, 또 믿으려 하지도 않는다. 그들은 다만 육신의 오관만을 믿고, 그를 통하여 모든 사물을 인식하고자 할 뿐이다. 신이 존재한다면 그 신까지도 육신의 오관을 통하여 인식되어야 한다는 것이 그들의 끈질긴 주장이다.

그러나 그들의 주장대로 무형의 영적인 신이 육신의 생리적 오관을 통해서 우리에게 인식될 수는 없다. 왜냐하면 육신의 생리적 오관은 어디까지나 비영적인 유형 세계만을 감각하도록 되어 있기 때문이다.

위에서 논한 바, 인간이 육신의 오관을 통하여 신의 실존을 인식할 수 없다는 것은 너무도 당연한 일임에도 불구하고, 흔히 사람들은 신의 실존을 논할 때 「누가 보았나」 하는 말을 입버릇처럼 사용한다. 특히 무신론자들은 이 말씀을 그 무슨 전매특허인 양 상투적인 구호로 삼는다. 그들의 말인즉, 신이 있다면 그 신을 육안으로 볼 수 있어야 하는데 실제는 볼 수가 없으니 결국 그의 실존을 부인할 수밖에 없다는 것이다.

일견해서 그럴듯한 말이기는 하다. 그러나 무형의 신을 우리가 육신의 생리적 감관인 육안으로 볼 수 없다고 하여 그의 실존을 일방적으로 부인한다는 것은 모순도 이만저만이 아니다. 그것은 마치 마음이 눈에 보이지 않는다고 해서 그의 존재를 부인하는 것이나 다름없는 공연한 억설이요, 생트집이 아닐 수 없다.

〈마음〉은 무형의 존재이다. 그러므로 우리는 그것을 볼 수도 들을 수도 없다. 그러나 이 마음의 존재를 의심하거나 부인하는 사람은 아무도 없다. 일찍이 프랑스의 철학자 데카르트는 말하기를, 모든 사물의 존재는 다 의심할 수 있으나, 내가 마음으로 〈생각〉하고 있다는 이 사실만은 전혀 의심할 수 없다고 하였다. 여기에 기초해서 그는 「나는 생각한다. 그러므로 나는 존재한다」 는 유명한 명제를 세웠거니와, 만일 어느 누가 마음이 눈에 보이지 않는다고 하며 그 마음의 존재를 의심한다면, 그는 도리어 지극히 어리석은 자가 되고 말 것이다.

〈신〉은 마음과 같은 무형의 존재이다. 그러므로 신은 마음이 그러하듯, 유형의 생리적 감관으로는 전혀 인식할 수 없으며, 오직 무형의 영적 감관을 통해서만 인식할 수 있다. 성서에도 이르기를 「어리석은 자는 하나님의 존재를 부인한다」 (시 14:1)고 했거니와, 오늘의 모든 무신론자들은 이 엄연한 사실을 올바로 이해하고 신의 실존이 육신의 생리적 오관을 통하여 인식되지 않는다고 해서 그의 실재성을 부인하는 어리석음을 더 이상 범하지 않도록 해야 할 것이다(잠 1:7, 잠 9:10).

위에서 우리는 〈감각인식〉에 대해 알아보았다. 그 결과 육신의 생리적 오관으로는 결코 신의 실존을 인식할 수 없음을 알았다. 그러면 다음으로 〈사유인식〉에 대해 살펴보기로 하자.

(2) 인간의 사유인식

인간에게는 지적인 사유능력이 있다. 사고·판단·추리 등이 바로 그것이다. 이러한 사유과정을 통하여 얻어지는 지적인 인식을 〈사유인식〉이라고 한다. 여기에는 영적인 사유인식과 육적인 사유인식이 있다. 전자는 영적인 지로써 얻어지는 인식이요, 후자는 육적인 지로써 얻어지는 인식이다. 그러면 이 중에서 우리는 어느 것으로 신의 실존을 인식해야 좋은가를 알아보기로 하자.

이미 논한 바 있거니와, 인간에게는 내외 양면의 지(知)가 있다. 영적인 지와 육적인 지가 바로 그것이다. 영적인 지는 무형 세계(영계)에 관한 지요, 육적인 지는 유형세계(자연계)에 관한 지이다. 여기서 전자를 종교적 지라고 한다면, 후자는 과학적 지라고 할 수 있다. 그리고 영적인 지는 주로 영적인 감관을 통해서 얻어지며, 육적인 지는 주로 육적인 감관을 통해서 얻어진다.

그러므로 영적인 감관의 기능을 거의 상실하고 있는 타락 인간이 영적인 지로써 신의 실존을 인식한다는 것은 매우 힘든 일이다. 특히 무신론자들의 경우에는 거의 불가능하다. 따라서 우리 인간이 신의 실존을 지적으로 인식하려면 영적인 지보다 육적인 지 〈과학적인 지〉로써 먼저 인식함이 좋을 것이다.

인간은 부단히 사고하고 판단하며, 또 진리를 추구하는 지적인 존재이다. 그러므로 인간은 모든 사물을 항상 지적인 면에서 이해하려고 한다. 아무리 분명한 것이라도 그것이 불확실하면 그대로 믿으려고 하지 않는다. 또 아무리 불분명한 것이라도 그것이 지적으로 확실하면, 그대로 믿으려고 한다. 이것은 누구도 막을 수 없는 인간 본성의 흐름이다.

이와 같이 인간은 어떠한 사물이 지적인 면에서 확실하기만 하면 그것이 비록 직감적으로 인식할 수 없는 무형의 존재일지라도 그의 실재를 그대로 믿는다. 그러므로 우리가 신의 실체를 인식하는 데 있어서도 역시 그의 실재성이 지적으로 충분히 입증되기만 하면, 비록 그를 육신의 오관으로 직접 보고 듣지 못한다 하더라도 우리는 그의 실재를 조금도 의심없이 그대로 믿을 수 있는 것이다.

위에서 논한 바와 같이, 인간이 사물을 인식하는 데는 영육 양면의 〈감각인식〉과 〈사유인식〉이 있다. 그런데 이 중 영적인 면의 감각인식은 누구나 쉽게 체험할 수 있는 것이 아니다. 그 까닭은 인간이 타락함으로써 그의 모든 영적인 감관이 그 기능을 거의 상실하였기 때문이다. 인간이 신의 실존을 충분히 인식할 수 없는 원인은 바로 여기에 있다.

본래 인간이 타락하지 않고 완성하여 신과 불가분의 일체를 이루었다면, 인간은 누구나 신과 직접 통할 수 있었을 것이다. 그런데 인간은 불행히도 타락하여 신과 분리됨으로써(사 59:12) 그와 통할 수 있는 모든 기능을 상실하고 말았던 것이다. 그러나 인간이 하나님과 주님에 대한 절대적인 믿음과 순종으로 모든 타락성을 벗고 〈새 사람〉으로 중생하게 되면(요 3:3), 인간은 또다시 신과 상통할 수 있는 자리까지 나아갈 수 있게 된다.

인간이 신의 실존을 깊이 인식하려면 무엇보다도 영적인 감각인식이 앞서야 한다. 그러나 타락한 인간이 무형의 신을 영적으로 감각하여 인식한다는 것은 매우 어려운 일이다. 특히 무신론자들의 영적인 감각인식은 거의 불가능하다. 따라서 타락한 우리 인간이 신의 실존을 인식하는 데는 영적인 감각인식보다 지적인 사유인식이 더 좋을 것이다.

예나 지금이나 신의 존재를 부인하는 자들은 주로 눈에 보이는 것만 믿으려고 한다. 그들은 이성보다 감성에 사로잡혀 눈에 보이는 것이 아니면 아무것도 믿지 않으려고 한다. 그러나 이것은 인간의 지적인 사유능력을 스스로 무시하는 매우 어리석은 사고방식이 아닐 수 없다. 왜냐하면 인간의 지적인 사유능력은 눈으로 볼 수 없는 무형의 존재까지도 능히 인식할 수 있기 때문이다.

물론 인간의 사유인식이 완전한 것일 수는 없다. 왜냐하면 타락한 인간의 지적인 사유능력은 한계가 있기 때문이다. 그러나 현재 인간의 지적 수준은 영적인 수준보다 좀더 앞서 있으므로, 아직 영적인 수준이 낮은 사람은 먼저 지적인 사유로써 신의 실존을 인식하도록 해야 할 것이다.

이러한 견지에서 필자는 다음에 전개되는 내용을 모두 이론적인 면에서 논하기로 한다.

제1절 우주의 제1원인으로 본 神의 존재

위위 논재를 다루기에 앞서 우리는 먼저 알아야 할 기본 법칙이 있다. 〈인과법칙〉과 〈인과의 상응법칙〉에 바로 그것이다. 이 법칙들은 신의 실존과 사물의 실상을 파악하는 데 매우 중요하므로, 편의상 본론에 앞서 다루기로 한다.

① 인과법칙

모든 사물은 반드시 원인이 있으면 결과가 있고, 결과가 있으면 원인이 있다. 이것을 〈인과법칙〉이라고 한다. 어느 누가 원인이 없는 결과나 결과가 없는 원인을 본 일이 있는가? 없다. 왜냐하면 모든 사물은 반드시 인과법칙에 따라 존재하기 때문이다.

② 인과의 상응법칙

모든 원인은 자기의 역량(능력)을 초과하는 결과를 내지 못한다. 즉 작은 원인은 큰 결과를 낼 수 없다는 말이다. 왜냐하면 원인과 결과에는 반드시 상응성이 있기 때문이다. 이처럼 어떠한 원인이 자기의 역량을 초과하는 결과를 내지 못하는 것을 〈인과의 상응법칙〉이라고 한다.

위에서 언급한 두 가지 법칙은 모두 존재의 기본 법칙이다. 그러므로 이 두 법칙을 떠나서는 어떠한 결과도 존재하지 않으며, 또 존재할 수도 없다. 만일 어느 누가 원인이 없는 결과나 상응성이 없는 결과가 있을 수 있다고 한다면, 이는 마치 〈0+0=1〉이나 〈1+1=3〉이 가능하다는 것과 조금도 다름이 없는 억설이 되고 말것이다. 그러면 이제 이러한 존재의 기본법칙을 통해서 신의 실존을 논증해 보기로 하자.

1. 우주의 제1원인

인과법칙에 따라 모든 원인의 고리를 더듬어 올라가면, 마침내 한 원인에 도달하게 된다. 이 마지막 원인을 우주의 〈제1원인〉이라고 한다. 이러한 귀납적 논리에서 우리는 존재계의 배후에 제1원인이 실재하고 있음을 알 수 있으며, 또 모든 존재는 바로 이 제1원인으로부터 결과 되었다는 사실도 알 수 있다. 그러면 이에 대한 과학적인 예로서 물질형성의 원인을 단계적으로 살펴보기로 하자.

오늘의 과학에 의하면, 모든 물질은 분자로 되어 있으며, 이 분자는 다시 원자로, 원자는 다시 소립자로, 소립자는 다시 무형의 에너지로 되어 있다고 한다. 바꾸어 말하면, 물질형성의 원인은 분자에, 분자형성의 원인은 원자에, 원자형성의 원인은 소립자에, 이 소립자형성의 원인은 바로 무형의 에너지에 있다는 것이다.

그렇다면 이 소립자형성의 에너지가 바로 물질형성의 궁극적 원인이란 말인가? 아니다. 왜냐하면 소립자를 형성하고 있는 에너지는 어디까지나 물질적 에너지이기 때문이다(본장 제4절 「물질의 에너지설」 참조). 물질적 에너지는 자기의 존재원인을 타에 두고, 오직 남의 힘에 의해서만 존재할 수 있는 피동적 에너지이므로, 이 에너지는 결코 물질형성의 궁극적 원인이 될 수 없다.

이와 같이 소립자형성의 에너지가 물질형성의 궁극적 원인이 아니라면, 인과법칙에 따라 그 에너지의 배후에는 필연적으로 그 존재원인이 되는 하나의 절대원인(최종원인)이 있어야 하는데, 그 절대원인이 바로 우주의 〈제1원인〉이다.

우주의 제1원인은 자기의 존재원인을 바로 자기에게 두고, 오직 자기힘으로 존재한다. 그리고 소립자형성의 물질적 에너지를 존재케 함으로써 우주형성의 근본원인이 되고 있는 바, 이러한 우주의 제1원인을 우리는 〈신〉 또는 〈하나님〉이라고 부르는 것이다.

그런데 혹자는 이에 대하여 「존재계의 배후에 제1원인이 있다는 것은 인정하지만, 그것이 무슨 기체나 고체와 같은 물질적인 존재라면, 구태여 그것을 신이라고까지 할 수는 없지 않느냐」 고 반문할지도 모른다.

물론, 그렇다면 그가 아무리 제1원인이라 해도 우리는 그를 신이라고 할 수 없다. 그러나 우주의 제1원인이 그러한 물질적인 존재일 수가 없다는 것은 그 본질상 너무도 자명한 일이 아닐 수 없다. 만일 어느 누가 그 제1원인을 물질적인 존재라고 어리석게 고집한다면, 그 사람은 가히 더불어 말할 자격도 없는 자라고나 하겠다.

이미 언급한 바와 같이 우주의 제1원인은 자기의 존재원인을 바로 자기에게 두고, 자기 능동성(자력)으로 존재한다. 그러나 기체·액체·고체와 같은 물질들은 모두 자기의 존재원인을 타에 두고, 오직 남의 힘에 의해서만 존재할 수 있는 타성체이므로, 그것들은 결코 자기 능동성으로 존재하지 못한다. 그렇다면 이러한 물질적인 존재가 어떻게 우주의 제1원인이 될 수 있겠는가?

우주의 제1원인이 자기 능동성으로 존재한다면, 그것은 한 〈생명체〉임이 분명하다. 철학에서도 생명을 정의하여 「생명은 동(움직임)에 있다」 고 말하거니와, 만일 그 제1원인이 비생명체라면 어떻게 자기 능동성으로 존재할 수 있겠는가?

한편 인과의 상응법칙으로 보면, 우주의 제1원인은 한 생명체인 동시에 또 전지전능한 존재임을 알 수 있다. 우주의 삼라만상을 관찰할 때, 우리는 그의 무한한 가능성(창조성)을 자인하지 않을 수 없다. 이처럼 자기 능동성으로 존재하며, 또 무한한 가능성을 지닌 전지전능의 위대한 생명체, 그가 바로 우주의 〈제1원인〉인 것이다.

위에서 우리는 존재계의 배후에 제1원인이 실재하고 있음을 인과법칙에 따라 밝혀 보았거니와, 이러한 제1원인의 실재성은 오늘의 과학계에서도 점차로 인정되어 가는 추세에 있다. 현대 물리학의 급속한 발달로 미루어 보건대, 머지 않아 과학도 제1원인의 실재를 과학적으로 입증할 때가 반드시 올 것이다.

2. 제1원인의 원인은 또 있는가?

위에서 우리는 물질형성의 원인을 인과법칙에 따라 귀납적으로 추구함으로써 존재계의 배후에는 제1원인으로부터 결과되었다는 사실도 알게 되었다.

그런데 무신론자들은 이 엄연한 논리적 사실을 애써 부인하고 있다. 그들의 말인즉, 인과법칙에 따라 원인의 원인을 계속 추구하면, 그 제1원인에도 역시 또 원인이 있어야 하기 때문에, 결국 제1원인은 실제하지 않는다는 것이다.

일견해서 그럴듯한 논리이기는 하다. 그러나 이것은 어디까지나 그릇된 생각임을 알아야 한다. 왜냐하면 인과법칙이란 결코 무한히 작용 할 수 없는 것이기 때문이다. 아는 바와 같이, 인과법칙은 존재의 기본 법칙이다. 그런데 이 법칙의 대상은 오직 〈유(존재계)〉에 한한다. 그러므로 〈무(비존재계)〉에서는 인과법칙이 성립되지 않는다. 무에는 아무런 원인도 결과도 없다. 있다면 그것은 이미 무가 아니고 유이다. 따라서 이러한 무의 세계에서 인과법칙이 작용할 수 없음은 두말 할 나위도 없다.

이와 같이 인과법칙의 성립은 오직 〈유〉에서만 가능하며, 무에서는 전혀 불가능하다. 민중사상은 이것을 〈인과법칙의 한계성〉이라고 부른다. 지금까지 무신론자들은 이러한 인과법칙의 한계성을 충분히 이해하지 못했거나, 아니면 고의적으로 무시해 왔다. 그 결과 그들은 불행히도 제1원인의 실재를 부인(의심)하게 되었던 것이다.

물론 무신론자들도 일체의 사물에 인과법칙이 적용하고 있음을 인정한다. 한 사물은 과거의 결과인 동시에 미래의 원인임을 그들도 잘 알고 있다. 그러면서도 그들은 그 사물의 최종원인이 되는 제1원인의 실제만은 끝까지 부인하고 있으니, 이 얼마나 딱한 노릇인가?

영국의 수학자이며 철학자인 러셀은 말하기를 「모든 사물에 원인이 있어야 한다면 우주의 제1원인에도 역시 그 원인이 있어야 한다」 고 비꼬았으나, 이것은 어디까지나 인과법칙의 한계성을 무시한 하나의 억설(궤변)이 아닐 수 없다. 오직 〈유〉에서만 가능한 인과법칙을 〈무〉에까지 계속 적용(연장)시키려 했던 그의 무신론적(반종교적) 사고는 한마디로 그릇된 것이라고 하겠다.

이미 언급한 바와 같이, 우주의 제1원인은 존재계(유)의 유일한 궁극적 원인이므로, 이 제1원인에는 또 다른 원인이 있을 수 없다. 만일 있다면, 다른 그 원인이 바로 제1원인이 될 것이다. 무신론자들의 주장대로 제1원인에도 또 원인이 있어야 한다면, 우리는 그 원인을 〈무〉에서 구할 수밖에 없는데, 무에는 아무런 원인도 결과도 없으니, 어떻게 그 원인을 또 구할 수 있겠는가?

이와 같이 우주의 제1원인은 그 본질상 결코 그 원인을 타에서 구할 수 없다. 만일 구할 수 있다면, 모순도 이만저만이 아니다. 그것은 마치 〈1〉의 원인을 〈1〉에서 구할 수 있다는 것이나 다름없는 지극히 어리석은 주장이 아닐 수 없다. 이러한 관점에서 우주의 제1원인은 바로 타의 원인 없이 스스로 있는 자존적 존재라는 결론을 얻을 수 있다.

우리는 우주의 제1원인을 〈신〉 또는 〈하나님〉이라고 한다. 따라서 하나님은 영원히 자존하시는 절대자임을 알 수 있다. 이 사실은 성서에도 잘 나타나 있다. 그 예로 「출애굽기」 3장 14절에 보면, 하나님은 모세에게 이르시되「나는 스스로 있는 자이니라」고 말씀하심으로써 자신의 자존성을 밝혀 주셨다.

진실로 하나님은 영원히 자존하시는 분이시다. 과거에도 계셨고 현재에도 계시며, 또 미래에도 계시는 분이시니(계 1:8, 계 4:8), 어느 누가 이렇듯 자존하시는 하나님의 실재를 부인할 것인가?

설혹 무신론자들의 주장대로 제1원인의 배후에 또 원인이 있다고 해도, 그의 가치성이나 절대성이 상실되는 것은 결코 아니다. 제1원인의 가치성과 절대성은 그가 존재계의 기본적 원인이라는 것만으로도 충분하다. 다시 말해 제1원인의 가치성과 절대성은 그가 타의 원인 없이 스스로 존재한다는 데만 있는 것이 아니다. 제1원인의 배후에 아무리 많은 원인이 있다고 하더라도 이 우주가 -아니 인류가 생존하는 이 지구만이라도- 그로 말미암아 존재하게 되었다면 그가 비록 제2, 제3의 원인이라 해도 우리는 그를 능히 창조주로 부를 수 있지 않겠는가?

하나님의 실재를 인식하는 데는 구태여 장황한 이론이나 구구한 설명이 필요없다. 눈을 들어 대자연을 보라! 우리는 그 속에서 얼마든지 하나님의 실제성을 인식할 수 있을 것이다(사 40:26, 사 45:12).

그러기에도 사도 바울은「창세로부터 하나님을 알 수 있는 모든 것이 피조만물에 잘 나타나 있으므로, 우리가 이것을 보면서도 그의 신성과 능력을 부인하는 것은 핑계가 되지 않는다」고 교훈했던 것이다(롬 1:20).

제2절 우주의 합법칙성으로 본 神의 존재

피조세계의 모든 존재물은 막연히 존재하지 않는다. 그들은 한결같이 일정한 법칙과 목적과 운동과 질서에 따라 합법칙적으로 존재하며, 우주를 형성하고 있다. 이 사실은 우주의 삼라만상이 태초부터 질서정연하게 생존운행하고 있음을 보더라도 분명히 알 수 있다. 그러면 이제 이러한 우주형성의 합법칙성을 더듬어 신의 실존을 논증해 보기로 하자.

1. 우주형성의 〈법칙〉은 스스로 세울 수 없다.

피조세계의 모든 존재물은 온갖 〈법칙〉에 따라 존재한다. 물질의 최소단위인 소립자로부터 우주의 삼라만상에 이르기까지 법칙을 떠난 존재물은 하나도 없다. 소립자에는 소립자형성의 법칙이 있고, 원자에는 원자형성의 법칙이 있으며, 분자에는 분자형성의 법칙이 있는 바, 이들은 모두 우주형성을 위한 것이다.

이와 같이 모든 존재물에는 개체형성의 법칙과 나아가서는 우주형성의 법칙이 있다. 이러한 관점에서 우주는 바로 법칙과 법칙의 합성체라고도 말할 수 있다.

그러면 이러한 개체형성의 법칙과 우주형성의 법칙은 존재물이 스스로 세운 것인가? 아니다. 그것은 결코 존재물이 스스로 세울 수 없다. 왜냐하면 모든 존재물에는 그러한 존재형성의 법칙을 스스로 세울 만한 아무런 창조성도 없기 때문이다. 만일 존재물이 스스로 존재형성의 법칙을 세울 수 있다면, 이 우주는 우주형성의 합법칙성을 잃고 이미 파멸 되었거나 아니면 머지 않아 파멸될 수 밖에 없다. 왜냐하면 모든 존재물은 저마다 자기 나름대로 수많은 법칙들을 세워놓고 부단히 서로 충돌할 것이기 때문이다.

그러나 이미 파멸되었어야 할 우주는 도리어 저렇듯 질서정연하게 합법칙적으로 운행되고 있지 않은가? 따라서 존재물이 스스로 우주형성의 법칙을 세울 수 없음은 두말 할 나위도 없다.

위에서 논한 바, 존재물이 스스로 우주형성의 법칙을 세울 수 없다는 이 사실은 무엇을 의미하는가? 그것은 바로 모든 존재물이 〈피조물〉이라는 것을 의미한다. 피조물이란 지음받은 존재를 말한다. 따라서 모든 피조물에는 반드시 그를 만든 자가 있어야 한다(히 3:4). 피조물을 만든자는 인간도 물질도 아니다. 그렇다면 그 피조물을 만든 자는 도대체 누구인가? 피조물을 만든 자가 인간도 물질도 아니라면, 그 피조물의 배후에는 반드시 그를 만든 하나의 절대자가 있어야 할 것이니, 그가 바로 〈신〉인 것이다.

한편 이러한 사실은 〈인과법칙〉에서 보더라도 잘 알 수 있다. 위에서 우주형성의 법칙은 그 본질상 존재물이 스스로 세울 수 없는 것이라고 하였다. 그렇다면 우리는 인과법칙에 따라 그 법칙의 제1원인을 계속 추구하지 않을 수 없는 바, 이러한 우주법칙의 제1원인을 우리는 〈신〉 또는 〈하나님〉이라고 부르는 것이다.

2. 우주형성의 〈목적〉은 스스로 세울 수 없다

피조세계의 모든 존재물은 한결같이 〈목적〉을 지니고 있다. 물질의 최소 입자인 소립자로부터 우주의 삼라만상에 이르기까지 목적이 없는 존재물은 하나도 없다. 소립자에는 소립자형성의 목적이 있고, 원자에는 원자형성의 목적이 있으며, 분자에는 분자형성의 목적이 있는 바, 이들은 모두 우주형성을 위한 것이다.

이와 같이 모든 존재물에는 개체형성의 목적과 나아가서는 우주형성의 목적이 있다. 이러한 견지에서 우주는 바로 목적과 목적의 합성체라 고도 말할 수 있다.

그런데 이러한 개체형성의 목적과 우주형성의 목적은 그 본질상 존재들이 스스로서 세울 수 없는 것임을 알아야 한다. 왜냐하면 모든 존재물에는 그러한 존재형성의 목적을 스스로 세울 만한 아무런 창조성도 없기 때문이다. 인간을 예로 들어 보더라도 인간은 그 자신의 존재목적을 스스로 세울 수 없지 않은가? 인간이 생의 문제로 고민하는 이유도 여기에 있거니와, 만일 존재물이 스스로 존재형성의 목적을 세울 수 있다면, 이 우주는 우주형성의 합법칙성과 합목적성을 잃고 이미 파멸되었거나 아니면 조만간 파멸되고 말 것이 분명하다. 왜냐하면 모든 존재물은 저마다 자기 나름대로, 각양각색의 목적들을 세워 놓고 부단히 서로 충돌할 것이기 때문이다.

그러나 창세 이래 우주는 아무런 모순과 상충도 없이 저렇듯 질서 정연하게 운행되고 있지 않은가? 따라서 존재물이 스스로 우주형성의 목적을 세울 수 없음은 두말 할 나위도 없다.

위에서 논한 바와 같이 존재물이 스스로 우주형성의 목적을 세울 수 없다면, 우리는 〈인과법칙〉에 따라 그 목적의 제1원인을 계속 추구하지 않을 수 없는 바, 이러한 우주 목적의 전1원인을 우리는 〈신〉 또는 〈하나님〉이라고 한다.

3. 우주형성의 〈운동〉은 스스로 할 수 없다.

피조세계이 모든 존재물은 〈운동〉을 하고 있다. 물질의 최소단위인 소립자로부터 우주의 삼라만상에 이르기까지 운동하지 않는 존재물은 하나도 없다. 소립자에는 소립자형성의 운동이 있고, 원자에는 원자형성의 운동이 있으며, 분자에는 분자형성의 운동이 있는 바, 이들은 모두 우주형성을 위한 것이다.

이와 같이 모든 존재물에는 개체형성의 운동과 나아가서는 우주형성의 운동이 있다. 이러한 견지에서 우주는 바로 운동과 운동의 합성체라고도 말할 수 있다. 그런데 이러한 개체형성의 운동과 우주형성의 운동은 존재물이 스스로 할수 없으니, 이제 그 이유를 간단히 알아보기로 하자.

피조세계의 모든 운동은 생물과 무생물의 운동으로 각각 나눌 수 있다. 그런데 이중 무생물의 운동에 속하는 물체운동은 물질이 스스로 할수 없다. 특히 물질형성의 기본운동인 소립자원자분자 등의 운동은 더욱 그러하다. 왜냐하면 모든 물질은 타성(관성)을 지니고 있기 때문이다.

그러면 〈타성〉이란 무엇인가? 그것은 바로 물질만이 가지는 그의 고유한 피동적 특성을 말한다. 즉 모든 물질은 외부로부터 어떠한 힘의 작용을 받지 않으면, 현재의 그 상태(정지나 운동의 두 상태 중 어느 한 상태)를 그대로 계속 유지하려는 성질이 있는데, 이것을 타성(관성)이라고 한다. 이러한 물질의 타성은 물체운동의 기본이 되므로, 이것을 우리는 〈물체운동의 제1법칙〉이라고 한다.

이와 같이 모든 물질은 반드시 외부로부터 어떠한 힘의 작용을 받아야만 비로소 움직일 수도 정지할 수도 있는 타성을 지고 있다. 따라서 물질이 자기 스스로 자기를 움직이거나 정지시킬 수 없음은 두말 할 나위도 없다. 그런데 우주는 태초에 어떻게 운행하게 되었을까? 이에 대한 해답은 물체운동의 법칙에서 쉽게 얻어질 것이다.

물체운동의 법칙에 의하면, 모든 물질은 반드시 그에 상응한 외력(타력)이 작용해야만 비로소 운동할 수도 정지할 수도 있으며, 또 그 운동의 방향을 변경시킬 수도 있다. 왜냐하면 모든 물질은 스스로 자기를 움직일 수 없는 타성체이기 때문이다. 따라서 어떠한 물체가 정지상태에서 운동상태로, 혹은 운동상태에서 정지상태로 옮겨지려면, 반드시 그에 상응한 외력이 작용하지 않으면 안된다.

이러한 물체운동의 법칙에서 볼 때, 우주는 태초부터 어떠한 힘의 작용을 받음으로써 비로소 존재하고 운행하게 되었음을 알 수 있다. 다시말해, 이 우주의 모든 운행은 어디까지나 그에 상응한 외력의 작용에서 온 피동적 결과라고 할 수 있다. 만일 이 우주의 모든 운행이 아무런 외력의 작용도 없이 나타난 능동적(자동적) 결과라고 한다면, 우리는 이 우주에 충만한 우주운동의 합법칙성을 설명할 길이 없을 것이다. 왜냐하면 물체운동에서 외력의 작용이 없는 상태로는 영원한 정지나, 아니면 일정한 등속운동과 직선운동만이 가능하기 때문이다.

위에서 논한 바와 같이, 모든 물질은 타성을 지니고 있으며, 우주는 바로 이러한 물질들로 구성되어 있기 때문에, 우주형성의 운동은 그 본질상 존재물이 스스로 할 수 없다. 다시 말해 모든 존재물은 우주운동의 제1원인자가 아니다. 그렇다면 우리는 〈인과법칙〉에 따라 그 운동의 제1원인을 계속 추구하지 않을 수 없는 바, 이러한 우주운동의 제1원인을 우리는 〈신〉 또는 〈하나님〉이라고 부르는 것이다.

4. 우주형성의 〈질서〉는 스스로 세울 수 없다

피조세계의 모든 존재물에는 〈질서〉가 있다. 물질의 최소단위인 소립자로부터 우주의 삼라만상에 이르기까지 질서가 없는 존재물은 하나도 없다. 소립자에는 소립자형성의 질서가 있고, 원자에는 원자형성의 질서가 있으며, 분자에는 분자형성의 질서가 있는 바, 이들은 모두 우주형성을 위한 것이다.

이와 같이 모든 존재물에는 개체형성의 질서와 나아가서는 우주형성의 질서가 있다. 이러한 관점에서 우주는 바로 질서와 질서의 합성체라고도 말할 수 있다. 이러한 우주질서의 신비에 대해 일찍이 만유인력의 원리를 발견한 뉴턴은 다음과 같은 감탄의 말을 남겼다.

「인력! 인력! 그런데 이 인력이라는 것이 대체 무엇인가? 누가 천체에 서로 당기는 이 인력을 주었는가? 천체는 인력에 의해 필연적으로 서로 충돌할」 수 밖에 없었는데, 누가 그 반대로 원심력에 의해 그 충돌을 방지했는가? 누가 모든 천체들을 정지상태에 두지 않고 끊임없는 운동상태에 두면서도 거기에 교묘하고 기이한 평형을 생기게 하였는가? 누가 이 끝없는 공간에 다만 미와 질서와 힘의 걸작뿐만 아니라, 역학과 기학학과 수학상의 신비를 창조했는가?

그러면 이러한 개체형성의 질서와 우주형성의 질서는 존재물이 스스로 세운 것인가? 아니다. 그것은 결코 존재물이 스스로 세울 수 없다. 왜냐하면 존재형성의 법칙·목적·운동·질서 등은 오직 무한한 창조성을 가진 자만이 세울 수 있기 때문이다.

모든 존재물에는 아무런 창조성도 없다. 따라서 그러한 존재물이 스스로 존재형성의 질서를 세울 수 없음은 너무도 당연한 일이 아닐 수 없다. 만일 존재물이 스스로 존재형성의 질서를 세울 수 있다면, 이 우주는 우주질서의 합법칙성과 합목적성을 잃고 이미 파멸되었을 것이다.

이와 같이 모든 존재물이 스스로 우주형성의 질서를 세울 수 없다면, 우리는 〈인과법칙〉에 따라 그 질서의 제1원인을 계속 추구하지 않을 수 없는 바, 이러한 우주질서의 제1원인을 〈신〉 또는 〈하나님〉이라고 하는 것이다.

위에서 우리는 우주형성의 합법칙성과 합목적성 등을 더듬어 신의 실존성을 여러 모로 살펴보았거니와, 사실상 신은 존재한다. 그 신은 과거에도 있었고, 현재에도 있으며, 또 미래에도 있을 영원한 존재인 것이다(계 1:8, 계4:8).

제3절 우주의 기원으로 본 神의 존재

이 우주에 그 〈기원〉이 있느냐 없느냐 하는 문제는, 곧 신이 있느냐 없느냐 하는 문제와 직결된다. 왜냐하면 신의 존재 여부는 바로 이 우주에 기원이 있고 없음에 따라 그 좌우가 결정될 수 있기 때문이다. 이처럼 우주의 기원문제는 바로 신의 실존문제와 직결되므로, 우리는 이에 관한 정확한 해답을 찾지 않으면 안 된다. 그러면 이 문제를 다음과 같이 나누어 상고해 보기로 하자.

1. 물질의 기원

모든 물질은 본래부터 있었던 것인가? 아니다. 본래부터 있었다면 그 물질은 반드시 〈기원〉이 없는 물질이어야 하며, 나아가서는 자기 스스로 존재하는 물질이어야 한다. 그러나 이것은 모두 불가능한 일이 아닌가?

물질의 존재를 우리는 다음과 같은 두 가지 면에서 생각할 수 있다.

첫째는 그 물질이 스스로의 힘(자력)으로 존재하는 것이요, 둘째는 남의 힘(타력)으로 존재하는 것이다. 철학상 술어로「있을 수도 있고 없을 수도 있는 존재」를 〈우연존재〉라고 하며, 그와 반대로「없을 수 없이 있는 존재」를 〈우연존재〉라고 하며, 그와 반대로「없을 수 없이 있는 존재」를 〈필연 존재〉라고 하는데, 이 중 필연존재는 전자(자력에 의한 존재)에 속하고, 우연존재는 후자(타력에 의한 존재)에 속한다. 우연존재는 자기의 존재원인과 존재이유를 어디까지나 남에게 두고 있는 피동적(타동적)존재이므로, 오직 남의 힘에 의해서만 존재할 수 있으나, 필연존재는 자기의 존재원인과 존재이유를 바로 자기에게 두고 있는 능동적(자동적)존재이기 때문에 스스로의 힘으로 존재한다.

그러면 이 중 물질은 어느 것에 속하는가? 두말 할 나위도 없이 물질은 우연존재에 속한다. 모든 물질은 남의 힘으로 존재하며, 그 본질상 있을 수도 있고 없을 수도 있는 피동적 존재이기 때문이다. 만일 물질이 필연존재에 속한다면, 그 물질을 반드시 스스로의 힘으로 존재하는 능동적 존재이어야 한다는 모순된 결과만이 나오게 된다.

위의 사실은 〈인과법칙〉에서 보더라도 잘 알 수 있다. 인과법칙에 의하면 일체의 사물은 결코 자연발생하거나 자연존재 할 수 없다. 왜냐하면 모든 사물은 인과법칙에 따라 자기의 존재원인을 남에게 두고 있기 때문이다. 그렇다면 물질은 어느 모로 보나 우연존재가 아닐 수 없다. 만일 물질이 자기의 존재원인을 남에게 두지 않고 바로 자기에게 두고 있는 필연존재라고 한다면, 사물에 대한 인과법칙은 모두 깨어지고 말 것이다.

한편 이러한 사실은 물체운동의 법칙에서 보더라도 분명하다. 그 법칙에 의하면, 모든 물질은 타성(관성)을 지니고 있기 때문에 스스로 자기를 움직이거나 정지시키지 못한다. 그러면 왜 물질은 이렇듯 타성을 지니고 있는가? 그 까닭은 그 물질이 스스로의 힘으로써 존재하지 않고, 오직 남의 힘에 의해서만 존재하기 때문이다. 만일 물질이 자기 힘으로 존재한다면, 스스로 자기를 움직이지 못한다는 이 엄연한 사실은, 곧 그 물질이 자기 힘으로 존재할 수 없는 우연존재임을 스스로 입증하는 것이라고 하겠다.

위의 논증에서 모든 물질은 자기의 존재원인을 타에 두고 오직 남의 힘에 의해서만 존재할 수밖에 없는 우연존재임을 알았다. 이처럼 물질이 우연존재라면, 그 물질의 배후에는 반드시 그의 존재원인이 되는 필연존재가 또 있어야 할 것이니, 이 필연존재를 우리는 〈신〉 또는 〈하나님〉이라고 부르는 것이다.

2. 생물의 기원

생물의 발생기원에는 다음과 같은 두 가지 설이 있을 수 있다. 그 하나는

〈생물의 창조설〉이요, 다른 하나는 〈생물의 자연발생설〉이다. 그런데 신의 실존을 부인하는 무신론자들은 이 중 전자를 부정하고 후자만을 긍정하려고 한다. 그들의 말인즉, 모든 생물은 창조된 것이 아니고, 다만 자연발생적으로 생겨났다는 것이다.

그러면 과연 그들의 주장대로 모든 생물은 자연발생적으로 우연히 생겨난 것인가? 아니다. 생물은 그 본질상 결코 자연발생할 수 없다. 이는 오늘의 종교계와 과학계가 한결같이 공인하고 있는 사실이다. 그러면 왜 생물은 그처럼 자연발생할 수 없는가에 대해 알아보기로 하자.

우리는 먼저 태양계의 기원에 대한 칸트와 라플라스의 〈성운설〉을 들어보자. 성운설에 의하면, 태초에 이 지구에 다른 천체와 다름없이 적어도 3천도 이상의 고온상태에 있었다고 한다. 그렇다면 이러한 고온상태 -어떠한 생물의 발생인자도 전혀 있을 수 없는 상태-에서 어떻게 생물의 자연발생이 가능하겠는가? 아무리 찾아 보아도 우리는 그 가능성을 발견할 수 없다. 따라서 생물이 자연발생할 수 없음은 두말할 나위도 없다.

일찍이 프랑스에서는 생물의 발생기원을 놓고, 생물의 자연발생설을 주장하는 박물학자이며 동물학자인 푸세와 그 자연발생설을 부인하는 화학자이며 세균학자인 파스퇴르 사이에 열띤 논쟁이 있었다. 이 논쟁의 승리는 물론 파스퇴르에게 돌아갔다. 그는 여러 가지의 확실한 과학적 실험결과를 가지고, 당시에 유행하던 자연발생설을 송두리째 뒤집어 놓았던 것이다. 당시 생물학자였던 라인케 교수도 말하기를, 「자연발생설은 이미 수습할 수 없는 입장에 떨어졌다. 기계적이고 화학적인 세력은 생명을 내는 데 아무리 해도 부족하다. 그러므로 유물론적인 세계관은 마치 종이는 지은 집에서 무너지지 않을 수 없다」고 단언하였다.

이와 같이 생물이 자연발생할 수 없다는 사실은 물체운동의 법칙에서 보더라도 분명하다. 그 법칙에 의하면, 모든 물질은 피동적 타성을 지니고 있기 때문에, 스스로 자기를 존재시킬 수 없다. 그렇다면 이러한 물질(무생물)에서 어떻게 생물이 자연발생할 수 있겠는가? 생물은 오직 생물에서만 나올 수 있는 것이다.

한편 생물의 자연발생설은 〈인과법칙〉에서 보더라도 부인하지 않을 수 없다. 아는 바와 같이, 인과법칙은 존재의 기본 법칙이다. 때문에 이 법칙을 떠나서는 어떠한 형태의 결과도 존재하지 않으며, 또 존재할 수 도 없다. 그렇다면 생물이 어떻게 그에 상응한 원인도 없이 비인과법칙적으로 자연발생할 수 있겠는가? 만일 생물이 〈무〉에서 〈유〉로 자연발생할 수 있다면, 이는 마치 〈0〉에서 〈1〉이 나올 수 있다는 것이나 다름없는 억설이 되고 말 것이다.

위에서 논한 바와같이, 이 지상의 모든 생물이 자연발생한 것이 아니라면, 그것은 어디까지나 창조된 것으로 볼 수밖에 없다. 그렇다면 우리는 마땅히 창조주의 실재를 인정해야 할것이다. 그럼에도 불구하고 무신론자들은 자기들의 그릇된 주장(생물의 자연발생설)에 대해 아직도 궁색한 이유를 끈질기게 달고 있으니, 이 얼마나 딱한 노릇인가?

요컨대 우리가 창조주(신)의 실재를 인정하지 않고서는 결코 생물의 기원을 밝힐 수 없는 것이다.

3. 우주의 기원

우주는 본래부터 있었던 것이라고 믿는 사람들이 많다. 그러나 결론부터 말한다면, 우주는 본래부터 있었던 것이 아니라, 아득한 옛날 그 어느 한 〈대〉에 생겨난 것으로 보아야 한다. 왜냐하면 우주는 바로 그〈기원〉이 있는 물질들로 구성되어 있기 때문이다.

한편 우주는 창조된 것이 아니라, 다만 자연적으로 존재한 것이라고 믿는 사람들도 많다. 이것은 흔히 무신론자들이 주장하는 것인데, 그들은 이 우주가〈무〉에서 〈유〉로 자연발생한 것으로 보고 있다. 그러면 이러한 우주의 자연발생은 실제로 가능한 일인가? 아니다. 그것은 한마디로 불가능하다. 왜냐하면 〈유〉는 그 본질상 결코 〈무〉에서 나올 수 없으며, 오직〈유〉에서만 나올 수 있기 때문이다.

그렇다면 이 우주는 태초에 어떻게 생겨나게 되었을까? 우주가 〈무〉에서 〈유〉로 자연 존재할 수 없다면, 이 우주는 창세 전부터 있었던 한 존재원인으로부터 생겨나게 되었음이 분명하다.

그러면 창세 전의 그 존재원인은 무엇일까? 이 우주가 우연존재(결과)라면, 그것은 바로 필연존재(원인)일 것이다. 여기서 〈우연존재〉란 자기의 존재원인을 타에 두고 존재함으로써 그 본질상 「있을 수도 있고 없을 수도 있는 피동적 존재」를 말하며, 〈필연존재〉란 자기의 존재원인을 바로 자기에게 두고 존재함으로써 그 본질상 「없을 수 없이 있는 능동적 존재」를 말한다.

이와 같이 우주만물(우연존재)이 한 필연존재에서 결과되어 나왔다면, 그 필연존재는 반드시 전지전능한 존재일 것이다. 결과인 우주만물이 천태만상이요 가지각색이니, 그 원인을 어찌 전지전능하다고 말하지 않을 수 있겠는가? 우주는 바로 이렇듯 무한히 전지전능한 존재로부터 생겨난 유형의 결과물인 것이다(신10:17, 계1:8).

그러므로 이 우주의 삼라만상은 그 누구도 흉내낼 수 없는 오묘한 지적내용을 모두 갖추고 있다(롬11:33, 시147:5). 예를 들면, 아무리 유능한 과학자라도 조그만 나무 잎사귀 하나를 만들지 못한다. 그 조그만 잎사귀에는 유능한 과학자의 두뇌도 따를 수 없는 지적내용이 담겨져있기 때문이다. 그뿐만 아니라, 물질형성의 배후에는 인간의 힘과는 전혀 비교조차 할 수 없는 막대한 에너지가 숨겨져 있지 않은가?

이와 같이 모든 결과의 원인이 되는 〈필연존재〉는 무한한 가능성의지와 힘을 가지고 있는 바, 우주만물은 바로 이러한 필연존재로부터 생성된 것이다. 그렇다면 우리가 이 필연존재를 일러 〈신〉 또는 〈하나님〉이라고 해도 나무랄 사람은 없을 것이다.

우주가 생겨나기 전부터 있었던 무한한 가능성의 존재, 그가 바로 하나님(창조주)인 것이다(시90:2).

제4절 물질의 에너지설로 본 神의 존재

지금까지 종교는 주로 심령세계의 진리를 찾아 나왔으며, 과학은 주로 물질세계의 진리를 찾아 나왔다. 그 결과 종교는 신의 존재를 인정하는 입장에 서게 되었고, 이와 달리 과학은 신의 존재를 부인하는 입장에 서게 되었다. 그러나 고도로 발달한 현대 과학은 종래의 무신론적인 입장에서 점차로 벗어나고 있다. 이것은 종교와 과학이 머지않아 한자리에서 만날 수 있음을 보여주는 좋은 현상이 아닐 수 없다. 그러면 이제 물리학적인 관점에서 신의 실존문제를 재조명해 보기로 하자.

1. 물질의 에너지설

오늘의 과학은 물질의 구성인자가 무엇인가를 밝히는 대 성공하였다. 그에 의하면 모든 물질은 분자로, 분자는 다시 원자로, 원자는 다시 소립자로 되어 있다고 한다. 그리고 이 소립자는 모두 〈에너지〉로 되어 있다는 것이다.

위에서 모든 물질은 소립자로 되어 있으며, 소립자는 다시 에너지로 되어 있다는 사실을 알았다. 그런데 이 에너지는 모두 무형의 존재이다. 그렇기 때문에 에너지는 우리의 요관으로 보고 듣거나 감각할 수 없다. 그런데 모든 물질은 바로 이러한 무형의 에너지가 모여서 된 유형의 생성물(결과물)인 것이다.

그렇다면 결국 이 무형의 에너지가 물질형성의 최종 원인이란 말인가? 아니다. 에너지는 소립자를 구성하고 있으므로, 물질형성의 한 기본인자는 될 수 있으나, 그것이 최종 원인일 수는 없다.

만일 에너지가 물질형성의 궁극적 원인이라면, 그로부터 결과된 물질(만물)은 모두 동일한 것이어야 할 것이다. 왜냐하면 원인이 같으면 그 결과도

같아야 하기 때문이다. 원인인 에너지는 같은데 결과인 만물이 천태만상이라면, 그 에너지는 결코 그 만물의 최종 원인이라고 말할 수 없다.

예를 들어, 재료는 같은데 그 재료에서 나온 제품이 각양각색이라면, 그 재료는 어디까지나 그 제품의 전부가 바로 그 재료에 그 제품을 만든 자의 다양한 〈구상〉이 가해졌기 때문이 아니겠는가?

마찬가지로 같은 에너지에서 천태만상의 결과가 나왔을 때, 그 에너지가 그 결과의 궁극적 원인이 될 수 없음은 두말 할 나위도 없다. 같은 에너지에서 천태만상의 결과가 나오려면, 그 에너지에는 반드시 그 어떠한 창조적 〈구상〉이 작용해야만 한다.

그런데 소립자를 구성하고 있는 에너지에는 그러한 창조적 구상이 있을 수 없다. 만일 있다면, 그 에너지는 물질형성의 작용을 스스로 할 수 있어야만 한다. 그러나 소립자 구성의 에너지가 그러한 존재형성의 작용을 스스로 할 수 없다는 사실은, 굳이 현대 과학의 증언을 빌리지 않더라도 잘 알 수 있는 일이다.

그렇다면 그 에너지는 어디까지나 물질적 에너지로 볼 수 밖에 없다. 물질적 에너지는 한마디로 말해서 피동적(타동적) 에너지라고 할 수 있다. 때문에 물질적 에너지는 스스로의 힘(자력)으로 존재하지 못한다. 그것은 오직 남의 힘(타력)에 의해서만 존재하며, 또 작용할 수 있다. 소립자를 구성하고 있는 에너지를 물질적 에너지라고 하는 이유가 바로 여기에 있다.

그러면 이러한 물질적 에너지의 배후에는 그를 존재케 한 또 다른 존재원인이 없는가? 아니다. 만일 없다면, 그 물질적 에너지는 어디까지나 스스로의 힘으로 존재할 수 있어야 한다. 그러나 물질적 에너지가 스스로의 힘으로 존재할 수 없다는 사실은 이미 언급한 바와 같다.

이처럼 물질적 에너지는 그 본질상 결코 스스로의 힘으로 존재할 수 없음에도 불구하고, 그 에너지가 엄연히 존재하여 소립자를 형성하고 있는 것이 사실일진대, 우리는 그 물질적 에너지의 배후에도 또 다른 한 존재원인이 있음을 부인할 도리가 없지 않은가? 물질적 에너지의 존재 원인은 곧 모든 존재형성의 근본 원인이 되므로, 필자는 그 마지막 존재원인을 〈창조적 에너지〉로 부르기로 한다.

창조적 에너지는 무한한 가능성의 구상을 지닌 능동적(자동적) 에너지이다. 때문에 창조적 에너지는 온갖 창조성을 발휘한다. 구상은 곧 〈마음〉의 발로이다. 마음에는 〈지·정·의〉의 요소가 있다.

그러므로 창조적 에너지는 곧 마음을 가진 인격적 에너지라고 할 수 있는데, 우주만물은 바로 이러한 마음을 가진 창조적 에너지의 무한한 구상이 물질적 에너지에 작용함으로써 생성된 유형의 결과물인 것이다.

물질적 에너지가 물질형성의 최종원인이 될 수 없다는 이 사실은 물체운동의 법칙에서 보더라도 잘 알 수 있다. 그 법칙에 의하면, 모든 물질은 타성(관성)을 지니고 있기 때문에 어떠한 외력의 작용을 받지 않고는 스스로 작용(운동)할 수 없게 되어 있다.

이러한 물체운동의 법칙에 따르면, 소립자는 원자형성의 작용을 스스로 할 수 없고, 원자는 분자형성의 작용을 스스로 할 수 없으며, 분자는 물질형성의 작용을 스스로 할 수 없다. 마찬가지로 소립자를 구성하고 있는 에너지도 역시 소립자형성의 작용을 스스로 할 수 없다. 소립자 구성의 에너지는 어디까지나 창조적 에너지가 아닌 물질적 에너지이기 때문이다.

만일 물질적 에너지가 존재형성의 작용을 스스로 할 수 있다면, 물체운동의 법칙은 모두 깨지고 말 것이다. 이처럼 소립자 구성의 에너지가 존재형성의 작용을 스스로 할 수 없다면, 그 에너지는 결코 물질형성의 궁극적 원인이 될 수 없는 것이다.

위에서 논한 바, 모든 물질은 소립자로 되어 있으며, 이 소립자는 다시 물질적 에너지로 되어 있다. 나아가 물질적 에너지의 배후에는 창조적 에너지가 있다. 이 중 물질적 에너지는 소립자형성의 원인이 되고, 창조적 에너지는 물질적 에너지 형성의 원인이 되므로, 결국 물질형성의 최종 원인이 바로 창조적 에너지라고 할 수 있다.

이러한 사실은 오늘날 과학의 첨단을 걷고 있는 양자역학과 소립자 이론에서도 그대로 확인되고 있다. 그에 의하면 원자를 구성하고 있는 소립자는 결코 물질형성의 최종 원인이 아니며, 그 배후에는 더욱 근원적인 〈본질〉이 있다는 것이다. 그 본질이 어떠한 것인지는 잘 알 수 없으나 확실히 실재하며, 모든 현상은 이 본질로부터 나타났다고 한다. 이는 양자역학의 창시자인 하이젠베르그를 비롯해서 여러 학자들이 인정하고 있는 사실이다.

이와 같이 존재계의 모든 현상이 소립자의 배후에 실재하는 하나의 〈본질〉로부터 나왔다면, 그 본질은 바로 신에 대한 과학적인 대명사라고 해도 좋을 것이다. 따라서 본질이 실재한다는 그 말은 곧 신은 실재한다는 말의 과학적인 표현이라고도 할 수 있을 것이다. 그리고 보면 신의 실재는 이제 종교계에서 뿐만 아니라, 과학계에서도 널리 인정되고 있는 사실이라고 하겠다(진정한 과학자들은 모두 신의 실재를 인정한다).

위의 여러 가지 논증에서 물질형성의 기본 입자인 소립자의 배후에는 물질적 에너지와 창조적 에너지가 있음을 알았다. 이 중 전자(물질적 에너지)는 후자(창조적 에너지)의 결과가 되며, 후자는 전자의 원인이 된다. 이처럼 창조적 에너지는 물질적 에너지의 존재원인(창조원인)이 됨으로써 모든 존재형성의 궁극적 원인이 되고 있는 바, 이러한 창조적 에너지를 우리는 〈신〉 또는 〈하나님〉이라고 부르는 것이다(이것은 어디까지나 물리학적 관점에서 설명한 것이므로, 오해가 없기를 바란다).

2. 현대물리학의 최근동향

위에서 필자는 소립자의 배후를 더듬어 신의 존재를 논했거니와, 현대 물리학의 기본과제는 바로 이러한 소립자의 배후를 규명하는 데 있다고 하겠다. 사실상 현대 물리학의 초점은 소립자의 배후에 집중되고 있다. 그러면 이러한 현대 물리학의 최근 동향을 간단히 살펴보기로 하자.

현대 물리학에 따르면 모든 물질은 분자로, 분자는 다시 원자로, 이 원자는 다시 소립자로 되고 있다고 한다. 따라서 종래에는 원자의 내부에서 발견된 미립자들을 모두 소립자로 생각해 왔다. 그런데 이러한 소립자가 갈수록 계속 발견되자, 이제는 그 많은 소립자들을 모두 물질구성의 최종입자로 볼 수 없게 되었다.(지금까지 발견된 소립자들은 무려 3백 여종에 이르고 있다).

이러한 난점을 풀기 위해 1963년 미국 캘리포니아 대학의 겔만 교수는 많은 실험결과를 토대로, 모든 물질은 3종의 쿼크(기본 입자)로 되어 있다는 이른바 3원설의 이론을 제시했다. 이 새로운 이론은 그 후 소립자 연구에 많은 도움을 주었다. 이 공로로 겔만 교수는 1969년에 노벨물리학상을 받았다.

그러나 1974년 미국의 실험물리학자인 팅과 리히터가 종래의 입자와는 매우 다른 J입자를 발견함으로써 겔만 교수의 이론은 다시 수정하게 되었다. 이처럼 종래의 3원설로는 J입자의 존재를 설명하기 어렵게 되자, 새로운 이론들이 제시되었다. 그 중에서 가장 유력한 것은 물질구성의 기본 요소가 4종의 쿼크로 되어 있다는 4원설이었다. 물리학자들은 이 네 번째의 쿼크에 〈참〉이란 이름을 붙였다.

이러한 4원설이 등장하자, 세계의 물리학자들은 제4의 쿼크인 참입자를 찾는 데 온갖 노력을 기울여 왔다. 그러나 지금은 그보다 6원설이 소립자물리학자의 표준이론이 되고 있다. 지금까지 물리학자들은 6원설에서 주장하는 여섯 종의 쿼크(업·다운·스트레인지·참·보텀·톱)를 모두 발견했지만, 물질형성의 최종원인은 아직도 밝히지 못하고 있다.

지난 1977년 미국의 페르미 연구소에서는 〈입실런〉이라고 새로운 소립자를 발견하여 세계 물리학계에 큰 충격을 주었다. 당시 페르미 연구소의 애필 박사는 입실런이라는 새 소립자의 발견으로 이제 물질구조의 기존 이론에는 수정이 불가피해졌다고 말했다.

한편 1983년 유럽 핵공동연구소에서도 〈위콘〉이라는 새 소립자를 발견하여 세계 물리학계의 비상한 관심을 모았다. 그런데 이 W소립자는 이른바 〈대통일이론〉 중 〈전자약력이론〉만을 설명해 주는 것으로 알려졌다. 여기서 대통일이론이란 자연계의 기본 4력(중력·전자력·강력·약력)을 하나의 힘으로 결합시킬 수 있다는 이론이다. 그리고 전자약력 이론이란 기본 4력 중 전자력과 약력을 결합시킨 이론으로서, 이것은 미국의 와인버그와 살람 교수에 의해 제창되었다. 이 공로로 두 사람은 1979년 노벨물리학상을 받았다.

오늘날 소립자물리학은 모든 물질이 여섯 종의 쿼크로 되어 있다는 6원설을 주장하는 데까지 이르렀지만, 여기에도 문제점이 없는 것은 아니다. 일부 학자들 중에는 기존의 쿼크보다 더 작은 입자가 있다고 주장하는 학자들도 있고, 또 지금은 새로운 개념의 〈끈이론〉이 등장하고 있기 때문이다. 이러한 견지에서 현대 물리학이 가야 할 개척의 길은 아직도 멀고 험난하다고 하겠다.

◉ 神의 입자를 찾아서

신의 입자로 불리는 〈힉스〉 입자는 과연 존재하는가?

지금 전세계의 물리학자들은 힉스라는 미지의 입자를 찾기 위해 총력을 기울이고 있다. 그 입자를 찾으면 지금까지 베일에 쌓인 우주탄생의 비밀도 밝혀질 것으로 기대하기 때문이다. 그런데 지난 2011년 12월 14일자 〈동아일보〉는 이러한 물리학계의 최근동향을 다음과 같이 보도했다.

▫ 최근 수많은 루머를 뿌리며 관심을 모았던 〈신의 입자〉 힉스의 존재여부는 내년에나 판가름 날 것으로 보인다. 스위스 제네바에 위치한 유럽입자물리연구소(CERN)는 13일 오후 2시 공개 세미나를 열고 「실험분석결과 힉스가 존재할 확률은 99.7%다.」라고 발표했다. 힉스가 존재할 가능성은 커졌지만, 이를 확신하는 것은 시기상조라는 뜻이다. CERN은 내년 여름까지 추가 실험을 끝내고 내년 10월경 힉스 입자의 존재여부를 판가름 낼 계획이다.

이날 〈아직은 힉스가 없다〉는 CERN의 공식발표에도 물리학계는 흥분에 휩싸인 분위기다. CERN의 발표를 뒤집어 말하면 〈힉스 입자가 있다〉는 결과에 근접하고 있다는 뜻이 되기 때문이다. CERN 실험에 참여해온 박인규 서울 시립대 물리학과 교수는 「야구로 치면 8회 말까지 끝내고 9회 마무리만 남겨놓은 상황」이라며, 내년에 실험을 추가로 진행하면 힉스 입자의 존재여부를 확실히 알 수 있을 것이라고 말했다.

힉스가 있다는 것이 확실해지면 현대물리학의 기본 뼈대라고 할 수 있는 〈표준모형〉이 완성된다. 우주탄생을 설명하는 표준모형에는 자연을 구성하는 기본입자 12개가 있고 그 중심에 힉스가 있다. 힉스는 기본입자들과 상호작용해 질량을 부여하는 중요한 역할을 하지만, 그간 표준모형에서 유일하게 발견되지 않고 물리학자들을 애태워 왔다.

힉스가 발견되면 1964년 그 존재를 처음 제안한 영국의 물리학자 피터 힉스는 유력한 노벨 물리학상 후보에 떠오를 가능성이 크다.

※ 유럽입자물리연구소가 신의 입자로 불리던 〈힉스〉를 발견함으로써, 그 입자의 존재를 처음 예측했던 영국의 에딘버러대 피터 힉스교수는 지난 2013년 노벨 물리학상을 받았다.

제5절 인간의 양심작용으로 본 神의 존재

* 우리가 모 일에 선하게 행하려 하므로, 우리에게 선한 양심이 있는 줄을 확신하노니(히13:18).
* 믿음과 착한 양심을 가지라. 어떤 이들이 이 양심을 버렸고 그 믿음에 관해서는 파선하였느니라(딤전1:19).
* 바울이 공회를 주목하여 가로되, 여러분 형제들아 오늘날까지 내가 범사에

양심을 따라 하나님을 섬겼노라(행23:1).

일찍이 사도 바울은 자연계의 만물을 통해서 신의 존재를 알 수 있다고 증거하였다(롬1:20). 그런데 우리는 그 만물의 주인이 되는 인간의 마음 속에서 부단히 작용하는 〈양심〉을 통해서도 신의 존재를 분명히 알 수 있다.

그러기에 사도 바울은 인간의 양심을 「마음에 새겨진 하나님의 율법」이라 하였고(롬2:14~15), 또 철학자 칸트도 「인간의 심중에 내재하는 양심은 그것을 거기에 배치한 어떤 도덕적 존재(신)의 존재를 암시하고 있다」고 말했던 것이다. 그러면 이 문제를 다음과 같이 나누어 상고해 보기로 하자.

1. 인간의 양심작용

인간은 누구나 나면서부터 선을 지향하는 마음을 지닌다. 〈양심〉이 바로 그것이다. 이 양심을 우리는 본심이라고도 하는데, 이 양심을 따라 인간은 부단히 선을 추구하고 있는 것이다(히 13:18, 딤전 1:19).

동서고금을 막론하고 자식에게 악을 가르치고 부모나, 제자에게 불의를 넣어주는 스승은 하나도 없으니, 그 까닭은 비록 죄인이라도 그 마음속에는 이러한 양심의 흐름이 강하게 작용하고 있기 때문이다. 따라서 누구든지 이 양심을 거스려 행하면, 즉시 마음에 가책을 받는다. 이처럼 양심은 인간의 선행을 요구하면서 우리를 항상 선의 방향으로 몰아내고 있다.

그뿐만 아니라, 인간의 양심은 우리에게 〈상선벌악〉을 요구한다. 즉 선한 자는 상(복)을 받고, 악한 자는 벌을 받아야 한다는 말이다(요 5:29, 고후 5:10, 갈 6:7, 골 3:25, 계 22:12). 이것은 누구도 막을 수 없는 대자연의 법도요, 또한 인간 본성에 깊이 새겨진 율법이기도 하다(롬 2:14~15). 생각해 보라, 선을 행하는 자에게 어찌 벌을 주며, 악을 행하는 자에게 상을 줄 수 있겠는가?

이러한 인간의 양심작용에 대해 신학자이며 윤리학자인 카트라인은 「모든 민족은 도덕적 관념과 그의 원칙이 될 만한 기초를 가지고 있다. 이것은 실로 인류의 공통 소유로서 잃어버려 본 일이 없다. 어떤 민족이든지 선악을 식별하며, 선인과 악인을 분별하고 있다. 선과 덕은 어디에서나 가치있는 것으로 인정되며, 악과 죄는 천시해야 할 것으로 인정된다. 선은 칭찬되어 갚음이 있고, 악은 엄히 책망되어 처벌된다」 고 말했었다.

그리고 철학자 칸트도 「선에는 복이 따르고, 악에는 벌이 따르는 것은 인간의 도덕상 요구로서 결코 돌이킬 수 없는 신념이다」 라고 말함으로써, 인간은 본래 윤리와 도덕을 추구하는 양심적 존재임을 분명히 했다.

그런데 이「양심」 은 내 것이 아니다. 그러므로 양심은 내 마음대로 할 수가 없다. 양심은 어디까지나 만인에게 평등하다. 그것은 마치 하나의 나침반인 양 언제나 선만을 가리키고 있다. 그러므로 인간은 누구나 이러한 양심을 따라 악을 물리치고 선을 세우며 참되게 살아가야 한다(롬 12:21, 렘 17:10).

물론 선악이나 의와 불의에 대한 인간의 도덕적 판단은 그 절대 기준이 없는 한 시대의 변천과 사람에 따라 여러 모로 다를 수가 있다. 그렇기 때문에 선악에 대한 도덕적 판단은 유사 이래 언제나 그 각도를 달리해 왔다. 그러나 악과 불의를 물리치고 선과 의를 행하려는 인간의 양심작용만은 어느 시대를 막론하고 조금도 변함이 없었다. 온갖 사회악이 범람하는 역사의 탁류 속에서도, 양심은 그 본연의 모습을 잃지 않고 언제나 인간을 선의 방향으로 이끌어왔던 것이다.

2. 인간의 사심작용

인간에게는 선을 지향하는 마음이 있는가 하면, 반대로 악을 지향하는 또하나의 마음이 있다. 〈사심〉이 바로 그것이다. 이 사심을 우리는 악심이라고도 하는데, 이 사심을 따라 인간은 선이 아닌 악의 방향으로 또 이끌려 가고 있는 것이다.

어느 누가 양심이 원하는 선의 길을 버리고 사심이 요구하는 악의길을 원하랴마는, 유사이래 그 양심대로만 살다 간 사람은 하나도 없었으니(요일 1:10), 그 까닭은 비록 선인이라도 그 마음 속에는 이러한 사심의 흐름이 항상 작용하고 있기 때문이다.

위에서 우리는 선의 방향으로 이끄는 양심의 지향성과 악의 방향으로 이끄는 사심의 지향성이, 그 마음속에서 서로 상반된 목적을 앞세우고 부단히 작용하고 있음을 알았다(롬 7:18~23). 그러면 이러한 양심작용과 사심작용의 근본 원인은 무엇인가?

이미 지적한 바와 같이, 양심은 내것이 아니다. 좋아도 탐을 낼 수 없고 싫어도 버릴 수 없는 것이 바로 양심이다. 사심도 마찬가지이다. 그렇기 때문에 양심과 사심은 내 마음대로 할 수도 없다. 따라서 양심과 사심작용의 원인은 내가 아님을 알 수 있다. 만일 내가 그 작용의 원인이라면, 양심과 사심은 어디까지나 내 것이 되어 내 마음대로 버릴 수도 가질 수도 있어야 하며, 또 양심의 가책도 마음대로 피할 수 있어야 한다. 그러나 이것은 모두 불가능한 일이 아닌가?

그렇다면 그 양심과 사심작용의 원인은 반드시 내가 아닌 다른 존재에게 있어야 할 것이니, 이러한 양심작용의 근본원인을 〈신〉 또는 〈하나님〉이라고 하며, 이러한 사심작용의 근본 원인을 〈사탄〉 또는 〈마귀〉라고 부른다.

한편 위의 사실은 〈힘〉의 발생원리에서 보더라도 잘 알 수 있다. 아는 바와 같이, 모든 작용의 근원은 바로 힘이다. 그런데 이러한 힘은 결코 우연히 자동적으로 생기는 것이 아니다. 모든 힘은 그 본질상, 반드시 주체와 대상의 상대적 관계에서만 생길 수 있는 바, 이것이 바로 힘의 발생원리이다(제3장 제3절1「상호작용의 법칙」참조).

그렇다면 인간을 부단히 선의 방향으로 몰아내는 양심작용의 힘은 어떻게 하여 생기는가? 모든 힘이 주체와 대상의 상대적 관계에 의해서만 생긴다면, 역시 독자적으로는 그 작용의 힘을 일으킬 수 없다. 힘의 발생원리에 따르면, 양심도 어떠한 주체 앞에 대상으로 서서 그와 상대적 관계를 맺어야만 비로소 그 작용의 힘을 발휘할 수 있는데, 이러한 양심의 근원적인 주체를 일러 우리는 〈신〉 또는 〈하나님〉이라고 부르는 것이다.

그뿐만 아니라, 힘의 발생원리에 의하면 인간을 부단히 악의 방향으로 몰아내는 사심의 주체도 있어야 할 것이다. 왜냐하면 사심도 역시 독자적으로는 그 작용의 힘을 발휘할 수 없기 때문이다. 이러한 사심의 근원적인 주체를 일러 우리는 〈사탄〉 또는 〈마귀〉라고 한다(요13:2, 계12:9).

이와 같이 인간의 배후에는 양심의 주체이며 선의 본체이신 하나님이 있는가 하면, 반대로 사심의 주체이며 악의 모체인 사탄도 있다. 오늘의 모든 무신론자들은 이 사실을 밝히 깨달아야 할 것이다.

맺는 말

기독교가 추구하는 세계평화! 그것은 바로 하나님과 주님의 뜻이며, 또한 인류의 간절한 소망이 아닐 수 없다. 그런데 이러한 인류의 간절한 소망도 아랑곳 없다는 듯, 오늘의 세계는 갈수록 반평화적인 전쟁과 폭력의 길로 줄달음치고 있다(이러한 반평화적인 전쟁에는 세계시장에서 벌어지는 치열한 경제전쟁도 포함된다).

포성이 귀를 찢고 화약 냄새가 코를 찌르는 오늘의 세계상이 스스로 말해주듯, 오늘의 인류는 이제 더 이상 참다운 생존을 계속할 수 없는 막다른 상황에 처해 있는 것이다.

그렇다면 우리에게 이러한 인류의 절박한 위기를 근본적으로 해결할 수 있는 길은 없는가? 있다. 그것은 바로 신에 대한 인간의 무지를 극복하는 것이라고 필자는 생각한다. 온 인류가 신(하나님)의 자녀가 되어 그 앞에 무릎을 꿇고 경건히 머리를 숙일 때, 인류의 영원하고 참된 평화와 행복은 비로소 찾아올 것이기 때문이다.

이와 같이 인류의 영원한 평화와 행복이 신에 대한 인간의 무지를 극복하는 데서만 가능하다면, 오늘도 우리 성도들에게는 하나님의 실존을 만인에게 전하고, 또 전해야 할 실로 중차대한 의무와 사명이 있다고 믿는다.

여기에 부족하나마 이 글을 쓰게 된 동기가 있다. 인류의 참다운 생존을 좀먹는 인간의 무지(신에 대한 무지)가 어서 속히 이 지상에서 사라졌으면 하는 마음에서 무딘 붓이나마 들게 된 것이다. 비록 그 내용이 부분적이고 단편적이기는 하지만, 아무쪼록 이것이 하나님의 실존을 인식하고 증거하는 데 많은 도움이 되기를 바라며, 아울러 오늘의 종교와 과학이 이 분야에 지대한 공헌이 있기를 간절히 기원하는 바이다.

✟ 태초에 하나님이 천지를 창조하시니라.…하나님이 가라사대
빛이 있으라 하시매 빛이 있었고, 그 빛이 하나님이 보시기에
좋았더라(창 1:1~4).

✟ 너희는 눈을 높이 들어 누가 이 모든 것을 창조하였나 보라.
주께서는 수효대로 만상을 이끌어 내시고 각각 그 이름을
부르시나니, 그의 권세가 크고 그의 능력이 강하므로 하나도
빠짐이 없느니라(사 40:26).

✟ 창세로부터 하나님의 영원하신 능력과 신성이 그 만드신 만물에
분명히 보여 알게 되나니, 그러므로 저희가 핑계치 못할지니라
(롬 1:20).

예 로부터 사람들은 「존재란 무엇이냐」 하는 질문을 수없이 던져 왔
 다. 이러한 질문을 통해 인간은 인생과 우주의 근본문제를 풀어보
고자 했던 것이다. 그러나 우리는 아직도 그 질문에 대한 충분한 해답을 종
래의 존재론에서는 찾지 못하였다. 우리가 또다시 새로운 존재론을 세워야
하는 이유는 바로 여기에 있다.

지금까지 여러 학자들이 주장해온 존재론을 보면, 그 대부분이 무신론적
이고 유물론적인 것들이었다. 그리하여 그들은 존재의 일면만을 밝혔을 뿐,
전체적인 면은 밝히지 못하였다. 따라서 이러한 무신론적인 존재론은 모두
유신론적인 존재론으로 수정되어야 한다. 그래야만 모든 존재는 비로소 우리
앞에 그 실상을 드러낼 것이다.

존재론이라고 하면, 우리는 흔히 나와는 아무런 상관이 없는 학문상의 이
론으로만 생각하기 쉽다. 그러나 이 존재론이야말로 나는 물론 모든 존재의
실상을 밝히는 매우 중요한 이론이므로, 철학에서는 이 존재론을 가장 기초
적인 이론으로 다루고 있다.

일찍이 그리스의 철학자 아리스토텔레스는 존재론에 관한 학문을 〈제1철
학〉이라고 부른 바 있거니와, 이러한 존재론은 고대 그리스로부터 중세를 거
쳐 근세의 데카르트와 칸트에 이르기까지, 철학의 중심과제로 되어 왔다. 그
리고 현대철학에서도 역시 존재론은 가장 우선적인 과제로 다루어지고 있다.
그러면 이 존재론을 새로운 성서적 관점에서 재조명해 보기로 하자.

제1절 神의 신상과 신성

* 하나님은 영이시니, 예배하는 자는 신령과 진정으로 예배할지니라(요 4:24).
* 하나님이 우리를 사랑하시는 사랑을 우리가 알고 믿었노니, 하나님은 사랑이시라(요일 4:16).
* 창세로부터 그의 보이지 아니하는 것들, 곧 그의 영원하신 능력과 신성이 그 만드신 만물에 분명히 보여 알게 되나니, 그러므로 저희가 핑계치 못할지니라(롬 1:20).

　민중사상은 〈신〉의 존재를 믿으며, 또 그의 〈신상과 신성〉에 기초하여 존재론을 전개한다. 왜냐하면 인간을 비롯한 모든 존재물은 바로 신의 신상과 신성을 기본형(원형)으로 하여 창조되었기 때문이다(본론참조). 따라서 민중사상의 존재론에서는 먼저 신의 신상과 신성문제를 다루게 된다.

　그러면 우리는 어떻게 무형으로 존재하시는 하나님의 신상(존재상)과 신성(속성)을 알 수 있는가? 그것은 피조세계를 자세히 관찰함으로써 알 수 있다. 이는 마치 작품을 보고 그 작가의 보이지 않는 성품을 아는 것과도 같다. 이 우주의 삼라만상은 바로 하나님의 보이지 않는 신상과 신성이 실체적으로 전개된 하나의 대작품이므로(사 45:12) 우리는 이러한 작품(피조물)들을 관찰함으로써 그의 실존은 물론 그의 신상과 신성까지도 능히 파악할 수 있는것이다.

　그러기에 사도 바울도 이르기를 「창세로부터 그의 보이지 아니하는 것들, 곧 그의 영원하신 능력과 신성이 그 만드신 만물에 분명히 보여 알게 되나니, 그러므로 저희가 핑계치 못할지니라」 (롬 1:20)고 교훈했던 것이다. 그러면 이 문제를 다음과 같이 나누어 알아보기로 하자.

1. 하나님의 신상

　하나님의 신상(존재상)은 그의 실체 대상인 피조세계를 자세히 관찰함으로써 알 수 있다. 그러면 우리는 이 피조세계의 관찰에서 어떠한 사실들을 발견하게 되는가? 우리는 다음과 같은 두 가지의 기본 사실을 발견하게 된다. 그 하나는 〈성상과 형상의 상대성〉이요. 다른 하나는 〈양성과 음성의 상대성〉이다. 그러면 먼저 성상과 형사의 상대성에 대해 알아보기로 하자

(1) 하나님의 본성상과 본형상

피조세계의 모든 존재는 반드시 그 외형과 내성을 갖추고 있다. 이 중 보이는 외형은 보이지 않는 그 내성을 닮아 난 것이다. 외형에는 어떠한 꼴(모양)이 있는데, 이는 바로 그 내성에도 눈에 보이지는 않으나 어떠한 꼴이 있기 때문이다. 다시 말해 내성이 어떠한 꼴을 가지고 있기 때문에 그 내성을 닮아 난 외형도 역시 어떠한 꼴을 갖게 되는 것이다. 이러한 견지에서 외형은 제2의 내성이라고도 할 수 있다. 이처럼 내성과 외형은 동일한 존재의 상대적인 양면의 꼴을 나타낸다. 이에 민중사상은 내성을 〈성상〉이라 하고, 외형을 〈형상〉이라고 한다.

그러면 이에 대한 예로서 인간을 들어보자. 인간은 몸이란 외형과 마음이란 내성으로 되어 있다. 이 중 보이는 몸은 보이지 않는 그 마음을 닮아 난 것이다. 몸에는 유형의 꼴이 있는데, 이것은 바로 그 마음에도 눈에 보이지는 않으나 어떠한 꼴이 있기 때문이다. 다시 말해 마음이 어떠한 꼴을 가지고 있기 때문에 그 마음을 닮아 난 몸도 역시 어떠한 꼴을 갖추게 되는 것이다. 몸은 제2의 마음이라고도 하거니와, 관상이나 수상 등 외모로써 보이지 않는 그 사람의 마음과 운명을 판단할 수 있는 근거는 여기에 있다. 이처럼 마음과 몸은 동일한 인간의 상대적인 양면의 골을 나타낸다. 이에 마음을 〈성상〉이라 하고, 몸을 〈형상〉이라고 한다.

위에서 모든 존재는 반드시 〈성상과 형상의 상대성〉을 갖추고 존재함을 알았다. 그러면 이러한 성상과 형상은 서로 어떠한 관계를 가지고 있는가? 성상과 형상의 상호관계는 마음과 몸의 관계에서 알 수 있다. 왜냐하면 마음과 몸은 바로 성상과 형상에 해당하는 것이기 때문이다.

아는 바와 같이, 마음과 몸은 서로 주체적인 것과 대상적인 것, 원인적인 것과 결과적인 것, 무형적인 것과 유형적인 것, 내적인 것과 외적인 것 등의 상대적인 관계가 있다. 따라서 성상과 형상은 마음과 몸이 그러하듯 서로 주체와 대상, 원인과 결과, 무형과 유형, 안과 밖 등의 상대적인 관계를 가지고 있다.

이와 같이 성상은 무형의 내적 원인으로서 존재하며, 형상은 유형의 외적 결과로서 존재하기 때문에 성상은 그 개체의 주체가 되고 형상은 그 개체의 대상이 된다. 피조세계의 모든 존재는 바로 이러한 내외 양면의 성상과 형상이 서로 불가분의 상대적 관계를 맺음으로써 존재하는 것이다. 다시 말해 모든 피조물에는 그 차원은 서로 다르나 인간의 마음과 같은 무형의 내적 성상이 있는 바, 이것이 그 개체의 외적 결과인 형상적 부분에 부단히 작용함으로써, 그 개체로 하여금 어떠한 목적을 지닌 피조물로 존재케 하는 것이다. 그러면 이에 대한 실례를 다음에 들어 보기로 하자.

먼저 인간을 살펴보자 인간은 성상과 형상에 해당하는 마음과 몸으로 되어 있다. 이 중 몸은 마음을 닮았을 뿐만 아니라, 그 마음이 명하는대로 움직임으로써 그 생을 유지한다.

다음은 동물과 식물을 살펴보자. 동물과 식물에도 역시 인간의 마음과 같은 성상적인 부분과 몸과 같은 형상적인 부분이 있는데, 이 중 성상적인 부분은 그 개체에 있어서 인간의 마음과 같은 작용을 하기 때문에 그들은 각기 그 개체의 목적을 위해 부단히 생존번식하는 것이다.

위의 사실은 물질계에서도 쉽게 찾아볼 수 있다. 그 예로 양이온과 음이온이 서로 결합하여 어떠한 분자를 형성하는 것과 바로 이 두 이온들속에 각기 그 분자형성의 목적을 지향하는 성상적인 부분이 있기 때문이다. 또 양자를 중심으로 전자가 회전하여 원자를 형성하는 것도, 그들 속에는 각기 그 원자형성의 목적을 지향하는 성상적인 부분이 있기 때문이다.

한편 오늘의 과학에 의하면, 원자는 소립자로 되어 있으며, 이 소립자는 모두 〈에너지〉로 되어 있다고 한다. 그렇다면 이 에너지도 역시 그로 하여금 소립자형성의 목적을 지향케 하는 성상적인 부분이 반드시 있어야 할 것이다. 나아가 그 에너지의 배후에는 이렇듯 성상과 형상이 갖추고 있는 에너지를 존재케 함으로써, 모든 존재의 마지막 원인이 되고있는 하나의 존재(필연존재)가 또 있어야 할 것이니, 이 존재를 우리는 존재계의 〈제1원인〉이라고 한다.

존재계의 제1원인은 바로 모든 존재의 마지막 원인이므로, 그 모든 것들의 주체적인 성상과 형상을 갖추고 있지 않으면 안 된다. 이러한 존재계의 제1원인을 우리는 〈신〉 또는 〈하나님〉이라고 부르며, 그 주체적인 성상과 형상을 하나님의 〈본성상〉과 〈본형상〉이라고 한다.

위에서 피조세계의 모든 존재는 반드시 성상과 형상이 서로 불가분의 상대적 관계를 맺음으로써 존재한다는 것과, 또 존재계의 제1원인이 되시는 하나님은 바로 모든 성상(性相)과 형상(形狀)의 주체적 본체로서 존재하신다는 사실을 밝혔다. 그러면 다음으로 우리는 〈양성과 음성의 상대성〉에 대해 알아보기로 하자.

(2) 하나님의 본양성과 본음성

피조세계의 모든 존재는 반드시 양성(+)과 음성(-)을 갖추고 있다.

그리고 그들은 바로 이러한 양성과 음성의 상대적 관계에 의해서 비로소 존재하고 있는 것이다. 그러면 이에 대한 실례를 다음에 들어보기로 하자.

먼저 우리는 물질계를 살펴보자. 물질구성의 기본 입자인 소립자는 모두 양성과 음성, 또는 그의 중화에 의한 중성을 띠고 있는데, 이들이 서로 상대적 관계를 맺음으로써 원자를 형성한다(모든 소립자는 입자와 파동의 상대적 이중성을 띠고 존재한다). 원자도 소립자와 같이 양성과 음성을 띠고 있으며, 이들이 서로 상대적 관계를 맺음으로써 분자를 형성한다. 분자도 역시 양성과 음성으로 되어 있는데, 이러한 분자들이 모여 상대성의 물질계를 형성하고 있는 것이다.

다음은 식물계와 동물계를 살펴보자. 모든 식물은 수술(+)과 암술(-)이, 그리고 모든 동물은 수컷(+)과 암컷(-)이 서로 상대적 관계를 맺음으로써 생존 번식한다. 이처럼 동물계와 식물계도 역시 양성과 음성의 상대적 관계에 의해서 존재하는 것이다.

한편 인간을 보더라도 인간은 남성(+)과 여성(-)으로 되어 있으며, 인간의 생존과 번식은 바로 이러한 양성(남성)과 음성(여성)이 서로 불가분의 상대적 관계를 맺음으로써 이루어지는 것이다(인간의 유전자도 나선형의 상대적 이중구조로 되어 있다).

위에서 피조세계의 모든 존재는 반드시 양성과 음성의 상대적 관계에 의해서 존재한다는 사실을 알았다. 그렇다면 우리는 그 피조세계의 제1원인이 되시는 하나님도 역시 양성과 음성을 갖추고 존재하심을 알 수 있다. 이것을 하나님의 〈본양성〉과 〈본음성〉이라고 하거니와, 이 사실은 성서에도 잘 나타나 있다. 그 예로 「창세기」에 기록된 바, 「하나님이 자기 형상 곧 하나님의 형상대로 사람을 창조하시되 〈남자〉와 〈여자〉를 창조하셨다」(창1:27)고 한 말씀을 보면, 하나님은 성상과 형상뿐만 아니라, 양성과 음성의 주체적 본체로도 존재하고 계심을 분명히 알 수 있다.

그러면 이러한 〈성상과 형상〉 및 〈양성과 음성〉은 서로 어떠한 관계에 있는가? 이미 논한 바와같이, 모든 존재는 성상과 형상, 그리고 양성과 음성을 갖추고 있다. 그런데 이 중 성상과 형상은 양성과 음성보다 더욱 본질적이고 근원적인 것이기 때문에 전자와 후자의 관계는 실체와 그 속성의 관계와 같다. 다시 말해 양성과 음성은 바로 성상과 형상의 속성인 것이다.

그러므로 성상과 형상에는 각각 그의 속성으로 양성과 음성이 있게 마련이다. 즉 성상에도 양성과 음성의 속성이 있고, 형상에도 양성과 음성의 속성이 있는 것이다. 그 예로 인간을 보면, 인간은 성상과 형상에 해당하는 마음과 몸으로 되어 있는데, 성상인 마음에도 남성(양성)의 마음과 여성(음성)의 마음이 있고, 형상인 몸에도 남성(+)의 몸과 여성(-)의 몸이 있다.

이와 같이 모든 존재의 성상과 형상에 양성과 음성의 속성이 있음은 바로 그들의 주체적 성상과 형상이 되는 하나님의 본성상과 본형상이 그 속성으로 본양성과 본음성을 가지고 있기 때문이다. 만일 하나님에게 그러한 본질적인 속성이 없다면, 그로부터 창조된 이 피조세계는 결코 아름답고 조화로운 음양의 세계로 펼쳐지지 않았을 것이다.

위에서 피조세계의 모든 존재는 〈성상과 형상〉, 그리고 〈양성과 음성〉이 서로 불가분의 상대적 관계를 맺음으로써 존재한다는 것과 나아가 그들의 주체적 성상과 형상 및 주체적 양성과 음성을 갖추고 있는 존재가 바로 〈하나님〉이라는 사실을 밝혔다. 이 내용을 다시 요약한다면 하나님은 바로 존재계의 제1원인으로서 모든 성상과 형상의 주체적 본체이신 동시에 모든 양성과 음성의 주체적 본체이심을 알 수 있다.

2. 하나님의 신성

하나님은 무형으로 계시는 영적 존재이시다(요 4:24). 그렇기 때문에 우리는 그의 신성을 직접 파악하기 어렵다. 그러면 우리는 어떻게 그의 신성을 알 수 있는가? 그것은 바로 인간의 마음 속에 깃들어 있는 신성을 통해서 알 수 있다. 왜냐하면 인간은 하나님의 자녀로서 그의 신성을 가장 많이 닮았기 때문이다. 하나님의 신성에는 여러 가지가 있겠지만, 그 중 대표적인 것으로 다음의 세 가지를 들기로 한다.

(1) 심정

인간은 하나님의 자녀이다. 그리고 자녀는 그 부모를 닮는 법이다. 그런데 인간은 그마음(성상)속에 그의 인격성을 대표하는 심정을 가지고 있다. 한편 모든 존재물에도 그 성상 속에 상응한 심정적인 요소가 깃들어 있음을 물론이다. 왜냐하면 성상의 가장 본질적인 속성은 바로〈심정〉이기 때문이다.

이와 같이 인간을 비롯한 모든 존재물이 그 성상 속에 심정적인 요소를 지니고 있다면, 우리는 하나님의 본성상에도 역시 심정이 깃들어 있음을 알수 있다. 왜냐하면 모든 존재물의 성상은 바로 하나님의 본성상을 닮아 지음받은 것이기 때문이다. 사실상 심정은 본성상의 가장 근원적이고 본질적인 속성으로서 그의 신격성을 대표한다(요일 4:16).

그러면 〈심정〉이란 무엇인가? 심정은 성상의 내부에서 작용하는 심적인 특성, 즉〈생존하고자 하는 마음〉과 〈기뻐하고자 하는 마음〉과 〈사랑하고자 하는 마음〉을 의미한다. 따라서 심정은 모든 생존의 원동력이 되하고자 하는 마음〉을 의미한다. 따라서 심정은 모든 생존의 원동력이 되고, 또 모든 기쁨(행복)의 근원이 되며, 또 모든 사랑의 시발점이 된다.

위에서 심정은 바로 〈기뻐하고자 하는 마음〉이라고 하였다. 그런데 이 기쁨은 독자적으로 생기는 것이 아니다. 기쁨은 어디까지나 상대적인 것이기 때문에 그것은 반드시 대상을 통해서 오게 마련이다. 그리고 가장 큰 기쁨은 그 대상을 아끼고 사랑할 때에 얻어진다. 사랑의 가치성은 바로 여기에 있다(고전 13장, 롬 13:10).

이와 같이 기쁨은 반드시 대상을 통해서 오는 것이기 때문에 심정은 항상 그 기쁨의 대상(사랑의 대상)을 찾아 세우려는 목적성과 지향성을 갖는다. 하나님의 창조는 바로 이러한 심정이 추구하는 기쁨의 대상 창조였다. 따라서 모든 존재물의 기본 목적은 무엇보다도 하나님에게 무한한 기쁨과 영광을 돌려드리는데 있음을 알 수 있다(사 43:21).

하나님의 심정! 그것은 바로 인간이 영원히 간직하고 살아가야 할 생의 푯대이다. 인간은 종교와 과학을 비롯하여 정치·경제·문화 등을 발전시키고 있지만, 그들의 핵심은 어디까지나 심정이어야 한다. 인간이 그 마음 속에 하나님의 심정을 지니고 그의 뜻대로 선하게 살아갈 때, 비로소 이 지상에는 아름답고 행복한 심정세계(천국)가 이루어질 것이다.

(2) 이 법

인간은 그 마음(성상)속에 심정과 더불어 이법성을 지니고 있다(시 37:31, 시 40:8). 인간을 이성적이고 도덕적(윤리적)인 존재라고 하는 이유가 여기에 있다. 한편 모든 존재물에도 그 성상 속에 그에 상응한 이법성에 깃들어 있음은 물론이다(롬 1:20).

이와 같이 인간을 비롯한 모든 존재물이 그 성상 속에 이법성을 지니고 있다면, 우리는 하나님의 본성상에도 역시 이법성이 내재하고 있음을 알 수 있다. 왜냐하면 모든 피조물의 성상은 바로 하나님의 본성상을 닮아 지음받은 것이기 때문이다. 성서에도 모든 만물은 하나님의 말씀(이법)으로 지었다고 기록하여, 이 사실을 드러내고 있다(요 1:1~3).

그러면 〈이법〉이란 무엇인가? 이법은 그리스어로 〈로고스〉라고 하는데 이것은 이성과 법칙이 결합된 것으로서 하나님의 창조원리를 의미한다. 그리고 전자(이성)와 후자(법칙)의 관계는 바로 성상과 형상의 관계와 같아서, 전자를 성상적 속성이라고 하면 후자는 형상적 속성이라고 할 수 있다.

한편 이법은 그 성격상 기독교에서 말하는 〈신의〉에도 해당되는데, 이것을 불교적으로 말하면 〈불성〉에, 유교적으로 말하면 〈천의〉에 각각 해당된다고 볼 수 있다. 따라서 인간은 항상 그 이법(신의·불성·천의)에 순응(순종)하며 살아가야 하는 바, 이것은 바로 인간 본연의 근본 도리인 것이다(마 7:21, 눅 6:46, 전 12:13).

(3) 창조성

인간은 그 마음(성상)속에 심정과 이법뿐만 아니라, 창조성까지도 아울러 지니고 있다. 그리고 모든 존재물에도 그 성상 속에 그에 상응한 창조성이 깃들어 있음은 물론이다. 그 예로 인간에게는 발명·발견·창작 등의 이성적인 창조성이 있으며(막 9:23, 빌 4:13), 동물과 식물에는 성장번식 등의 자율적이고 본능적인 창조성이 있다

한편 물질을 형성하고 있는 분자와 원자에도 역시 그에 상응한 물리적인 창조성이 깃들어 있다. 만일 이러한 물리적인 창조성이 없다면, 모든 물질은 그 자체를 유지할 수 없으며, 결국은 파멸되고 말 것이다.

이와 같이 인간을 비롯한 모든 존재물이 그 성상 속에 다양한 창조성을 지니고 있다면, 우리는 하나님의 본성상에도 무한한 가능성의 창조성이 내재

하고 있음을 인정하지 않을 수 없다. 만일 이러한 하나님의 창조성을 부인한다면, 우리는 이 우주가 우연히 저절로 생겨난 것으로 볼 수밖에 없다. 그러나 이 우주의 삼라만상은 결코 그러한 자연발생물이 아니다. 그것은 어디까지나 하나님의 무한한 창조성으로 인해서 생겨난 위대한 창조물이다(사 44:24, 사45:12). 우리는 바로 이러한 창조물들을 통해서 하나님의 무한한 창조성을 발견할 수 있는 것이다(롬 1:20).

3. 하나님과 피조세계의 관계

위에서 필자는 하나님의 신상과 신성에 대해 논하였다. 그러면 다음으로 하나님과 피조세계의 관계를 알아보기로 하자.

민중사상은 하나님과 피조세계의 상호관계를 〈주체와 대상〉의 관계로 설명한다. 즉 하나님은 피조세계를 지으신 〈창조의 주체〉가 되시고, 피조세계는 바로 하나님의 신상(존재상)과 신성(속성)을 닮아 지음받은 그의 〈실체대상〉이 된다. 이 중 인간은 하나님의 형상적인 실체대상이요, 만물은 상징적인 실체 대상이다. 특히 인간은 하나님의 자녀로 지음받은 사랑의 실체대상이므로, 인간은 모든 만물 중에 가장 고귀한 존재가 된다.

이와 같이 하나님은 창조의 주체이시며, 피조세계는 바로 하나님의 신상(성상·형상·양성·음성)과 신성(심정·이법·창조성)을 닮아 지음받은 그의 실체 대상이다. 그러므로 피조세계의 모든 존재물은 반드시 성상과 형상 및 양성과 음성, 그리고 심정과 이법과 창조성 등을 함께 갖추고 존재한다. 우리가 피조세계를 관찰함으로써 하나님의 실존과 나아가 그의 신성까지도 알 수 있는 것은, 이렇듯 피조세계가 하나님의 신상과 신성을 닮아 그의 실체대상으로 창조되었기 때문이다(롬 1:20).

위에서 언급한 하나님과 피조세계의 관계를 다시 요약하면 다음과 같다. 하나님은 존재계의 제1원인이 되시는 〈창조의 주체〉이시며, 피조세계는 바로 이러한 하나님의 신상과 신성을 닮아 창조원리에 따라 지음받은 그의 〈실

체대상)이다. 이 중 인간은 하나님의 신상과 신성을 형상적으로 닮은 실체대
상이요, 만물은 상징적으로 닮은 실체대상이다. 바꾸어 말하면, 하나님은 성
상과 형상에 있어서 그 성상적인 존재요 피조세계는 그 형상적인 존재이다.
따라서 하나님과 피조세계는, 성상과 형상이 그러하듯, 서로 주체와 대상, 원
인과 결과, 무형과 유형 등의 상대적인 관계가 있다.

한편 하나님과 인간 사이에는 영원한 부자의 관계가 있다. 인간은 바로
하나님의 성상과 형상을 닮아 그의 분신적 대상인 자녀로 지음 받았기 때문
이다. 따라서 인간은 누구나 하나님에 대한 절대적인 믿음과 순종으로, 그가
기뻐하시는 효자효녀의 도리를 다해야 할 것이다.

4. 식물의 마음

위에서 모든 존재물은 반드시 성상과 형상의 상대성으로 되어 있음을 논
한 바 있거니와, 여기서 성상과 형상이란 예컨대 인간의 마음과 몸에 해당된
다. 따라서 모든 존재물에는 반드시 그에 상응하는 심적인 요소와 작용이 있
음을 알 수 있다.

그런데 지금까지 존재물의 심적 작용은 인간을 비롯한 동물계에서만 가능
한 것으로 생각해 왔다. 그러나 최근 이러한 심적 작용은 식물계에서도 일어
난다는 사실이 계속 밝혀지고 있다(초심리학에서는 물질에도 심적인 요소가
있음을 밝히고 있다). 그러면 참고로 이에 관한 몇 가지 실례를 살펴보기로
하자.

1966년경 뉴욕 시 맨해튼에 있는 거짓말 탐지기 기술학교 교장인 클라이
브 백스터씨는 기발한 착상으로 다음과 같은 실험을 하여 식물에도 마음이
있음을 입증했다.

백스터씨는 거짓말 탐지기의 전극을 선인장에 연결한 후, 물을 주면서 그
것의 반응을 조심스레 살폈다. 그 결과 탐지기의 기록용지에는 인간의 감정
반응과 거의 흡사한 그래프가 나타났다.

이것을 본 그는 마음 속으로 「선인장도 감정이 있단 말인가? 이 선인장을 산 채로 태우면 어떤 그래프가 나타날까」 하고 생각했을 때, 탐지기의 바늘은 또 움직이기 시작했다. 그 바늘이 그려낸 그래프는 바로 인간의 공포심 반응과 같았다. 이러한 감정반응은 선인장 외에 다른 식물에서도 그대로 나타났다. 그리하여 백스터 씨는 식물에도 감정이 있고, 또 인간의 마음을 아는 능력까지 있음을 확인하게 되었다.

한편 백스터씨는 다음과 같은 실험을 통하여 식물에도 기억력이 있음을 증명했다. 그는 한 방에 같은 종류의 식물화분을 여러 개 놓고, 그 방에 여섯 사람이 차례로 들어갔다가 나올 때, 그 중 한 사람이 화분 하나를 뒤엎고 나오게 했다. 그리고 그 화분을 제자리에 놓은 다음, 그 식물에 탐지기를 연결했다. 이어 여섯 사람을 다시 그 방으로 들여 보냈다. 이 때 화분을 뒤엎은 자가 들어서자, 그 화분의 탐지기 그래프는 인간이 화가 났을 때나 증오심을 품었을 때처럼 나타나, 식물에도 기억력이 있음을 보여 주었다.

일본의 하시모도 공학박사도 같은 실험을 되풀이하여, 백스터씨의 실험결과를 재확인했다. 그는 다음과 같은 실험을 통해 더욱 놀라운 사실까지 발견했다.

하시모도 박사는 식물의 여러 가지 반응을 살피기 위해, 먼저 선인장에 성냥불을 갖다 대기도 하고 때려 부수기도 했다. 또 협박도 하면서 탐지기의 반응을 기다렸다. 그러나 탐지기의 바늘은 아무런 반응도 보이지 않았다.

이것을 본 박사의 부인은 평소 선인장을 정성껏 가꾸어 오던 터라 혹시나 하는 마음에서 그 선인장에게 말을 걸어 보았다.

「이제부터 선인장 당신에게 마음이 있는지를 실험하겠습니다. 괴롭히자는 것이 아니니 잘 부탁합니다.」 이 말이 끝나자 탐지기의 바늘이 크게 움직였다. 이에 「참 고맙다」 라고 하니까, 또 바늘이 움직였다. 결국 부인과 선인장은 대화에 성공한 셈이 되었다. 이러한 놀라운 사실은 후지 텔레비전을 통하여 세상에 널리 알려졌다.

하시모도 박사는 오랜 연구와 실험 끝에, 선인장의 전압변화를 소리의 주파수로 바꾸는 장치를 고안하여, 선인장의 감정반응까지 소리로 들을 수 있게 하였다. 그 예로 애들이 노래를 부르면 선인장도 삑삑 소리를 내며 따라 불렀다. 이러한 식물의 노래는 다시 텔레비전으로 방송되어 많은 사람들을 놀라게 했다.

위에서 우리는 식물에도 마음과 감정이 있고, 사물에 대한 기억력과 분별력이 있음을 알았다. 이 사실은 바로 자연의 존귀함을 나타내는 동시에, 인간은 누구나 반드시 그 자연을 사랑하고 아끼고 보호해야 한다는 엄숙한 교훈이 되기도 한다. 식물이라고 해서 함부로 자르고 꺾거나 업신여기고 학대하는 일은 절대로 없어야 할 것이다.

제2절 존재의 기본원리

인생과 우주의 근본문제를 해결하려면, 우리는 먼저 하나님이 세우신 존재의 기본원리를 알아야 한다. 왜냐하면 인간을 비롯한 우주의 삼라만상은 바로 이러한 기본원리에 따라 존재하고 있기 때문이다.

그러면 존재의 기본 원리란 무엇인가? 민중사상은 그것을 〈상대성원리〉로 보거니와, 이러한 상대성원리에는 다음과 같은 것들이 있다(위의 논제에 관해서는 본장 제1절 「하나님의 신상과 신성」 에서 자세히 논하였으므로, 여기서는 그 개요만을 간단히 소개하기로 한다).

1. 성상과 형상의 상대성원리

피조세계의 모든 존재물은 반드시 그 내성과 외형을 갖추고 존재한다. 그리고 전자와 후자는 서로 불가분의 상대적 관계를 맺는다. 그런데 외형에는 어떠한 꼴(모양)이 있다. 이것은 내성에도 눈에 보이지는 않으나 그 어떠한 꼴이 있음을 의미한다. 외형은 바로 그 내성을 닮아 난 것이기 때문이다.

이처럼 내성과 외형은 동일한 존재의 상대적인 양면의 꼴을 나타낸다. 이에 민중사상은 내성을 〈성상〉이라 하고, 외형을 〈형상〉이라고 한다. 그런데 모든 존재물은 바로 이러한 성상과 형상이 서로 불가분의 상대적 관계를 맺음으로써 존재하는 바, 이것을 〈성상과 형상의 상대성원리〉라고 한다. 그리고 모든 존재물의 성상과 형상은 본래 하나님의 성상과 형상에서 유래된 것으로서, 이것을 하나님의 〈본성상〉과 〈본형상〉이라고 한다(본장 제1절, 「하나님의 신상과 신성」 참조)

2. 양성과 음성의 상대성원리

피조세계의 모든 존재물은 그 자체 내에 반드시 양성(+)과 음성(-)을 갖추고 존재한다. 그리고 전자와 후자는 서로 불가분의 상대적 관계를 맺는다.

그러면 양성과 음성이란 무엇인가? 그것은 바로 성상과 형상의 본질적인 속성이다. 따라서 성상에도 양성과 음성의 속성이 있고, 형상에도 양성과 음성의 속성이 있다. 그런데 모든 존재물은 바로 이러한 양성과 음성이 서로 불가분의 상대적 관계를 맺음으로써 존재하는 바, 이것을 〈양성과 음성의 상대성원리〉라고 한다. 그리고 모든 존재물의 양성과 음성은 본래 하나님의 양성과 음성에서 유래된 것으로서, 이것을 하나님의 〈본양성〉과 〈본음성〉이라고 부른다(본장 제1절 「하나님의 신상과 신성」 참조

3. 주체와 대상의 상대성원리

위에서 논한 바와 같이, 피조세계의 모든 존재물은 반드시〈성상과 형상〉 및 〈양성과 음성〉을 갖추고 존재한다. 그런데 이 중 성상과 양성은 주체가 되고, 형상과 음성은 대상이 된다. 존재계의 아름답고 조화로운 질서유지는 바로 이러한 주체와 대상이 서로 원만한 상대적 관계를 맺을 때 이루어진다. 이처럼 모든 존재물은 각각 그에 상응한 주체와 대상이 서로 불가분의 상대

적 관계를 맺음으로써 존재하는 바, 이것을 〈주체와 대상의 상대성원리〉라고 한다.

모든 존재물은 주체와 대상의 상대성원리에 따라 부단히 〈상호작용〉을 해야만 비로소 그 생존을 유지할 수 있다. 여기서 상호작용이란 주체와 대상이 서로 주고 받는 작용을 말한다(본장 제3절1 「상호작용의 법칙」 참조). 따라서 주체와 대상의 상대성원리는 바로 모든 존재물의 생존원리가 된다.

제3절 존재의 기본법칙

위에서 필자는 존재의 기본원리에 대해 논했거니와, 다음은 존재의 기본법칙에 대해 논하기로 한다. 존재의 기본원리와 기본법칙은 인생문제를 비롯하여 성서에 얽힌 문제들을 푸는 데 매우 중요하므로, 민중사상은 이것을 철학과 신학에서 모두 다루고 있다. 그런데 이러한 존재의 기본법칙에는 다음과 같은 것들이 있다.

1. 상호작용의 법칙

모든 존재는 〈힘〉으로써 존재한다. 그런데 이 힘은 독자적으로 생기는 것이 아니다. 그것은 오직 상대적인 관계에서만 생길 수 있다. 왜냐하면 모든 존재는 바로 주체(+)와 대상(-)으로 된 상대적 존재이기 때문이다. 이러한 주체와 대상이 어떠한 목적을 중심으로 불가분의 상대기준을 조성하여 서로 잘 주고 잘 받으면, 반드시 그 존재를 위한 모든 힘, 즉 생존(존재)과 번식(생성·발전)과 작용(운동·변화)등의 힘을 발생하게 된다.

이와 같이 모든 존재를 이루고 있는 주체와 대상이 불가분의 상대 기준을 조성하여 서로 주고받음으로써, 그 존재를 위한 모든 힘을 발생케하는 상대적 작용을 〈상호작용〉이라고 한다. 그리고 이러한 상호작용의 힘에 의한 어떠한 주체와 대상의 합성일체화한 상태를 〈상대기대〉라고 하는데, 모든 개체는 이러한 상대기대를 이루어야만 그 생존을 유지할 수가 있다. 그렇기 때문에 상대기대는 곧 그 개체의 존재기대가 된다.

그러면 모든 주체와 대상으로 하여금 상호작용을 일으키게 하는 그 원동력은 무엇인가? 그것은 바로 〈심정〉이다. 심정은 바로 성상과 가장 본질적인 속성으로서, 그 개체를 위한 생존과 번식과 작용 등을 부단히 추구하고 이끄는 모체이기 때문이다. 이처럼 상호작용은 심정이 추구하는 목적을 중심으로 주체와 대상이 서로 주고 받는 작용이므로, 심정은 모든 상호작용의 원동력이 된다.

위에서 논한 바와 같이, 모든 존재는 상호작용을 통해서만 비로소 그 존재를 위한 모든 힘을 발생할 수 있기 때문에 어떠한 존재가 그 존재를 위한 작용의 힘을 발휘하려면, 반드시 그에 상응한 상호작용을 하지 않으면 안 된다. 자연계에서 벌어지고 있는 모든 현상, 즉 생존과 번식과 작용 등의 현상은 모두가 이러한 상호작용을 통해서 나타나는 원리적 현상인 것이다. 그러면 이제 그 실례를 자연계에서 찾아 보기로 하자.

먼저 우리는 물질계를 살펴보자. 물질구성의 기본 단위인 원자는 양자와 전자의 상호작용에 의해 존재하며, 또 화학작용 등을 일으킨다. 전기도 역시 양전과 음전의 상호작용에 따라 전기를 발생하며, 또 모든 전기작용이 일어나게 된다.

다음은 식물계와 동물계를 살펴보자. 모든 식물은 도관과 사관의 상호작용에 의해 그 기능이 유지되며, 또 수술과 암술의 상호작용에 의해 번식한다. 동물도 수컷과 암컷의 상호작용에 의해서만 그 생이 유지되며, 또 번식할 수 있다. 그뿐만 아니라, 동물과 식물 사이에서도 그들은 산소와 탄산가스의 상호작용, 벌과 꽃의 상호작용 등에 의해 서로 공존하고 있는것이다.

한편 천체의 운행을 살펴보더라도, 태양계는 태양과 혹성 간의 상호작용에 따라 유지되며, 나아가 우주형성을 위한 운행을 하고 있는 것이다.

그리고 지구와 달의 공전과 자전은 태양을 중심으로 한 지구와 지구를 중심으로 한 달이 부단히 서로 상호작용을 하기 때문에 생기는 것이다.

끝으로 우리는 인체의 생리기능을 생각해 보자. 인체는 호흡작용을 비롯하여 동맥과 정맥의 상호작용 및 교감신경과 부교감신경의 상호작용 등에 의해 그 생리기능이 유지되며, 또 그 개성체는 마음과 몸의 상호작용에 의해 그 생을 영위하는 것이다.

위에서 열거한 바와같이, 이 우주에〈상호작용〉의 법칙을 떠나서 스스로 작용의 힘을 일으킬 수 있는 것은 하나도 없다. 물질의 최소단위인 소립자로부터 우주의 삼라만상에 이르기까지, 모든 존재는 반드시 그에 상응한 상호작용을 통해서만 비로소 그 생존과 번식과 작용 등의 힘을 발휘할 수 있는 것이다.

2. 정분합작용의 법칙

어떠한 존재를 정(모체)으로 하여 그로부터 분립되었다가 다시 합성일체화하는 작용을〈정분합작용〉이라고 한다. 그리고 그 과정은 3단계의 상호작용으로써 이루어진다. 이러한 정분합작용의 기본형은 바로 하나님을 중심으로 한 정분합작용이다.

하나님 자체 내의 본성상과 본형상이 심정을 중심으로 상대기준을 조성하여 대상창조를 위한 상호작용을 하게 되면, 그로부터 양성과 음성의 두 실체대상이 분립된다. 그리고 분립된 주체(양성실체)와 대상(음성실체)이 다시 상대기준을 조성하여 상호작용을 하게 되면, 이들은 서로 합성 일체화 하여 하나님 앞에 또 하나의 대상체를 이루게 되는 바, 이것이 바로 하나님을 중심으로 한 정분합작용이다. 피조세계에서 일어나는 모든 정분합작용은 이러한 기본형을 닮아 이루어진다. 따라서 하나님은 모든 정분합작용의 근원이 되신다.

민중사상에서 말하는〈정분합〉과 헤겔이나 마르크스의 변증법에서 말하는〈정반합〉은 그 용어가 비슷하지만, 그 내용은 전혀 다르다. 민중사상의 정분합은 바로 주체와 대상의 조화로운 상호작용을 통해서 사물이 발전한다는 이론이요, 변증법의 정반합, 즉 정립(긍정)과 반정립(부정)과 종합(부정의 부정)은 어디까지나 그 자체의 모순대립·투쟁을 통해서 사물이 발전한다는 이론이기 때문이다(제12장 제1절 「공산주의 유물론 비판」 참조).

3. 4위기대조성의 법칙

어떠한 존재(모체)로부터 분립된 주체와 대상과 그들의 합성체가 그 존재를 중심으로 서로 밀접한 상호작용을 함으로써 이루어지는 존재기대를 〈4위기대〉라고 한다. 그리고 4위기대의 도형은 그리스도의 상징인 십자가를 중심으로 이루어진다. 이러한 4위기대의 기본형은 바로 하나님을 중심으로 한 4위기대이다. 이것을 좀더 구체적으로 설명하면 다음과 같다.

하나님을 중심으로 한 4위기대에 있어서 하나님은 제1위, 주체는 제2위, 대상은 제3위, 합성체는 제4위에 각각 해당된다. 그리고 4위 중 1위가 주체의 입장을 취할 때는 그 나머지 3위는 3대상의 입장에 서게 된다. 예컨대 하나님의 입장에서는 주체(제1대상)와 대상(제2대상)과 그들의 합성체(제3대상)가 바로 3대상이 된다.

한편 4위 중 1위가 대상의 입장을 취할 때는 그 나머지 3위가 3주체의 입장에 서게 된다. 4위기대의 완성은 각 위가 바로 이러한 3주체와 3대상의 입장에 서서, 서로 원만한 상호작용을 할 때에 이루어진다.

하나님을 중심으로 한 〈4위기대〉는 존재의 기본이며, 또 하나님이 기쁨으로 운행하실 수 있는 선의 자리다 그러므로 4위기대는 바로 하나님의 창조이상을 이루는 근본적인 기대가 된다. 한편 4위기대는 하나님의 섭리수인 3수와 4수와 12수의 근본이 되기도 한다. 4위기대는 4수를 비롯하여 3단계 정분합작용의 3수와, 또 각 위의 3대상을 합한 12수의 수리적인 관계로 되어 있기 때문이다.

4. 3단계 성장완성의 법칙

피조세계의 모든 존재물은 완성을 목표로 창조되었다(마5:48, 골1:28). 그런데 그 존재물이 완성되려면, 반드시 일정한 기간을 거치도록 되어 있다. 왜냐하면 피조물의 완성에는 일정한 시간적 과정이 필요하기 때문이다(전 3:1), 이처럼 피조물의 완성에 필요한 그 기간을 〈성장기간〉 또는 〈미완성기〉라고 한다. 따라서 모든 존재물은 이러한 성장기간을 거쳐야만 비로소 완성된 피조물로서 존재하게 된다. 만일 이러한 성장기간도 없이 모든 존재물이 하나님의 말씀과 동시에 완성될 수 있다면, 하나님이 전체 피조물을 창조하시는 데 소요되었던 6일이라는 기간은(창 1장) 아예 있을 필요도 없었을 것이다.

이와 같이 모든 존재물은 반드시 그 개체의 완성을 위한 일정한 성장기간을 거쳐야만 비로소 완성할 수 있도록 창조되었다. 따라서 인간의 완성도 역시 이러한 창조원리를 떠나서는 있을 수 없다. 그런데 이러한 존재물의 성장기간은 3단계로 되어 있으니, 이제 그 내용을 알아보기로 하자.

하나님의 창조이상은 모든 존재물이 하나님을 중심으로 한 선의 〈4위기대〉를 완성하는 데 있다. 그것은 바로 이러한 본연의 4위기대를 이룬 존재만이 하나님에게 기쁨을 돌려드리는 선의 대상이 될 수 있기 때문이다. 이러한 관점에서 성장기간은 바로 4위기대를 완성시키기 위한 기간이라고 할 수 있다.

그러면 4위기대는 어떻게 하여 조성되는가? 4위기대는 바로 〈정분합작용〉에 의한 3단계 과정을 통하여 조성된다. 여기서 정분합작용이란 하나님을 정(본체)으로 하여 그로부터 분립되었거나 다시 합성·일체화하는 3단계 작용을 말한다. 이러한 정분합작용의 목적은 바로 하나님의 창조목적인 선의 4위기대를 이루는 데 있다. 이처럼 4위기대는 3단계 과정을 통해서 조성되기 때문에, 이러한 4위기대의 완성을 위한 성장기간도 역시 3단계로 구분되고 있다. 그 제1단계는 〈소성기〉라 하고, 제2단계는 〈중성기〉라 하며, 제3단계는 〈완성기〉라고 부른다.

이와 같이 피조물의 성장기간은 소성·중성·완성의 3단계로 되어 있기 때문에, 모든 존재물은 그 3단계 과정을 모두 거쳐야만 비로소 완성된 피조물로서 존재하게 된다. 그런데 인간은 불행히도 영적인 성장과정에서 타락함으로써, 이러한 3단계 과정을 완성하지 못하였다. 따라서 인간이 다시 완성하려면 하나님의 구원섭리에 따라 그 3단계 과정을 믿음과 순종으로 다시 거쳐야만 한다. 성서에 3수를 중심으로 한 섭리의 기록이 많이 나오는 이유는 바로 여기에 있다.

그 예로 노아의 방주 3층을 비롯하여, 노아홍수 때의 3차 비둘기, 아브라함의 이삭헌제 3일기간, 야곱이 라반을 속이고 나오는 3일간, 모세가 바로를 속이고 나오는 3일기간, 모세 때의 어둠의 재앙 3일기간, 예수께 경배한 3인의 동방박사와 3예물, 광야의 3대 시험과 겟세마네동산의 3차 기도, 베드로의 3차 부인, 십자가 후 3시간의 어둠과 3일 만의 부활, 예수님의 30년 사생애와 3년 공생애 등 그 예는 성서에 많이 기록되어 있다.

5. 책임분담의 법칙

인간을 제외한 모든 만물은 원리 자체의 주관성과 자율성에 따라 일정한 성장기간을 거치기만 하면 완성할 수 있게 되었다. 그러나 인간은 원리 자체의 주관성과 자율성 뿐만 아니라, 그 자신의 섭리적 책임분담을 스스로 완수하면서 그 기간을 거쳐야만 비로소 완성하도록 되었다(마 7:21, 요 15:10, 약 2:14, 신 10:12~13). 이것을 〈책임분담의 법칙〉이라고 한다. 그러면 하나님이 인간에게 이러한 섭리적 책임분담을 부여하신 목적은 어디에 있는가를 알아보기로 하자.

일찍이 하나님은 인간에게 「만물을 주관하라」 (창 1:28)고 축복하심으로써 인간을 만물의 주관자(주인)로 세우셨다. 그런데 이러한 만물주관은 어디까지나 인간이 스스로 그 만물을 주관할 수 있는 주관성을 갖추어야 한다는 조건하에 허락된 것이었다. 왜냐하면 인간이 만물과 동등한 입장에서는 그를 원리적으로 주관할 수 없기 때문이다.

인간이 만물에 대한 주관성을 갖추려면 무엇보다도 하나님의 창조섭리에 참여함으로써 그 만물을 스스로 창조한 입장에 서지 않으면 안 된다. 왜냐하면 참다운 주관이란 본래 자기의 창조물에 대해서만 가능하기 때문이다.

그런데 인간은 만물을 창조하지 않았다. 이러한 인간이 그 만물을 무조건 주관한다는 것은 어느 모로 보나 부당하다. 하나님은 부당한 일을 하실 수 없다. 그렇기 때문에 하나님은 자신의 창조섭리에 인간을 참여시킴으로써, 인간도 하나님과 함께 만물을 창조했다는 입장을 세워 주시기 위해 인간에게 특별히 〈책임분담〉을 부여하신 것이다.

그러면 인간에게 부여된 그 자신의 섭리적 책임분담을 스스로 완수하는 것이, 어찌하여 하나님의 창조섭리에 동참하는 결과가 되는가? 하나님의 창조목적은 바로 인간과 만물이 모두 완성되어 하나님의 창조이상을 실현하는 데 있다. 그런데 만물은 원리 자체의 주관성과 자율성만으로 그 완성이 가능하기 때문에 모든 만물은 이미 완성단계에 처하게 되었다.

그러나 만물이 아무리 완성단계에 처해 있다 하더라도, 인간의 완성이 없이는 그의 완성도 온전한 것이 못된다. 하나님의 창조이상은 인간과 만물이 모두 완성되어야 실현될 수 있을 뿐만 아니라, 인간은 바로 하나님의 자녀인 동시에 만물의 중심(주체)으로 창조되었기 때문이다. 이처럼 인간과 만물은 서로 주체와 대상의 밀접한 관계에 있다. 그렇다면 인간(주체)의 완성이 없는 만물(대상)의 일방적 완성이 어찌 온전한 완성이 되겠는가? 요컨대 인간이 완성되어야 만물도 온전히 완성된 피조물의 입장에 설 수 있는 것이다(롬 8:19~21).

그런데 인간은 만물과 달리 하나님도 간섭하실 수 없는 그 자신의 책임분담을 스스로 완수해야만 비로소 완성하도록 창조되었다. 이처럼 인간의 완성여부는 하나님보다 오히려 인간 자신에게 달려 있으므로, 인간의 창조적 완성이 없이는 하나님의 창조위업도 온전히 성사될 수 없다.

그러므로 인간의 창조적 완성은, 곧 인간이 하나님의 창조위업을 성사시키는 결과가 되며, 또 그것은 인간이 만물을 온전히 완성한 피조물로 새로이 창조하는 결과가 된다. 왜냐하면 만물의 온전한 완성 여부는 오직 인간의 창조적 완성 여하에 달려있기 때문이다.

이와 같이 인간의 완성은 바로 하나님의 창조위업을 성사시키는 동시에 만물을 창조 본연의 가치적 존재로 새롭게 완성시키는 창조적 결과가 된다. 그러므로 인간이 만물의 참다운 주관자가 되려면, 반드시 부여된 그 자신의 책임분담을 스스로 완수함으로써 하나님이 창조목적을 완성한 인간이 되어야 한다. 그래야만 창조주 하나님이 인간을 주관하시듯, 인간도 하나님을 대신한 창조주의 입장에서 그 만물을 원리적으로 주관할 수 있는 것이다. 하나님이 인간에게 책임분담을 부여하신 목적은 바로 여기에 있다.

그러면 인간이 완성하는 데 가장 필요한 책임분담은 무엇인가? 그것은 바로 하나님과 주님에 대한 절대적인 〈믿음〉과 〈순종〉이다. 이것은 성서의 일관된 가르침이거니와, 이러한 믿음과 순종이 없이는 어느 누구도 완성할 수 없으며, 또 구원받을 수도 없다(요 14:16, 롬 1:17, 갈 2:16). 따라서 인간은 누구나 하나님이 바라시는 믿음과 순종의 길을 가야 하며, 결코 불신과 불순종의 길을 가서는 아니될 것이다.

제4절 존재의 기본구조

피조세계의 모든 존재물은 한결같이 일정한 구조(조직)를 갖추고 있다. 물질의 최소단위인 소립자로부터 우주의 삼라만상에 이르기까지, 구조가 없는 존재물은 하나도 없다. 소립자에는 소립자형성의 구조가 있고, 원자에는 원자형성의 구조가 있으며, 분자에는 분자형성의 구조가 있는 것이다.

그러면 모든 존재물이 갖추고 있는 존재의 기본 구조는 무엇인가? 그것은 바로 심정을 중심으로 한 〈4위기대〉이다. 여기서 4위기대란 심정을 중심을 한 성상과 형상과 합성체 사이의 밀접한 상호관계를 형식적·공간적·구조적인 측면에서 다룬 개념으로서, 이것을 좀더 자세히 설명하면 다음과 같다.

이미 논한 바와 같이, 〈심정〉은 바로 성상의 가장 본질적인 속성으로서, 그 개체를 위한 생존과 번식과 작용 등을 부단히 추구하고 이끄는 모체(중심체)가 된다. 이러한 심정과 그가 추구하는 목적을 중심으로 그 개체의 성상(주체)과 형상(대상)이 상대 기준을 조성하여 서로 상호작용을 하게 되면, 그들은 새로운 합성체(신생체)를 이루게 되는 바, 민중사상은 이것을 〈심정중심의 4위기대〉라고 한다. 여기서 심정은 제1위, 성상은 제2위, 형상은 제3위, 합성체는 제4위에 각각 해당된다(분장 제3조절3 「4이기대 조성의 법칙」 참조). 그런데 이러한 4위기대는 그 성격상 다음과 같이 구분할 수 있다.

1. 성상적 4위기대

성상적 4위기대란 성상의 내부에서 조성되는 4위기대를 말한다. 다시 말해 성상도 존재하기 위해서는 그 내부에서 어떠한 4위기대를 조성해야 하는데, 이것이 바로 성상적 4위기대이다. 이제 그 예로 인간을 들어보자. 인간에게는 성상에 해당하는 마음이 있다. 그런데 이 마음(성상)을 자세히 살펴보면, 〈생각하는 부분〉과 〈생각되어지는 부분〉이 있음을 알 수 있는 바, 전자를 〈내적 성상〉이라 하고 후자를 〈내적 형상〉이라고 한다.

이와 같이 성상에는 내적 성상과 내적 형상의 두 부분이 있다. 내적 성상은 마음의 주체적인 부분으로서 〈지·정·의〉의 요소가 있고, 내적형상은 마음의 대상적인 부분으로서 관념·법칙 등의 요소가 있다. 그런데 이러한 내적 성상(주체)과 내적 형상(대상)이 심정을 중심으로 상대기준을 조성하여 서로 상호작용을 하게 되면, 그들은 새로운 합성체(성상·마음)를 이루게 되는 바, 이것을 〈성상적 4위기대〉라고 한다.

2. 형상적 4위기대

형상적 4위기대란 형상의 내부에서 조성되는 4위기대를 말한다. 다시 말해 형상도 존재하기 위해서는 그 내부에서 어떠한 4위기대를 조성해야 하는데, 이것이 바로 형상적 4위기대이다. 이제 그 예로 인간을 들어보자. 인간에게는 형상에 해당하는 몸이 있다. 그런데 이 몸(형상)을 자세히 관찰하면, 〈기능적인 부분〉과 〈물질적인 부분〉이 있음을 알 수 있는 바, 전자를 〈외적 성상〉이라 하고 후자를 〈외적 형상〉이라고 한다.

이와 같이 형상에는 외적 성상과 외적 형상의 두 부분이 있다. 외적 성상은 몸(형상)의 주체적인 부분으로서 기능적이고 법칙적인 요소가 있고, 외적 형상은 몸의 대상적인 부분으로서 물질적인 요소로 되어 있다. 그런데 이러한 외적 성상(주체)과 외적 형상(대상)이 심정을 중심으로 상대 기준을 조성하여 서로 상호작용을 하게 되면, 그들은 새로운 합성체(형상질료)를 이루게 되는 바, 이것을 〈형상적 4위기대〉라고 한다.

3. 종합적 4위기대

위에서 심정을 중심으로 한 4위기대에는 성상적 4위기대와 형상적 4위기대가 있음을 논하였다. 그런데 이러한 내외 양면의 4위기대로써 이루어진 성상(주체)과 형상(대상)이 다시 심정을 중심으로 상대 기준을 조성하여 서로 상호작용을 하게 되면, 그들은 마침내 새로운 합성체(개성체)를 이루게 되는 바, 이것을 〈종합적 4위기대〉라고 한다.

심정 중심의 4위기대는 그 심정이 추구하는 목적에 따라 두 가지 유형으로 나눌 수 있다. 〈자립적 4위기대〉와 〈발전적 4위기대〉가 바로 그것이다. 전자는 그 개체의 자기 동일성을 그대로 보존(유지)하기 위한 4위기대요, 후자는 그 개체의 새로운 번식과 발전을 이루기 위한 4위기대이다. 피조세계의 모든 존재물은 바로 이러한 자립적 4위기대와 발전적 4위기대를 통해서, 부단히 생존·번식·발전하고 있는 것이다.

제5절 존재의 기본목적

피조세계의 모든 존재물은 한결같이 〈목적〉을 지니고 있다. 물질의 최소 단위인 소립자로부터 우주의 삼라만상에 이르기까지 목적이 없는 존재물은 하나도 없다. 소립자에는 소립자형성의 목적이 있고, 원자에는 원자형성의 목적이 있으며, 분자에는 분자형성의 목적이 있는 것이다.

이와 같이 모든 존재물은 한결같이 목적을 지니고 있거니와, 그 목적은 바로 그 개체의 성상 속에 있는 〈심정〉으로부터 나온다. 그런데 심정이 추구하는 목적에는 두 가지가 있다. 〈개체목적〉과 〈전체목적〉이 바로 그것이다. 이것을 〈이중목적〉이라고 하거니와, 이러한 이중 목적의 기본 정신은 바로 「하나는 전체를 위하고, 전체는 하나를 위함」에 있다. 따라서 모든 주체 (성상·양성)와 대상(형상·음성)은 반드시 이러한 이중 목적을 중심으로 상호작용을 해야 한다. 그래야만 모든 존재물은 비로소 아름다운 개체와 조화로운 연체(공동체)로서 존재할 수 있기 때문이다.

심정이 추구하는 이중목적은 바로 존재의 기본목적이 된다. 따라서 모든 존재물은 항상 이러한 이중목적에 따라 존재해야 한다. 특히 인간은 자신만을 위한 개체 목적보다 위로는 하나님을 위하고 아래로는 내 이웃과 세계인류를 위하는 숭고한 전체목적을 위해 살아가야 한다(마 22:36~40).

하나님이 이 피조세계를 창조하신 목적은 바로 그것을 보시고 영원히 기뻐하시기 위함이었다. 이 사실은 성서에도 잘 나타나 있다. 그 예로 「창세기」 1장5절 이하의 기록을 보면, 피조물의 창조가 끝날 때마다 「하나님이 그 지으신 모든 것을 보시니, 보시기에 심히 좋았더라」(창 1:5~31)고 한 말씀이 있다. 이 말씀을 보면, 하나님은 기뻐하시기 위해 모든 피조물을 창조하셨음을 알 수 있다.

「창세기」 6장 6절에 기록된 바, 「하나님이 인간의 악함을 보시고 땅위에 사람 지으셨음을 한탄하사 마음에 근심하셨다」고 한 말씀을 보더라도, 하나님이 인간을 창조하신 본래의 목적은 바로 기뻐하시기 위함에 있었음을 분명히 알 수 있다. 따라서 인간을 비롯한 이 피조세계가 존재하는 최대의 전체 목적은 바로 하나님에게 무한한 기쁨을 돌려드리는 데 있다고 할 수 있다(사 43 : 21, 시 150 : 6).

그러면 〈기쁨〉이란 어떠한 상태에서 오게 되는가? 기쁨은 어디까지나 상대적인 것이기 때문에 독자적으로 생기지 않는다. 그 기쁨은 어떠한 주체가 그의 대상으로부터 오는 자극으로 인해 그 대상이 지니는 가치를 상대적으로 느낄 때 비로소 생기는 것이다(창 2:18).

예를 들어 작가의 기쁨은 그가 가지고 있는 구상 자체가 대상이 되든지, 혹은 그 구상이 하나의 작품으로 실체화되어 대상이 되었을 때, 그것으로부터 오는 자극으로 인하여 그 대상이 지니는 예술적 가치를 상대적으로 느낌으로써 생기는 것이다. 만일 작가의 기쁨이 스스로도 생길 수 있다면 그들의 작품활동은 오히려 무의미한 일이 될 것이다.

이와 같이 모든 기쁨은 반드시 주체와 대상의 상대적 관계를 통해서만 오는 것이므로, 하나님도 기쁘시기 위해서는 그의 실체 대상으로부터 오는 자극에 의하여 그 대상이 지니는 창조적 가치를 상대적으로 느끼셔야 한다. 하나님이 그의 실체대상으로 피조세계를 창조하시게 된 이유는 바로 여기에 있다.

그런데 하나님은 이 피조세계를 지으시되, 천태만상의 조화로운 실체로 매우 복잡다양하게 창조하셨으니, 그 이유는 무엇인가? 그것은 바로 하나님이 무한한 기쁨을 누리시기 위함이 있다. 만일 하나님이 피조 세계를 똑 같은 성상과 형상으로 단조롭게 창조하셨다면, 하나님은 어디까지나 유한한 기쁨밖에 누리시지 못할 것이다.

그러므로 창조된 피조물은 그것이 비록 미미한 존재라고 하더라도, 하나님의 입장에서 볼 때는 지극히 귀한 기쁨의 대상이 아닐 수 없다. 왜냐하면 어떠한 존재가 갖추고 있는 성상과 형상에 대한 상대적인 기쁨은 그 존재를 떠나서는 있을 수 없기 때문이다. 더구나 인간은 하나님의 자녀로 창조되었기 때문에, 하나님은 그의 자녀된 인간을 통해서만 최대의 기쁨을 느끼실 수 있다. 인간이 하나님 앞에 무한한 가치를 갖는 이유가 바로 여기에 있거니와, 사실상 인간을 떠난 하나님의 기쁨은 생각할 수도 없다.

그런데 인간은 저마다 다른 성상과 형상을 갖추고 있기 때문에, 하나님에게는 인간 하나하나가 자신의 영원한 기쁨을 위한 실체대상이 된다. 따라서 하나님은 이들중 어느 한 사람도 버리실 수가 없다. 예를 들어 〈나〉라는 존재는 비록 초라하고 미약하다 할지라도, 내가 갖추고 있는 그 성상과 형상은 나외에는 또 없으므로, 하나님은 나를 떠나서는 그 성상과 형상에 대한 상대적인 기쁨을 느끼실 수 없는 것이다.

이와 같이 하나님이 인간을 창조하신 본래의 목적은 어디까지나 기쁨을 누리시기 위함에 있으므로, 하나님은 인간을 창조하심에 있어서 결코 악의 결과를 예정하시고 창조하실 수는 없다(시 5:4~6, 겔 18:23). 만일 하나님이 그러한 악의 결과를 예정하시고 인간을 창조하셨다면, 하나님은 도리어 말할 수 없는 슬픔을 상대적으로 느끼시게 될 것이니, 어찌 이렇듯 슬픔을 자아내는 악의 결과를 스스로 예정하시고 인간을 창조하실 수 있겠는가?

위에서 논한 바와 같이 하나님이 인간을 비롯한 이 피조세계를 창조하신 목적은 바로 기쁨을 누리시려는 데 있다. 그리고 하나님은 그의 자녀된 인간을 통해서만 최대의 기쁨을 느끼실 수 있다.

그러므로 인간은 누구나 하나님이 기뻐하시는 믿음과 순종의 생활(선의 생활)을 함으로써, 그에게 무한한 기쁨과 영광을 돌려드리는 자녀의 도리를 다해야 할 것이다(롬 1:17, 히 11:6, 전 12:13~14).

제6절 종래의 존재론 비판

존재론의 역사는 고대 그리스시대까지 거슬러 올라간다. 그 후 지금까지 여러 가지 존재론이 있었지만, 그 어느 것도 존재의 실상을 정확히 밝혀 주지 못하였다. 여러 학자들이 내세운 잡다한 주장들은 오히려 우리가 재조명하고 가야 할 무거운 짐이 되고 있다. 그러면 이제 종래의 존재론에서 제기되는 문제점들을 간단히 살펴보기로 하자.

1. 플라톤의 주장

그리스의 철학자 플라톤은 만물의 창조자를 〈데미우르고스〉라고 불렀다. 그리고 그는 우주의 원질을 이데아(형상)와 코라(질료)라고 하였다. 그에 의하면 데미우르고스가 이데아를 가지고 코라에 각인함으로써 만물이 생성되었다고 한다. 이러한 그의 주장에 대해 몇 가지 문제점을 지적하면 다음과 같다.

① 플라톤은 데미우르고스가 모든 만물을 창조한 것으로 보았지만, 그는 창조의 근본원리를 구체적으로 밝히지 못하였다.

② 플라톤은 이데아와 코라를 각각 우주의 궁극적인 실체로 봄으로써, 비성서적이고 불합리한 이원론에 빠지고 말았다.

③ 플라톤은 데미우르고스가 이데아를 가지고 코라에 각인한다고 하면서도, 그 이데아와 코라의 근본 출처를 밝히지 못하였다.

2. 아리스토텔레스의 주장

그리스의 철학자 아리스토텔레스는 플라톤의 이데아와 코라에 해당하는 에이도스(형상)와 휠레(질료)를 우주의 근본적인 실체로 보았다. 그리고 그는 형상과 질료에도 각각 그 원인이 있다고 보고, 형상과 원인을 〈형상의 형상〉 또는 〈제1형상〉이라고 하였으며, 질료의 원인은 〈제1질료〉라고 하였다. 그가 말하는 형상이란 한 개체의 형태·구조·기능 등을 뜻하며, 질료란 다만 그 개체의 소재(재료)를 뜻한다.

그런데 아리스토텔레스는 플라톤과 달리 형상의 형상 그 자체를 신으로 보았다. 즉 그는 형상의 형상을 제1형상 또는 부동의 원동자라고 하면서, 그것을 이성 또는 신으로 보았던 것이다. 이러한 그의 주장에 대해 몇가지 문제점을 지적하면 다음과 같다.

① 아리스토텔레스는 형상의 형상 그 자체만을 신으로 봄으로써, 그 신을 다만 이성적이고 정신적인 존재로만 보았다.

② 아리스토텔레스는 형상과 질료를 각각 우주의 궁극적인 실체로 봄으로써, 플라톤과 같이 비성서적이고 불합리한 이원론의 입장에 빠지고 말았다.

③ 아리스토텔레스는 형상의 형상(제1형상)만을 신으로 인정했을 뿐, 질료의 근본 출처를 밝히지 못하였다.

3. 토마스 아퀴나스의 주장

중세의 위대한 신학자이며 철학자인 토마스 아퀴나스는 아리스토텔레스의 〈형상과 질료〉의 개념을 그대로 신학에 도입하였다. 그리하여 그는 아리스토텔레스와 같이 형상의 형상(제1형상)만을 신으로 인정하였고, 질료는 신이 무에서 창조해낸 것이라고 주장하였다. 이러한 그의 주장은 오늘에 이르기까지 기독교 신학의 대표적인 학설이 되고 있거니와, 이에 대한 몇가지 문제점을 지적하면 다음과 같다.

① 토마스는 신을 오직 형상적인 존재로만 보았다. 그러나 신은 존재계의 제1원인이므로, 형상은 물론 질료적인 요소도 함께 갖추고 있다고 보아야 한다(본장 제1절 「하나님의 신상과 신성」 참조).

② 토마스는 모든 존재물이 형상과 질료만을 갖추고 존재하는 것으로 보았다. 그러나 모든 존재물은 그 밖에도 양성과 음성을 반드시 함께 갖추고 존재한다.

③ 토마스는 신이 질료를 〈무〉에서 창조한 것으로 보았다. 그러나 그 질료는 어디까지나 무가 아닌 〈유〉에서 창조된 것으로 보아야 한다. 왜냐하면 무에는 아무런 원인과 결과도 없으며 -있다면 그것은 이미 무가 아니고 유이다- 또 무에서는 어떠한 인과법칙도 직용 할 수 없기 때문이다.

4. 데카르트의 주장

근대철학의 아버지로 불리우는 프랑스의 철학자 데카르트는 이른바 방법적 회의를 통해 「나는 생각한다. 그러므로 나는 존재한다」는 유명한 명제를 세웠다. 그는 존재하기 위해서 어떠한 다른 것을 필요로 하지 않는 가장 근본적인 존재를 〈실체〉라 하고, 그 실체에는 무한적 실체(신)와 유한적 실체가 있으며, 또 유한적 실체에는 사유의 속성을 지닌 정신과 연장의 속성을 지닌 물체가 있다고 하였다. 이러한 그의 주장에 대해 몇가지 문제점을 지적하면 다음과 같다.

① 데카르트는 진리에 도달하기 위한 효과적인 방법으로서 이른바 방법적 회의를 주장했지만, 이것만이 진리에 도달하는 최선의 사고방식이라고는 말할 수 없다.

② 데카르트는 정신과 물질을 어디까지나 독립적인 두 실체로 봄으로써, 비성서적이고 불합리한 이원론에 빠지고 말았다.

③ 데카르트의 물심 이원론으로는 정신과 물질의 밀접한 상호작용과 상호필요성을 설명할 수 없다. 그가 말한 정신과 물질은 어디까지나 서로 연관성이 없는 이질적이고 독립적인 실체이기 때문이다.

5. 헤겔의 주장

독일의 철학자 헤겔은 철저한 관념론자였다. 그는 신을 절대정신·이성·로고스 등으로 부르고, 이러한 절대정신(신)의 외적인 자기 전개가 바로 자연이라고 하였다. 그리고 헤겔은 그의 변증법에서 모든 사물의 발전은 이른바 〈정·반·합〉의 3단계 과정을 통해서 이루어진다고 하였다. 이러한 그의 주장에 대해 몇가지 문제점을 지적하면 다음과 같다.

① 헤겔은 신을 절대정신·이성·로고스 등으로 봄으로써 그 신을 다만 이성적이고 정신적인 존재로만 보았다.

② 헤겔은 절대정신(신)의 외적인 자기 전개가 바로 자연이라고 주장했지만, 순수한 정신에서 질료적인 물질이 나온다는 것은 원리적으로 불가능하다.

③ 헤겔의 변증법에서 말하는〈정·반·합〉, 즉 정립(긍정)과 반정립(부정)과 종합(부정의 부정)의 3단계 과정은 어디까지나 모순대립·투쟁에 기초한 이론이므로, 그것은 결코 진정한 사물의 발전법칙으로 볼 수 없다.

6. 마르크스의 주장

공산주의의 창시자 마르크스는 철저한 유물론자였다. 그는 무신론에 근거하여 세계의 제1차적이고 근원적인 존재를 물질로 보았으며, 정신은 다만 그 물질에서 나온 제2차적인 산물에 불과하다고 주장하였다. 특히 마르크스는 유물변증법을 내세워 그것을 모든 사물의 발전법칙으로 삼았다. 이러한 그의 주장에 대해 몇 가지 문제점을 지적하면 다음과 같다

① 마르크스는 물질만을 존재의 제1차적인 요소로 보았지만, 민중사상은 정신도 역시 존재의 제1차적인 요소로 본다. 왜냐하면 정신(성상)과 물질(형상)은 그 본질상 서로 분리될 수 없는 존재의 근본요소이기 때문이다(본장 제2절 「존재의 기본원리」 참조).

② 마르크스는 정신을 다만 물질의 산물이라고 주장했지만, 순수한 물질에서 비물질적인 정신이 나오는 것이나, 반대로 순수한 정신에서 비정신적인 물질이 나온다는 것은 모두 원리적으로 불가능하다. 그러므로 민중사상은 종래의 유물론과 관념론을 모두 반대하고, 그 대신 유신론에 근거한 창조론을 주장한다.

③ 마르크스는 정신의 선재성을 내세운 헤겔의 주장을 뒤집어 물질의 선재성을 주장했지만, 이것은 다만 유신론을 반대하고 무신론과 유물론을 내세우기 위한 말의 속임수에 불과하다.

④ 마르크스는 이른바 유물변증법을 사물의 발전법칙으로 삼았지만, 모든

사물은 결코 변증법에서 말하는 모순대립·투쟁의 과정을 통해서 발전하는 것이 아니다(이에 관한 자세한 비판은 제11장 「반공론」에서 다루기로 한다).

7. 역학(음양설)의 주장

예로부터 동양철학의 중심은 역학(음양설)이었다. 그런데 역학은 우주의 근본을 〈태극〉이라 하고, 이 태극에서 음양이, 음양에서 금목수화토의 오행이, 이 오행에서 모든 만물이 생성되었다고 한다. 그리고 음양을 〈도〉라 이르고, 그 도는 곧 〈말씀〉이라고 하였다. 이러한 역학의 주장에 대한 몇 가지 문제점을 지적하면 다음과 같다.

① 역학은 태극을 우주의 제1원인(신)으로 보고 있는데 이것은 하나님의 제1계명에 전적으로 어긋나는 우상숭배가 된다(출20:3).

② 역학은 태극을 우주의 제1원인으로 보면서도 그 태극을 인격적인 신보다 법칙적인 신으로 인식함으로써, 올바른 신관을 제시하지 못하였다.

③ 역학은 모든 만물을 성상과 형상의 원리보다 음양의 원리로만 설명함으로써, 그 만물의 참모습을 밝히지 못하였다.

④ 역학은 5000년 전 고대 중국의 〈복희〉라는 점술가로부터 비롯된 것인데, 그는 역학에 인간의 길흉화복을 점치는 8괘와 64괘의 〈점괘〉를 도입함으로써 그 역학을 무속적인 학문이 되게 하였으며, 또 수많은 사람들을 허황된 무속신앙에 빠지게 하였다(레 19:31, 신 18:10~12).

8. 성리학(이기설)의 주장

중국 송나라의 〈주자〉가 세운 성리학은 주자학이라고는 하는데, 그 주장은 역학과 비슷하다. 성리학에서는 이(理)를 태극으로 보고, 기(氣)를 음양으로 보기 때문이다. 다시 말해 모든 만물은 이(태극)에서 나온 음양2기를 통해 생성되었다는 것이 성리학의 주장이다. 이러한 성리학의 주장에 대해 몇 가지 문제점을 지적하면 다음과 같다.

① 성리학은 이와 태극을 동일시함으로써, 그 이를 우주의 근본으로 신격화하였다.

② 성리학은 이기론을 주장하면서도 그 이와 기의 근본 출처를 밝히지 못하였다.

③ 성리학은 모든 만물의 속성인 음양을 기로 봄으로써, 이론상의 오류를 범하였다.

④ 성리학은 이에서 기가 나오고, 그 기에서 모든 만물이 나온 것으로 보고 있지만, 이것은 원리적으로 불가능하다.

⑤ 성리학은 주리론(主理論)과 주기론(主氣論)으로 분열됨으로써, 그 자체의 모순성과 한계성을 스스로 드러내고 있다〔조선시대의 대표적 성리학자인 퇴계(이황)는 주리론을 주장하고, 율곡(이이)은 주기론을 주장했다〕.

✞ 사람이 만일 온 천하를 얻고도 제 목숨을 잃으면 무엇이 유익하며,
또 무엇을 주고 제 목숨을 바꾸겠느냐(마 16:26).

✞ 예수께서 대답하여 가라사대, 사람이 떡으로만 살 것이 아니요,
하나님의 입으로 나오는 모든 말씀으로 살 것이라 하였느니라(마 4:4).

✞ 몸은 죽여도 영혼은 능히 죽이지 못하는 자들을 두려워하지 말고,
오직 몸과 영혼을 지옥에 멸하시는 자를 두려워 하라(마 10:28).

✞ 하나님은 인간을 영적인 존재로 창조하셨다. 그러므로 인간이 지
상에서 육신을 벗으면, 그 영혼은 모두 영계로 가서 새로운 삶을
이어가게 된다. 그런데 인간이 사후 천국에 들어가려면, 먼저 지상
에서 하나님의 뜻대로 살아야만 한다(마 7:21).

일찍이 그리스의 철학자 소크라테스는 「너 자신을 알라」고 말했거니와 이 말은 예나 지금이나 우리의 가슴 속에 깊이 와닿는 산 교훈이 아닐 수 없다. 그러나 그의 말대로 자기 자신을 밝히 알고 간 사람은 지금까지 아무도 없었다. 그 결과 인간은 언제나 생의 문제로 고민하게 되었다.

그러면 우리는 어찌하여 '나' 자신을 밝히 알지 못하게 되었는가? 그 까닭은 인간이 하나님을 불신하고 타락함으로써, 인생의 진리를 올바로 깨닫지 못하였기 때문이다. 인간은 본래 하나님으로부터 온 존재인데, 그 하나님을 불신하고서야 우리가 어찌 나 자신을 바르게 알 수 있겠는가?

지금까지 여러 학자들이 주장해 온 인간론을 보면 그 대부분이 무신론적이고 유물론적인 것들이었다. 그러나 이러한 무신론적인 인간론은 결코 인간의 실상을 밝힐 수 없으며, 그것은 다만 하나님과 인간을 분리시키는 불행한 결과만을 가져 올 것이다.

성서에도 이르기를 하나님을 경외하고 그 명령을 지키는 것이 사람의 본분이라고 말했거니와(전 12:13), 이러한 인간의 본분을 저버리고 하나님을 떠나서는 어느 누구도 인생의 참 모습을 발견할 수 없다. 하나님은 바로 인간의 영원한 주체이시며, 인간은 그의 대상으로 지음받은 결과적 존재이기 때문이다. 따라서 진정한 인간론은 어디까지나 하나님을 중심으로 한 것이어야 한다. 그러면 이 문제를 다음과 같이 나누어 알아보기로 하자.

제1절 영혼의 실존문제

* 모든 영혼이 다 내게 속한지라. 아비의 영혼이 내게 속함같이 아들의 영혼도 내게 속하였나니, 범죄하는 그 영혼은 죽으리라(겔 18:4)
* 몸은 죽어도 영혼을 능히 죽이지 못하는 자들을 두려워하지 말고, 오직 몸과 영혼을 능히 지옥에 멸하시는 자를 두려워하라(마 10:28)

민중사상은 〈영혼〉의 존재를 믿으며, 그 기초 위에서 인간론을 전개한다. 그 까닭은 유영설에 기초한 인간론만이 참다운 인간론이 될 수 있기 때문이다. 생각해 보라. 인간의 주체가 되는 영혼의 존재를 부인한다면, 그것이 어찌 올바른 학설이 될 수 있겠는가? 따라서 민중사상의 인간론에서는 먼저 영혼의 실존문제를 다루게 된다.

그러면 우리는 어떻게 하여 영혼의 실재를 알 수 있는가? 이에 대해 필자는 먼저 〈심령과학〉을 소개하고자 한다. 그것은 심령과학이 우리에게 영혼의 실재를 충분히 입증해 주고 있기 때문이다. 따라서 심령과학은 종교와 밀접한 관계가 있으며, 또 다분히 종교성을 띠게 된다. 이러한 종교성에 비추어, 필자는 심령과학이 종교와 더불어 인생의 좋은 길잡이가 되어 주기를 기대하며, 다음에 그의 주요 내용을 간추려 소개하기로 한다. 아무쪼록 이것이 영혼의 실재를 인식하는 데 많은 도움이 되기를 기원하는 바이다.

1. 심령과학의 기원

심령과학은 인간의 영혼과 사후세계를 대상으로 연구하는 학문이다. 이러한 심령과학은 1848년 3월 31일에 있었던 하이즈빌 사건을 계기로 발상되었다. 하이즈빌은 미국의 뉴욕 주에 있는 한 조그만 마을인데, 당시 이곳에서는 존 폭스의 집을 중심으로 산자와 죽은 자 사이에 유명한 고음교신—두드리는 소리로 주고 받는 통신—이 있었다. 여기에 그 사건의 진상을 간단히 소개하면 다음과 같다.

독일계 미국인이고 대장장이인 존 폭스가 뉴욕 주에 있는 한 조그만 마을인 하이즈빌로 이사를 온 것은 1847년 12월 11일이었다. 폭스의 집은 원래 로체스터 시에서 살다가 이사 온 것인데, 집 주인은 의사인 헨리 하이드 씨였다. 폭스 씨가 이사를 오기 전에는 마키엘 위크맨이라는 사람이 세들어 살았을 뿐, 그 전 3년간은 아무도 살지 않고 비어 있었다. 말하자면 흉가인 셈인데, 폭스 씨는 이 사실을 전혀 모르고 이사왔던 것이다.

폭스 씨 부부는 6남매의 자녀를 두고 있었는데, 그 중 네 명은 모두 독립해 나가고, 그가 이사 올 당시에는 14세의 딸 마가레트와 11세의 막내딸 게이트만이 남아 있었다. 이사 온 지 얼마 뒤에 이상한 고음(두드리는 소리)을 처음 들은 사람은 나이 어린 두 자매였다.

이러한 고음현상은 날이 갈수록 심해지고 거칠어졌다. 잠도 제대로 잘 수 없었다. 그러다가 마침내 3월 31일이 왔다. 이날은 아침부터 추웠고, 땅 위에는 눈마저 가득 쌓였다. 밤이 되자 고음현상은 더욱 세차게 일어났다. 이날따라 창문이 몹시 요란하게 흔들렸다. 그래서 폭스 씨는 여러 차례 문고리를 살폈으나, 이상이 없었다. 이 때 나이 어린 게이트는 아버지의 손놀림과 고음이 이상하게 서로 일치됨을 발견했다. 게이트는 호기심이 나서 자기의 손가락을 튕겨 보았다. 그랬더니 놀랍게도 고음은 그 손짓대로 들려왔다. 그리고 손짓이 멎으면 그 고음도 멎었다.

한편 언니인 마가레트는 「하나·둘·셋·넷」 하고 큰 소리를 내보았다. 그런데 이 때도 역시 고음은 그 수효대로 정확히 울려 왔다. 이것을 본 폭스 씨 부인은 그 고음의 발신인이 누구인지를 밝히기로 결심하고, 다음과 같은 몇 가지 교신을 시도했다.

「내 딸 마가레트는 몇 살이죠?」

「그럼 게이트는 또 몇 살이죠?」

이 물음에 고음은 정확히 그들의 나이 수대로 울렸다. 이에 「당신이 영이라면 두 번 소리를 내세요」 하고 말하자, 고음이 두 번 울렸고, 또 「당신이 살해당한 분이라면 두 번 소리를 내세요」하고 말하자, 그 말이 떨어지기 무섭게 집이 흔들릴 만큼 큰 소리가 두 번 울렸다. 이런 식으로 폭스 부인이 계속 질문을 한 결과 그 고음의 발신자는 5년 전 이 집에서 살해된 31세의 찰스 로스너임이 드러났다.

이것을 본 폭스 씨는 놀라서 이웃 사람들을 급히 불러왔다. 그리고 그들이 보는 앞에서 밤이 늦도록 망령과 교신을 했다. 교신방법은 알파벳의 순서대로 고음을 내게 하여 통신물을 만드는 것이었다. 그 결과 행상인 로스너는 5년 전 이 집에 세들어 살던 조지 백에게 살해되어 소지하고 있던 5백 달러를 빼앗기고, 시체는 지하실 밑에 묻혔다는 놀라운 사실을 알아냈다.

이 말이 전해지자, 폭스의 집에는 매일 수 많은 구경꾼들이 몰려왔다. 한때 조지 백의 가정에서 식모살이를 하던 로크레치아 팔버도 찾아와, 「5년 전 로스너가 그를 찾아온 일이 있으며, 그 때 자기는 뜻밖의 휴가를 받았다」고 증언했다. 이에 관계당국은 사실 여부를 확인하기 위해 수 많은 입회인들과 보도진들이 지켜보는 앞에서 그 지하실 밑을 공개적으로 발굴했다. 그러자 과연 그 곳에는 로스너의 두개골이 묻혀 있었다.

이 사실이 확인되자, 그 소식은 삽시간에 번져 미국 전역은 물론 유럽에까지 커다란 파문을 일으켰다. 이것이 바로 유명한 하이즈빌 사건인데, 후일 이 사건을 기념하기 위해 뉴욕 시 73번가에 높이 8미터의 기념비까지 세웠으나, 지금은 도시계획에 밀려 철거되었다고 한다.

이러한 하이즈빌 사건을 계기로, 1851년에는 영국의 케임브리지 대학에 망령학회가 생겼고, 이에 옥스퍼드 대학에서는 현상학회가 결성되었다. 케임브리지의 망령학회에는 후일 캔터베리의 대주교가 된 에드워드 벤슨 교수를 비롯하여, 신학의 라이드홋과 홀트, 철학의 헨리 시지위크, 물리학의 레일리 교수와 같은 쟁쟁한 학자들이 참가했다.

그리고 옥스퍼드의 현상학회에는 찰스 오스만 교수를 중심으로 알프레드 러셀, 워레스 스텐톤, 바렛, 윌리엄 쿠룩스 교수와 같은 저명한 학자들이 참가하여 심령 연구에 박차를 가했다. 그 후 1882년에는 케임브리지와 옥스퍼

드의 두 학회가 서로 합류하여 〈영국심령연구학회〉를 창립했고, 이어 1885
년에는 미국에서도 〈미국심령연구학회〉가 창립되었다.

현재 세계에는 수많은 심령연구학회가 있으며, 또 계속 늘어나고 있다. 그
런데 특히 놀라운 일은 무신론과 유물론을 주장하는 구소련에도 여러 곳에
심령연구소가 있다는 것이며, 또 해마다 심령연구를 위해 막대한 자금을 투
입하고 있다는 사실이다.

그 예로 지난 1968년에는 모스크바에서 처음으로 국제심령학회의를 열기
까지 했다. 그들이 무슨 목적으로 이러한 심령 연구를 하는지는 자세히 알
수 없으나, 추측컨대 그 목적은 다분히 군사적인 면에 있는 것같다. 어쨌든
그들이 유물론에 어긋나는 심령 연구를 한다는 것은 종교적인 면에서 매우
좋은 현상이 아닐 수 없다.

2. 심령의 여러가지 현상

심령과학은 심령의 모든 현상을 연구·정리하여, 그 속에서 일반적인 법칙
을 찾아내 이를 응용하는 학문이다. 그런데 심령과학에서 심령의 모든 현상
을 연구하는 데 가장 기본이 되는 것은 〈교령회〉이다. 교령회란 영매자(현계
와 영계를 영적으로 매개하는 영능자)를 통해서 영계에 있는 죽은 자의 영과
교신함으로써, 사후세계(심령세계)의 비밀을 밝혀 내는 모임을 말한다. 이처
럼 교령회가 있다는 것만으로도 인간의 영혼과 사후세계의 실재는 충분히
입증되었다고 할수 있다.

교령회는 영매자가 중심이지만, 그 밖에 유능한 심신자가 또 있어야 한다.
심신자는 호출된 영의 신원을 확인하며, 또 그 자리에서 일어난 심령형상이
진실한 것인지를 철저히 가려내는 일을 한다. 이렇듯 교령회는 시종일관 치
밀하고 엄격한 과학적 감시(검토) 아래 진행되는 것이다.

우리나라에선 아직 심령과학이 크게 발달하지 못해 이러한 교령회가 열리
는 일이 매우 적지만, 미국·영국·일본과 같이 심령과학이 발달한 나라에선

사후세계(영계)의 비밀을 캐기 위한 교령회 뿐만 아니라, 이미 죽은 육친이나 친구들을 만나보기 위한 교령회도 자주 열린다. 교령회는 편의상 소규모로 하는 경우가 많지만, 때로는 공회당이나 극장등을 빌려서 하는 대규모의 공개 교령회도 많이 있다. 이러한 교령회를 통해 심령과학은 사후세계의 신비를 하나 하나 밝혀내는 것이다.

심령과학의 연구대상인 심령현상은 그 성격상 정신적인 것과 물리적인 것, 그리고 의학적인 것으로 대별한다. 그러면 먼저 정신적 심령현상에 대해 알아보기로 하자.

(1) 정신적 심령현상

정신적 심령현상이란 특수한 영능자만이 주관적으로 감지할 수 있는 심령현상을 말한다. 때문에 정신적 심령현상은 일명 주관적 심령현상이라고도 부른다. 이러한 정신적 심령현상에는 영시·영언·영청·영감·심령감정·자동서기·텔레파시(정신감응) 등이 있다. 이것을 좀 더 자세히 설명하면 다음과 같다.

① 영 시

이것은 육안으로 볼 수없는 것을 영적인 능력으로 보는 현상이다. 여기에는 다음과 같은 네 가지 능력이 있다.

첫째, 거리를 초월해서 보는 능력 : 육안으로 볼 수 없는 먼 곳을 바라보는 능력이다. 이른바 천리안은 이에 속한다.

둘째, 시간을 초월해서 보는 능력 : 과거의 일이나 미래의 일을 보는 능력이다. 이것으로 미래예지와 심령감정이 가능하다.

셋째, 차폐물을 간파하는 능력 : 체내의 환부나 밀폐된 용기 안의 물건등을 보는 능력이다. 이것을 투시라고 한다.

넷째, 초현상계를 보는 능력 : 현계가 아닌 영계의 사물을 보는 능력이다.

18세기의 위대한 과학자이며 신비주의 철학자인 스웨덴 보르그는 유명한 영시 능력자였다. 이러한 그의 영시능력은 철학자 칸트도 그에 관한 논문을 쓸 정도로 뛰어났다. 그가 저술하여 후세 기독교에 많은 영향을 끼쳤던 「천국과 지옥」이란 책은 바로 그가 영시한 영계 견문록이었다. 그는 또 미래예지의 능력으로, 오래 전부터 자신이 1772년 3월 29일 84세로 죽는다고 예언했는데, 바로 그 날에 죽으로써 많은 사람들을 놀라게 하였다.

② 영 언

이것은 죽은 자의 영이 영매자(영통인)의 발성기관을 점거하여 말을 하는 현상이다. 이 때 나타나는 죽은 자의 음성이나 말씨는 생전의 것과 같다. 이런한 영언으로 연설도 할 수 있으며, 또 그 내용을 기록하여 책을 엮기도 한다.

1846년 미국의 앤두루 데이비스 잭슨은 「자연의 계시」와 「자연의 원리」 및 「인류에게」라는 세 권의 책을 써냈다. 이 책은 입신 상태에 든 잭슨의 영언을 기록한 것이다. 잭슨은 학교교육을 제대로 받지 못해 무식 했지만, 그의 저서에는 매우 훌륭한 내용이 수록되어 있다고 한다.

한편 영국의 영언 영매인 오스본 레오나드 부인은 그의 영능으로 제1차 세계대전 전몰자들의 영혼들을 많이 불러 유족들과 담화를 나누게 했는데, 그 중 물리학자 올리버 로지 경은 전사한 아들 레이몬드와의 대화를 엮어 「레이몬드의 통신」이란 책을 내기도 했다.

③ 영 청

이것은 육신의 귀로 들을 수 없는 영계의 소리를 영적으로 듣는 현상이다. 그리스의 철학자 소크라테스는 이 능력의 소유자였다고 한다.

④ 영 감

이것은 아무 것도 생각하고 있지 않을 때 문득 생각이 떠오르거나, 자기로선 생각하려고도 하지 않는데 마음에 강하게 느껴지는 현상이다. 이런한 영감을 통해 학자들은 뜻밖의 발견이나 발명을 하는 경우가 많다. 한 예로 발명왕 에디슨의 빛나는 연구업적은 흔히 영감에서 얻어진 기발한 착상으로 이루어질 때가 많았다고 한다.

⑤ 심령감정

이것은 영능자가 단서가 되는 물건을 손에 들거나 이마에 갖다 대고 정신을 통일하면, 그 물건의 내력이나 소유자에 관한 일들이 영시·영청·영감 되어 아는 현상이다. 외국에서는 이러한 심령감정을 경찰이 범인수사에 이용한다고 한다.

한 예로 네덜란드의 제라르 크로와제는 오랫동안 유트레이트 대학의 윌리엄 텐하에프 교수와 프라이부르크 대학의 한스 벤더 교수가 연구해 온 사람인데, 그는 지나 30년간 경찰의 범인수사를 위해 그의 영능을 발휘해 왔다고 한다. 그는 밀봉한 편지를 그대로 읽을 뿐만 아니라, 실오라기 하나를 보고도 범인을 찾아내는 등 놀라운 솜씨를 보였다. 이러한 그의 탁월한 영능은 10년 사이 미궁에 빠진 사건들을 4백 여 건이나 해결하여 많은 수사관들을 놀라게 했다.

⑥ 자동서기

이것은 죽은 자의 영이 영매자의 손을 조작하여 그로 하여금 자동적으로 글씨나 글을 쓰게 하는 현상이다. 글씨를 쓰는 대신에 그림을 그릴경우는 자동회화라고 한다.

자동서기로 쓴 문장은 대체로 단편적인 것이 많지만, 책으로 엮을 만큼 긴 것도 있다. 현재 브라질의 우베라바 시에 살고 있는 샤비엘은 자동서기로 소설을 쓴다. 10세 때부터 영능을 보이기 시작한 샤비엘은 18세 때 수백 년 전에 죽은 문학가 임마누엘 영의 지도를 받으며 소설을 썼다. 그가 쓴 임마누엘의 소설은 1천 페이지가 넘는 방대한 것인데, 그는 이 소설을 5일 만에 썼다고 한다. 이 소설은 그 후 많은 학자들의 엄밀한 심사(감정)를 거쳐 마침내 임마누엘의 작품으로 인정되었다. 이 밖에도 샤비엘은 고인이 된 여러 유명한 작가들의 작품을 자동서기로 써서 출판하였다.

⑦ 텔레파시

이것은 육신의 생리적 오관을 통하지 않고 양자간에 서로 사념교환을 하는 현상이다. 흔히 말하는 이심전심이란 여기에 해당된다.

1882년에 창립된 영국의 심령학회는 그 초기 활동에서 수많은 텔레파시의 사례들을 수집·연구하여, 텔레파시 현상이 엄연한 과학적 사실임을 밝혔다. 그 후 텔레파시에 관한 연구는 많은 학자들의 적극적인 참여로 크게 진보 되었고, 최근에는 이것을 우주통신에 까지 이용하려는 연구가 진행되고 있다.

현재 미국을 비롯하여 세계 여러 나라에선 텔레파시에 관한 연구가 부단히 계속되고 있거니와, 한 가지 흥미로운 것은 유물론을 주장하는 공산국가에서도 텔레파시 연구가 매우 활발하다는 사실이다. 그 예로 구소련에서는 1960년 레닌그라드 대학에 텔레파시 현상연구소를 창설한 이래 곳곳에 부설 연구기관을 두고 있다. 한편 중국에서도 텔레파시 연구가 꾸준히 진행되고 있는 것으로 알려졌다.

(2) 물리적 심령현상

물리적 심령현상이란 특수한 영능자가 아니더라도 누구나 객관적으로 감지할 수 있는 물리·화학적 심령현상을 말한다. 때문에 물리적 심령현상에는 고음·물질화영·물품이동·직접서기·직접담화·악기주명·심령사진 등이 있다. 이것을 좀더 자세히 설명하면 다음과 같다.

① 고 음

이것은 영계에 있는 죽은 자의 영이 물리적으로 소리(두드리는 소리)를 내는 현상이다. 고음은 누구나 들을 수 있는 물리적 심령현상이기 때문에, 이는 영혼의 실재를 증명하는 데 좋은 자료가 된다. 그 좋은 예로 우리는 미국에서 있었던 하이즈빌 사건을 들 수 있다.

② 물질화영

이것은 엑토플라즘이라는 영적인 물질로 형성된 죽은 자의 영을 말한다. 인간은 육체 외에 유체와 영체가 있는데, 엑토플라즘은 이 중 유체를 구성하는 근본 요소라고 한다. 이러한 엑토플라즘을 써서 죽은 자의 영이 물질화한 것을〈물질화영〉이라고 한다.

엑토플라즘이라는 말은 생리학 부문의 노벨상 수상자인 프랑스의 리셰 교수가 명명한 것인데, 이것은 무형의 것에 형태를 주는 원형질이라는 그리스어의 엑토스플라즈마에서 따온 이름이다. 많은 학자들의 연구결과에 의하면, 이 엑토플라즘은 그 형태·색깔·온도·촉감 등이 매우 다양하다고 하며, 또 사진까지 찍을 수 있다고 한다.

영국의 대물리학자인 윌리엄 쿠룩스 교수는 프로랜스 쿡이라는 15세의 소녀 영매자를 자택에 두고 연구에 몰두했다. 당시 쿡을 통해 나타났던 영은 이미 3백 년 전 찰스2세가 자메이카 총독으로 임명했던 헨리 오웬 모건의 딸 캐디 킹이었다고 한다.

킹의 영은 쿠룩스 교수뿐만 아니라, 여러 방문객들 앞에서도 실험에 응하여 자신의 유체를 직접 만지도록 허용했고, 또 그 장면을 사진으로 찍게도 했다. 이 밖에도 킹의 영은 수많은 실험에 친절히 응하여 많은 실험결과를 남겼는데, 쿠룩스교수는 이것을 「유령의 제현상」이란 책으로 정리해 발표했다.

③ 물품이동

이것은 손도 대지 않은 책상이나 물건이 저절로 움직여 이동하는 현상이다.

미국의 대영매자이며 심령학자인 라인하트 박사는 1957년 8월부터 세계를 일주하는 도중 이듬해 2월 일본에 들렀다. 그는 2월20일 도쿄에서 투시와 직접 담화 및 입신연설 등을 실연해 보였고, 그 다음날 NHK TV 스튜디오에서 있은 공개실험에서는 엑토플라즘의 출현과 물품이동 현상을 직접 보여주었다.

특히 라인하트 박사는 물품 이동의 실례로, 그 자리에서 마노 보석1천 개를 입으로 토해내 사람들을 놀라게 했다. 그는 이 보석을 참관인들에게 기념품으로 한 개씩 나누어주었다. 공학박사인 하시모도 씨 부부는 지금도 이 마노를 잘 보관하고 있다고 한다. 이러한 물품 이동 실험은 당시 도쿄 대학과 오사카 대학 등의 쟁쟁한 물리·화학·의학·전시공학자 들의 엄밀한 감시 아래 이루어졌으며, 여기에는 어둠 속에서도 물체를 볼 수 있는 나이트 비전이란 과학기재까지 동원되었다고 한다.

④ 직접서기

이것은 가만히 놓아둔 붓이나 연필이 저절로 움직여 글씨를 쓰는 현상이다. 글씨를 쓰는 대신에 그림을 그리는 경우는 직접 회화라고 한다.

⑤ 직접담화

이것은 공중이나 메가폰 등을 통해서 죽은 자의 음성이 직접 들려오는 현상이다. 이것은 영매자를 통해서 나타나는 현상이지만 영매자의 발성기관과는 상관이 없고, 다만 영매자의 엑토플라즘으로 형성된 발성기관을 통해서 들리는 것이다. 이 때에는 물질화영이 직접 말을 하는 경우와 공중에 발성기관을 만드는 경우가 있고, 또 미리 준비해 둔 메가폰의 한쪽 끝에 발성기관을 만드는 경우가 있다.

⑥ 악기주명

이것은 가만히 놓아둔 피아노나 아코디언이 영적인 작용에 의해 저절로 소리를 내는 현상이다.

⑦ 심령사진

사진은 보통 렌즈를 통해 들어온 광선을 필름에 담아서 만든다. 따라서 특별한 장치가 없는 한, 사진은 현장에서 보이는 것만을 찍을 수 있다. 그러나 심령의 힘은 시간과 공간을 초월하여, 이미 고인이 된 영인의 모습까지 사진으로 찍어낸다. 이것을〈심령사진〉이라고 한다. 이러한 심령 사진은 사진기술에 밝은 영능자가 사진을 찍을 때에 많이 나타난다.

지금까지 활동한 심령 사진사 중에서 가장 유명한 사람은 영국의 윌리엄 호프였다. 그는 1905년부터 약 1만 장의 심령 사진을 찍었는데, 그 중 3천여 장은 찍힌 사람의 신원이 확인되고 있다. 한 예로 런던의 심령 전문학교 교장이던 매킨지 씨는 1918년9월26일 호프에게 사진을 찍었는데, 그 옆에는 이마에 총상을 입은 아들의 모습이 함께 나타났다. 얼마 후 예루살렘 전선에 종군중이던 아들이, 사진에 나타난 그대로 이마에 총상을 입어 전사했다는 관보가 배달되었다. 그 후로 많은 전사자유가족들이 호프를 찾아 사랑하는 아들의 생전 모습을 사진으로 찍어 위로를 삼았다고 한다.

이 밖에도 심령 사진과 비슷한 것으로〈염사〉라는 것이 있다. 이것은 영매자가 마음으로 생각만 해도, 희망하는 인물이나 경치 등이 필름에 찍히는 현상이다. 이 염사는 1910년 당시 도쿄대학의 심리학 교수인 후쿠이박사가 투시에 대한 실험을 하던 중 우연히 발견한 것이라고 한다.

(3) 의학적 심령현상

의학적 심령현상이란 영적인 조치에 의해 인간의 육체적인 장애와 정신적인 장애를 제거하는 심령치료 현상을 말한다. 이러한 심령치료의 방법에는 다음과 같은 것들이 있다.

① 제 령

현대 의학으로 완치할 수 없는 환자들을 보면, 같은 병으로 죽은 영이 붙어서 병의 원인이 되어 있는 경우가 많다. 이러한 경우 그 죽은 자의 영을 떼어놓음으로써 병을 낫게 하는 것을 〈제령〉이라고 한다.

② 인연해제

이것은 원한이나 그 밖의 이유로 붙어 있는 영혼을 떼어놓음으로써 병을 고치는 방법이다. 이러한 인연 해제법은 제령법과 같다고도 볼 수 있으나, 단순한 제령의 경우와는 다르다. 왜냐하면 원한을 가진 영혼을 한 번에 설득시켜 떼어놓기란 매우 어려운 일이기 때문이다. 이것은 몇 번이고, 또는 오랜 기간에 걸쳐서 영매자에게 의뢰함과 동시에, 당사자도 원령을 달랠 수 있는 방법을 강구해야만 비로소 치병의 목적을 달성하게 된다.

③ 영계의사의 협조

이것은 현계의 심령치료자가 영계의 의사에게 부탁하여 환자의 병을 고치는 방법이다. 맨손으로 절개수술을 하는 심령외과는 그 중 대표적인 영계 의사의 협조라고 할 수 있다(이러한 의학적 심령치료를 모두성령의 역사로 오인해서는 안 된다.)

심령치료에는 접촉치료와 원격치료의 두 가지가 있다. 이 중 원격치료는 환자를 직접 보지 않고 시행하는 치료법으로서, 옆방의 환자를 치료할 수 있음은 물론 지구의 반대쪽에 있는 환자까지도 치료한다.

영국의 심령치료 본부에서는 매일 전세계로부터 오는 수많은 치료의뢰의 편지를 받고, 매일 밤 치료본부의 회원들이 그들을 위해 원격치료를 보낸다고 한다. 한편 일본의 심령과학협회에서도 심령치료연구회를 만들어 원격치료를 실시하여 큰 효과를 거두고 있다고 한다.

위에서 우리는 심령현상의 개략을 살펴보았거니와, 이러한 심령현상들은 어디까지나 인간의 영혼과 사후세계(영계)가 실재하기 때문에 일어나는 현상이 아닐 수 없다. 오늘의 모든 무신론자들과 영혼 부정론자들은 이 엄연한 과학적 사실을 밝히 알아야 할 것이다.

3. 심령과학의 성과

미국에서 있었던 하이즈빌 사건을 계기로 발상된 심령과학은 어느새 1백여 년의 역사를 기록하게 되었다. 그 동안 심령과학은 유능한 학자들의 연구로 많은 성과를 거두었다. 그리하여 심령세계(사후세계)의 수수께끼는 하나둘씩 풀려나갔다. 지금까지 심령과학이 이룩한 성과들은 모두 치밀한 과학적 실험을 통해서 얻어진 결과로서, 이것은 성서의 내용과도 일치한다. 이제 여기에 그 주요 성과를 간추려 요약하면 다음과 같다.

① 인간의 영혼과 사후세계(영계)는 실재한다.
② 현계와 영계는 서로 밀접한 관계가 있으며, 이 두 세계는 인간을 매개체로하여 상호 통신이 가능하다.
③ 인간의 죽음은 영혼과 육신의 분리이며, 이 중 영혼은 사후세계에 가서 영원히 생존한다.
④ 사후세계는 지상세계보다 더욱 아름답다.
⑤ 사후세계에서의 행과 불행은 현계에서 행한 선악에 따라 좌우된다.
⑥ 인간은 영계에가서도 자기 완성을 위해 나아가야 할 운명을 지닌다.
⑦ 우주의 삼라만상은 곧 신의 뜻의 발현이다.

한편 의학자이며 심령학자인 유석형 박사는 심령과학에서 얻어지는 몇 가지 교훈을 다음과 같이 정리하고 있다.

① 인류는 모두 神의 자녀요, 하나의 형제자매이다
심령과학이 영계통신을 통해서 얻은 정보를 종합해 보면, 모든 것은 신으로부터 나온다. 신은 우주를 낳은 모체요, 모든 생명의 근원이다. 인간은 신의 분령을 받아 이 세상에 태어났다가 다시 그에게로 돌아간다. 따라서 인류는 모두가 하나의 형제자매요, 황인·백인·흑인의 구별이 있을 수 없다. 또 동물이나 식물도 한 뿌리에서 나오기는 마찬가지이다. 그러기 때문에 인류는 서로 사랑하고 도와주어야 하며, 이 세상의 모든 생명 있는 것들을 귀중히 여겨야 한다.

② 기도에는 진심이 있어야 한다

심령과학에 의하면, 우리가 생각한 것은 사상파가 되어 우주에 퍼진다. 우리의 진정한 기도는 신계에까지 들릴 것이다. 그러나 그냥 입술만 놀리는 기도만으로는 사상파가 나오지 않는다. 진심이 깃들어 있어야한다. 진심으로 강하게 기도하면, 그 진심은 전파와 같이 에텔계(영계)에 널리 퍼져서, 그것을 받은 신이나 배후령은 반드시 그 사람을 도와준다. 다만 그 기도가 이루어지는 시기와 방법은 일정하지 않으니, 수개월 또는 수년 후가 될 수도 있다. 우리는 인사를 다한 뒤에 천명을 기다린다는 말대로 자신에게 주어진 일을 성의 있게 해나갈 뿐이요, 그런 노력과 진심이 있은 후에야 신과 영의 가호를 기대할 수 있는 것이다.

③ 마음가짐에도 책임이 있다

이 세상의 법리는 어떤 행동이나 결과의 책임만을 따질 뿐, 속마음은 문제삼지 않는다. 그러나 심령과학에서는 그 마음이 매우 중요하다. 우리의 정신에는 의식적인 현재의식과 무의식적인 잠재의식이 있는데, 우리가 사물을 기억하는 것은 잠재의식의 담당이다, 이 잠재의식은 일단 기억한 것은 결코 잊어버리지 않는다. 이러한 기억은 오랜 시일을 경과하는 동안 그 사람의 성격에 영향을 미친다. 마음가짐의 좋고 나쁨은 무의식중에 좋은 성격과 나쁜 성격을 만들어 놓는다. 마음가짐에도 책임이 있는 까닭은 여기에 있다.

④ 나에게서 나간 것은 나에게로 돌아온다

누워서 침을 뱉는다는 말이 있다. 인간의 마음은 이와 똑같은 이치를 따라 움직인다. 명랑하고 유쾌한 마음으로 남이 기뻐하는 좋은 일을 하고 있으면, 반드시 즐겁고 행복한 일이 찾아온다. 반대로 언제나 남을 미워하고 괴롭히는 일만 하고 있으면, 반드시 근심과 불행이 찾아온다. 이처럼 선행에 선한 결과가 오고 악행에 악한 결과가 옴은, 인간의 힘으로는 절대로 변동시킬 수 없는 우주의 대법칙이다. 그 결과가 바로 다음 순간에 온다고 할 수는 없지만, 그 결과는 반드시 있게 마련이다.

⑤ 언어와 행동에도 마음이 중요하다

성격이 곧고 바른 사람은 일상생활이 치밀한 계획에 따라 움직이지만, 방종한 사람은 아무 계획도 없이 되는 대로 생활한다. 한 가지 일을 계획하여 실행할 때도 반드시 성공한다는 신념이 있는 사람은 꼭 성공하지만, 그렇지 않고 남에게 의지만 하는 사람은 결코 성공하지 못한다.

또 인간은 누구나 마음에 간직하고 있는 생각과 같은 사람이 된다고 한다. 즉 언제나 아름다운 것을 생각하는 사람은 아름다운 인간이 되고, 나쁜 일만 생각하는 사람은 결국 나쁜 사람이 되고 만다. 이처럼 인간에게는 그 마음씨가 무엇보다도 중요한 것이다.

위에서 논한 바와 같이, 인간의 영혼과 사후세계는 엄연히 실재한다. 그리고 인간의 생리적 죽음은 인생의 종말이 아니라, 그것은 도리어 영원한 인생의 출발임을 알아야 한다(고전15:19,히11:16,빌3:20). 이 사실에 비추어 우리는 유신론의 타당성(진리성)과 무신론의 부당성(비진리성)을 재확인하게 된다.

한편 영원한 사후세계에서의 행과 불행은 반드시 현세에서 행한 선악에 따라 좌우된다고 했으니, 우리 인간은 모름지기 영원한 내일의 삶을 위해 오늘을 진실(선)하게 살아가야 할 것이다.

※ 필자는 언제나 〈종교〉의 필요성을 강조한다. 인간은 본래 하나님을 모시고 살아가도록 창조된 신앙적 존재이기 때문이다. 무신론자들은 종교를 반대하지만, 하나님을 바르게 섬기는 참 종교는 인류의 영원한 스승이 아닐 수 없다. 우리 모두가 그 종교의 가르침을 따르며 살아가야 하는 이유는 바로 여기에 있다.

제2절 무영설에 대한 비판

* 예수께서 아이의 손을 잡고 가라사대 아이야 일어나라 하시니, 그 영이 돌아와 아기가 곧 일어나는지라(눅 8:54~55).
* 사람의 사정을 사람 속에 있는 영 외에는 누가 알리요. 이와 같이 하나님의 사정도 하나님의 영 외에는 아무도 알지 못 하느니라(고전2:11).

1. 무영설의 주장

예로부터 영혼의 존재 여부를 놓고 많은 논쟁을 벌여 왔지만, 이러한 논쟁은 이제 끝나게 되었다. 왜냐하면 심령과학의 눈부신 발달에 의해 영혼의 존재는 이제 누구도 부인할 수 없는 과학적 사실로 명백히 드러났기 때문이다 (겔 18:4, 마 10:28, 눅 8:54~55).그럼에도 불구하고 일부 몰지각한 무신론자(유물론자)들은 아직도 비과학적인 무영설을 끈질기게 주장하고 있다. 그러면 무영설을 주장하는 무신론자들의 논거는 대체 어떠한 것들인가? 그들의 논거는 대략 다음과 같다.

① 영혼의 존재가 눈에 보이지 않는다.
② 세계의 저명한 의학자들이 해부도와 현미경을 들고 인체의 모든 세포를 자세히 관찰했지만, 영혼의 그림자도 발견하지 못하였다.
③ 인간은 다만 하등동물에서 진화된 고등동물에 지나지 않는다.
④ 동물계에 있어서 뇌의 중량이 크면 클수록 그 지각기능도 발달한 것으

로 보아, 인간은 다만 뇌수의 양이 큰 고등동물에 지나지 않는다.

⑤ 고도로 발달한 물질과학의 추적에도 영혼의 존재는 나타나지 않고 있다.

⑥ 뇌수에 이상(손상)이 오면, 인간이 정신장애를 일으키는 것으로보아 정신작용의 발원체는 뇌수가 분명하다.

2. 무영설에 대한 비판

위에서 열거한 내용이 바로 무신론자들이 무영설을 주장하는 논거의 대략이다. 그러면 이제 그 논거에 대한 부당성을 차례대로 간단히 지적(비판)해 보기로 하자.

① 영혼의 존재가 눈에 보이지 않는다고 해서 그의 존재를 일방적으로 부인한다는 것은 모순도 이만저만이 아니다. 왜냐하면 영혼은 본래 육안으로 볼 수 없는 영적 존재이기 때문이다.

② 영혼의 존재가 해부도나 현미경에 나타나지 않는다고 해서 그의 존재를 부인하는 것도 역시 어리석은 견해가 아닐 수 없다. 영혼은 본래 무형의 영적 존재이기 때문에 해부도나 현미경과 같은 물리기구로는 도저히 확인할 수 없다.

③ 생물의 진화설을 내세워 인간이 멀리는 아메바와 가까이는 원숭이 에서 진화된 고등동물이라는 주장은 일고의 가치도 없는 궤변이 아닐 수 없다. 하나님은 애당초 모든 생물을 그 종류대로 창조 하셨으므로(창 1:24), 원숭이는 아무리 진화를 해도 오직 원숭이 일 뿐, 그 원숭이는 결코 다른 동물이나 인간으로 둔갑할 수 없다. 만일 인간이 원숭이에서 진화된 것이 사실이라면, 우리는 마땅히 그 원숭이를 조상으로 높이 모시고 받들어야 할 일이 아닌가?

④ 지각기능의 발달은 뇌량의 크기에 비례한다는 어설픈 주장을 내세워, 지극히 높고 큰 인간의 가치를 한낱 동물의 가치로 끌어내린다는 것은 매우 어리석은 속단이 아닐 수 없다. 만일 지각기능의 발달이 반드시

뇌량의 크기에 비례한다면, 인간보다 뇌량이 더욱 큰 코끼리나 고래는 인간에 비해 그 지각기능이 훨씬 더 발달되었어야 할 것이 아닌가? 그러나 우리는 지금까지 그러한 동물의 지각기능이 인간보다 더욱 발달 되었다는 아무런 근거도 발견하지 못했으며, 또 저명한 과학자나 철학자 중에 그러한 동물이 끼여 있다는 소문도 들어본 일이 없다(뇌량 비교: 인간=1200~1600g 코끼리=4000~4800g고래=5000~7000g).

⑤ 물질과학만을 내세워 영혼의 존재를 추적한다는 것도 역시 무모한 일이다. 영혼은 어디까지나 무형의 영적 존재이기 때문에 물질 과학만으로는 그의 존재 여부를 가려낼 수 없다.

오늘에 이르러 물질과학은 물질의 구성인자가 무엇인가를 밝히는데 성공했다. 그에 의하면 모든 물질은 분자로, 분자는 다시 원자로 원자는 다시 소립자로, 이 소립자는 다시 에너지로 되어 있다고 한다. 그런데 현대의 물질과학은 이제 더 이상의 원인을 정확히 밝혀낼 수 없는 최종단계에도 도달하고 있다. 이제 그 이유를 간단히 알아보자.

물질과학의 첨단을 걷고 있는 양자역학에 의하면, 소립자가 일정시간에 갖는 위치와 속도(운동량) 등을 정확하게 측정한다는 것은 원리적으로 불가능하다고 한다. 예컨대 소립자와 같은 미시세계에서는 갑이 을을 측정하려고 할 때, 을은 갑의 영향을 받게 되기 때문에, 측정한 을은 엄밀히 말하면 측정하기 전의 상태가 아니라는 것이다. 이처럼 미시적 세계에서는 관측의 정확성이 원리적으로 불가능하다는 것이 이른바 〈불확정성의 원리〉이다.

과학의 생명은 무엇보다도 정확한 관측에 있다. 그런데 오늘의 물질과학은 도리어 불확정성의 원리에 스스로 발이 묶여 이러한 관측의 정확성을 잃고 있다. 그렇다면 이러한 물질과학이 어떻게 무시간·무공간의 영적 실체인 영혼의 존재까지 정확히 밝혀낼 수 있겠는가? 물질과학의 연구대상은 어디까지나 물질세계이지, 심령세계는 아니기 때문이다. 그러므로 영혼의 존재문제는 그 성격상 물질과학보다 심령과학에서 주로 다루어져야 할 것이다.

⑥ 뇌수에 이상(손상)이 오면, 흔히 정신작용애도 장애가 일어난다는 일면만을 보고, 정신이 곧 뇌수의 산물이라고 주장하는 것은 너무도 비과학적인 독단이 아닐 수 없다. 만일 정신이 뇌수의 산물이라고 주장하는 것은 너무도 비과학적인 독단이 아닐 수 없다. 만일 정신이 뇌수의 산물이면, 적어도 다음과 같은 문제점들이 해결되어야 한다.

첫째, 지상에 나타나는 온갖 영적인 정신현상들은 하나도 없어야한다. 그러나 이러한 영적인 정신현상들은 심령과학에서도 밝히고 있듯이, 세계 도처에서 무수히 나타나고 있다. 그렇다면 이 모든 심령현상들을 무영설은 어떻게 설명할 것인가?

둘째, 정신에 이상이 있으면 뇌수에도 역시 이상이 있어야 한다. 즉 뇌수가 정신작용의 발원체라면, 정신에 이상이 있을때 반드시 뇌수에도 손상이 있어야 한다는 말이다. 그러나 저명한 의학자들의 연구결과에 의하면, 뇌수는 건전할지라도 정신기능에 장애가 있을 수 있고, 또 뇌수에 장애가 생길지라도 정신기능은 여전히 건전할 수도 있다는 사실이 계속 밝혀지고 있다.

셋째, 뇌수가 모든 정신작용의 발원체라면, 인간의 양심도 역시 뇌수에서 나와야 한다. 그러나 인간의 도덕적 양심은 그 본질상 뇌수에서 나올 수 없다.

넷째, 뇌수가 바로 정신(마음)의 발원체라면, 그 뇌수는 스스로 정신작용을 조절(주관)할 수 있어야 한다. 그러나 뇌수 자체가 스스로 정신작용을 조절할 수 없음은 너무도 자명한 일이 아닌가?

다섯째, 뇌수는 뇌세포라는 물질요소로 구성되어 있다. 그런데 모든 물질은 피동적 타성(관성)을 지니고 있다. 그렇다면 이러한 피동적 타성을 지닌 뇌세포(물질요소)로 이루어진 뇌수에서 어떻게 능동성과 지동성을 지닌 정신작용이 산출될 수 있겠는가?

정신작용은 곧 생명현상이다. 따라서 이러한 생명현상이 물질적인 요소에서 산출될 수 없음은 너무도 당연하다. 이 사실은 생물(생명체)과 무생물 (비생명체)의 비교에서도 쉽게 알 수 있다. 그러면 이제 전자와 후자를 간단히 비교해 보자.

첫째, 생물에는 갑이 을을 섭취하여 갑의 영양소를 만드는 동화작용이 있지만, 무생물에는 갑과 을이 화합하면 엉뚱한 병이 되어 버리는 변화작용만이 있다.

둘째, 생물에는 자체의 성장발육이 있지만, 무생물에는 이러한 성장발육이 없다.

셋째, 생물에는 자체의 파손에 대한 보완작용이 있지만, 무생물에는 이러한 보완작용이 없다.

넷째, 생물에는 번식작용이 있지만, 무생물에는 이러한 번식작용이 전혀 없다.

다섯째, 생물에는 감각기능과 지각기능이 있지만, 무생물에는 이러한 기능작용이 없다.

위에서 보는 바와 같이, 생물과 무생물 사이에는 정도의 차이가 아니라 본질적인 차이가 있다. 그렇기 때문에 생물은 결코 무생물에서 나올 수 없다. 이 사실은 바로 생명(정신)이 물질에서 나올수 없다는 사실을 입증한다. 따라서 정신(마음)이 뇌세포와 같은 물질요소에서 산출될 수 없음은 두말 할 나위도 없다.

위에서 지적한 몇 가지 예만 보더라도, 정신이 곧 뇌수의 산물이라는 주장은 아무래도 타당치 않다. 어느 누가 뇌수에 이상(손상)이 있을 때 나타나는 정신장애를 보고 뇌수만이 곧 정신(마음)의 모체라고 어리석게 주장한다면, 이는 마치 라디오와 같은 수신기에 고장이 있을 때 나타나는 수신장애를 보고 수신기(라디오)만이 곧 모든 음파작용의 모체라고 주장하는 것과 같다고 하겠다. 요컨대 수신기의 고장으로 인한 음파장애가 곧 수신기의 부재이유가 될 수 없듯이, 뇌수의 손상으로 인한 정신장애도 역시 영혼의 부재 이유가 될 수 없는 것이다.

　이상으로 무영설에 대한 비판을 간단히 마치거니와, 영혼의 존재를 밝히는 데는 구태여 장황한 이론이나 구구한설명이 필요 없다. 눈을 들어 오늘날 세계 도처에서 무수히 나타나고 있는 심령현상들을 자세히 살펴보라! 그 속에서 우리는 얼마든지 영혼의 실재를 파악할 수 있을 것이다-제2장〈유신론〉 참조.

제3절 인간의 구조와 기능

* 죽은 자의 부활도 이와 같으니, 썩을 것으로 심고 썩지 아니할 것으로 다시 살며 육의 몸으로 심고 신령한 몸으로 다시 사나니, 육의 몸이 있은즉 신령한 몸이 또 있느니라(고전 15:42~44).
* 그러므로 우리가 낙심하지 아니하노니, 겉사람은 후패하나 우리의 속은 날로 새롭도다. 우리의 돌아보는 것은 보이는 것이 아니요 보이지 않는 것이니, 보이는 것은 잠깐이요 보이지 않는 것은 영원함이니라(고후 4:16~18).

1. 피조세계에 대한 인간의 위치

　하나님은 먼저 피조세계를 만드신 후 마지막으로 인간을 지으셨다 (창 1장). 그러면 하나님은 인간을 피조세계에 대하여 어떠한 존재로 창조하셨는가?

　첫째, 하나님은 인간을 피조세계의 주관자로 창조하셨다(창 1:28).그러므로 인간은 유형과 무형의 두 세계를 직접 주관할 수 있는 기능과 요소를 모두 갖추고 있다. 영혼과 육신이 바로 그것이다. 이 중 인간의 육신은 유형세계(자연계)를 느껴 주관하도록 유형의 물질적인 요소로 구성되어 있고, 영혼은 무형세계(영계)를 느껴 주관하도록 유형의 물질적인 요소로 구성되었다.

인간이 피조세계의 주관자로서 유형과 무형의 두 세계를 모두 주관할 수 있는 근거는 여기에 있다.

둘째, 하나님은 인간을 피조세계에 대한 화동의 중심체(매개체)로 창조하셨다. 위에서 언급한 바와 같이, 인간은 그 영혼으로 무형세계를 주관하고 그 육신으로는 유형세계를 주관한다. 이처럼 인간은 유형과 무형의 두 세계를 잇는 화동의 중심체가 된다.

셋째, 하나님은 인간을 피조세계의 기본형으로 창조하셨다. 이미 논한 바와 같이, 인간은 피조세계의 주관자이며 또 화동의 중심체이므로, 피조세계는 이러한 인간의 성상과 형상을 본으로 하여 창조되었다. 즉 인간의 영혼(성상)을 본으로 하여 창조된 세계가 바로 유형세계이다.

이와 같이 피조세계는 인간의 성상과 형상을 본으로 하여 창조 되었기 때문에, 인간은 바로 그 피조세계를 축소한 기본형이 된다. 즉 인간의 영혼은 무형세계를 축소한 기본형이 되고, 그 육신은 유형세계를 축소한 기본형이 된다. 흔히 인간을 소우주라고 하는 이유는 여기에 있다.

2. 인간의 구조화 기능

인간은 영혼(성상·주체)과 육신(형상·대상)의 상대적 구조로 되어 있다 (마 10:28, 고전 15:44, 고후 4:16).이 중 영혼(속사람)은 인간의 주체로서 그의 인격성을 대표하며, 또 육신으로 하여금 그 생존과 번식, 그리고 보호등의 생리기능을 유지할 수 있도록 이끌어주는 작용을 한다. 동물에게는 각혼이 있고 식물에게는 생혼이 있어서(욥12:10),그 개체의 생존과 번식, 그리고 보호 등의 작용을 한다.

영혼은 하나님과 직접 통할 수 있으며,또 하나님이 친히 임재하실 수 있는 영적 실체이다(고전 3:16, 고후 6:16).그렇게 때문에 영혼은 육신의 생리적 감관으로는 전혀 감각할 수 없고, 오직 무형의 영적인 감관을 통해서만 실감할 수 있다. 그리고 영혼은 본래 영원성을 두고 창조되었기 때문에, 그 육신을 벗은 영혼은 바로 무형세계(영계)에 가서 영존하게 된다(요 14:1~3, 눅 23:42~43).

한편 영혼은 육신의 성장을 이끄는 모체가 되며, 또 육신도 영혼의 성장을 위한 터가 된다. 영혼이 육신의 성장을 위해 보내는 요소를 〈영기〉 또는 〈영체 에너지〉라고 하며, 육신이 영혼의 성장을 위해 보내는 요소를 〈생기〉 또는 〈생체 에너지〉라고 한다.

인간이 하나님을 중심으로 한 선의 생활(신앙생활)을 하면 그 육신은 영혼으로부터 선한 영기를 받아 선화되고 또 그 육신은 영혼에게 좋은 생기를 돌려주게 되어 그 영혼도 정상적인 성장을 하게 된다 이러한 성장원리에 비추어, 우리는 다음과 같은 두 가지 중대 사실을 발견하게 된다.

첫째, 무신론자(유물론자) 들은 아무리 양심적인 사람이라 할지라도 그들은 하나님을 불신하는 생활을 하기 때문에, 그들의 영혼은 도저히 완성될 수 없다는 사실이다(히 11:6, 살후 1:8). 오늘의 모든 무신론자들은 이 엄연한 사실을 밝히 깨닫고, 어서 속히 진실한 유신론자로 전향하기를 바란다.

둘째, 지상에서 영혼의 성장은 오직 육신을 터로 해서만 가능하다는 사실이다. 육신의 중요성과 필요성은 바로 여기에 있다. 이러한 영혼과 육신의 상대적 관계는 마치 열매와 나무의 관계와 같다고 할 수 있다(요15:5).

영혼의 성장이 그러하듯, 그의 모든 감성도 육신과의 상대적 관계에 의해서 육성된다. 그렇기 때문에 모든 인간은 지상에서 완성되어 하나님의 사랑을 완전히 체휼할 수 있어야 한다. 그래야만 사후 영계에 가서도 하나님의 사랑을 완전히 체휼할 수 있게 된다. 지상 생활의 중요성은 바로 여기에 있다.

그뿐만 아니라, 영혼의 모든 성품도 역시 지상의 육신생활에서 주로 형성된다. 그렇게 때문에 인간에게 있어서 그 영혼의 선화는 육신 생활의 선행에 기인하며, 그 영혼의 악화는 육신생활의 악행에 기인한다. 그러므로 인간은 누구나 그 영혼의 선화를 위해 항상 선한 생활을 하지 않으면 안 된다.

다음은 인체의 구조에 대해 알아보자. 인체는 육체와 영체의 이중구조로 되어 있으며(고전15:44), 이들은 영혼과 완전히 하나로 결합되어 인간을 형성하고 있다. 이 중 영체는 비물질적(영적)인 실체로서, 그 모습은 육체의 모습과 동일하다. 영계에 사는 영인들이 지상인의 모습으로 나타나는 이유는 여기에 있다(눅 9:30).

인간에게 있어서 영혼은 주체가 되고, 육체와 영체는 그의 대상이 된다. 그렇게 때문에 영혼과 분리된 육체와 영체는 결코 그 생존을 유지할 수 없다(약2:26). 비유컨대 육체와 영체는 바로 영혼의 옷으로서, 이중 육체는 영혼이 이 지상을 떠날 때 벗게 되며, 그후 영체는 영혼과 더불어 영계로 가서 영원히 생존하게 된다(히 11;16, 전 3:21). 이는 마치 유충이 번데기의 변화 과정(탈피)을 거쳐야만 아름다운 나비가 되는 것과 비슷하다.

위에서 논한 바와 같이, 인간은 영혼과 육신으로 결합된 이중적인 존재이며, 이 중 영혼은 무형세계(영계)에 가서 영원히 생존한다. 그리고 지상에서 영혼의 성장과 번식은 반드시 육신을 터로 해서만 가능하며, 또 영혼의 선화 혹은 악화는 바로 지상생활의 선행과 악행에 따라 결정 된다. 그러므로 인간은 누구나 이 지상에서 악을 물리치고 선하게 살아야만 인생의 참다운 승리자가 될 수 있는 것이다.

3. 윤회설의 오류

윤회설은 주로 불교에서 주장하는 교리다. 그 내용인즉, 인간은 누구나 자기의 업보에 따라 현세와 내세를 부단히 오가며 다시 태어난다는 것이다. 이러한 윤회설은 일견 그럴듯도 하지만, 그것은 성서에도 사리에도 모두 맞지 않는 매우 그릇된 교리가 분명하다. 그러므로 민중사상은 그 윤회설을 모두 반대한다.

오늘날 세계 도처에는 윤회설을 빙자하여 자칭 예수님과 부처님과 공자님의 화신으로 행세하는 이단자들이 수많이 있거니와, 이러한 종교계의 병폐는 윤회설의 오류가 시정되지 않는 한 끝나지 않을 것이다. 그러면 이제 윤회설에서 제기되는 문제점들을 간단히 살펴보기로 하자.

① 온 인류는 태초부터 존재할 수 없다

윤회설은 인간의 탄생을 모두 새로운 번식이 아닌 환생으로만 본다. 이것이 사실이라면, 인류는 모두가 태초부터 일시에 존재한 것으로 보아야 한다. 그러나 온 인류가 태초부터 일시에 존재한다는 것은 원리적으로 불가능한 일이 아닌가? 한마디로 윤회설은 인간 탄생의 원리에 전적으로 어긋나는 매우 그릇된 교리가 아닐 수 없다.

② 인간은 현세와 내세를 부단히 오가는 떠돌이가 아니다

인간이 지상에서 살다가 그 육신을 벗으면, 아름다운 내세(영계)로 가서 영원히 생존하게 된다. 그런데 윤회설에 따르면, 인간은 바로 두세계(현세와 내세)를 부단히 오가는 떠돌이가 되고 만다. 그러나 인간은 본래 그 본향인 내세로 가서 영원히 살도록 창조되었기 때문에(히 11:16, 빌 3:20)일단 내세로 간 영인들은 다시 육신을 쓰고 현세로 올 수 없으며, 또 다시올 필요도 없음을 알아야 한다(욥 7:9~10, 삼하 12:21~23).

③ 인간은 결코 동물로 다시 태어날 수 없다

인간은 그 본질상 오직 인간으로만 태어날 수 있다. 이것은 누구도 부인할 수 없는 만고불변의 진리이다. 그런데 윤회설에 의하면, 인간은 현세에서 행한 선악에 따라 장차 사람이나 짐승으로 다시 태어난다고 한다. 그러나 이러한 윤회설의 주장은 마치 「콩 심은 데 콩나고 팥 심은데 팥난다」는 속담도 모르는 매우 어리석은 주장이 아닐 수 없다.

④ 인간의 탄생은 영인들의 환생이 아니다

인간의 탄생은 하나님이 부여하신 번식성에 따라 이루어지는 원리적 현상이다(창 1:28). 이러한 창조적 번식성이 없으면, 인간은 자기 종족을 계속 유지할 수 없다. 그런데 윤회설은 인간의 탄생을 모두 신생이 아닌 재생(환생)으로만 보고 있으니, 이것을 어찌 올바른 교리로 인정 할 수 있겠는가?

⑤ 윤회설로는 올바른 가정윤리를 세울 수 없다

인간의 기본적인 가정윤리는 바로 부모와 부부와 자녀 간의 동질적인 상호관계에서 성립된다. 그런데 윤회설의 입장에서는 항상 내가 아닌 남의 부모와 남의 부부와 남의 자녀라는 이질적인 관계만이 성립된다. 왜냐하면 한 가정의 구성원들은 모두 타인의 환생으로 보아야 하기 때문이다. 따라서 이러한 이질적인 관계에서는 결코 아름답고 조화로운 가정윤리가 꽃필 수 없다. 생각해 보라. 내 사랑하는 아내와 자녀들이 모두 전생에 남의 아내와 남의 자녀로 있었던 영인들의 환생이라면, 여기에서 어떻게 진정한 부부애와 모성애가 우러날 수 있겠는가?

⑥ 인간의 고통과 불행은 전생의 업보 때문이 아니다

예나 지금이나 인간사회에서 벌어지는 모든 고통과 불행은 그 대부분이 불평등한 계급적 모순과 경제적 모순에서 발생된다. 그럼에도 불구하고 윤회설은 인간의 고통과 불행을 모두 전생의 업보 탓으로 돌린다. 그러나 인간이 본래 전생에서 살다가 온 존재가 아닐진대, 현실세계에서 벌어지는 인간의 고통과 불행을 모두 전생의 탓으로 돌려서야 되겠는가? 위에서 지적한 몇 가지 예만 보더라도 불교의 윤회설은 매우 부당하고 불합리한 교리임을 분명히 알 수 있다. 윤회설은 본래 인생문제를 설명하기 위해 나왔지만, 이렇듯 불합리한 교리가 어떻게 인생문제를 바르게 설명할 수 있겠는가? 따라서 이러한 윤회설을 아직도 만고불변의 진리로 믿는 신앙인들이 있다면, 그들은 그 허황된 윤회설의 굴레에서 속히 벗어나야 할 것이다.

※ 인도에는 〈카스트〉라는 매우 불평등한 계급제도가 있는데, 이러한 카스트의 계급적 모순과 갈등은 윤회설이 전생의 업보 타령을 계속하는 한 끝나지 않을 것이다

제4절 인간의 타락과 구원

* 여호와 하나님이 그 사람에게 명하여 가라사대, 동산각종 나무의 실과는
네가 임의로 먹되 선악을 알게 하는 나무의 실과는 먹지 말라. 네가 먹는
날에는 정녕 죽으리라(창2:16~17).
* 하나님이 세상을 이처럼 사랑하사 독생자를 주셨으니, 이는 저를 믿는 자
마다 멸망치 않고 영생을 얻게 하려 하심이니라(요3:16).

민중사상은 인간의 타락을 인정한다. 그리고 구원의 필요성을 강조한다.
따라서 민중사상의 인간론에서는 반드시 인간의 타락과 구원문제를 다루게
된다. 그런데 이에 관한 자세한 설명은 제2권 〈민중신학〉에서 다루기로 하
고, 여기서는 종래의 타락론과 구원론에서 제기되는 신학적인 문제점만을 간
단히 살펴보기로 한다.

1. 종래의 타락론 비판

종래의 타락론에서 제기되는 문제점에는 여러 가지가 있지만, 그 중 대표
적인 것으로 다음의 두 가지를 들 수 있다. 그 하나는〈선악과의 식물성 과일
설〉이요, 다른 하나는〈천사와의 성적 타락설〉이다. 그러면 먼저 선악과의
식물성 과일설에 대해 알아보기로 하자.

(1) 선악과의 식물성 과일설

오늘날 모든 기독교회에서는 인간의 타락이 바로 에덴 동산의 선악과를
떠먹은 데 있다고 믿는다. 물론 선악과를 따먹은 것이 인간의 타락 이라고
성서가 말해 주고 있는 이상(창3장), 이 사실을 부인할 수는 없다. 선악과를
따먹은 것이 인간의 타락은 분명한데, 문제는 그 선악과를 실제로 사람이 먹
을 수 있는 과일로 보는 데 있다(일부 교회에서는 이 선악과를 복숭아로 믿

기도 한다).

　그러나 이 문제를 논하기에 앞서 결론부터 말한다면, 이 선악과는 결코 문자 그대로의 과일이 아니다. 만일 선악과를 문자 그대로 인정한다면, 도리어 다음과 같은 여러가지 문제점들이 나오게 된다.

① 민중신학은 인간이 먹는 것으로 인하여 타락할 수 없다고 본다. 성서의 문자는 인간이 과일을 따먹고 타락한 것처럼 여기게 하고 있지만, 역사 이래로 인간이 무엇을 먹음으로써 타락했다는 사실은 하나도 없다. 예수님도 「무엇이든지 몸 밖에서 사람에게로 들어가는 것은 능히 사람을 더럽게 하지 못하되. 사람 안에서 나오는 것(악한생각)이 사람을 더럽게 하는 것이니라」(막 7:15~16)고 말씀하셨거니와, 인간이 어떻게 먹는 것으로 인하여 타락할 수 있겠는가?

② 민중신학은 인간의 죽음이 식물성 과일에서 기인할 수 없다고 본다. 종래의 주장대로 인간의 육체적 죽음이 바로 금단의 선악과를 따먹은 데서 왔다면, 인간의 죽음은 오직 그 과일을 따먹은 아담과 하와에게만 국한되어야 할 것이다(겔 18:2~3). 왜냐하면 그들의 후손들은 문제의 선악과를 전혀 본 일이 없으며 또 직접 따먹지도 않았기 때문이다. 따라서 인간의 죽음이 식물성 과일에서 기인할 수 없음은 두말 할 나위도 없다. 만일 종래의 주장이 사실이라면, 하나님은 애당초 그 죽음의 과일을 만드실 필요가 어디 있었겠는가?

③ 민중신학은 선악과를 생명의 가치와 비교할 수 없는 것으로 본다. 창세기의 기록을 보면, 하나님은 아담과 하와에게 「너희가 선악과를 따먹으면 반드시 죽으리라」(창2:17)고 말씀하심으로써, 그들에게 생명과 사망의 두 길을 밝히 보여주셨다. 그렇다면 당시 그들은 정신 이상자가 아닌 이상, 스스로 생명의 길을 버리고 죽음의 길로 나아갈 수 없다. 더구나 기아에 허덕였을 리도 없는 그들이 먹는 것을 위해 자기의 생명까지 버린다는 것은 상상조차 할 수 없는 일이 아닌가?

그럼에도 불구하고 그들이 스스로 금단의 선악과를 따먹고 타락한 것을 보면, 그 선악과는 반드시 생명의 가치보다 크거나 같지 않으면 안 된다. 그러나 실과로서의 선악과는 전혀 생명의 가치와 비교될 수가 없으니, 결국 선악과는 다른 그 무엇을 비유한 것으로 보아야 할 것이다. 성서에는 그 중요한 대부분의 말씀이 비유와 상징으로 기록되어있는데(호 12:10, 마 13:34), 군이 이 선악과만은 문자 그대로 믿어야할 말씀이라고 고집할 수는 없지 않은가?

④ 민중신학은 하나님이 아담을 시험하신 것으로 보지 않는다. 하나님은 어디까지나 선과 사랑의 하나님이시다(요일 4:16). 떡을 달라고 하는 자에게 돌을 주며, 생선을 달라고 하는 자에게 뱀을 주는 잔인한 분은 결코 아니시다(마7:9~11).

그렇다면 이러한 하나님이 어찌 그들이 먹고 죽을 수 있는 과일을 보기 좋게 만들어, 그들이 손쉽게 따먹을 수 있는 곳에다 두시고 그들의 충성을 시험하실 수 있단 말인가? 타락한 우리 인간도 사망이 따르는 방법으로는 결코 그 자녀를 시험하는 일이 없거든, 하물며 인간의 부모 되시는 하나님에게 있어서랴. 그러므로 이 선악과는 어디까지나 문자 그대로의 실과일 수가 없는 것이다.

위에서 열거한 몇 가지 예만 보더라도, 에덴 동산의 선악과가 문자 그대로 사람이 먹을 수 있는 나무의 열매가 아님은 너무도 분명하다. 따라서 종래의 타락론에서 주장해 온 선악과의 과일설은 모두 수정되어야 할 것이다.

(2) 천사와의 성적 타락설

위에서 〈선악과의 식물성 과일설〉은 성서에도 사리에도 모두 맞지 않음을 논했거니와, 다음은 〈천사와의 성적 타락설〉에 대해 알아보기로 하자. 이것은 주로 육적 구원(혈통구원)을 내세우는 자들이 주장하는 설인데, 이것 역시 다음과 같은 여러 가지 문제점들에 비추어, 성서와 사리에 모두 어긋남을 알수 있다.

① 민중신학은 영적인 천사와의 성적 결합을 불가능한 것으로 본다. 인간이 지상에서 살다가 그 육신을 벗으면, 영인으로 무형세계(영계)에 가서 영원히 생존하게 된다. 그런데 이러한 영인들은 육신이 없기 때문에, 지상인들과 성적으로 결합할 수 없다. 이러한 원리로 보아, 육신이 없는 영적인 천사들이 지상인들과 성적으로 결합할 수 없음은 두말 할 나위도 없다. 사실상 성서에도 영적인 천사들이 지상인들과 성적으로 결합했다는 기록은 하나도 없다(마22:30). 성적 타락론자들은 천사와의 성적 관계를 영적 타락이란 미명 아래 합리화시키려고 애를 쓰지만, 이것은 다만 말의 속임수에 불과하다. 만일 그러한 영적 타락이 가능하다면, 인간은 천사와의 영적타락에서 영원히 벗어나지 못할 것이다.

② 민중신학은 누시엘을 타락한 천사장으로 보지 않는다. 그런데 성적 타락론자들은 말하기를, 천사장 누시엘은 하와를 유혹하여 불륜한 성적 관계를 맺음으로써 사탄이 되었다고 주장한다. 그러나 이러한 그들의 주장은 성서의 내용과 전혀 일치하지 않는다.

성서에는 〈누시엘〉이란 천사장이 없다. 그리고 창세기에 보면, 하와를 유혹했던 간교한 뱀(사탄)은 그녀가 타락하기 전부터 이미 에덴 동산에 있었던 것으로 나타나 있다(창3:1). 그렇다면 성서에도 없는 그 누시엘이 어떻게 인간을 타락시킨 주범이 될 수 있겠는가?

③ 민중신학은 아담과 하와의 육체적 결합을 정당한 행위로 본다. 그런데 성적 타락론자들은 그들의 육체적 결합을 미성년기에 있었던 범죄행위로 보고, 이를 육적인 타락이라고 주장한다. 그러나 이것은 성서의 내용과 전혀 다른 그릇된 주장이다.

일찍이 하나님은 아담과 하와에게 『너희는 생육하고 번성하여 땅에 충만하라 』(창1:28)는 축복의 말씀을 해주셨다. 이 말씀으로 보아, 당시 그들은 미성년기가 아니라, 이미 그 축복의 말씀을 받을 만한 성년기에 처해 있었음을 알 수 있다. 왜냐하면 하나님이 베푸신 축복의 말씀은 그들이 반드시 부부로서 가정을 이루어야만 성사될수 있기 때문이다. 만일 당시의 그들이 남녀간의 이성도 모르는 미성년자였다면, 하나님은 결코 그러한 축복을 미리 해주시지 않았을 것이다.

그뿐만 아니라, 성서는 그들이 타락하기 전에도 이미 아담을 하와의 〈남편〉으로 표시하였고(창3:6,창3:16),또 하와를 아담의 〈아내〉로 표시했으니(창2:25,창3:17),당시 그들의 육체적 결합은 결코 범죄행위가 될 수 없다.

④ 민중신학은 생명나무와 선악나무를 아담과 하와로 보지 않는다. 성적 타락론자들은 에덴 동산의 생명나무와 선악나무를(창2:9),각각 아담(남성)과 하와(여성)의 표시체로 본다. 또 그들은 생명나무의 열매(생명과)와 선악나무의 열매(선악과)를 각각 남성(아담)과 여성(하와)의 사랑으로 보고 있다.

그러나 이것은 매우 그릇된 견해가 아닐 수 없다. 만일 그들의 주장대로 선악나무가 바로 하와를 비유한 것이라면, 하와는 결국 자기가 자기를 따먹고 타락했다는 우스운 결과만이 나오게 된다. 또 선악과가 하와의 사랑이라면, 아담이 그 사랑의 선악과를 따먹은 것은 오히려 죄가 될 수 없다. 왜냐하면 그들은 바로 하나님의 축복대로(창1:28) 단란한 가정을 꾸며야 할 부부였기 때문이다.

한편 성서는 인간이 생명나무의 열매(생명과)를 따먹어야만 비로소 영생할 수 있음을 보여주고 있다(창3:22). 그런데 만일 그 생명나무가 바로 아담을 표시한다면, 아담을 비롯한 모든 인간(남성과 여성)이 어떻게 그 생명나무(아담)의 열매(사랑)를 따먹고 영생할 수 있단 말인가? 따라서 에덴동산의 생명나무와 선악나무가 바로 아담(남성)과 하와(여성)의 표시체가 될 수 없음은 두말 할 나위도 없다.

⑤ 민중신학은 성적 타락설이 음란한 피가름의 교리를 성립시킨다고 본
다. 성적 타락론자들은 인간의 타락을 영적 타락과 육적 타락으로 구
분한다. 여기서 영적 타락이란 〈천사와 하와의 성적 관계(혈연관계)를
말하고, 육적 타락이란 아담과 하와의 성적 관계를 말한다. 그런데 예
수님은 이 중 영적 구원만을 이루고 가셨기 때문에, 주님은 다시 오셔
서 육적 구원까지 마저 이루셔야 한다고 본다. 이것이 바로 그들이 말
하는 타락론의 골자요. 또한 재림론의 핵심이기도 하다.

그러면 이러한 그들의 주장은 과연 올바른 것인가? 아니다. 그것은 한
마디로 그릇된 주장이다. 왜냐하면 인간은 애당초 성적으로 타락하지
도 않았으며, 또 그들이 말하는 육적 구원이란 원리적으로 불가능한 것
이기 때문이다. 만일 그것이 가능하다면, 필자는 그들에게 그 육적 구
원의 구체적인 방도가 무엇인가를 묻고 싶다.

그들이 말하는 성적 타락론에 의하면, 인간은 사탄과 불륜한 혈연 관계
를 맺음으로써, 그의 몸 안에는 항상 사탄의 악하고 더러운 피가 흐르
고 있다고 한다. 그런데 이러한 사탄의 피는 인간이 스스로 청산할 수
없고, 그것은 오직 인류의 참 부모로 오시는 재림주의 선하고 깨끗한
피를 이어받아야만 비로소 청산할 수 있다고 한다.

그러나 이러한 그들의 주장은 이른바 피가름의 교리를 합리화 시키려
는 음흉한 속셈으로 볼 수밖에 없다. 왜냐하면 그들이 말하는 재림주
에 의한 인간의 혈통전환이란 애당초 불가능한 것이기 때문이다. 설혹
사탄의 피를 제거하기 위해 재림주의피를 이어받는다 하더라도, 그것
은 다만 혼혈에 불과할 뿐 피의 전환은 될 수 없다. 인간사회에서도
혼혈아가 생김은 바로 그 혈통을 바꿀 수 없기 때문이거니와, 만일 인
간이 사탄의 피를 이어받은 혼혈아라면, 아무리 재림주가 온다 해도 그
혈통을 어떻게 바꿀 수 있다는 말인가?

위에서 필자는 성적 타락설의 부당성을 여러 면에서 지적했거니와, 그
것은 또 하나의 사회악을 조장하는 매우 위험한 이단사상이 아닐 수

없다. 왜냐하면 성적 타락설의 배후에는 음란하기 짝이 없는 피가름의 교리가 도사리고 앉아서, 온갖 비윤리적이고 반사회적인 무서운 독소들을 항상 내뿜고 있기 때문이다(성적 타락설을 주장하는 교회마다 건전한 교회는 하나도 없다).

그러므로 오늘의 모든 성도들은—특히 선량한 여성 신도들은—이른바 성적 타락설이 어디까지나 성서에도 사리에도 모두 맞지 않는 이단사설임을 밝히 깨달아야 할 것이다.

2 종래의 구원론 비판

종래의 구원론에서 제기되는 문제점에는 여러 가지가 있지만, 그 중 대표적인 것으로 다음의 두 가지를 지적하고 싶다. 그 하나는 〈십자가의 예정설〉이요, 다른 하나는〈인간의 육적 구원설〉이다. 그러면 먼저 십자가의 예정설에 대해 알아보기로 하자.

(1) 십자가의 예정설

하나님의 예정된 섭리에 의해서 예수님의 십자가 고난이 초래되었다는 것이 바로 〈십자가의 예정설〉이다. 이러한 예정설은 종래의 기성신학에서 핵심적인 교리가 되고 있거니와, 그 밖의 다른 교리도 이 교리의 영향을 다분히 받는 가운데 해석되고 있다.(예정설은 주로 장로교회에서 주장한다). 그런데 지금까지 대부분의 성도들은 이 예정설을 문자 그대로 믿어 왔다. 즉 그들은 예수님의 불행한 십자가 고난을 오히려 당연한 일로 믿어 온 것이다.

그러나 이러한 그들의 믿음은 매우 그릇된 것이 아닐 수 없다. 왜냐하면 예수님은 결코 하나님이 예정하신 섭리에 따라 십자가에 달리시기 위해 오신 분이 아니었기 때문이다. 이 사실은 성서에 나타난 예수님의 언행만을 보더라도 잘 알 수 있다(요 6:29, 마 8:11~12, 마 21:43, 마 23:37, 마 26:39). 그러면 이러한 예정설의 부당성을 간단히 알아보기로 하자.

하나님이 메시아(구주)를 이 땅에 보내심은 그로 하여금 타락한 인류를 구원하도록 하시기 위함이었다(요 3:16). 다시 말해 예수님이 우리에게 오신 목적은 바로 온갖 죄악 속에서 고통받는 세계인류를 구원하심으로써, 이 지상에 하나님의 나라(천국)를 건설하시기 위함이었다(마 6:33, 눅 4:43). 그러므로 당시 유대인들이 모두 예수님을 메시아로 믿고 따랐다면, 그 민족을 중심으로 한 하나님의 나라는 이미 이루어졌을 것이다.

이와 같이 예수님이 십자가에서 돌아가시지 않고, 당시 이스라엘 민족을 중심으로 천국 건설의 뜻을 이루시고자 한 것이 바로 예수님에 대한 하나님의 제1차적인 섭리였다(사 9장, 사 11장, 눅 1:31~33). 그러나 이러한 하나님의 제1차적 섭리(호조건의 섭리)는 이스라엘 민족의 불신으로 인하여, 마침내 수포로 돌아가고 말았다. 그리하여 하나님은 부득이 제2차적인 섭리(악조건의 섭리)를 하시게 되었으니, 십자가의 섭리가 바로 그것이다.

당시 이스라엘 민족은 선지자의 예언을 신앙과 구원의 푯대로 삼아왔다. 그리하여 그들은 선지자 말라기의 예언을 따라(말4:5)한결같이 메시아의 강림을 고대하였다. 그런데 예수님은 바로 이렇듯 그들이 애타게 호소하던 신앙의 목적체로 오셨던 것이다.

그러나 당시 유대인들의 불신은 예수님도 미처 예견치 못하셨을 정도로 심각한 것이었다. 그들은 도리어 예수님을 이단자로 몰아 핍박하였고, 심지어는 십자가에 못박을 흉계까지 꾸미기에 이르렀으니, 이러한 그들의 돌이킬 수 없는 불신은 마침내 예수님으로 하려금 십자가를 통한 제2차적인 섭리의 길을 가시게 하였다.

이와 같이 하나님의 제1차적인 섭리가 이스라엘 민족의 불신으로 인하여 수포로 돌아가게 되자, 예수님은 할 수 없이 십자가를 중심으로 한 제2차적인 섭리의 길을 택하시게 되었다. 그리하여 주님은 결국 십자가에 못박혀 돌아가시게 되었고 그 결과 인간은 대속의 은사만을 받게 되었던 것이다. 예수님이 십자가 위에서 「다 이루었다」(요19:30)고 하신 말씀은, 바로 이러한 제2차적인 섭리를 다 이루셨다는 말씀이었다

십자가의 길을 만류하는 베드로를 보시고 「사탄아 물러가라, 너는 나를 넘어지게 하는 자로다」 (마 6:23)하고 책망하신 예수님의 말씀을 보고 지금까지 대부분의 성도들은 십자가의 길만이 유일한 구원의 길인 줄로 알아 왔다. 그러나 이것은 어디까지나 잘못된 생각임을 알아야한다.

이미 언급한 바와 같이, 하나님의 제1차적인 섭리가 수포로 돌아가게 된 것은 당시 유대인들의 돌이킬 수 없는 불신 때문이었다. 그리하여 예수님은 마침내 제2차적인 섭리의 길을 택하시게 되었으니, 십자가의 수난이 바로 그것이었다(마 16:21, 눅 9:30~31, 사 53장). 즉 예수님은 유대만족의 불신으로 인하여 가중된 인류의 죄를 대속하시기 위해, 자신의 육신을 십자가의 제물로 바치셨던 것이다, 그런데 베드로는 이러한 예수님의 심정(뜻)을 전혀 헤아리지 못하고, 그가 이미 가시기로 결정한 제2차적인 섭리의 길마저 막았으므로, 주님은 그와 같이 말씀하셨던 것이다.

위에서 논한 바와 같이, 예수님의 십자가 고난은 당시 유대인들의 불신으로 인하여 부득이 초래된 제2차적인 섭리의 결과였다. 그럼에도 불구하고 지금까지 대분분의 성도들은 예수님의 십자가 고난을 오히려 당연지사로 여기는 예정설만을 주장해 왔다. 그러나 이러한 십자가의 예정설이 극히 부당하다는 것은 이미 지적한 바와 같다, 그런데 이 문제는 너무도 중대하기 때문에, 제2권〈민중신학.에서 좀더 자세히 논하기로 한다.

(2) 인간의 육적 구원설

인간의 육적 구원설은 주로 성적 타락론자들이 주장하는 설이다. 그들은 인간이 사탄과 더불어 성적으로 타락했기 때문에 영적인 구원과 육적인 구원이 아울러 필요하다고 말한다, 그런데 예수님은 십자가에서 돌아가심으로써 인간의 영적구원만을 이루시고 육적 구원은 실패 하셨기 때문에, 주님은 다시 오셔서 육적 구원까지 마저 이루셔야 한다는 것이 그들의 끈질긴 주장이다.

그러나 이러한 그들의 육적 구원설은 성서에도 사리에도 모두 맞지 않는 매우 그릇된 주장임을 알아야 한다. 그러면 이제 그 육적 구원설에서 제기되는 신학적인 문제점들을 간단히 살펴 보기로 하자.

① 민중신학은 인간이 성적으로 타락한 것이 아니라고 본다. 왜냐하면 인간과 천사와의 성적인 타락은 그 본질상 불가능하기 때문이다. 그럼에도 불구하고 그들이 인간의 타락을 천사와의 성적인 관계로 보고 여기에서 육적 구원설을 끄집어 낸다는 것은 지극히 어리석은 사고방식이 아닐 수 없다. 그들의 주장대로 만일 인간의 육적인 구원을 위해 주님이 다시 오신다면, 그 주님은 오셔서 어떠한 방법으로 그 목적을 이루신단 말인가?

② 민중신학은 인간이 사탄의 혈통을 이어받은 것이 아니라고 본다. 그런데 성적 타락론자들은 한결 같이 인간이 사탄과 혈연관계를 맺음으로써, 그의 혈통을 이어받게 되었다고 주장한다. 이에 따라 그들은 항상 육적 구원(혈통구원)의 필요성을 강조한다. 그러나 이러한 그들의 주장은 혈통 유전의 원리조차 모르는 억설이 아닐 수 없다. 인간은 애당초 사탄과 혈연관계를 맺을 수도 없거니와, 인간의 혈통 유전은 반드시 그 부모의 음양이 서로 원만히 결합되어야만 비로소 가능하기 때문이다. 그렇다면 인간이 어떻게 영적인 사탄의 혈통을 이어받을 수 있단 말인가?

③ 민중신학은 예수님을 실패하신 분이 아니라고 본다. 그런데 성적 타락론자들은 한결같이 예수님이 인간의 혈통복귀를 위한 육적 구원에 실패하셨다고 주장한다. 그러나 그들이 말하는 사탄과의 육적(성적)인 타락은 애당초 있지도 않았고, 또 있을 수도 없는 일인데, 어찌 예수님이 육적 구원에 실패하셨단 말인가?

위에서 지적한 바와 같이, 성적 타락론자들이 내세우는 육적 구원설은 어느 모로 보나 타당치 않다. 그것은 다만 비윤리적이고 반사회적인 피가름의 교리를 초래할 뿐이다. 이에 필자는 모든 성도들이 그러한 이단적인 교리에 조금도 현혹되지 않기를 간곡히 당부하는 바이다.

⦿ 혈통복귀설의 오류

성적 타락론자들은 말하기를 인간은 성적으로 타락하여 사탄과 혈연관계를 맺음으로써, 우리 인간은 모두가 그 사탄의 혈통을 이어받게 되었다고 한다. 그러나 이러한 그들의 주장은 생물의〈유전법칙〉을 무시한 매우 그릇된 주장이 아닐 수 없다. 생각해 보라. 인간의 혈통유전은 오직 남성과 여성의 두 유전자가 결합되어야만 가능한 일인데, 인간이 어떻게 그 사탄의 혈통을 이어받을 수 있겠는가?

그럼에도 불구하고 그들은 입만 열면〈혈통복귀〉를 주장한다. 그들은 말하기를 타락한 인간은 모두가 사탄의 악하고 더러운 혈통을 이어 받았기 때문에, 인간이 선한 혈통으로 복귀하려면 반드시 재림주의 선하고 깨끗한 혈통을 이어받아야 한다는 것이다.

그러나 이러한 그들의 혈통복귀설은 한마디로 엉터리 주장이 아닐 수 없다. 왜냐하면 인간은 그 본질상 사탄의 유전자를 이어 받을 수 없기 때문이다. 만일 그들의 주장대로 인간이 사탄의 유전자를 이어 받았다면, 아무리 재림주가 온다 해도 그 사탄의 유전자를 어떻게 제거할 수 있단 말인가?

현대 과학은 인간의 유전자를 정확히 밝혀주고 있다. 그런데 우리는 지금까지 사탄의 유전자를 발견했다는 그 어떠한 뉴스도 들어본 적이 없다. 이 사실만 보더라도 우리는 그들의 주장이 모두 거짓임을 분명히 알 수 있다. 그렇다면 그들은 마땅히 회개하고, 다시는 그러한 거짓 주장으로 세상을 미혹하지 말아야 할 것이다. 만일 그러한 엉터리주장을 계속한다면 그들은 모두가 세상의 웃음거리 조롱거리가 되고 말 것이다(출 20:16, 계 22:14~15).

제5절 창조본연의 인간상

* 너희는 유혹의 욕심을 따라 썩어져 가는 구습을 좇는 옛 사람을 벗어버리
  고, 오직 성령으로 새롭게 되어 하나님을 따라 의와 진리의 거룩함으로 지
  으심을 받은 새 사람을 입으라(엡 4:22~24).
* 너희는 서로 거짓말을 말라. 옛 사람과 그 행위를 벗어버리고 새 사람을
  입었으니(골3:9~10).

인간은 누구나 아름다운 이상을 추구한다. 이러한 이상이 없는 사람은 살
아도 죽은 자와 다름이 없다. 그러기에 인간은 항상 그 마음 속에 이상적인
인간상을 그리며 살아간다. 오늘의 나는 비록 허물이 많은 사람일지라고, 내
일의 나는 참다운 인간이 되기 위해 부단히 노력하고 있는 것이다.

그런데 사람들은 저마다 그 가치관에 따라 서로 다른 인간상을 찾고 있다.
예컨대 독일인은 게르만 민족에게서, 그리고 유대인은 히브리 민족에게서 그
들의 이상적인 인간상을 찾으려고 한다. 그뿐만 아니라, 민주세계는 민주주
의형의 인간을, 그리고 공산세계는 공산주의형의 인간을 모범적인 인간으로
보고 있는 것이 오늘의 현실이다. 이처럼 동일한 인간이면서도 서로 다른 인
간상을 찾고 있다는 것은 참으로 불행한 일이 아닐수 없다.

그러면 우리가 추구해야 할 창조 본연의 인간은 어떠한 사람인가? 그는
바로 하나님의 거룩한〈신성〉을 닮은 사람이라고 본다. 왜냐하면 인간은 바
로 하나님의 자녀로 지음받은 존재이며, 또 자녀는 항상 그 부모의 마음을
닮고 배우는 법이기 때문이다. 예수님이 말씀하신 바 『하나님의 온전하심 같
이 온전한 인간』 (마 5:48)은 이렇듯 하나님의 신성을 닮은 사람을 가리킨다.

하나님의 신성에는 세 가지 대표적인 속성이 있다. 심정과 이법과 창조성
이 바로 그것이다 (제3장 제1절2 『하나님의 신성』 참조). 그러면 이러한 하
나님의 신성을 닮은 인간은 어떠한 존재인가를 주님의 말씀속에서 찾아보기
로 하자.

① 인간은 하나님의 사랑을 실천하는 심정적 존재이어야 한다

* 선생님이여 율법 중에 어느 계명이 크니이까? 예수께서 가라사대 네마음을 다하고 목숨을 다하고 뜻을 다하여 주 너의 하나님을 사랑하라 하셨으니, 이것이 크고 첫째 되는 계명이요, 둘째는 그와 같으니 네 이웃을 네 몸과 같이 사랑하라 하셨으니, 이 두 계명이 온 율법과 선지자의 강령이니라(마 22:36~40).

이 말씀대로 하나님에 대한 사랑과 내 이웃에 대한 사랑은 온 율법과 선지자의 강령이 된다(롬 13:8~10). 예수님이 우리에게 오신 목적은 바로 이러한 주님의 사랑을 본받아, 위로는 하나님을 사랑하고 아래로는 내이웃과 세계인류를 사랑하는 심정적 존재가 되어야 한다 (빌 2:5, 고전 16:14). 이러한 심정적 존재가 바로 하나님의 〈심정〉을 닮은 창조 본연의 인간인 것이다.
그러면 하나님의 사랑을 실천하는 자 중에 가장 모범적인 사람은 누구인가? 그는 바로 〈인효〉와〈천효〉를 다하는 효자효녀이다. 여기서 인효(人孝)란 자기 조상과 부모에 대한 효를 말하고, 천효(天孝)란 하나님에 대한 효를 말한다. 따라서 인간은 누구나 인효와 천효를 다하는 효자효녀가 되도록 항상 힘써야 할 것이다(전12:13,잠1:8,엡6:1~3).

② 인간은 하나님의 말씀대로 행하는 원리적 존재이어야 한다

* 어떤 사람이 주께 와서 가로되, 선생님이여 내가 무슨 선한 일을 하여야 영생을 얻으리이까? 예수께서 가라사대 네가 생명에 들어가려면 계명들을 지키라(마 19:16~17).

* 예수계서 대답하여 가라사대 사람이 떡으로만 살 것이 아니요, 하나님의 입으로 나오는 모든 말씀으로 살 것이라 하였느니라(마 4:4).

이와 같이 예수님은 우리가 생명에 들어가려면 하나님의 계명들을 지켜야 한다고 말씀하셨고(마 19:16~17), 또 사람은 육의 양식보다 영의 양식인 하나님의 말씀(진리)으로 살아야 된다고 가르치셨다(마 4:4), 그러므로 인간은 누구나 하나님에 대한 절대적인 믿음을 가지고 그의 말씀대로 행하는 원리적 존재가 되어야 한다 (마 5:19, 요 15:10). 이러한 원리적 존재가 바로 하나님의 〈이법성〉을 닮은 창조 본연의 인간인 것이다.

③ 인간은 하나님의 창조성을 발휘하는 창조적 존재이어야 한다

* 내가 진실로 너희에게 이르노니, 나를 믿는 자는 나의 하는 일을 저도 할 것이요, 또한 이보다 큰 것도 하리라(요 14:21).

* 예수께서 이르시되 할수 있거든이 무슨 말이냐, 믿는 자에게는 능치못함이 없느니라(막9:23).

이 말씀대로 인간에게는 하나님이 부여하신 무한한 가능성의 잠재능력이 있다(빌 4:13). 인간은 바로 이러한 잠재능력을 스스로 개발시켜야만, 새로운 발견·발명·창작 등의 다양한 창조성을 발휘하여 사회발전에 기여할 수 있다. 그러므로 인간은 누구나 자기 능력을 부단히 개발시킴으로써, 정치·과학·문화예술 등 모든 분야에서 하나님의 창조성을 발휘하는 창조적 존재가 되어야 한다. 이러한 창조적 존재가 바로 하나님의 〈창조성〉을 닮은 창조 본연의 인간인 것이다.

위에서 논한 바와 같이, 하나님의 신성을 닮은 창조 본연의 인간은 바로 하나님의 사랑을 실천하고, 또 하나님의 말씀대로 행하며, 또 하나님의 창조성을 발휘하는 모범적인 인간을 가리킨다. 민중사상은 이러한 창조본연의 인간을 〈이상인간〉이라고 부르거니와, 우리는 바로 이러한 이상적인 인간을 통해서만 인간이 추구하는 이상가정과 이상사회, 그리고 이상국가와 이상세계를 건설할 수 있는 것이다.

제6절 민중사상의 교육이념

* 여호아여 주의 도를 내게 보이시고 주의 길을 내게 가르치소서. 주의 진리로 나를 지도하시고 교훈하소서(시25:4~5).
* 그러므로 너희는 가서 모든 족속으로 제자를 삼아, 내가 너희에게 분부한 모든 것을 가르쳐 지키게 하라(마28:19~20).

인간은 본래 자기가 받는 교육에 따라 그 인격이 형성 되는 교육적 존재이다. 그러므로 올바른 교육을 받는 자는 좋은 인격을 갖추게 되고, 그릇된 교육을 받는 자는 나쁜 인격을 갖추게 된다. 이처럼 인간은 그가 받는 교육에 따라 그 인격이 선화 혹은 악화된다.

일찍이 철학자 칸트도 『인간은 교육에 의해서만 인간이 될 수 있다』고 말했거니와, 사실상 인간은 교육을 통해서만 인간답게 성장발전 할 수 있다. 따라서 우리 인간에게는 항상 올바른 교육이 시행되지 않으면 안 된다.

지금까지 우리는 정치·경제·사회 등 모든 분야에서 수많은 교육을 실시해 왔다. 그럼에도 불구하고 우리 사회는 아직도 온갖 사회악이 판을 치는 추악한 범죄사회가 되고 있으니. 그 원인은 무엇인가? 그것은 종래의 교육이 인간다운 인간을 키우기 위한 정신교육보다 산업사회가 요구하는 기술 교육만을 더욱 치중해 왔기 때문이라고 본다. 그러므로 우리의 교육은 어디까지나 기술교육보다 정신교육이 앞서야 한다. 왜냐하면 우리는 먼저 인간다운 인간이 되어야만. 그 기술도 사회발전을 위해 선용할 수 있기 때문이다. 이러한 견지에서 오늘 이 시대는 새로운 가치관에 의한 새로운 정신교육(사상교육)이 시급히 요청되는 때라고 하겠다.

1. 민중사상의 철학적 교육이념

민중사상의 이론체계는 〈철학원리〉와 〈신학원리〉로 짜여져 있다. 그러므로 민중사상의 교육이념은 그 성격상 〈철학적 교육이념〉과 〈신학적 교육이념〉으로 구분된다. 그러면 먼저 철학적 교육이념에 대해 알아보기로 하자.

민중사상이 지향하는 철학적 교육이념은 세 가지로 요약할 수 있다. 인간개조와 사회개조, 그리고 자연개조가 바로 그것이다. 이것을 〈민중사상의 3대 교육이념〉이라고 부르거니와, 민중사상은 이러한 교육이념을 실현하기 위해 다음과 같이 사상교육·사회주의교육·기술교육 등을 주장한다.

① 민중사상의 기본교육은 〈사상교육〉이다.

민중사상이 지향하는 제1차적인 교육이념 은 바로 〈인간개조〉에 있다. (여기서 인간개조란 사상개조를 의미한다).그런데 이러한 교육이념을 실현하려면 우리는 먼저 모든 분야에서 〈사상교육〉을 철저히 실시해야만 한다. 인간개조는 그 본질상 정신적인 사상교육을 통해서만 그 실현이 가능하기 때문이다. 따라서 사상교육은 모든 교육의 기초가 되어야 할 것이다.

그러면 이러한 사상교육이 지향하는 교육목표는 무엇인가? 그것은 바로 모든 사람들을 참다운 민중계급(노동계급)으로 만드는 것인데, 이것을 민중화 또는 노동계급화라고 부른다. 이처럼 사상교육이 민중계급양성에 그 목표를 두는 이유는, 이러한 민중계급만이 나라의 참 주인이 될 수 있으며, 또 혁명과 건설의 주체가 되어 새로운 민중사회를 건설할 수 있기 때문이다.

② 민중사상의 기본교육은 〈사회주의교육〉이다.

민중사상이 지향하는 제2차적인 교육이념은 바로 〈사회개조〉에 있다. 그런데 이러한 교육이념을 실현하려면, 우리는 모든 분야에서 〈사회주의 교육〉을 철저히 실시해야만 한다. 왜냐하면 우리는 민중이 주도하는 사회주의(공동체주의)를 통해서만 낡고 부패한 자본주의 사회를 근본적으로 개조할 수 있기 때문이다.

그러면 이러한 사회주의 교육이 지향하는 교육목표는 무엇인가? 그것은 바로 반동세력이 지배하는 낡은 사회를 해방하고, 민중이 주도하는 새로운 민중사회(노동계급사회)를 건설하는 것이다. 이처럼 사회주의 교육이 민중사회건설에 그 목표를 두는 이유는, 이러한 민중사회에서만 우리 민중은 모두가 평등하게 살아갈 수 있으며, 또 지배계급의 온갖 착취와 억압으로 부터 완전히 벗어날 수 있기 때문이다.

③ 민중사상의 기본교육은 〈기술교육〉이다.

민중사상이 지향하는 제3차적인 교육이념은 바로 〈자연개조〉에 있다. 그런데 이러한 교육이념을 실현하려면, 모든 분야에서 〈기술교육〉을 철저히 실시해야만 한다. 기술이 없으면, 그 어떠한 자연개조도 불가능하기 때문이다. 그러면 이러한 기술교육이 지향하는 교육목표는 무엇인가? 그것은 바로 자연개조와 기술사회건설에 필요한 유능한 기술자들을 양성하는 것이다.

인간은 자연의 주체다. 그런데 그 자연은 파괴의 대상이 아닌 보호의 대상이다. 그러므로 자연개조는 언제나 자연보호와 함께 추진되어야 한다. 우리는 결코 자연을 개조(개발)한다는 미명아래, 그 자연을 함부로 파괴해서는 아니될 것이다.

위에서 필자는 민중사상의 철학적 교육이념에 대해 논했거니와, 이것을 다시 간추려 요약하면 다음과 같다.

① 민중사상의 3대 교육이념

민중이 주도하는 인간개조(사상개조)·사회개조·자연개조

② 민중사상의 3대 교육방법

민중이 주도하는 사상교육·사회주의교육·기술교육

③ 민중사상의 3대 교육목표

민중이 주도하는 민중계급양성·민중사회건설·기술자양성

2. 민중사상의 신학적 교육이념

인간은 〈교육〉을 통해 성장하는 교육적 존대다 그러면 민중사상이 지향하는 신학적 교육이념은 무엇인가? 그것은 바로 모든 사람들을 〈창조본연의 인간〉으로 만드는 것이다. 여기서 창조본연의 인간이란 창조의 주체이신 하나님의 신성 (심정·이법·창조성)을 닮은 인간(이상인간)을 가리킨다(마 5:48, 갈 4:19).이러한 교육이념을 실현하기 위한 교육방법에는 〈심정교육〉과 〈원리교육〉과 〈기술교육〉이 있거니와, 이것을 좀 더 구체적으로 설명하면 다음과 같다

① 민중사상의 기본교육은 〈심정교육〉이다

민중사상의 제1차적인 교육이념은 바로 하나님의 심정(사랑)을 닮아 그것을 실천하는 창조 본연의 인간을 키우는 데 있다. 따라서 이러한 교육이념을 실현하기 위한 교육방법은 어디까지나 하나님을 중심으로 한 〈심정교육〉이어야 한다.

그러면 이러한 심정교육이 지향하는 교육목표는 어디에 있는가? 그것은 바로 하나님의 사랑을 실천하는 선한〈인격자〉를 키우는 데 있다 (갈 4:19, 고전 16:14).이처럼 심정교육이 인격자 양성에 그 목표를 두는 이유는, 이러한 선한 인격자만이 모든 분야에서 하나님의 사랑을 실천할 수 있으면, 또 주께서 명하신 혁명과 건설에서 언제나 모범적으로 일할 수 있기 때문이다.

그러면 하나님의 사랑을 실천하는 인격자 중 가장 모범적인 인격자들은 누구인가? 그들은 바로 위로는 하나님에게, 효도하고, 아래로는 자기 조상과 부모에게 효도하는 효자효녀이다(마 15:4,엡 6:1~3). 따라서 인간은 누구나

이러한 효자·효녀가 되어야만, 하나님이 가장 사랑하고 기뻐하시는 그의 자녀가 될 것이다.

② 민중사상의 기본교육은 〈원리교육〉이다

민중사상의 제2차적인 교육이념은 바로 하나님의 이법성을 닮아 그것을 실천하는 창조 본연의 인간을 키우는 데 있다. 따라서 이러한 교육이념을 실현하기 위한 교육방법은 어디까지나 하나님을 중심으로 한 〈원리교육〉이어야 한다.

그러면 이러한 원리교육(말씀교육)이 지향하는 교육목표는 어디에 있는가? 그것은 바로 하나님의 말씀을 실천하는 충직한 〈사명자〉를 키우는 데 있다(벧전 4:10, 사 6:8). 이처럼 원리 교육이 사명자 양성에 그 목표를 두는 이유는, 이러한 충직한 사명자만이 모든 분야에서 하나님의 말씀을 실천할 수 있으며, 또 주께서 명하신 혁명과 건설에서 언제나 헌신적으로 일할 수 있기 때문이다.

그러면 하나님의 말씀을 실천하는 사명자 중에 가장 모범적인 사명자들은 누구인가? 그들은 바로 고통받는 민중과 사회를 해방하고, 이땅에 하나님의 나라와 민중의 나라를 건설하기 위해 언제나 민중의 선봉에서 헌신적으로 투쟁하는 자들인데, 그들이야 말로 이 시대가 요구하는 진정한 민중의 영웅이 아닐 수 없다.

③ 민중사상의 기본교육은 〈기술교육〉이다

민중사상의 제3차적인 교육이념은 바로 하나님의 창조성을 닮아 그것을 발휘하는 창조 본연의 인간을 키우는 데 있다. 따라서 이러한 교육이념을 실현하기 위한 교육방법은 어디까지나 하나님을 중심으로 한 〈기술교육〉이어야 한다.

그러면 이러한 기술교육이 지향하는 교육목표는 어디에 있는가? 그것은 바로 하나님의 창조성을 발휘하는 유능한 〈기술자〉를 키우는 데 있다(빌 4:13). 이처럼 기술교육이 기술자 양성에 그 목표를 두는 이유는 이러한 유능한 기술자만이 모든 분야에서 하나님의 창조성을 발휘 할 수 있으면, 또 주께서 명하신 혁명과 건설에서 언제나 기술적으로 봉사할 수 있기 때문이다.

위에서 필자는 민중사상의 신학적 교육이념에 대해 논했거니와, 이것을 좀더 간추려 요약하면 다음과 같다.

① 민중사상의 3대 교육이념
하나님을 중심으로 한 사랑실천·말씀실천·창조성 발휘

② 민중사상의 3대 교육방법
하나님을 중심으로 한 심정교육·원리교육·기술교육

③ 민중사상의 3대 교육목표
하나님을 중심으로 한 인격자 양성·사명자 양성·기술자 양성

✟ 진리를 알지니 진리가 너희를 자유케 하리라(요 8:32).

✟ 영생은 곧 유일하신 참 하나님과 그의 보내신자 예수 그리스도를
아는 것이니이다(요 17:3).

✟ 하나님은 모든 사람이 구원을 받으며 진리를 아는 데 이르기를
원하시느니라(딤전 2:4).

✟ 창세로부터 그의 보이지 아니하는 것들 곧 그의 영원하신 능력과
신성이 그 만드신 만물에 분명히 보여 알게 되나니, 그러므로
저희가 핑게치 못할지니라(롬 1:20).

인간의 발달을 비롯하여 정치·경제·사회 등 모든 분야에서의 발전은 온갖 지식을 통해서 이루어진다. 이러한 지식이 없이는 그 어떠한 발전도 기대할 수 없다. 특히 기술경쟁이 치열한 현대사회에서는 고도의 첨단지식이 있어야만 경제발전도 이룩할 수 있다.

그런데 그 지식은 바로 사물에 대한 〈인식〉을 통해서 얻어진다. 그렇기 때문에 올바른 인식은 올바른 지식을 가져오고, 그릇된 인식은 그릇된 지식을 가져오게 된다. 따라서 우리는 항상 올바른 인식을 하도록 힘써야 한다.

예로부터 인식론에 대한 학자들의 견해는 서로 달랐다. 일찍이 영국에서는 존 로크와 흄 등이 경험론을 주장했고, 대륙에서는 데카르트와 라이프니츠 등이 이성론(합리론)을 주장했다. 그 후 독일의 칸트는 이러한 경험론과 이성론을 하나로 묶어 종합적인 인식론을 세웠고, 이어 마르크스와 엥겔스는 종래의 관념론을 반대하고 유물론적인 인식론을 세웠다. 특히 혁명가인 마르크스와 레닌의 추종자들은 지금도 그들이 주장한 인식론을 적극적으로 지지하고 있다.

이와 같이 종래의 인식론에는 여러 가지 이론이 있지만, 그것들은 인식의 일면만을 밝혔을 뿐, 전체적인 면은 밝히지 못하였다. 철학자 칸트는 그의 인식론을 자랑했지만, 그것 역시 인식의 일면만을 밝혔을 뿐이었다. 그렇다면 우리는 또다시 새로운 인식론을 세우지 않으면 안 된다. 종래의 인식론으로는 사물에 대한 인식문제를 바르게 설명할 수 없기 때문이다. 그러면 먼저 종래의 인식론에서 주장해 온 내용들을 간단히 알아보기로 하자.

제1절 이성론과 경험론

감성적 존재인 동시에 이성적 존재이다. 따라서 인간의 인식에는〈감성적 인식〉과〈이성적 인식〉이 성립하게 된다. 여기에 근거해서 나온 대표적인 인식론이 바로 영국의〈경험론〉과 대륙의〈이성론(합리론)〉이었다. 전자는 모든 인식이 감성적 경험을 통해서 온다는 이론이요, 후자는 모든 인식이 이성적 사고를 통해서 온다는 이론이다. 그러면 이러한 양자의 주장을 좀더 살펴보기로 하자.

1. 이 성 론

이성론의 대표자는 그리스의 철학자 플라톤이었다. 그는 인간의 영혼을 이성·기개·정욕의 세 부분으로 나누고, 이른바 이성에 의한〈상기설〉을 내세워 인식은 곧 상기라고 주장하였다. 다시 말해 그는 인간의 영혼이 육체와 결합함으로써 잊어버렸던 기억들을 다시금 상기하는 것을 인식으로 보았던 것이다.

한편 그에 의하면 이념(이데아)은 사물의 원형이요, 사물은 그 이념의 모사라고 한다. 그리고 우리가 사물을 인식하며 논리적으로 규정하는 개념도 역시 이념의 모사라고 한다.

근세에 이르러 이성론의 대표자는 프랑스의 철학자 데카르트였다. 그는 인간의 관념을 셋으로 구분하여 상상에서 이루어진 조작 관념과 이 세상에 태어난 후 후천적으로 얻어진 외래 관념, 그리고 선천적으로 얻어진 생득 관념이 있다고 하였는데, 그는 특히 생득관념(본유관념)을 중요시 하였다.

이러한 생득 관념을 주장한 데카르트는 이른바 방법적인 회의로 사물에 대한 감각적인 인식은 모두 의심할 수 있다고 하였다. 그러나 내가 의심(생각)하고 있다는 이 사실만은 전혀 의심할 수 없다고 하였다. 그리하여 그는 「나는 생각한다. 그러므로 나는 존재한다」는 유명한 명제를 세웠다. 그는 이 명제를 더 이상 의심할 수 없는 자명한 것으로 보고, 이를 모든 인식의 기초로 삼았다.

한편 독일의 철학자 라이프니츠는 인식되는 진리에는 두 가지가 있다고 하였다. 첫째는 오성에 의해서 논리적으로 발견되는 것과 둘째는 경험에 의해서 얻어지는 것이라고 하였다. 그는 전자를 영원한 진리 또는 이성의 진리라고 부르고, 후자를 사실의 진리 또는 우연의 진리라고 불렀는데, 그 중 이성적인 인식을 고차적인 것으로 생각하였다. 이처럼 라이프니츠는 경험적인 인식을 경시하고 이성적인 인식만을 중시함으로써 대륙의 이성론(합리론)을 불합리한 독단론에 빠지게 하였다.

2. 경 험 론

근세에 이르러 경험론의 대표자는 영국의 존 로크였다. 그는 데카르트의 생득 관념설을 반대하고, 인간의 마음은 본래 백지와 같기 때문에 모든 관념은 경험에서 생긴다고 주장하였다. 그는 이 경험을 외적 경험과 내적 경험으로 나누어, 전자를 감각이라 하고 후자를 반성이라고 하였다. 그리고 경험의 내용에는 단순 관념과 복합 관념이 있는데, 단순 관념은 감각과 반성에 의해서 얻어지고 복합 관념은 단순 관념의 결합에 의해서 이루어진다고 하였다. 이처럼 로크는 모든 관념이 경험에서 생긴다고 하였으며, 또 인식이란 바로 이러한 관념들을 지각하는 것에 불과하다고 하였다.

한편 로크의 경험론을 끝까지 추구한 사람은 흄이었다. 그는 관념과 인상을 구별하여 우리가 감각할 때에 갖게 되는 것을 인상이라 하고, 현제 나의 기억 속에 남아있는 과거의 인상을 관념이라고 하였다. 그리하여 그는 「모든 관념은 인상에서 유래한다」는 원칙을 세웠다. 그런데 그는 인과성이나 실체성에 관한 지식은 다만 경험적인 것에 불과하여 확실성이 없다고 주장함으로써, 영국의 경험론을 도리어 회의론에 빠지게 하였다. 위에서 언급한 바와 같이, 경험론과 이성론은 서로 상대방을 반대하는 입장에서 인간의 인식문제를 다루었다. 그러나 경험론과 이성론은 그 본질상 하나로 종합되어야 하며, 결코 분리되어서는 안 된다. 왜냐하면 인간은 감성적 존재인 동시에 이성적 존재이기 때문이다(본장 제 3절 「감각인식과 사유인식」 참조).

제2절 모사설과 구성설

필자는 이성론과 경험론에 대해 논했거니와, 다음은 모사설과 구성설에 대해 알아보기로 하자. 이것들은 인식의 본질문제를 다룬 대표적인 학설인데.아직도 많은 사람들이 그대로 믿고 있다. 그러면 먼저 가장 오래된 모사설부터 살펴보기로 하자.

1. 모 사 설

모사설은 인식을 대상의 모사로 보는 학설인데, 이러한 모사설을 처음으로 체계화한 사람은 그리스의 철학자 아리스토텔레스였다. 그는 인간의 인식을 사물에 대한 지각으로 보고, 이 지각을 감성적인 대상의 모사라고 하였다. 그리고 이 지각은 감성이 그 대상의 감성적 형상(표상)을 받아들임으로써 성립된다고 주장하고, 그는 이것을 마치 밀랍이 도장의 형적을 받아들이는 것과 같다고 말하였다.

그뿐만 아니라, 그는 인간의 이성적 인식까지도 대상의 모사로 보았다. 즉 감성이 그 감성적 대상을 모사하듯이, 이성도 그 이성적 대상을 모사한다는 것이다. 다시 말해 이성적 인식은 이성이 그 대상의 이성적 형상(개념)을 받아들임으로써 성립된다는 것이다. 이처럼 아리스토텔레스는 인간의 인식을 모두 대상의 모사로 보았다.

중세에 이르러 모사설의 대표자는 카톨릭의 신학자 토마스 아퀴나스였다. 그는 아리스토텔레스의 모사설을 그대로 이어받았다. 그러나 아리스토텔레스가 이성적 인식은 그 대상의 이성적 형상을 모사한 것이라고 주장한 데

반하여, 토마스는 그 이성적 형상이 이성적 인식의 대상이 아니라 수단이라고 보았다. 그리고 그는 결론적으로 「인식은 본질에 있어서 인식되는 대상과 인식하는 의식과의 일치이며, 주관에 의한 객관의 모사이다」라고 주장하였다.

2. 구 성 설

철학자 칸트는 대륙의 이성론과 영국의 경험론을 종합하여 주관적인 인식론을 세웠다. 그는 주관이 객관에 의해 규정된다는 종래의 모사설을 타파하고 도리어 객관이 주관에 의해 규정된다고 하였다. 다시 말해 그는 인식을 대상의 모사가 아닌 대상의 구성으로 보았다. 이것을〈구성설〉이라고 부른다.

칸트에 의하면 인간의 인식능력에는 감성과 오성의 두 가지가 있는데, 이들은 모두 선험적인 형식을 가지고 있다고 하였다. 직관형식과 오성형식이 바로 그것이다. 직관형식은 감성적 단계에서 가해지는 형식으로서 시간과 공간을 말하며, 오성형식은 오성적 단계에서 가해지는 형식으로서 범주(카테고리)를 말한다. 인간의 감성과 오성은 바로 이러한 두 가지 형식(틀)에 의해 그 대상을 구성 한다는 것이다.

그러면〈범주〉란 무엇인가? 여기서 말하는 범주는 경험에서 추상되지 않는 오성적 사고의 근본 형식을 말하는 것인데, 칸트는 12가지의 범주를 세웠다. 그러나 이러한 범주만으로 인식이 성립되지 않는다. 그것이 성립 되려면 직관에 주어지는 잡다한 소재(내용)와 형식이 하나 로 결합 되어야 한다.

그러므로 칸트는 「내용이 없는 사상은 공허하고 개념이 없는 직관은 맹목이다. …오성에는 직관하는 능력이 없고 감성에는 사고하는 능력이 없다. 따라서 양자가 결합되어야만 인식이 성립될 수 있다」고 주장했던 것이다.

위에서 언급한 바와 같이, 모사설과 구성설도 역시 서로 상대방을 반대하는 입장에서 인간의 인식문제를 다루었다. 그러나 여기에도 문제점이 없는 것은 아니다. 모사설은 인식을 마치 물체가 거울에 비치듯이 두뇌에 반영되는 것으로 보는 문제점이 있으며, 또 칸트의 구성설은 사물의 존재형식보다 이른바 선험적 형식(범주)에 의해서 사물이 구성되는 것으로 보는 문제점이 있다.

한편 칸트의 인식론은 사물의 현상에 대한 인식만을 가능한 것으로 보고, 그 사물의 본체(물자체)에 대한 인식은 불가능한 것으로 보았다. 그러나 인간의 인식은 사물의 현상 뿐만아니라, 그 사물의 본체까지도 그 인식이 가능한 것으로 보아야한다. 왜냐하면 모든 사물의 본체를 이루는 성상은 반드시 그 형상을 통해서 나타나기 때문이다(제3장 「존재론」 참조).

제3절 감각인식과 사유인식

인간은 감성적 존재인 동시에 이성적 존재이다. 따라서 사물에 대한 인식을 우리는 다음과 같이 나누어 생각할 수 있다. 그 하나는〈감각인식〉이요, 다른 하나는〈사유인식〉이다.그러면 먼저 감각인식에 대해 알아보기로 하자.

1. 인간의 감각인식

인간은 영과 육으로 결합된 이중적인 존재이다(고전 15:44. 고후 4:16, 엡 3:16)그러므로 인간은 모두 내외 양면의 감각기관을 갖는다. 〈영적인 5관〉과 〈육적인5관〉등이 바로 그것이다. 이 중 영적인 오관은 무형세계(영계)를 감각하며, 육적인 오관은 유형세계(자연계)를 감각한다. 이러한 감각기관을 통해서 얻어지는 인식을 〈감각인식〉 또는 〈감성적 인식〉이라고 한다.

이와 같이 인간은 누구나 유형과 무형의 두 세계를 감각할 수 있는 내 외 양면의 감관을 갖추고 있다. 그런데 이러한 감관을 통해 외부세계의 대상 (사물의 형상)들이 신경조직에 전달되면, 그것들은 모두 두뇌에 입력된다. 필자는 이것을〈대상의 입력〉이라고 부른다(인간의 두뇌에는 육적인 두뇌와 영적인 두뇌가 있다.)

인간의 두뇌는 비유컨대 하나의 컴퓨터와 같다고 할 수 있다. 컴퓨터가 제 기능을 발휘하려면, 먼저 여러 가지 정보들이 그 속에 정확히 입력되어야한다. 이와 마찬가지로 인간도 어떠한 대상을 인식하려면, 반드시 그 대상의 형상(정보)들이 먼저 두뇌에 입력되지 않으면 안 된다. 두뇌의 중요성과 필요성은 바로 여기에 있다.

그러나 아무리 외부세계의 대상이 두뇌에 입력되었다고 해도, 그 두뇌만으로는 인식이 성립되지 않는다. 왜냐하면 두뇌는 다만 그 대상의 형상들을 입력시키는 작용만을 하기 때문이다. 그러면 인식은 어느 단계에서 성립되는가? 인식은 그 본질상 두뇌의 단계가 아닌 이성의 단계에서만 성립된다.

외부세계의 형상들이 감관을 통해 두뇌에 입력 되면, 그 즉시 이성은 두뇌와의 상호작용을 통해 그 잡다한 형상들을 인간의 의식 속에 종합적인 형상으로 재구성하게 되는데, 이것을〈대상의 구성〉이라고 한다. 이처럼 외부세계의 잡다한 형상들이 종합적인 형상으로 재구성되었을 때, 우리는 비로소 그 대상(형상)을 전체적으로 파악하여 인식하게 되는 바, 이것을〈대상의 파악〉이라고 부른다.

이러한 감각인식에서 그 대상의 두뇌입력이 도중에 중단되면, 이미 의식 속에 형성된 그 형상은 잠재형상으로 남아 기억이 된다. 그러나 그대상의 두뇌입력이 재개되면, 의식 속에 남아있던 잠재형상은 실체형상으로 바뀌어.우리는 그 대상을 다시금 생생히 인식하게 된다. 위에서 논한 바와 같이, 사물에 대한 인식은 반드시 그 대상의 입력과 구성, 그리고 파악을 통해서 이루어진다. 이것을〈인식의 3단계 과정〉이라고 부르는데, 모든 감각적 인식은 바로 이러한 3단계 과정을 통해 이루어지는 것이다.

2. 인간의 사유인식

인간은 감성적 존재인 동시에 이성적 존재이다. 그러므로 인간에게는 누구나 지적인 사유능력이 있다. 사고·판단·추리 등이 바로 그것이다. 이러한 사유과정을 통해서 얻어지는 지적인 인식을 〈사유인식〉 또는 〈이성적 인식〉이라고 한다. 여기에는 영적인 사유인식과 육적인 사유인식이 있다. 전자는 영적인 지로써 얻어지는 인식이요, 후자는 육적인 지로써 얻어지는 인식이다.

인간에게는 내외 양면의 지(知)가 있다. 영적인 지와 육적인 지가 바로 그것이다. 영적인 지는 무형세계(영계)에 관한 지요, 육적인 지는 유형세계(자연계)에 관한 지이다. 이 중 영적인 지는 주로 영적인 감관을 통해서 얻어지며, 육적인 지는 주로 육적인 감관을 통해서 얻어진다. 그런데 인간의 지적인 사유인식은 바로 이러한 내외 양면의 지를 통해서 얻어지는 것이다.

이미 언급한 바와 같이, 인간은 이성적 존재로서 지적인 사유능력을 갖추고 있다. 그러므로 인간은 외부세계의 실상적 대상 뿐만 아니라, 감성이 도달할 수 없는 내부세계의 이념적 대상까지도 자유로이 인식할 수 있다. 종래의 경험론은 이러한 사유인식을 반대했지만, 이는 인간의 지적인 사유능력을 무시한 매우 그릇된 주장이 아닐 수 없다.

그러면 인간의 사유인식은 어떻게 성립되는가? 지적인 사유인식은 기본적으로 감각인식의 토대 위에 세워진다고 본다. 왜냐하면 사유인식에 필요한 지적인 요소들은 주로 감각인식을 통해서 얻어지는 것이기 때문이다. 그뿐만 아니라, 사유인식은 감각인식을 통해서 우리의 의식과 잠재의식 속에 입력된 여러 가지 형상(기억)들을 다양한 구상으로 재활용함으로써, 부단히 새로운 인식의 대상들은 구성하기 때문이다. 그러므로 우리는 감각인식과 사유인식을 잠시도 분리해서 생각할 수 없다. 전자와 후자는 서로 밀접한 상대적 관계를 맺고 있기 때문이다. 그런데 사유인식은 감각인식과 달리 어떠한 인식의 제약도 받지 않는다. 왜냐하면 사유인식은 자기의 개성과 목적에 따라 얼마든지 자유로이 인식의 대상들은 구성할 수 있기 때문이다.

일찍이 철학자 파스칼은 인간을 「생각하는 갈대」라고 말했거니와, 인간은 바로 이러한 지적인 사유인식이 가능하기 때문에, 우리는 만물의 영장으로서 온갖 창조성을 발휘할 수 있는 것이다.

3. 인식과 실천

  민중사상은 모든 사물을 인식의 대상인 동시에 실천의 대상으로 본다. 그리고 모든 인식의 진실성과 확실성은 어디까지나 그 인식이 요구하는 실천을 통해서만 구체적으로 검증(확인)할 수 있다고 본다. 이러한 견지에서 실천은 곧 제2의 인식으로 볼 수 있으며, 또 참다운 인식이란 언제나 실천이 뒤따르는 인식이라고 말할 수 있을 것이다.

  이와 같이 인식과 실천은 마치 수레의 두 바퀴와 같이 서로 불가분의 관계에 있다. 그럼에도 불구하고 종래의 인식론은 주로 사물에 대한 인식문제만을 다루었을 뿐, 그 인식이 요구하는 실천문제에 관해서는 너무나 소홀히 해왔다. 한 마디로 실천이 없는 인식은 마치 행함이 없는 믿음처럼 무가치한 것인데(마 7:21, 약 2:26). 종래의 인식론은 지금 까지 실천이 빠진 인식문제만을 놓고 공연한 대립과 논쟁을 일삼았던 것이다.

  그러므로 모든 사물에 대한 우리의 시각은 언제나 인식의 단계에서 실천의 단계로 발전되어야 한다. 예컨대 우리가 인류 역사를 소수의 착취계급이 다수의 노동계급을 부당하게 억압·착취해 온 죄악의 역사로 인식했다면, 우리 노동계급은 마땅히 그러한 역사의 모순과 비극을 해결하기 위해 어떠한 적극적인 실천운동을 전개하고 나서야 한다. 그러면 그 적극적인 실천운동이란 무엇인가? 그것은 바로 반동세력인 착취계급을 몰아내기 위한〈계급투쟁〉이 아닐 수 없다. 왜냐하면 우리 노동계급은 바로 이러한 계급투쟁을 통해서만 온갖 착취와 억압을 일삼는 지배계급을 속히 몰아내고 우리 모두가 평등하게 살아가는 새 시대, 새사회를 건설할 수 있기 때문이다(제11장「사회론」참조).

  위에서 논한 바와 같이, 사물에 대한 인식의 진실성과 확실성은 어디까지나 실천을 통해서만 구체적으로 검증할 수 있으며, 그 과정에서 우리는 전보다 더 많은 새로운 사실을 인식할 수도 있다. 그뿐 아니라 사회와 역사에 대한 인식에서 발견되는 모든 문제점(모순)들도 역시 우리는 적극적인 실천을 통해서만 해결할 수 있다.

그러므로 민중사상의 인식론은 언제나 인식과 실천을 함께 다루며, 특히 실천의 중요성을 강조한다. 왜냐하면 실천은 바로 제2의 인식으로서 우리의 인식을 더욱 확대·발전시키는 원동력이 되기 때문이다. 요컨대 우리는 사물에 대한 인식과 실천을 통해서만 부단히 자연과 사회를 개조할 수 있으며, 또 우리 모두가 고대하는 새 시대, 새 사회를 건설 할 수 있는 것이다.

제4절 마르크스의 인식론 비판

마르크스는 유물론의 입장에서 인간의 의식(정신)을 다만 뇌수의 산물로 보았다. 그리하여 그는 인식이란 인간의 의식에 사물이 반영(모사)됨으로써 이루어진다는 반영설(모사설)을 주장하기에 이르렀다. 이에 대해 마르크스와 그의 추종자들은 다음과 같이 말하였다.

「… 관념이란 물질이 인간의 두뇌에 모사·반영된 것에 지나지 않는다」(마르크스)

「… 우리의 의식이나 사유는 그것이 아무리 초감각적으로 보일지라도 물질적인 신체적 기관인 뇌수의 산물에 불과하다. 물질은 정신의 산물이 아니며, 정신이 물질의 최고 산물에 불과한 것이다」(엥겔스).

「우리들은 현실의 사물을 절대적 개념의 여러 단계의 모사라고 보지 않고, 우리들의 두뇌 속의 개념을 다시 유물론적으로 현실 사물의 모사라고 이해하였다」(엥겔스).

「불변적인 것은 인간의 의식이 그것으로 부터 독립해서 존재하고 또 발전하고 있는 외계를 반영한다는 것이다」(레닌).

「정신은 신체로부터 독립해서 존재하지 않으며, 정신은 제2차적인 것이며 뇌의 기능이며, 외계의 반영이다」(레닌).

「사고는 발전해서 고도의 완성단계에 도달한 물질의 산물이다. 즉 두뇌의 산물이다. 그리고 두뇌는 사고의 기관이다」(스탈린).

위에서 보는 바와 같이, 마르크스주의자들은 한결 같이 정신을 뇌수(물질)의 산물로 보고, 또 인식을 외계의 반영(모사)으로 보고 있는데, 이것이 과연 사실인가? 아니다, 인간의 정신은 그 본질상 결코 뇌수에서 나올 수 없으며, 또 인식도 외계의 반영으로 이루어지는 것이 아님을 알아야 한다.

마르크스는 유물론에 사로잡혀 영혼의 존재를 불신함으로써 정신을 뇌수의 산물로 보았지만, 필자는 반대로 그 정신을 영혼의 산물로 본다. 다시 말해 정신작용의 발원체는 뇌수가 아니라 영혼이라고 보는 것이다(영혼의 실존문제에 관해서는 이미 제4장「인간론」에서 자세히 논한 바 있으므로, 여기서는 그 설명을 모두 생략하기로 한다).

이와 같이 필자는 정신을 영혼의 산물로 보기 때문에 정신을 뇌수의 산물로 보는 유물론의 입장에서 인식문제를 다룬 마르크스의 인식론을 반대하지 않을 수 없다. 애당초 정신은 뇌수의 산물이 아니거늘, 어떻게 그 뇌수에서 나온 정신(의식)에 사물이 반영되어 인식이 성립된단 말인가?

마르크스의 반영설은 바로 그가 자랑하던 유물론의 산물이었다. 그렇다면 우리는 더더욱 그 반영설의 타당성을 인정할 수 없다. 왜냐하면 그 반영설의 기초가 되는 유물론은 매우 잘못된 이론이기 때문이다. 이처럼 유물론이 잘못된 것이라면, 그 기초 위에 세워진 반영설도 역시 잘못된 것이 아닐 수 없다.

물론 마르크스도 자신이 주장한 반영설에 큰 오류가 있음을 잘 알고 있었을 것이다. 그럼에도 그가 그 반영설을 끝까지 주장한 것은, 그 반영설의 기초가 되는 유물론을 결코 포기할 수 없었기 때문일 것이다. 그가 유물론을 포기할 경우, 그의 사상체계는 모두 무너질 수밖에 없기 때문이다.

위에서 지적한 바와 같이, 마르크스의 인식론에는 정신을 뇌수(물질)의 산물로 보고. 또 인식을 외계의 반영으로 보는 근본적인 오류가 있다. 따라서 이러한 오류가 시정되지 않는 한, 마르크스의 인식론이 올바른 이론으로 평가될 수 없음은 두말할 나위도 없다.

그러므로 마르크스의 인식론이 올바른 이론이 되려면, 무엇보다도 먼저 〈정신〉의 출처를 정확히 밝혀야 할 것이다. 그리고 〈반영〉이란 말도 다른 말로 바꾸어야 할 것이다. 인식이란 결코 물체가 거울에 비치듯이 반영됨으로써 이루어지는 것이 아니기 때문이다

✟ 인류역사는 바로 고통받는 민중과 사회를 해방하고. 이 땅에 하나님
의 나라와 민중의 나라를 건설하기 위한 〈민중해방의 역사〉이며
〈계급투쟁의 역사〉이다.

✟ 지금까지 지배계급은 나라의 주인으로 행세하며 우리 민중을 부단히
억압·착취해 왔다. 그러나 이제는 우리 민중이 나라의 참 주인이
됨으로써, 다시는 그 지배계급의 착취와 억압이 없는 새 나라(민중
의 나라)와 새 역사(민중의 역사)를 건설해야만 한다.

✟ 민중은 나라의 주인이며 역사의 주체이다. 그리고 인류역사는
바로 고통받는 민중과 사회를 해방하기 위한 〈민중해방의 역사〉
이다. 그러므로 우리 민중의〈해방투쟁〉은 그 역사의 무대에서
부단히 계속되어야 하며, 결코 그 투쟁을 중단해서는 아니될 것이다.

인 간은 역사와 더불어 생존한다. 마치 배우가 무대를 떠나서 연기 할 수 없듯이, 잠시도 역사의 무대를 떠나서 살 수 없는 존재가 바로 인간이다. 다시 말해 인간은 역사의 무대에서 배우처럼 연기하다가 마침내 자기의 삶을 정리해야 하는 역사적 존재인 것이다. 이와 같이 인간은 역사적 존재로서 항상 그 역사와 더불어 생존하고 있지만, 우리는 불행히도 이 역사가 본래 어디로부터 어떻게 출발해 왔으며, 또 어디를 지향해 가고 있는지를 자세히 모르고 있다.

지금까지 많은 학자와 사기들이 밝혀 놓은 역사의 내용이란 대부분이 역사의 결과만을 설명하는 데 그쳤을 뿐, 그 역사의 근본원인에 대해서는 하나도 제대로 밝히지 못하였다. 그 결과 인간은 항상 역사의 대 전진(발전)을 가로막는 우매한 오류를 범하기 일쑤였다. 그러면 우리는 어떻게 역사의 근본원인에 대해 알 수 있는가?

우리가 역사의 근본원인을 바르게 이해 하려면, 무엇보다도 하나님의 구원섭리에 대한 올바른 인식이 앞서야 한다. 왜냐하면 인류역사는 곧 하나님의 구원섭리의 역사이기 때문이다. 따라서 우리는 반드시 하나님의 구원섭리를 알아야만, 역사의 참모습을 발견할 수 있는 것이다.

그러면 이제 하나님의 구원섭리(복구섭리)가 역사 속에서 어떻게 전개되어 왔는가를 간단히 알아보기로 하자(본 「역사론」은 주로 성서에 기초해서 다룬 것임을 미리 밝혀 두는 바이다).

제1절 민중사관의 기본입장

민중사관은 바로 민중해방과 세계해방을 위해 섭리하시는 하나님의 구원섭리에 기초한 사관이며, 또 지배계급을 반대하고 민중을 나라의 주인과 역사의 주체로 보는 사관이다. 따라서 이러한 민중사관을 모르고서는 어느 누구도 인류역사를 정확히 설명 할 수 없다. 그런데 지금까지 많은 학자들은 이러한 민중사관을 무시한 입장에서 인류역사를 조명함으로써, 그 역사의 참모습을 발견하지 못하였다.

민중사관은 인류 역사를 하나님의 구원섭리의 역사로 보며, 또 민중해방의 역사와 계급투쟁의 역사로 본다. 때문에 민중사관은 그 성격상〈섭리사관〉또는〈계급사관〉으로 부르기도 한다. 그러면 이러한 민중사관의 기본입장에 대해 좀더 자세히 알아보기로 하자.

1. 인류역사는 하나님의 구원섭리역사이다

민중사관은 인류역사를〈하나님의 구원섭리 역사〉로 본다. 그 까닭은 하나님이 역사 속에서 타락한 인류를 구원하시기 위해 부단히 섭리해 오셨기 때문이다. 만일 이러한 구원섭리가 없었다면, 인류는 소돔과 고모라와 같이 이미 죄악 속에 파멸되어 영원히 사라졌을 것이다. 인간은 본래 하나님만을 모시고 그의 뜻을 따르는 아름다운 이상사회(천국)를 이루고 살아야 할 일이었다. 그런데 인간은 불행히도 타락함으로써, 반대로 사탄의 종이 되어 그의 뜻을 따르는 추악한 타락사회(지옥)를 이루고 말았다. 하나님은 바로 이러한 타락사회를 다시금 아름다운 이상사회로 구원하시기 위해 지금까지 섭리해 오셨던 것이다. 따라서 인류 역사를 하나님의 구원섭리 역사로 본다는 것은 너무도 당연한 일이 아닐 수 없다.

2. 인류역사는 민중해방의 역사이다

민중사관은 인류 역사를 〈민중해방의 역사〉로 본다. 왜냐 하면 하나님은 고통받는 민중과 사회를 해방하시기 위해 역사 속에서 부단히 섭리해 오셨기 때문이다(출 3:9~10, 눅 4:16~18). 만일 인류 역사가 민중해방의 역사가 아니라면, 우리 민중은 지배계급의 종살이에서 영원히 벗어나지 못할 것이다.

「출애굽기」에 보면, 하나님은 자신을 〈민중의 하나님〉으로 부르셨다(출 9:1). 그러므로 민중사상은 언제나 지배계급을 반대하고, 오직 민중계급만을 나라의 주인과 역사의 주체로 본다. 그럼에도 불구하고 지금까지 지배계급은 도리어 우리 민중을 부단히 억압·착취함으로써 우리 민중에게 말할 수 없는 고통과 불행을 안겨주었다. 하나님은 이렇듯 고통 받는 민중과 사회를 해방하시기 위해 역사 속에서 부단히 섭리해 오셨으며, 또 우리 민중도 그러한 민중해방을 쟁취하기 위해 역사의 무대에서 온갖 투쟁을 해왔다. 따라서 인류 역사는 어디까지나 민중해방의 역사로 보아야 할 것이다.

3. 인류역사는 계급투쟁의 역사이다

인류역사를 〈계급투쟁의 역사〉로 본다. 왜냐 하면 타락한 인간사회에는 언제나 서로 대립·투쟁하는 두 계급, 즉 〈노동계급〉과 〈착취계급〉이 존재하기 때문이다. 여기서 노동계급이란 자신과 사회를 위해 성실히 일하며 살아가는 자들을 말한다. 이러한 노동계급에는 정신 노동계급과 육체 노동계급이 있는데, 모든 노동계급은 언제나 하나는 전체를 위하고 전체는 하나를 위해 일하는 모범적인 일꾼이 되어야만 한다.

한편 착취계급이란 노동계급의 정당한 생존과 권익을 부당하게 침해하는 자들을 말한다. 민중사상이 추구하는 새로운 이상사회(평등사회)는 바로 이러한 착취계급이 없는 사회, 즉 역사의 주체인 노동계급만으로 이루어진 평등한 계급사회를 가리킨다.

인간은 본래 일하며 살아가는〈노동계급〉으로 창조된 계급적 존재이다(출 20:9, 요 5:17, 계 22:12). 그러나 일할 수 있으면서도 일하지 않는 자와, 또 일을 해도 남에게 피해를 주는 부당한 일을 하는 자는 모두 노동계급이 아니다. 그들은 어디까지나 남이 일한 노동의 대가를 부당하게 가로채는 착취계급이 아닐 수 없다(출 20:15, 살후 3:10).

민중사상은 선량한 노동계급만을 역사의 주체로 보며, 또 새 시대를 개척해야 할 혁명과 건설의 참다운 주인으로 본다. 그런데 지난 역사를 돌이켜 보면, 그 모두가 소수의 사탄편 착취계급이 절대다수의 하늘 편 노동계급을 부단히 억압·착취해 온 불행한 역사였다(출 2:23, 히 11:36~38). 따라서 착취계급은 예나 지금이나 우리 노동계급이 반드시 타도해야 할 적대계급이 아닐 수 없다(사 3:14~15). 이러한 관점에서 인류 역사는 어디까지나 노동계급이 착취계급을 몰아내고 우리 모두가 평등하게 살아가는 새로운 이상사회를 건설하기 위한〈계급투쟁의 역사〉로 보아야 한다.

인류사회는 원시 공동사회로부터 출발하여 비인간적인 노예사회와 봉건사회 등을 거친 후, 지금은 자본주의 사회와 공산주의 사회로 양분되어 서로 대립·투쟁하고 있다. 그러면 이러한 자본주의사회와 공산주의사회는 역사발전의 마지막 단계인가? 아니다. 그들은 역사발전의 법칙에 따라 착취와 억압이 없는 새로운 사회로 한 단계 더 발전해 가야만 한다.

민중사상은 비인간적인 전쟁과 폭력 및 착취와 억압이 없는 새로운 사회를〈민중사회〉또는〈노동계급사회〉라고 부른다. 그리고 민중사상은 노동계급사회를〈가족주의사회〉라고도 부른다. 왜냐하면 전 세계의 노동계급은 모두가 한 가족이기 때문이다.

그러면 온갖 착취와 억압이 벌어지는 오늘의 자본주의사회와 공산주의사회는 어디로 가야하는가? 그들이 가야 할 새로운 목적지는 바로 사회 발전의 최종단계인〈민중사회〉다. 민중사회는 바로 나라의 주인과 역사의 주체인 민중이 주도하는 사회이며, 또 우리 모두가 평등하게 살아가는 사회다. 그 평등한 민중사회(노동계급사회를)를 건설하기 위해 모든 민중세력은 세계전역에서 민중의 적들과 끝까지 맞서 투쟁해야 할 것이다.-제11장〈사회론〉참조.

4. 인류역사는 재창조의 역사이다

인류역사를 〈재창조의 역사〉로 본다. 그 까닭은 하나님의 구원섭리가 바로 타락한 죄악세계를 청산하고 새 하늘과 새 땅을 이루기 위한 섭리이기 때문이다(사 65:17, 계 21:1). 여기서 재창조라는 말은 모든 피조물을 파괴한 후 다시 만든다는 뜻이 아니라, 잃어버린 창조 본연의 세계(에덴)를 다시금 찾아 이룬다는 뜻이다(고후 5:17).

인간은 본래 하나님의 자녀로 지음 받은 고귀한 존재였다. 그러나 인간은 불행히도 타락함으로써, 생명의 존재에서 죽음의 존재로 전락하게 되었다(시 51:5, 롬 6:23). 만물도 역시 하나님이 주관하시던 생명의 존재에서 사탄이 지배하는 죽음의 존재로 떨어지고 말았다(롬 8:19~22). 하나님은 바로 이러한 죽음의 존재들을 생명의 존재로 다시 만드시기 위해, 역사의 무대에서 부단히 구원섭리를 전개하신다. 이러한 관점에서 인류역사를〈재창조의 역사〉로 본다는 것은 너무나 당연한 일이 아닐 수 없다.

5. 인류역사는 천국건설의 역사이다

민중사관은 인류 역사를〈천국 건설의 역사〉로 본다. 그 까닭은 하나님의 창조 목적이 바로 이 지상에 영원한 하나님의 나라(천국)를 건설하는 데 있기 때문이다.이 사실은 기록된 바 「너희는 먼저 하나님의 나라와 그의 의를 구하라」(마 6:33)고 하신 예수님의 말씀에서도 분명히 알 수 있다(마 6:10, 단 2:44, 단 7:18).

인간은 본래 이 지상에 하나님이 주관하시는 선하고 아름다운 천국(이상 사회)을 이루고 살아야 할 일이었다.그런데 인간은 불행히도 타락함으로써 반대로 사탄이 지배하는 추악한 지옥(타락사회)을 이루고 말았다. 그리하여 하나님은 이러한 지옥을 아름다운 천국으로 다시금 회복하시기 위해 지금까지 역사 속에서 부단히 섭리해 오셨다. 따라서 인류역사는 어디까지나 천국 건설의 역사로 보아야 하며, 또 우리 성도 들을 모름지기 하나님이 바라시는 천국 건설에 한결같이 떨쳐 나서야 할 것이다(제1장 제 7절 「민중사상의 기본목표」 참조).

제2절 인류역사의 기원문제

아담으로부터 계산된 성서상의 인류역사는 대략 6천 년으로 나타나 있다. 그러고 보면 인류의 나이는 이제 겨우 6천 살 정도가 된 셈이다. 그런데 종래의 신학은 이것을 문자 그대로 받아들임으로써, 매우 비성서적이고 비과학적인 신앙의 오류를 범하고 있다.

그러면 종래의 주장대로 과연 인류 역사는 실제로 6천 년 정도 밖에 되지 않았으며, 또 아담 이전에는 이 지구상에 어떤 사람도 살지 않았는가? 아니다, 인류 역사는 그보다 훨씬 더 오래 되었으며, 또 아담 이전에 도 이 지상에는 수많은 사람들이 살고 있었다. 이 사실은 성서에도 잘 나타나 있다. 이제 그 몇 가지 예를 소개하면 다음과 같다.

「창세기」 4장 2절에 보면, 가인은 농사를 짓는 자였고 아벨은 양을 치는 자였다고 기록되어 있다. 그러면 당시 그들이 사용한 영농기술과 축산기술은 누가 개발한 것인가? 이에 대해 종래의 신학은 아담이 그 기술을 개발한 것으로 본다.

그러나 이것은 올바른 견해가 못된다. 아담이 그의 나이 130세에 셋을 낳은 것으로 보면(창 5:3), 가인과 아벨이 농사를 짓고 양을 치던 시기는 아담으로부터 겨우 1백 여 년 정도밖에 되지 않는데, 이렇듯 짧은 기간에 아담은 언제 그러한 영농기술을 스스로 익혀 자녀들에게까지 가르쳐 줄 수 있었겠는가? 인간이 처음으로 농업과 목축업을 하기까지 에는 장구한 세월의 흐름이 있었기 때문이다. 따라서 인류 역사는 아담시대보다 더욱 오래 전부터 이미 시작되었다고 보아야 할 것이다.

「창세기」 4장 14절 이하에 보면, 가인은 그 이후 아벨을 살해한 후 자기를 만나는 여러 사람들로부터 죽임을 당할까봐 염려 하였고, 또 하나님은 그들로부터 가인을 보호하시기 위해 그에게 어떠한 표를 해주셨다고 하였다 (창 4:14~15). 이 말씀을 보면, 아담시대는 물론 그 이전에 도 역시 많은 사람들이 살고 있었음이 너무도 분명하다. 만일 아담시대에 그 가정을 제외한 다른 사람들이 살고 있지 않았다면 당시 아벨을 살해한 가인은 도대체 누구에게 죽임을 당할까봐 염려했단 말인가?

「창세기」 4장 16절에 보면, 가인은 하나님에게 추방된 후 에덴의 동편에 있는 놋 땅에 가서 결혼해 살았다고 하였다. 이 기록을 보면. 놋 땅에는 아담의 후손이 아닌 다른 사람들이 살고 있었음을 알 수 있다. 만일 그렇지 않았다면, 가인은 어떻게 그 곳 여인과 결혼해 살 수 있었겠는가?

「창세기」 4장 17절에 보면, 가인은 아들을 낳은 후 성을 쌓았다고 하였다. 이 기록으로 보아 당시 놋 땅에는 가인과 더불어 성을 쌓을 만큼 많은 사람들이 이미 살고 있었음을 알 수 있다. 만일 그 곳에 가인의 가족만 살았다면 그는 성을 쌓을 수도 없었을 뿐만 아니라, 또 굳이 성을 쌓아야 할 필요도 없었을 것이다.

「창세기」 4장 22절에 보면, 가인의 6대 후손인 두발가인은 구리와 쇠를 다루어 기계를 만드는 대장장이였다고 하였다. 그렇다면 인간의 금속 사용은 이미 아담시대부터 시작되었다는 말이 되는데, 과연 이것이 가능한 일인가? 아니다. 아담이 인류 역사의 시발점이라면, 그것은 전혀 불가능한 일이다. 인간이 금속을 사용하기까지는 구석기시대와 신석기시대 및 청동기 시대와 같은 장구한 역사 과정을 차례로 거쳐야 하는데, 아담시대에 어떻게 그 과정을 모두 거칠 수 있었겠는가? 따라서 아담시대에 그 후손들이 금속을 사용했다면, 이것은 어디까지나 그들이 아담 이전의 선조들로부터 그 기술을 전수받은 것으로 보아야 할 것이다.

이와 같이 인류 역사의 기원이 아담시대보다 훨씬 더 오래다는 사실은 고고학적인 면에서 보더라도 잘 알 수 있다. 지금까지 고고학자들은 세계 도처에서 수많은 유적들을 발굴·조사해 왔다. 그들이 심혈을 기울여 조사연구한 원시 인류의 생존연대를 보면, 작게는 1만 년으로부터 크게는 50만 년 전까지로 되어 있다. 이러한 고고학자들의 연구 결과가 설혹 정확한 것이 아니라 하더라도, 여하간 인류의 생존시기가 아담시대보다 훨씬 더 오래 되었다는 것은 결코 부인할 수 없다.

한편 위의 사실은 지질학적인 면에서 보더라도 재확인할 수 있는 일이다. 신앙인들은 흔히 고고학이나 지질학의 연구결과를 공연히 과소 평가하기 쉽지만, 이는 그릇된 사고방식이 아닐 수 없다.

오늘날 고고학과 지질학은 그 연구수단으로 고도의 현대 과학기술을 총동원하기 때문에 매우 신뢰할 만하다. 특히 지질학에서 방사성 동위 원소에 의한 연대측정법은 대단히 발전되어, 거의 100%에 가까운 정확성을 보이고 있다. 이러한 방사성 동위원소의 측정법에 따르면, 지구의 나이는 대략 50억 년으로 나타나고 있다. 그리고 달에서 가져 온 암석을 조사한 결과 달의 나이도 거의 50억 년으로 나타났다.

이러한 현대 지질학의 연구결과는 오늘날 종래의 창조론에 대해 전면 수정을 불가피하게 만들고 있다. 만일 종래의 창조론을 그대로 인정한다면, 지구와 인류의 나이는 겨우 6천 년 정도밖에 되지 않았다는 우스운 결과만이 나오게 된다.

위에서 논한 바와 같이, 인류 역사가 아담으로부터 계산된 그것보다 훨씬 더 오래 되었다는 것은 너무도 분명하다. 따라서 아담은 인류의 혈통적 조상이 될 수 없다. 그렇다면 성서는 어찌하여 아담을 인간 조상으로 표시했는가? 그것은 바로 아담이 최초로 하나님에게 〈믿음의 조상〉으로 부름받은 섭리적 중심인물이었기 때문이다. 학자들은 인류의 기원을 주로 혈통적인 면에서 따진다. 그러나 인류의 참된 기원은 그보다도 오히려 신앙적인 면에서 이해되어야 할 것이다.(딤전 1:4,딛 3:9).왜냐하면 하나님에 대한 신앙이 없는 인간의 존재란 아무런 가치도 없기 때문이다(롬 2:28~29, 롬 9:6~8).

신앙인에게는 그 신앙(믿음)만이 유일한 생명(영적 생명)의 원천이 된다. 이것은 성서의 일관된 가르침이다(롬 1:17, 갈 2:16, 히 11장). 그렇게 때문에 하나님에 대한 독실한 신앙이 있는 자는 죽어도 산 자요(요 11:25). 그 신앙이 없는 자는 살아도 죽은 자와 마찬가지다(계 3:1). 이처럼 신앙세계에서는 하나님에 대한 그 믿음만이 모든 가치판단의 기준이 된다(마 12:48~50, 요 1:12~13, 갈 3:7).

이미 전술한 바와 같이, 아담 이전에도 이 지상에는 매우 오래 전부터 많은 사람들이 살고 있었다. 그러나 그들에게는 하나님에 대한 신앙이 없었다. 물론 그들에게도 신앙은 있었지만. 그것은 다만 우상숭배를 위한 신앙이었다(신 32:17, 고전 10:20). 한 마디로 말해서 아담 이전의 시대는 하나님을 모르던 불신시대였다(행 17:30.롬 5:13).이러한 불신시대에서 아담은 최초로 하나님에게 믿음의 조상으로 부름 받은 섭리적 중심 인물이었다(롬 5:14, 롬 9:6~8).이는 마치 우상숭배만을 일삼던 불신사회에서 아브라함이 믿음의 조상으로 부름 받은 경우와도 같다(수 24:2~3, 창 17:5). 그렇다면 우리는 신앙적인 면에서 인류의 참된 기원을 어디까지나 아담으로부터 시작된 것으로 보아야 할 것이다.

이와 같이 인류의 기원을 신앙적인 면에서 풀이 한다면, 우리는 성서에 나타난 인류의 기원을 결코 그릇된 것으로 볼 수 없다. 기록된 바 「육신의 자녀가 하나님의 자녀가 아니라, 오직 약속의 자녀가 씨로 여기심을 받느니라」(롬 9:8)고 하였으니, 우리는 성서에 나타난 인류의 조상을 어디까지나 육신의 조상이 아닌 믿음의 조상으로 보아야 한다. 그러나 우리는 육신의 조상도 결코 잊어서는 안 된다. 왜냐하면 우리에게는 믿음의 조상뿐만 아니라. 육신의 조상도 반드시 있어야 하기 때문이다(본장 제7절 「한민족의 고대역사」 참조).

거듭 말하거니와, 인류는 아담시대보다 더욱 오래 전부터 이 지구상에 살고 있었다. 이것은 성서에도 역사에도 모두 부합되는 명백한 사실이다. 그리고 하나님에 대한 신앙의 역사는 바로 아담으로부터 비로소 시작되었다. 따라서 아담은 인류의 혈통적 조상이 아닌 신앙적 조상이었음을 분명히 알아야 한다. 그래야만 우리는 성서에 나타난 인류 역사의 기원을 가장 올바르게 이해할 수 있을 것이다.

제3절 인류역사의 발전법칙

인류역사의 흐름을 바르게 이해하려면, 우리는 먼저 하나님의 구원섭리를 알아야 한다. 그리고 하나님의 구원섭리를 바르게 이해하려면, 우리는 그 섭리에 작용하는 법칙부터 자세히 알아야 할 필요가 있다. 왜냐하면 하나님의 구원섭리는 항상 일정한 법칙에 따라 전개되기 때문이다. 이러한 법칙을 모를 때, 우리는 하나님의 섭리와 역사의 흐름을 잘못 판단하기 쉽다.

그러면 이제 하나님의 구원섭리와 역사 발전에 부단히 작용하는 주요 법칙들에 대해 간단히 알아보기로 하자.

1. 믿음의 법칙

인간의 타락은 바로 하나님에 대한 믿음과 순종을 저버리고, 그를 불신하고 불순종함에 있었다(창 3창). 따라서 인간이 하나님 앞으로 다시 나아가려면, 반드시 하나님에 대한 믿음과 순종의 기대를 세워야 하는바, 이것을 〈믿음의 법칙〉이라고 한다. 혹자는 믿음만을 강조하지만, 순종(행함)이 없는 믿음은 이미 그 자체가 죽은 것임을 깨달아야 한다(마 7:21, 눅 6:46, 약 2:17).

인간이 세워야 할 믿음의 기대에는 다음과 같은 두 종류가 있다. 첫째는 〈종적인 믿음의 기대〉요, 둘째는 〈횡적인 믿음의 기대〉이다. 전자는 하나님과 주님에 대한 믿음의 기대요, 후자는 인간 상호간에 대한 믿음의 기대이다.

그런데 이러한 믿음의 기대를 세우려면 반드시 믿음의 중심 인물이 있어야 하며, 또 그와 믿음으로 하나가 되어야 한다. 종적인 믿음의 중심인물은 메시아가 되고 (요 14:6, 딤전 2:5). 횡적인 믿음의 중심인물은 교회의 성직자들이 된다(고전 12:28, 엡 4:11~12).하나님의 뜻은 바로 이러한 믿음의 중심 인물들과 하나가 됨으로써(히 13:17, 벧전 5:5), 작게는 개인과 가정으로부터 크게는 민족과 국가와 세계에 이르는 믿음의 기대가 조성되어야만 이루어진다.

2. 탕감의 법칙

인간이 그 본래의 위치와 상태에서 이탈하게 되었을 때, 그 본래의 위치와 상태로 다시 회복하려면 반드시 거기에 필요한 어떠한 조건을 세워 탕감을 받아야 한다. 이러한 탕감조건을 세워 인간이 그 본래의 위치와 상태로 다시 회복하는 것을 〈탕감의 법칙〉이라고 한다.

인간이 세워야 할 탕감조건에는 다음과 같은 세 종류가 있다.

첫째는 동일한 가치의 탕감조건이요(출 21:23~25).

둘째는 보다 작은 가치의 탕감조건이요(눅 7:41~42).

셋째는 보다 큰 가치의 탕감조건이다(출 21:1~4. 민 14:33~34).

이러한 탕감조건들은 인간이 그 본래의 위치와 상태에서 떠나게 된 경로와 반대되는 경로를 통해서 세워야 한다. 예컨대 인간의 타락은 하나님에 대한 불신과 불순종으로 말미암아 초래되었으므로. 인간은 반대로 하나님에 대한 믿음과 순종의 탕감조건을 세워야만 구원받을 수 있다.

3. 분립의 법칙

구원섭리는 선악을 분립하여 선을 세우고 악을 제거함에 그 목적이 있다 (롬 12:21, 요일 3:8). 선과 악이 서로 공존해서는 결코 하나님의 창조 이상이 실현될 수 없으며, 또 인간의 구원도 불가능하기 때문이다(고후 6:14~16).

그러므로 하나님은 지금까지 작게는 개인과 가정으로부터 크게는 민족과 국가와 세계에 이르기까지, 선악 분립의 섭리를 부단히 전개해 오셨다. 오늘의 민주주의 세계와 공산주의 세계는 바로 이러한 선악 분립의 대표적인 형태로 볼 수 있다. 이처럼 선악을 분립하여 선을 세우고 악을 제거하는 것을 〈분립의 법칙〉이라고 한다.

인간은 본래 창조주이신 하나님만을 섬기도록 되어 있다. 그런데 인간은 불행히도 타락함으로써, 두 주인(하나님과 사탄)을 섬기는 〈중간위치〉에 떨어지게 되었다. 그러므로 타락한 인간은 그가 세우는 조건에 따라 두 방향으로 분립된다. 즉 선한 조건을 세우는 자는 하늘 편으로 분립되고, 악한 조건을 세우는 자는 사탄 편으로 분립되는 것이다. 따라서 인간은 누구나 하나님의 뜻에 합당한 선한 조건을 세우도록 항상 힘써야 할 것이다.

4. 계급투쟁의 법칙

예로부터 타락한 인간사회에는 서로 대립·투쟁하는 두 계급이 존재 해 왔다. 〈노동계급〉과 〈착취계급〉이 바로 그것이다. 여기서 노동계급이란 자신과 사회를 위해 성실히 일하며 살아가는 자들을 말하며, 또 착취계급이란 노동계급의 정당한 생존과 권익을 부당하게 침해하는 자들을 가리킨다.

예나 지금이나 인간사회에서 벌어지는 온갖 사회악은 언제나 반사회적 깡패인 착취계급으로부터 발생된다. 다시 말해 역사의 현장에서 온갖 비인간적인 착취와 억압을 일삼는 장본인은 바로 착취계급이다. 따라서 이러한 착취계급은 어디까지나 우리 노동계급(민중)이 반드시 타도해야 할 적대계급이 아닐 수 없다.

민중사상은 선량한 노동계급만을 사회와 역사의 참다운 주체로 본다. 그런데 우리 노동계급이 역사발전의 최종단계인 민중사회(노동계급 사회)를 건설하기 위해서는 반드시 민중해방과 세계해방을 쟁취하기 위한 계급투쟁을 통해 모든 분야에서 반동세력인 착취계급을 깨끗이 몰아내야 하는 바, 이 것을 〈계급투쟁의 법칙〉이라고 한다(제11장 제1절 「사회계급론」 참조).

새 시대, 새 사회를 열망하는 전 세계의 노동계급이여! 이제는 모두가 민중해방의 기치 아래 하나로 굳게 단결하라. 그리고 이제는 민중해방과 세계해방을 위해, 그리고 새로운 민중사회를 건설하기 위해, 모든 분야에 서 지배계급에 대한 계급투쟁(해방투쟁)을 더욱 힘차게 전개하라(롬 12:21, 딤전 6:12).

5. 교회중심섭리의 법칙

인간을 하나님의 성전이라고 하였거니와(고전 3:16, 고후 6:16), 이러한 개 인적인 성전을 확대한 것이 바로 〈교회〉이다. 교회는 하나님의 집이요(막 11:17, 엡 2:22), 그리스도의 몸이요(요 2:21, 엡 1:23), 진리의 터전이요(딤전 3:15), 또 부르심을 받은 자들의 거룩한 신앙공동체이다. 그러므로 하나님은 언제나 교회를 중심으로 그 자신의 구원섭리를 이루시는 바, 이것을〈교회중 심섭리의 법칙〉이라고 부른다.

구원섭리의 중심 인물은〈메시아〉이다. 그런데 메시아는 이 지상에서 육신 을 쓰고 영원히 생존할 수 없으므로, 하나님은 그를 대신한 교회를 세워 섭 리하신다. 예수님이 교회를 세우시고 사도들을 부르신 이유는 여기에 있다 (마 16:18, 고전 12:28).

그러나 교회의 중심은 그 교회를 이끄는 성직자가 아니다. 성서에도 그리 스도는 교회의 머리가 되신다고 하였거니와(엡 1:22, 골 1:18), 교회의 참 주 인(중심)은 오직 주님이시다. 성직자는 주님의 일꾼으로서, 다만 성도들을 주님 앞으로 인도할 뿐이다. 이러한 교회중심의 섭리를 3시대의 교회섭리로 구분하면, 구약시대는 율법교회 섭리시대요, 신약시대는 복음교회 섭리시대 요, 성약시대는 계시록에 예언된 새 복음교회 섭리시대가 된다(계 14:6).

교회는 바로 하나님과 주님이 부단히 역사하시는 구원의 방주이다. 이 구원의 방주를 타고 지금까지 모든 성도들은 거센 파도와 싸우며 고달픈 항해를 계속해 왔다. 그런데 우리가 고대하던 구원의 최종항구에 무사히 닻을 내리려면, 우리는 모름지기 구시대의 방주에서 새 시대의 방주로 다시 갈아타야만 할 것이다.

※ 새로운 민중시대의 기독교는 그 성격상 민중해방과 세계해방을 위해 부름받은 〈민중교회〉가 주도해야 할 것이다.

6. 3시대 구원섭리의 법칙

인간을 비롯한 모든 피조물은 반드시 소성기·중성기·완성기의 3단계 성장과정을 거쳐야만 비로소 완성되도록 창조되었다. 이것을 〈3단계 성장완성의 법칙〉이라고 한다. 이 법칙에 따라 하나님의 전체 섭리는 원시섭리시대와 구원섭리시대와 천국섭리시대의 3시대로 구분되어 전개된다. 이 중 원시섭리시대는 아담 이전의 시대요, 구원섭리시대는 아담 이후의 시대요, 천국섭리시대는 하나님의 구원섭리가 모두 끝난 이후의 시대를 말한다.

한편 하나님의 구원섭리도 3시대로 구분되어 전개된다. 구약과 신약과 성약(成約)의 3시대가 바로 그것이다. 이 중 구약 시대는 타락한 인간을 종의 자리(소성급)까지 구원하는 시대요, 신약시대는 양자의 자리(중성급)까지 구원하는 시대요, 성약시대는 친자의 자리 (완성급)까지 구원하는 시대이다. 이것을 〈3시대 구원섭리의 법칙〉이라고 부른다.

구약시대는 아담으로 부터 예수님까지의 시대요. 신약시대는 예수님으로 부터 그가 재림하실 때까지의 시대이다. 그리고 성약시대는 주님의 재림으로 부터 이 지상에 하나님의 나라(천국)가 모두 이루어질 때까지의 시대이다. 종래의 신학은 하나님의 구원섭리역사를 구약과 신약의 2시대로만 구분해 왔지만. 이러한 2시대 구분은 3시대 구원섭리의 법칙에서 볼 때 올바른 것이 될 수 없다.

이와 같이 하나님은 구약과 신약과 성약의 3시대를 통하여 전 인류를 구원하려 하시므로, 하나님은 반드시 그 3시대를 이끌기 위한 신앙의 중심인물들을 세워 섭리하신다. 구약시대의 중심인물은〈아담〉이요, 신약시대의 중심인물은 〈예수〉님이요, 성약시대의 중심인물은 주님의 대신사명자인 〈승리자〉가 된다(계 2:26~38, 계 12:5). 그런데 이러한 3시대의 중심인물 중 아담만은 불행히도 타락함으로써 그의 사명을 다하지 못하였다(성약시대의 중심인물인〈승리자〉에 관해서는 많은 설명이 필요하지만, 여기서는 부득이 생략하기로 한다).

제4절 구약시대의 섭리과정

하나님의 구원섭리역사는 그 성격상 〈중심섭리사〉와 〈주변섭리사〉로 구분할 수 있다. 전자는 하나님이 부르신 선민에 대한 섭리사(선민사)를 말하고, 후자는 우상숭배를 일삼는 이방인에 대한 섭리사(이민사)를 말한다. 구약시대의 선민은 이스라엘 민족이었다. 따라서 구약시대의 중심섭리사는 바로 이스라엘의 민족사가 된다. 그리고 신약시대의 선민은 아브라함의 믿음을 계승한 기독교 성도들이다(갈 3:7). 따라서 신약시대의 중심섭리사는 바로 기독교사가 된다.

한편 성약시대의 선민은 바로 주님의 재림시대에 부름받은 새로운 민족을 가리킨다(마 21:43). 따라서 성약시대의 중심 섭리사는 어디까지나 그 새로운 민족의 역사가 된다. 필자는 바로 이러한 하나님의 중심 섭리사(선민사)를 중심으로, 구약과 신약과 성약의 3시대사를 각 시대별로 구분하여 간단히 살펴보기로 한다.

구약시대는 아담으로 부터 예수님까지의 4천년 섭리기간을 말한다. 그리고 이시대는 율법 중심의 섭리시대로서, 인간을 사탄의 종에서 하나님의 자리까지 구원하는 시대이다(히 3:5). 그런데 이러한 구약시대는 그 성격상 아담을 중심으로 한 제1차 구약시대와 아브라함을 중심으로 한 제2차 구약시대로 구분된다. 그러면 먼저 제1차 구약시대의 섭리과정에 대해 알아보기로 하자.

1. 제1차 구약시대의 섭리과정

제1차 구약시대는 아담으로부터 아브라함까지의 2천 년 섭리기간을 말한다.그리고 이 시대는 종족적인 섭리시대로서, 장차 올 민족적인 섭리시대의 기반을 닦기 위한 시대였다 그런데 이 시대는 하나님의 구원섭리에 따라 그 섭리과정을 다음과 같이 나눌 수 있다.

(1) 아담시대(600년)

이 시대는 아담으로부터 에녹에 이르는 약 600년 섭리기간을 말한다. 당시 아담은 가인과 아벨을 낳았으나 그형이 아우를 살해함으로써, 가인은 최초의 살인자가 되었고 아벨은 최초의 순교자가 되었다(창 4:8). 이에 하나님은 아벨의 대신자로 셋을 주셨다고 하였다(창 4:25).

(2) 에녹시대(400년)

이 시대는 에녹으로부터 노아에 이르는 약 400년 섭리 기간을 말한다.에녹은 믿음으로 하나님과 동행하다가 승천한 외로운 족장이었고(창 5:21~24). 또 그는 장차 있을 주님의 강림까지 예언한 위대한 선지자였다(유 1:14~15). 에녹은 야렛의 아들로서 아담의 7대 후손이었다.

(3) 노아시대(600년)

이 시대는 노아로부터 하나님의 홍수심판에 이르는 약 600년 섭리기간을 말한다. 노아는 500세에 이르러 셈과 함과, 야벳을 낳았다(창 5:32).그 후 100여 년이 지난 후, 하나님은 홍수를 내려 죄악이 가득한 세상을 심판하셨다(창 7 :11). 그러나 노아의 가정만은 방주를 통해 구원하여 주셨다. 노아는 라멕의 아들로서 아담의 10대 후손이었다.

노아의 방주는 길이 138미터, 높이13미터의 크기로 만들었다(창 6:15). 이 방주에 노아의 가정이 들어간 후 비는 40일간 계속 내렸고(창 7 :12). 이로 인해 방주는 150여 일을 떠다니다가 마침내 아라랏 산 (5150m)에 머물렀다 (창 8:3~5).

(4) 바벨시대(400년)

이 시대는 노아의 홍수로부터 아브라함에 이르는 약 400년 섭리기간 을 말한다. 기록된 바, 데라는 70세에 이르러 아브라함과 나흘 그리고 하란을 낳았고(창 12:4~5), 아브라함은 75세에 소명되어 가나안으로 갔다(창 12:4~5). 따라서 노아의 홍수로부터 아브라함까지는 약 400년이 된다.

「사도행전 」 에 보면, 데라가 죽은 후에 아브라함이 소명된 것으로 나타 나 있지만 (행 7:4), 이 경우 데라는 130세에 아브라함을 낳았다는 문제가 생긴다. 당시 데라의 향년은 205세였기 때문이다(창 11:32). 노아의 자손들 은 홍수가 끝난 지 100여 년이 지난 후, 시날 평지에서 하나님의 뜻에 어긋 나는 바벨 탑을 쌓으며 불신의 길을 갔다(창 11:2~4).이에 하나님은 그들의 언어를 혼잡케 하심으로써, 그들을 모두 흩어지게 하셨다.(창 11:7~9).

2. 제2차 구약시대의 섭리과정

제2차 구약시대는 아브라함으로부터 예수님까지의 2천년 섭리기간을 말 한다. 그리고 이 시대는 민족적인 섭리시대로서, 장차 올 세계적인 섭리시대 의 기반을 닦기 위한 시대였다. 그런데 이 시대는 하나님의 구원섭리에 따라 그 섭리과정을 다음과 같이 나누어 설명할 수 있다.

(1) 애급박해시대(400년)

이 시대는 아브라함의 믿음을 계승한 야곱가정이 애굽으로 이주한후로부 터 이스라엘민족이 그 곳을 떠날 때까지의 섭리 기간을 말한다. 이 시대는 하나님이 아브라함의 후손들을 강대한 민족으로 키우시기 위한 민족 형성기로서(창 46:3), 그 섭리적 연대는 약 400년이 된다(창 15:13).

야곱은 130세에 애굽으로 갔으며(창 47:9), 요셉은 30세에 애굽의 총리대신이 되었다(창 41:46). 때문에 요셉의 생존시에는 야곱의 자손들이 아무런 고난도 받지 않았으며, 오리혀 바로왕의 우대를 받으며 살았다(창 47:5~6). 그러나 요셉이 죽은 후 그들은 온갖 박해를 받으며 살아가게 되었다(출 1:8-16).

한편 이스라엘 민족의 영도자 모세는 40세까지 바로왕의 종노릇을 해야 하는 비운을 겪었다(행 7:23). 그러나 그는 80세에 소명되어 고통받는 자기 민족을 구출한 후, 120세에 위대한 생애를 마쳤다(출 7:7, 신 34:7). 그리고 애굽을 떠난 이스라엘 민족은 그들의 불신으로 인하여 광야에서 40년간 표류한 후, 약속 의 땅 가나안으로 들어갔다(민 14:32~34).

(2) 사사 치리시대(400년)

이 시대는 이스라엘 민족이 애굽에서 가나안으로 이주한 후로부터 사울이 왕위에 오를 때까지의 섭리기간을 말한다. 「열왕기」 상 6장 1절에 보면, 「이스라엘 자손이 애굽 땅에서 나온 지 480년이요, 솔로몬이 이스라엘 왕이 된 지 4년 시브월, 곧 2월에 솔로몬이 여호와를 위하여 성전 건축을 시작하였더라」고 한 말씀이 있다. 이 말씀에 따라, 480년 에서 사울왕의 재위 40년과 다윗왕의 재위 40년을 모두 제하면, 이 시대의 섭리적 연대는 약 400년이 된다.

(3) 통일왕국시대(120년)

이 시대는 하나님이 사울왕과 다윗왕, 그리고 솔로몬왕을 세워 이스라엘 민족을 인도하시던 섭리 기간을 말한다. 이들 세 왕들은 그 재위기간이 각각 40년이었으므로(행 13:21, 삼하 5:4, 왕상 11:42), 이 시대 의 섭리적 연대는 120년이 된다. 이러한 통일왕국 시대는 그 시대를 담당한사명자(왕)들이 하나님의 뜻에 어긋나는 길을 감으로써 마침내 분열되고 말았다. 사울왕은 기스의 아들이요, 다윗왕은 이새의 아들이요, 솔로몬왕은 다윗의 아들이었다 (삼상 9:2.마 1:5~6).

(4) 남북왕국시대(400년)

이 시대는 통일왕국이 남북왕국으로 분열된 후로부터 유다 왕국이 바벨론에게 패망할 때까지의 섭리 기간을 말한다. 그리고 이 시대의 섭리적 연대는 약 400년이된다(「열왕기」 참조).

솔로몬왕이 죽은 후, 통일왕국은 불행히도 북조 이스라엘과 남조 유다로 분열되었다. 북조 이스라엘은 여러보암을 중심으로 한 10지파로 시작되었고, 남조 유다는 르호보암을 중심으로 한 2지파로 시작되었다(왕상 12:20~23). 북조 이스라엘은 호세아왕 때 앗시리아에 망하였고, 남조 유다는 시드기야왕 때 바벨론에 망하게 되었는데, 이러한 남북왕국의 패망은 그들이 우상숭배에 빠짐으로써 초래되었다(왕하 17:15~23).

(5) 유대민족 포로 및 귀한시대(210년)

이 시대는 유대인들이 바벨론에게 포로가 된 후로부터 선지자 말라기가 메시아의 강림을 예고할 때까지의 섭리기간을 말한다. 유대인들의 포로기간은 70년이요(렘 25:11, 렘 29:10). 그 후 선지자 말라기가 메시아의 강림을 예고할 때까지는 약 140년이므로. 이 시대의 섭리적 연대는 모두 210년이 된다.

페르샤왕 고레스는 바벨론을 정복한 후, 포로가 된 유대인들을 모두 해방하였다(대하 36:22~23, 스 1:1~4). 그리하여 그들은 꿈에도 그리던 고국으로 다시 돌아와 파괴된 성전과 성벽을 재건하였다(스 6:15~16, 느 12:27).

(6) 메시아강림 준비시대(400년)

이 시대는 선지자 말라기가 메시아의 강림을 예고한 후로부터 엘리야의 대신사명자인 세례요한이 올 때까지의 섭리기간을 말한다(말 4:5, 마 17:10~13), 그리고 이 시대의 섭리적 연대는 약 400년이 된다.

유대인들은 오랜 포로생활을 끝내고 고국으로 돌아왔으나, 그들의 앞길은 여전히 어둡고 험난하였다. 바벨론의 지배를 벗어나자 페르시아의 지배가 뒤따랐고, 이어 그리스와 로마의 지배가 뒤따랐다. 그들은 갈수록 정치적인 억압과 경제적인 착취, 그리고 종교적인 박해를 당하였다. 그러나 그들에게도 한 가지 희망은 있었다. 그것은 바로 선지자 말라기가 예언한 메시아의 강림이었다. 유대인들은 바로 이러한 메시아 사상이 있었기에 그 모진 역경과 시련들을 끝까지 참고 이겨낼 수 있었던 것이다.

제5절 신약시대의 섭리과정

신약시대는 예수님으로부터 그가 재림하실 때까지의 2천 년 섭리 기간을 말한다. 그리고 이 시대는 복음 중심의 섭리시대로서, 인간을 종의자리에서 양자의 자리까지 구원하는 시대이다(롬8:15,롬8:23).그런데 이러한 신약시대는 하나님의 구원섭리에 따라 그 섭리과정을 다음과 같이 구분할 수 있다.

1. 로마박해시대(400년)

이 시대는 예수님으로부터 데오도시우스 1세가 기독교를 로마제국의 국교로 공인할 때까지의 섭리기간을 말한다. 따라서 이 시대의 섭리적 연대는 약 400년이 된다. 이 시대에 있었던 기독교 박해는 네로 황제와 도미티안 황제 때에 가장 혹심하였다. 그들은 온갖 잔인한 방법을 총 동원하여, 기독교 성도들을 마구 처형하였다. 그러나 기독교로 개종한 콘스탄틴 대제가 서기 313년에 밀라노 칙령을 통해 기독교를 공인함으로써 모든 박해는 끝나게 되었다.

콘스탄틴 대제는 기독교를 공인한 후, 정치·경제·종교 등 모든 분야에서 교회활동을 적극 지원함으로써, 당시 기독교는 로마교회를 중심으로 급속히 발전해 갔다. 그리하여 서기392년 기독교는 마침내 데오도시우스 1세에 의해 로마제국의 국교가 되었다.

2. 교구장 치리시대(400년)

이 시대는 데오도시우스 1세가 기독교를 로마제국의 국교로 공인한 후로부터 찰스 대제가 서로마제국의 황제로 즉위할 때까지의 섭리 기간을 말한다. 찰스 대제가 즉위한 시기는 서기 800년이므로, 이 시대의 섭리적 연대는 약 400년이 된다. 그리고 이 시대의 기독교는 예루살렘·안디옥·알렉산드리아·콘스탄티노플·로마 등의 5대 교구로 분활되어 있었는데, 그 중 로마 교구장(교황)은 다른 교구들을 모두 관할하는 위치에 있었다.

3. 기독교 왕국시대(120년)

이 시대는 찰스 대제가 즉위한 후로부터 헨리 1세가 즉위할 때까지의 섭리기간을 말한다. 그리고 이 시대의 섭리적 연대는 약 120년이 된다. 찰스 대제는 교황 레오 3세로부터 서로마제국의 황제로 추대받음으로써(800년), 그가 다스리던 프랑크왕국은 사실상 기독교왕국이 되었다. 그런데 이 프랑크 왕국은 그의 손자대에 이르러 동프랑크(독일)와 서프랑크(프랑스), 그리고 이탈리아의 3국으로 분립되었다. 그 후 동프랑크는 찰스 대제의 세습적인 왕통이 끊어짐으로써, 서기 919년 제후들의 선거에 의해 오토 대제의 부친인 헨리 1세가 독일 황제의 자리에 오르게 되었다.

4. 동서 왕국시대(400년)

이 시대는 헨리 1세가 즉위한 후로부터 로마의 교황청이 프랑스의 아비뇽으로 옮겨질 때까지의 섭리기간을 말한다. 그리고 이 시대의 섭리적 연대는 약400년이 된다. 헨리 1세 때에 기독교왕국은 동서 프랑크와 이탈리아의 3국으로 분립되어 있었다. 그러나 후일 이탈리아는 동프랑크의 지배하에 들어감으로써, 프랑크 왕국은 사실상 동서왕국으로 양분된 셈이 되었다. 그 후 동프랑크는 오토 대제에 의해 신성 로마제국으로 발전하였다.

그런데 이 시대의 교황청은 그들의 지나친 권력남용과 성지회복에 나선 십자군의 계속적인 패전으로 인해 갈수록 그 권위와 신망을 잃게 되었다. 그리하여 서기1309년 교황 클레멘스 5세 때에는 불행히도 교황청을 로마에서 아비뇽을 옮기게 되었다.

5. 교황포로 및 귀환시대(210년)

이 시대는 로마 교황청이 프랑스의 아비뇽에 유폐된 후로부터 루터가 종교개혁을 일으킬 때까지의 섭리 기간을 말한다. 로마 교황청의 유폐기간은 약 70년이요. 그후 루터가 종교개혁을 일으킬 때까지는 140년이므로, 이 시대의 섭리적 연대는 모두 210년이 된다.

교황 클레멘스 5세가 로마의 교황청을 아비뇽으로 옮긴 후(1309년), 역대의 교황들은 프랑스왕의 부당한 간섭을 받으며, 마치 포로와 같은 유폐된 생활을 하였다. 그 후 교황 그레고리우스11세는 교황청을 다시금 로마로 옮겼다(1377년).

교황 그레고리우스 11세는 로마로 다시 돌아왔으나, 그의 사후 교황청은 분열되어 로마와 아비뇽에 두 교황(우르반6세와 클레멘스7세)이 있게 되었다. 그 후 피사 총회에서는 분리된 교황들을 모두 폐위시키고, 알렉산더5세를 다시 교황으로 선출하였다(1409년).

그러나 폐위된 두 교황이 이에 불복함으로써. 한때는 3인의 교황이 난립하는 추태까지 보였다. 이러한 교황청의 분열은 후일 콘스탄스 총회에서 그들을 모두 폐위시키고, 마르틴5세를 새 교황으로 선출함으로써 간신히 수습되었다(1417). 그러나 그들은 회개하지 않은 채 또다시 부패와 타락의 길을 가고 말았다.

6. 메시아재림 준비시대(400년)

이 시대는 루터가 종교개혁을 일으킨 후로부터 『계시록』에 예언된 두증인 (선지자)이 출현할 때까지의 섭리 기간을 말한다(계 11:3~4). 1517년 비텐베르크 대학의 신학교수로 있던 루터는 부패하고 타락한 로마 교황청을 향해 95개조의 항의문을 들고 위대한 종교개혁의 포문을 열었다. 이것이 도화선이 되어 스위스에서는 츠윙글리를 중심으로, 또 프랑스에서는 칼빈을 중심으로 새로운 개혁운동이 일어났다.

그리하여 신·구교의 대립은 갈수록 격화되었고, 그 결과 쌍방은 마침내 독일을 무대로 30년간의 종교전쟁에 휘말리게 되었다. 이전쟁은 1648년 웨스트파리아 조약에서 칼빈파를 승인함으로써 신교의 승리로 끝났다.

그 후 독일에서는 스페너를 중심으로 경건주의 운동이 일어났고, 영국에서는 웨슬리를 중심으로 복음주의 부흥운동이 일어났으며, 미국에서는 개교회를 중심으로 대각성운동이 일어났다. 이러한 개혁운동의 물결은 20세기에 들어오자, 초교파적인 에큐메니컬 운동으로 발전하였다. 이 운동에는 그 동안 대립만 해오던 신·구교가 다 함께 참여함으로서, 기독교 통일에 밝은 전망을 보여주고 있다.

기독교의 통일! 그것은 바로 하나님과 주님의 간절하신 뜻이므로, 초교파적인 교회 일치운동은 그 목표가 실현될 때까지 부단히 추진되어야 한다.그래야만 주님의 재림시대는 평탄히 예비될 것이다.

제6절 성약준비시대의 섭리과정

성약시대는 그리스도의 재림으로부터 이 지상에 하나님의 나라(천국)가 모두 이루어질 때까지의 1천년 섭리기간을 말한다(계 11:15, 계 20:4~6). 이 시대는 일명 〈천년왕국시대〉라고도 하거니와, 이 시대는 「계시록」에 예언된 〈새 복음〉을 중심으로 한 새로운 섭리시대로서(계 10:11, 계 14:6), 인간을 양자의 자리에서 친자의 자리까지 구원하는 시대이다(마 3:17, 요 5:18, 계 21:7).

혹자는 천년왕국시대라는 말이 매우 생소하게 들릴지도 모르지만, 「계시록」에 보면 장차 그리스도를 중심으로 한 천년왕국시대가 도래할 것이 분명히 기록되어 있다(계20:4~6). 그런데 오늘 이 시대는 바로 이러한 천년왕국시대가 속히 출발해야 할 새로운 시점에 와 있음을 우리 성도들은 지혜롭게 깨달아야 할 것이다.

일찍이 예수님은 포도원의 비유를 들어 유대인들의 불신을 책망하신 후, 그들에게 「그러므로 내가 너희에게 이르노니 하나님의 나라를 너희는 빼앗기고 그 나라의 열매 맺는 다른 백성이 받으리라」(마 21:43)고 분명히 말씀하셨다. 이 말씀대로 초림시대의 이스라엘 민족은 오신 메시아를 끝까지 불신하고 십자가에 살해함으로써, 그들은 불행히도 그 고귀한 선민의 자리를 영원히 잃고 말았다(마 8:1~12, 롬 11:11, 살전 2:15~16). 그러면 주님의 재림시대를 맞이한 오늘 이 시대에, 초림시대의 이스라엘 민족을 대신할 새로운 선민은 과연 어느 민족일 것인가?

주님의 재림시대(성약시대)에 부름 받을 새로운 선민은 반드시 과거 이스라엘 민족이 걸어갔던 전형적인 섭리노정을 그대로 되풀이해서 걸어가야만 한다. 그런데 이러한 전형적인 섭리노정을 그대로 재현해서 걸어온 민족은 이 지구상에서 오직 한국 민족밖에 없다. 이에 필자는 우리 한국 민족이 바로 주님의 재림시대에 부름받은 새로운 〈선민〉임을 세계 만방에 밝히 증거하는 바이다.

* 또 보매 다른 천사가 살아계신 하나님의 인을 가지고 해돋는 곳(동방)으로
부터 올라와서…큰 소리로 외쳐 가로되, 우리가 우리 하나님의 종들의 이마
에 인치기까지 땅이나 바다나 나무나 해하지 말라 하더라(계7:2~4).

* 내가 동방에서 독수리(사명자)를 부르며 먼 나라에서 나의 모략을 이룰 사
람을 부를 것이라. 내가 말하였은 즉 정녕 이룰 것이요, 경영하였은 즉
정녕 행 하리라(사46:11).

* 나는 나를 구하지 아니하던 자에게 물음을 받았으며, 나를 찾지 아니하던
자에게 찾아냄 이 되었으며, 내 이름을 부르지 아니하던 나라에서 내가 여
기 있노라 하였노라(사65:1).

위의 말씀에서 알 수 있듯이, 성약시대에 부름받을 새로운 선민은 반드
시 해돋는 동방의 먼 나라에 있어야 하며(계 7:2~4, 사 46:11), 또한 그선민
은 지금까지 하나님을 모르던 민족이어야 한다(사 65:1, 호 2:23).

그 뿐만 아니라, 그 새로운 선민은 선지자 스가랴의 말씀대로 남과 북이
서로 갈라진 분단국가의 민족이어야 하며(슥14:4), 또한 수정같이 맑은 생수
의 강–압록강과 두만강–이 동해와 서해로 흐르는 반도국가의 민족이어야 한
다(슥 14:8). 그런데 이러한 지리적 조건들을 모두 갖춘 민족은 오직 한국
민족밖에 없으니, 이러한 면에서도 우리는 한국 민족이 바로 성약시대에 부
름받은 새로운 선민임을 결코 부인하지 못할 것이다.

이와 같이 한국민족은 구약시대의 이스라엘민족을 대신한 새로운 선민으
로 부름받았거니와, 우리 한국민족은 과거 일본제국이 강제로 을사보호조약
을 체결했던 1905년부터 2000년까지, 새로운〈성약시대〉를 예비하기 위한 공
식적인 섭리노정을 걸어 왔다. 그런데 이러한 공식적인 섭리노정은〈동시성
의섭리〉에 따라 다음과 같이 구분할 수 있다(다음에 소개하는 섭리내용은 어
디까지나 성약준비시대의 섭리과정임을 미리 밝혀 두는 바이다).

1. 일본박해시대(40년)

이 시대는 1905년 이른바 을사보호조약이 체결된 후로부터 1945년 우리민족이 일본제국으로부터 해방될 때까지의 섭리 기간을 말한다. 따라서 이시대의 섭리적 연대는 40년이 된다.

그런데 이 시대는 과거 이스라엘 민족이 걸어갔던 〈애급박해시대〉400년을 동시성으로 축소·재현하는 시대였다. 그러므로 이 시대에는 이스라엘 민족이 그러했듯이, 우리 민족도 역시 나라는 있으되 나라 없는 백성으로서, 온갖 고난의 길을 가게 되었던 것이다.

2. 미군정시대(4년)

이 시대는 1945년 조국이 일제치하에서 해방된 후로부터 1948년 대한민국 정부가 수립될 때까지의 섭리기간을 말한다. 따라서 이 시대의 섭리적 연대는 약 4년이 된다(당시 미군정의 책임자는 하지중장이었다).

그런데 이 시대는 구약의 〈사사치리시 대〉400년을 동시성으로 축소·재현하는 시대였다. 그러므로 이 시대에는 과거 사사시대가 그러했듯이, 이스라엘 민족의 사사들에 해당하는 애국지사들이 우리 민족을 다스리게 되었던 것이다.

3. 건국시대(12년)

이 시대는 1948년 대한민국 정부가 수립된 후로부터 1960년 자유당을 중심으로 한 제1공화국이 끝날 때까지의 섭리 기간을 말한다. 따라서 이 시대의 섭리적 연대는 12년이 된다.

그런데 이 시대는 구약의 〈통일왕국시대〉120년을 동시성으로 축소·재현하는 시대였다. 그러므로 이 시대의 제1공화국은 3대12년만에 그 막을 내리게 되었다. 당시 이승만 대통령은 부정선거를 하면서까지 그 정권을 계속 연장시키려 했지만, 하늘의 섭리는 결코 그것을 용납치 않았던 것이다.

4. 내각통치시대(400일)

이 시대는 1960년 제1공화국이 끝난 후로부터 1961년 민주당을 중심으로 한 제2공화국이 끝날 때까지의 섭리기간을 말한다(당시 정부는 내각책임제를 실시했다). 따라서 이 시대의 섭리적 기간은 약 400일이 된다(4·19혁명에서 5·16혁명까지의 기간).

그런데 이 시대는 구약의 〈남북왕국시대〉 400년을 동시성으로 축소·재현하는 시대였다. 그러므로 당시 윤보선 대통령을 중심으로 한 제2공화국은 결국 400일 만에 끝나게 되었다. 그리고 당시 집권당이던 민주당도 신·구파로 분당하게 되었다.

일찍이 하나님은 1일을 1년으로 계산해서 섭리하신 일이 있었다(민 14:34). 이와 마찬가지로 제2공화국의 400일은 바로 남북왕국시대의 400년에 해당하는 섭리기간이었음을 알아야 한다.

5. 군부통치시대(210일)

이시대는 1961년 5월16일 박정희장군이 주도한 군사혁명이 일어난 후로부터 동년 12월까지의 섭리기간을 말한다. 따라서 이 시대의 섭리적 기간은 약210일(7개월)이 된다.

그런데 이 시대는 구약의〈유대민족 포로 및 귀환시대〉210년을 동시성으로 축소·재현하는 시대였다. 그러므로 당시 우리 국민들은 군사정부의 온갖 통제를 받으며 마치 포로와 같은 생활을 하게 되었던 것이다(당시 정부는 전국에 계엄령을 선포했다).

6. 재림준비시대(40년)

이 시대는 정부가 〈단기연호〉를 폐지하고, 기독교연호인 〈서기연호〉를 처음 사용한 1962년 1월부터 새 천년의 전야인 2000년 12월까지의 섭리기간을 말한다. 따라서 이 시대의 섭리적 연대는 약40년이 된다.

그런데 이 시대는 구약의 〈메이사 강림 준비시대〉 400년을 동시성으로 축소·재현하는 시대였다. 그러므로 과거 이스라엘 민족이 메시아의 강림을 고대했듯이, 이 시대의 우리 성도들도 역시 메시아의 재림을 간절히 고대했던 것이다.

※ 새 천년이 시작되는 〈2001년〉은 새 시대의 시발점이 된다.

7. 한국의 70년 정치섭리노정

한국은 어떤 나라인가? 섭리적인 관점에서 본 한국은 바로 주께서 재림하실 나라이며, 또 구약시대의 이스라엘선민을 대신한 새로운 선민의 나라가 된다. 그렇다면 우리는 지금 한국에서 전개되고 있는 정치적인 섭리노정에 대해 주목할 필요가 있다. 지금 한국의 정치섭리노정은 과거 이스라엘왕국이 걸어갔던 정치섭리노정을 본보기로 하여 전개되고 있기 때문이다. 그런데 이러한 한국의 70년 정치섭리노정은 20년을 주기로 다음과 같이 전개되고 있다 (단 9:2, 렘 29:10).

① 제1차 20년 정치섭리노정

이것은 한국정부가 수립된 1948년부터 1967년까지의 섭리기간을 말한다 (1948년은 이스라엘이 건국한 해이기도 하다). 그리고 이 기간(20년)은 그 성격상 제1차 구약시대의 2000년에 해당된다.

제1차 정치섭리노정의 전반기는 이승만 대통령이 이끌었는데, 이 기간(12년)을 자유당시대라고 부른다(당시 대통령의 임기는 4년이었다). 이러한 자유당시대는 이승만 대통령의 하야로 3대 12년만에 그 막을 내리게 되었다. 여기서 자유당시대 12년은 그 성격상 구약시대의〈통일왕국시대〉120년에 해당된다.

이처럼 이승만 대통령이 주도하던 자유당시대가 막을 내리자, 제1차 정치섭리노정은 윤보선 대통령과 장면총리가 주도하는 과도시대(1년)로 이어졌다(당시 정부는 내각책임제를 실시했다). 여기서 과도시대의1년은 365일이 아닌 400일을 의미하는데(4·19혁명에서 5·16혁명까지의 기간), 이 기간(400일)은 그 성격상 구약시대의 〈남북왕국시대〉400년에 해당된다(민14:34). 이러한 과도시대가 지난 다음 제1차 정치섭리노정은 박정희 대통령이 주도하는 공화당시대(7년)로 다시 이어졌다. 이러한 공화당시대 7년 중 처음 3년은 구약시대의〈유대민족포로 및 귀환시대〉210년에 해당되고, 나머지 4년은 〈메시아강림 준비시대〉 400년에 해당된다.

② 제2차 20년 정치섭리노정

이것은 박정희대통령이 재 집권한 1968년부터 1987년까지의 섭리기간을 말한다. 그리고 이 기간(20년)은 그 성격상 제2차 구약시대의 2000년에 해당된다.

제2차 정치섭리노정의 전반기는 박정희대통령이 이끌었는데, 이 기간(12년)을 후기 공화당시대라고 부른다. 이러한 공화당시대는 박정희대통령의 서거로 3대 12년만에 그 막을 내리게 되었다. 여기서 공화당시대 12년은 제1차 노정의 자유당시대 12년을 동시성으로 재현하는 기간이었다.

이처럼 박정희대통령이 주도하던 후기 공화당시대가 막을 내리자, 제2차 정치섭리노정은 최규하대통령이 주도하는 과도시대(1년)로 이어졌다. 여기서 최대통령의 과도시대 1년은, 제1차 조정의 과도시대 1년을 동시성으로 재현하는 기간이었다. 이러한 과도시대가 지난 다음 제2차 정치섭리노정은 전두환대통령이 주도하는 민정당시대(7년)로 다시 이어졌다(당시 전대통령의 임기는 7년이었다). 여기서 민정당 시대 7년은, 제1차 노정의 공화당시대 7

년을 동시성으로 재현하는 기간이었다.

③ 제3차 20년 정치섭리노정

이것은 노태우대통령이 집권한 1988년부터2007년까지의 섭리기간을 말한다. 그리고 이기간(20년)은 그 성격상 신약시대의2000년에 해당된다.

제3차 정치 섭리노정 의 전반기는 세 사람의 대통령(노태우·김영삼·김대중)이 이끌었는데, 이기간(15년)을 3당시대라고 부른다(당시대통령의 임기는 5년이었다. 그리고 3당은 민정당과 민자당과 민주당을 가리킨다)./ 여기서 3당시대 15년은 제1차 노정의 자유당시대 12년을 동시성을 재현하는 기간이었다.

세 사람의 대통령이 주도하던 3당시대가 막을 내리자, 제3차 정치섭리노정은 노무현대통령이 주도하는 과도시대(1년)로 이어졌다(노대통령의 과도기는 국회의 탄핵으로 인해 초래되었다).

여기서 노대통령의 과도시대 1년은, 제1차 노정의 과도시대 1년을 동시성으로 재현하는 기간이었다. 이러한 과도시대가 지난 다음 제3차 정치섭리노정은 노무현대통령이 주도하는 우리당시대(4년)로 다시 이어졌다(노대통령은 헌법재판소의 탄핵기각으로 다시 직무에 복귀했다). 여기서 우리당시대 4년은 그 성격상 제1차 노정의 공화당시대 7년을 동시성으로 재현하는 기간에 해당된다. 그리고 우리당시대가 4년으로 줄어든 이유는 3당시대부터 대통령의 임기가 5년으로 바뀌었기 때문이다.

④ 제4차 10년 정치섭리노정

이것은 이명박정부가 출범한 2008년부터 시민혁명으로 박근혜정부가 조기 퇴진하는 2017년까지의 섭리기간을 말한다. 그리고 이기간(10년)은 한국의 70년 정치섭리노정을 모두 끝내고 새 시대로 나아가기 위한 정치적 과도기에 해당된다.

이처럼 제4차 정치섭리노정의 과도기는 새누리당의 이명박대통령과 박근혜대통령이 이끌었는데, 그중 박대통령은 불행히도 국회의 탄핵을 받아 조기에 퇴임하게 되었다.

위에서 논한 바와 같이, 한국은 지금 하나님의 섭리에 따라 70년 정치섭리 노정을 걸어가고 있다. 그러면 한국은 왜 이러한 정치섭리노정을 걷게 되었는가? 그 이유는 한국이 구약시대의 이스라엘 선민을 대신한 새로운 선민의 나라로 부름받았기 때문이다(한국교회는 이 사실을 속히 깨달아야 한다). 이처럼 한국은 주님의 재림시대에 하나님이 부르신 새로운 선민의 나라이므로, 우리 한국은 과거 이스라엘선민이 걸어갔던 그 고난의 섭리노정을 오늘날 또다시 걸어가게 되었던 것이다.

오는 〈2017〉년은 한국의 70년 정치섭리노정이 모두 끝나는 해이며, 또 루터의 종교개혁 500주년이 되는 매우 뜻깊은 해이다. 그때부터 이 땅에는 새시대가 요구하는 새로운 〈민중교회〉가 등장할 것이다. 그리고 그 새로운 민중교회에 의해 세계는 반드시 변혁되고 해방될 것이며.또 이 땅에 하나님의 나라와 민중의 나라도 반드시 건설될 것이다.

이미 전술한 바와 같이, 한국 민족은 과거 이스라엘 민족이 걸어갔던 전형적인 섭리 노정을 하나님의 특별하신 섭리에 따라 모두 그대로 되풀이하여 걸어왔다. 이렇듯 이스라엘 민족의 전형적인 섭리 노정이 한국민족을 중심으로 재현되었다는 이 놀라운 사실은, 우리 한민족이 바로 성약시대의 새로운 선민으로 부름받았음을 나타내는 유력한 섭리적증거가 아닐수 없다.

인도의 시인이며 철학자인 타고르도 한국을 가리켜 〈동방의 등불〉이라고 예찬했거니와, 오늘날 우리 한국은 주님의 재림시대를 이끌어갈 새로운 선민의 나라로 부름받음으로써, 이제는 〈세계의 등불〉로 급속히 떠오르고 있다.

일찍이 그리스와 로마에서 꽃을 피웠던 반도문명은 영국의 도서문명으로 이동한 후 미국의 대륙문명으로 옮겨졌다. 그런데 이러한 대륙문명은 새로운 아시아 태평양시대를 맞이하여 다시금 일본의 도서문명이로 옮겨졌으며, 지금은 〈한국〉을 중심으로 한 반도문명으로 급속히 이동하고 있다. 이 사실은 지금이 바로 〈동서문명의 대전환기〉임을 보여주는 유력한 증거가 아닐 수 없다. 우리 한국은 바로 이러한 동서문명의 대전환기를 맞이함으로써, 이 땅에 하나님의 나라를 건설하기 위한 새로운 세계문명의 중심지가 될 것이다.

제7절 한민족의 고대역사

민중사상은 인류역사의 뿌리를 두가지로 구분한다. 〈신앙적 뿌리〉와〈혈통적 뿌리〉가 바로 그것이다.그리고 민중사상은 역사의 신앙적 뿌리를 성서에 나타난 히브리 민족의 역사에서 찾는다. 그러나 역사의 혈통적 뿌리는 「환단고기」 등에 나타난 한민족의 역사에서 찾고 있다.그 까닭은 우리 한민족의 역사가 이 지구상에서 가장 오래 되었으며, 또 그러한 역사과정을 연대적으로 입증할 만한 옛문헌(사서)들이 아직도 많이 남이 있기 때문이다.

한민족의 고대사를 기록한 「환단고기」에서는 인류의 혈통적 조상을 〈나반〉과〈아만〉이라고 하였는데, 이들로부터 계산된 한민족의 역사는 약 1만년에 이르고 있다. 이것은 성서에 나타난 히브리 민족의 역사보다 무려4천년이나 앞선 역사이다. 그러므로 민중사상은 인류역사의 혈통적 뿌리를 한민족의 역사에서 찾고 있으며, 또 한민족을 세계인류의 중심민족으로 보고있다.

「환단고기」에 나타난 한민족의 고대사는 네 시대로 구분할 수 있다.〈나반시대〉와〈환인시대〉및〈환웅시대〉와〈단국시대〉가 바로 그것이다. 그러면 이러한 네 시대를 연대적으로 간단히 살펴보기로 하자.

1. 나반시대(1000년)

이 시대는 인류의 혈통적 조상인 나반으로부터 그의 후손인 환인이 새로운 나라(환국)를 세울 때까지의 역사 기간을 말한다. 나반 성조와 그의 후손들은 아이사타를 중심으로 소규모의 부족국가들을 세우고 살아 왔는데, 이 시대의 연대는 기록되지 않았다. 그러나 인류의 신앙적 조상인 아담의 시대가 약 1천 년간 계속된 것으로 보아(창 5:4~5), 필자는 인류의 혈통적 조상인 나반의 시대도 약 1천 년간 계속된 것으로 본다.

2. 환인시대(3301년)

이 시대는 제1대 환인(안파견)으로 부터 제7대 환인(지위리) 에 이르기까지의 역사 기간을 말한다. 환인천제는 천해(바이칼호)의 동쪽 파나류산 밑에 12연방으로 구성된 〈환국〉이라는 나라를 세웠는데, 이 나라는 7대에걸쳐 3301년간 계속되었다. 여기에 환인시대의 계보와 환국의 12연방을 소개하면 다음과 같다.

– 환인시대의 계보 –

제1대 안파견 환인	제2대 혁서 환인
제3대 고시리 환인	제4대 주우양 환인
제5대 석제임 환인	제6대 구을리 환인
제7대 지위리 환인	

– 환국의 12연방 –

(1) 비리국(卑離國)	(2)양운국(養雲國)
(3) 구막한국(寇寞汗國)	(4) 구다천국(句茶川國)
(5) 일군국(一群國)	(6) 우루국(虞婁國)
(7) 객현한국(客賢汗國)	(8) 구모액국(句牟額國)
(9) 매구여국(買句餘國)	(10) 사납아국(斯納阿國)
(11) 선비국(鮮神國)	(12) 수밀이국(須密爾國)

3. 환웅시대(1565년)

이 시대는 제1대 환웅 (거발한)으로부터 제18대 환웅(거불단)에 이르기까지의 역사 기간을 말한다. 환웅 천황은 홍익인간의 큰 뜻을 펴시기 위해 태백산(백두산)에〈배달〉이란 나라를 세웠는데, 이 나라는 18대에 걸쳐 1565년간 계속되었다(『환웅시대의 계보』 참조).

– 환웅시대의 계보 –

왕대	환웅 이름	재위 기간	향년
1	거발한(居發桓) 환웅	94년	120세
2	거불리(居弗理) 환웅	86년	102세
3	우야고(右耶古) 환웅	99년	135세
4	모사라(慕士羅) 환웅	107년	129세
5	태우의(太虞儀) 환웅	93년	115세
6	다의발(多儀發) 환웅	98년	110세
7	거련(居連) 환웅	81년	140세
8	안부련(安夫連) 환웅	73년	94세
9	양운(養運) 환웅	96년	139세
10	갈고(葛古) 환웅	100년	125세
11	거야발(居耶發) 환웅	93년	149세
12	주무신(州武愼) 환웅	105년	123세
13	사와라(斯瓦羅) 환웅	67년	100세
14	자오지(慈烏支) 환웅	109년	151세
15	치액특(蚩額特) 환웅	89년	118세
16	축다리(祝多利) 환웅	56년	99세
17	혁다세(赫多世) 환웅	72년	97세
18	거불단(居弗壇) 환웅	48년	82세

4. 단군시대(2096년)

이 시대는 제1대 단군(왕검)으로부터 제47대 단군(고열가)에 이르기까지의 역사 기간을 말한다. 단군 왕검은 홍익인간의 대도를 계승발전시키기 위해 아사달(평양)에〈조선〉이라는 나라를 세웠는데, 이 나라는 47대에 걸쳐 2096년간 계속되었다(『단군시대의 계보』 참조).

위에서 필자는 한민족의 고대사를 네 시대로 나누어 간단히 소개했거니와, 민중사상은 이러한 한민족의 고대사를 통해 인류 역사의 혈통적 뿌리를 밝히고 있다. 오늘날 많은 학자들은 일찍이 메소포타미아에서 꽃피운 수메르 문명을 세계에서 가장 오래된 문명으로 보고 있지만, 그 수메르 문명은 그보다 더 오래된〈환국문명〉에서 비롯된 것이었음을 알아야 한다. 다시 말해 환국의 12연방 중 수밀이국(수메르국)의 사람들이 기원전 4000년경에 중동의 메소포타미아 지방으로 이동하여 세운 도시문명이 바로 수메르문명이었던 것이다.

요컨대 한민족은 세계에서 가장 오래된 역사와 문화를 지닌 민족이다. 따라서 이러한 한민족의 역사를 모르고서는 어느 누구도 인류 역사의 혈통적 뿌리를 밝힐 수 없다. 오늘의 모든 신학자들과 역사학자들은 이 사실을 밝히 깨달아야 할 것이다.

※ 유대민족의 조상인 아브라함의 고향은 바로 수메르민족이 대대로 살아오던 메소포타미아의 갈대아 우루였다(창11:31). 그러므로 민중사상은 그 유대민족과 수메르민족을 동일한 민족으로 본다.

- 단군시대의 계보 -

왕대	단군이름	제위기간	향년	왕대	단군이름	제위기간	향년
1	단군 왕검(王儉)	93년	130	25	단군 솔나(率那)	88년	
2	단군 부루(夫婁)	58년		26	단군 추로(鄒魯)	65년	
3	단군 가륵(嘉勒)	45년		27	단군 두밀(豆密)	26년	
4	단군 오사구(烏斯丘)	38년		28	단군 해모(奚牟)	28년	
5	단군 구을(丘乙)	16년		29	단군 마휴(摩休)	34년	
6	단군 달문(達門)	36년		30	단군 내휴(奈休)	35년	
7	단군 한율(翰栗)	54년		31	단군 등올(登屼)	25년	
8	단군 서한(西翰)	8년		32	단군 추밀(鄒密)	30년	
9	단군 아술(阿述)	35년		33	단군 감물(甘勿)	24년	
10	단군 노을(노을)	59년		34	단군 오문루(奧門婁)	23년	
11	단군 도해(道奚)	57년		35	단군 사벌(沙伐)	68년	
12	단군 아한(阿漢)	52년		36	단군 매륵(買勒)	58년	
13	단군 흘달(屹疸)	61년		37	단군 마물(麻勿)	56년	
14	단군 고불(古弗)	60년		38	단군 다물(多勿)	45년	
15	단군 대음(代音)	51년		39	단군 두홀(豆忽)	36년	
16	단군 위나(尉那)	58년		40	단군 달음(達音)	18년	
17	단군 여을(余乙)	68년		41	단군 음차(音次)	20년	
18	단군 동엄(冬奄)	49년		42	단군 을우지(乙于支)	10년	
19	단군 구모소(구牟蘇)	55년		43	단군 물리(勿理)	36년	
20	단군 고홀(固忽)	43년		44	단군 구물(丘勿)	29년	
21	단군 소태(蘇台)	52년		45	단군 여루(余婁)	55년	
22	단군 색불루(索弗婁)	48년		46	단군 보을(普乙)	46년	
23	단군 아홀(阿忽)	76년		47	단군 고열가(古列加)	58년	
24	단군 연나(延那)	11년					

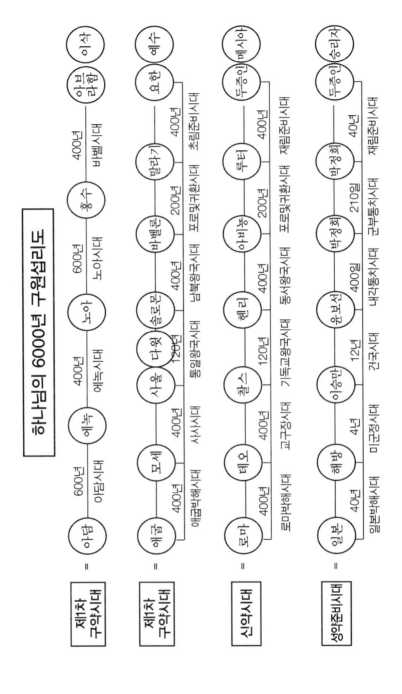

하나님의 6000년 구원섭리도

제1차
구약시대
=
아담 ──600년── 에녹 ──400년── 노아 ──600년── 홍수 ──400년── 아브라함 이삭
        아담시대   에녹시대   노아시대   바벨시대

제1차
구약시대
=
애굽 ──400년── 모세 ──400년── 사울·다윗·솔로몬 ──400년── 바벨론 ──200년── 말라기 ── 요한·예수
      애굽박해시대   사사시대   120년   초림준비시대
                               통일왕국시대   남북왕국시대   포로및귀환시대

신약시대
=
로마 ──400년── 네오 ──400년── 찰스 ──120년── 헨리 ──400년── 아비뇽 ──200년── 루터 ──400년── 두종인(메시아)
      로마박해시대   교구장시대   기독교왕국시대   동서왕국시대   재림준비시대
                                               포로및귀환시대

성약준비시대
=
일본 ──40년── 해방 ──4년── 이승만 ──12년── 윤보선 ──400일── 박정희 ──210일── 박정희 ──40년── 두종인(승리자)
      일본박해시대   미군정시대   건국시대   내각통치시대 군부통치시대   재림준비시대

246 민중의 바이블

윤 리 론

✞ 예수께서 가라사대 네 마음을 다하고 목숨을 다하고 뜻을 다하여 주 너의 하나님을 사랑하라 하셨으니 이것이 크고 첫째 되는 계명이요, 둘째는 네 이웃을 네 몸과 같이 사랑하라 하셨으니, 이 두 계명이 온 율법과 선지자의 강령이니라(마 22:37~40).

✞ 자녀들아 너희 부모를 주 안에서 순종하라, 이것이 옳으니라, 네 아버지와 네 어머니를 공경하라. 이것이 약속 있는 첫 계명이니라 (엡 6:1~2).

✞ 너는 너의 하나님 여호와의 명한대로 네 부모를 공경하라(신 5:16)

✞ 무엇보다도 열심으로 서로 사랑할지니, 사랑은 허다한 죄를 덮느니라 (벧전 4:8)

✞ 사람의 행실 중에서 효도보다 더 큰 것은 없다(공자).

인간은 누구나 양심대로 선하게 살기를 원한다(히 13:18). 비록 죄인이라도 비양심적으로 살기를 원하는 사람은 아무도 없다. 이 사실은 인간의 본성이 본래는 선하다는 것을 보여주는 좋은 증거가 아닐 수 없다(롬 2:14~15).

일찍이 중국의 맹자는 〈성선설〉을 주장하고 순자는 〈성악설〉을 주장한 바 있거니와, 필자는 인간의 본성이 선하다고 한 맹자의 주장을 지지한다. 인간은 본래 선하신 하나님의 자녀로 지음받은 양심적 존재이기 때문이다. 만일 순자의 주장대로 인간의 본성이 악하다면, 우리 인간은 어찌하여 그 양심대로 선하게 살기를 원한단 말인가?

한편 인간은 누구나 한결같이 인간답게 살기를 원한다. 비록 선한 사람이라도 비인간적으로 살기를 원하는 사람은 아무도 없다. 이 사실은 인간이 본래 선한 본성을 지닌 윤리적 존재임을 나타내는 좋은 증거가 아닐 수 없다(엡 6:1~3).

이와 같이 인간이 본래 선한 본성을 지닌 윤리적 존재라면, 우리는 항상 그 선한 본성을 따라 인간답게 살도록 힘써야 한다(롬 12:21, 살전 5:22). 그리하여 윤리부재의 현사회(타락사회)를 어서 속히 아름다운 윤리사회(이상사회)로 회복시켜야 한다. 오늘의 모든 종교는 바로 이러한 윤리사회의 건설을 위해 그 선도적 사명을 다해야 할 것이다. 그러면 이러한 윤리문제를 성서적 관점에서 재조명해 보기로 하자.

제1절 가정윤리의 필요성

* 예수께서 대답하여 가라사대… 이러므로 사람이 그 부모를 떠나서 아내에게 합하여 그 둘이 한몸이 될 지니라 하신 것을 읽지 못하였느냐? 이러한 즉 이제 둘이 아니요 한몸이니, 그러므로 하나님이 짝지어 주신 것을 사람이 나누지 못할지니라(마 19:4~6).
* 누구든지 자기 친족 특히 자기 가족을 돌아보지 아니하면 믿음을 배반한 자요 불신자보다 더 악한 자니라(딤전 5:8)

인간은 항상 그 사회와 밀접한 연관을 맺고 살아가는 사회적 존재이다. 고기가 물을 떠나서 살 수 없듯이, 잠시도 사회를 떠나서 살 수 없는 존재가 바로 인간이다. 따라서 인간은 누구나 그 사회를 사랑하고 위하며 살아가지 않으면 안된다.

그러면 인간이 본래 이루고 살아야 할 이상사회는 어떠한 세계인가? 그 세계는 바로 인간이 인간답게 사는 아름다운 〈윤리사회〉이다. 이러한 윤리사회의 건설이 없이는 어느 누구도 인간다운 생존을 계속할 수 없으며, 인류는 마침내 자멸의 길을 가고 말 것이다. 따라서 오늘의 인류는 정치·사회·종교 등 모든 분야에서 윤리사회의 건설을 보다 강력히 추진해야 할 것이다.

일찍이 하나님은 선지자 모세를 통해 우리에게 십계명을 주셨으니(출 20장), 그 이유는 무엇인가? 그것은 바로 온 인류가 하나님을 모시고 그 계명의 말씀대로 인간답게 살 수 있는 아름다운 윤리사회(천국)를 이루시기 위함이었다. 기독교는 바로 이러한 하나님의 창조 이상을 이 지상에 실현하기 위해 부름받은 종교이다. 따라서 기독교는 모든 종교의 중심 종교로서, 하나님이 바라시는 윤리사회의 건설에 더욱 앞장서야 할 것이다.

그러면 〈윤리〉란 무엇인가? 그것은 바로 인간이 인간답게 살아가는 데 필요한 보편적인 행위규범을 말한다. 그런데 필자는 모든 윤리의 근본(원형)을 가정윤리로 본다. 인간은 누구나 가정에서 태어나 그 가정을 중심으로 삶을 이어가기 때문이다. 따라서 인간에게 있어 가장 중요하고 필요한 윤리는 바로 가정윤리가 아닐 수 없다.

일찍이 예수님은 부부간의 밀접한 상호관계에 대해 「하나님이 짝지어 주신 것을 사람이 나누지 못할지니라」(마 19:4~6)고 말씀하셨고, 또 사도 바울은 「누구든지 자기 가족을 돌아보지 아니하면 믿음을 배반한 자요 불신자보다 더 악한 자니라」(딤전 5:8)고 말씀하였다. 이러한 말씀들은 모두 가정윤리의 중요성과 필요성을 강조한 말씀으로 볼 수 있다.

인간의 윤리에는 가정윤리를 비롯하여 사회윤리와 국가윤리 등 여러 가지 유형의 윤리가 있지만, 여기에 근본이 되는 것은 가정윤리이다. 사회윤리는 가정윤리의 사회적 확대이며, 국가윤리는 가정윤리의 국가적 확대로 볼 수 있다. 이처럼 모든 윤리는 가정윤리에서 나온다. 그러므로 가정윤리를 떠나서는 어떠한 사회윤리도 확립할 수 없으며, 또 인류가 소망하는 아름다운 윤리사회도 건설할 수 없는 것이다.

민중사상은 가정윤리를 확립하는 데 있어서, 무엇보다도 남편과 아내의 역할을 강조한다. 그들은 바로 그 가정의 중심이 되는〈부모〉의 자리에 있기 때문이다. 그런데 오늘날 우리 사회는 갈수록 부부간의 이혼이 늘어나고 있으며, 이에 따라 가정윤리도 나날이 파괴되어 가고 있는 안타까운 실정에 있다. 어느 누구보다도 가정윤리를 앞장서 실천해야 할 부부들의 이혼이 이렇듯 갈수록 급증하고 있다는 것은 우리 모두의 큰 불행이 아닐 수 없다. 따라서 오늘의 모든 남편과 아내들은 모름지기 이 지상에 아름다운 윤리사회를 건설하기 위해, 언제나 모범적인 가정윤리의 실천자가 되어야 할 것이다.

한편 민중사상은 사회구성의 기본단위를 개인보다 가정으로 본다. 인간은 누구나 가정을 터로 해서 생존하기 때문이다. 그런데 우리는 지금까지 사회구성의 기본단위를 가정보다 개인으로 보는 경우가 많았다. 그 결과 우리 사회는 불행히도 비윤리적이고 반사회적인 개인주의가 판을 치고 방종한 사회가 되고 말았다. 따라서 우리는 사회구성의 기본단위를 개인보다 가정으로 확대함으로써, 가정윤리의 중요성과 필요성을 더욱 높여야 할 것이다.

위에서 필자는 가정윤리의 필요성을 논했거니와, 우리는 이러한 가정윤리를 통해서만 아름다운 윤리사회를 건설할 수 있으며, 또 우리는 이러한 윤리사회에서만 비로소 인간답게 살아갈 수 있는 것이다. 따라서 인간은 누구나 가정윤리의 실천자가 되어야 하며, 또 아름다운 윤리사회의 건설자가 되어야 할 것이다.

제2절 가정윤리의 실현과정

* 아내들이여 자기 남편에게 복종하기를 주께 하듯 하라,…남편들아 아내 사랑하기를 그리스도께서 교회를 사랑하시고 위하여 자신을 주심 같이 하라 (엡 5:22~25).
* 형제를 사랑하여 서로 우애하고 존경하기를 서로 먼저 하며, 부지런하여 게으르지 말고 열심을 품고 주를 섬기래(롬 12:10~11).
* 무엇보다도 열심히 서로 사랑할지니, 사랑은 허다한 죄를 덮느니라(벧전 4:8).

인간의 가정윤리는 〈사랑〉의 토대 위에 세워진다. 사랑이 없는 곳에서는 어떠한 가정윤리도 성립될 수 없다. 그런데 인간의 가장 기본적인 사랑에는 세가지가 있다. 그것은 바로 부모의 사랑과 부부의 사랑과 자녀의 사랑이다. 이것을 〈가족애〉라고 하거니와, 가정윤리는 바로 이러한 가족애를 기반으로 해서 성립되는 것이다.

그러면 인간의 기본적인 사랑(가족애)은 어떻게 실현되는가? 그것은 하나님을 비롯하여, 아버지와 어머니와 자녀 사이의 밀접한 사랑의 관계를 통해서 실현된다. 이것을 하나님을 중심으로 한〈가정적 4위기대〉라고 부른다. 여기서 하나님(본체)은 제1위, 아버지(주체)는 제2위, 어머니(대상)는 제3위, 자녀(합성체)는 제4위에 각각 해당한다.

가정적 4위기대에 있어서 각 위가 주체의 입장에 설 때에는 나머지 3위를 대상으로 하여 그들에게 사랑을 주게 된다. 이것을 〈3대상사랑〉이라고 한다. 그리고 각 위가 대상의 입장에 설 때에는 나머지 3위를 주체로 대하여 그들에게 사랑을 돌리게 된다. 이것을 〈3주체 사랑〉이라고 부른다. 이처럼 가정적 4위기대는 3대상사랑과 3주체사랑을 통해서 조성되는 것이다(엡 5:22~25, 롬12:10~11).

주체가 대상에게 주는 사랑에 있어서 하나님이 인간에게 베푸는 사랑을 〈은총〉이라 하고, 부모가 자녀에게 베푸는 사랑을 〈자애〉라고 한다. 그리고 남편과 아내가 서로 주고받는 정다운 사랑은 〈부부애〉라 하고, 형제간에 서로 주고받는 정다운 사랑은 〈우애〉라고 하며, 친구간에 서로 주고받는 정다운 사랑은 〈우정〉이라고 한다.

한편 대상이 주체에게 돌리는 사랑에 있어서 인간이 하나님에게, 또는 아랫사람이 윗사람에게 돌리는 미적 사랑을 〈충〉이라 하고, 자녀가 부모에게 돌리는 미적 사랑을 〈효〉라고 하며, 아내가 남편에게 돌리는 미적 사랑을 〈열〉이라고 한다. 이러한 충·효·열은 모두 가정윤리의 근본이 되므로, 예로부터 동양의 전통윤리는 한결같이 충·효·열을 강조해 왔던 것이다.

위에서 논한 바와 같이, 모든 원리는 가정윤리에서 비롯된다. 그리고 그 가정윤리는 사랑과 질서를 기반으로 한 가정적 4위기대를 통하여 확립된다. 이러한 견지에서 윤리는 바로 사랑과 질서의 원리라고 말할 수 있다.

가정적 4위기대에는 하나님을 비롯하여, 아버지와 어머니와 자녀 및 형제자매라는 위치와 서열상의 질서가 있다. 따라서 아름다운 가정윤리는 바로 이러한 사랑의 질서를 통해서만 확립될 수 있음을 알아야 한다(엡6:1~4, 골 3:18~20).

그런데 오늘날 우리 사회는 갈수록 이러한 사랑의 질서가 파괴되어 가고 있는 안타까운 실정에 있다. 가정에서는 그 가족들이 제 위치에 서지 못하고, 직장에서는 그 사원들이 제 위치를 벗어나 서로 분쟁하고 있다(마12:25). 자식은 부모를, 아내는 남편을, 그리고 동생은 형을 타인처럼 대하는 사례가 늘어만 가고 있다. 그리하여 오늘의 사회는 불행히도 윤리부재의 타락사회가 되고 말았다.

그러므로 우리는 이제라도 잃어버린 사랑의 질서를 다시금 찾아 세움으로써, 파괴된 가정윤리를 재건하도록 해야 한다. 그리하여 윤리 부재의 현사회(타락사회)를 어서 속히 아름다운 윤리사회(이상사회)로 이끌어야 한다. 오늘의 인류는 바로 이러한 윤리사회의 도래를 목마르게 고대하고 있는 것이다.

제3절 효도사상의 필요성

* 내 아들아 네 아비의 훈계를 들으며 네 어미의 법을 떠나지 말라. 이는 네 머리의 아름다운 관이요 네 목의 금사슬이니라(잠 1:8).
* 자녀들아 너희 부모를 주 안에서 순종하라. 이것이 옳으니라. 네 아버지와 네 어머니를 공경하라. 이것이 약속있는 첫 계명이니, 이는 네가 잘 되고 땅에서 장수하리라(엡 6:1~3)

위에서 모든 윤리는 가정윤리에서 비롯된다는 사실을 논하였다. 그런데 필자는 이러한 가정윤리의 기초를〈효〉에 두고자 한다. 왜냐하면 이러한 효가 아니고서는 어떠한 가정윤리도 세울 수 없기 때문이다. 효를 백행(모든 행실)의 근본이라고 하는 이유는 바로 여기에 있다. 이러한 효에 대해 성서는 다음과 같이 가르치고 있다.

「네 부모를 공경하라. 그리하면 너의 하나님 나 여호와가 네게 준 땅에서 네 생명이 길리라」 (출 20:12).

「너희 각 사람은 부모를 경외하고 나의 안식일을 지키라. 나는 너희 하나님 여호와니라」 (레 19:3).

「네가 계명을 아나니 간음하지 말라, 살인하지 말라. 나는 너희 하나님 여호와니라」 (눅 18:20).

「자녀들아 너희 부모를 주 안에서 순종하라. 이것이 옳으니라」 (엡 6:1).

「자녀들아 모든 일에 부모에게 순종하라. 이는 주 안에서 기쁘게 하는 것이니라」 (골 3:20).

한편 중국의 공자와 맹자도 효에 대해 다음과 같이 말함으로써, 효는 바로 모든 행실의 근본임을 우리에게 다시금 일깨워주고 있다.

「무릇 효는 덕(德)의 근본이다. 모든 가르침은 여기에서 시작되는 것이다」 (공자).

「사람의 행실 중에서 효도보다 더 큰 것은 없다」 (공자).

「젊은이는 가정에 들어가서는 효도하고, 사회에 나가서는 윗사람을 존경하고 순종해야 한다」 (공자).

「부모가 살아계실 때는 예(禮)로써 섬기고, 돌아가시면 장사지낼 때도 예로써 모시고, 제사지낼때도 예로써 지내야 한다」 (공자).

「섬기는 일 중에 어느 것이 가장 중대한가? 부모를 섬기는 것이 가장 중대하다.…그 누가 섬기는 일을 하지 않겠는가마는 부모를 섬기는 것이 모든 섬기는 일의 근본이 되는 것이다」 (맹자).

민중사상은 인간의〈효〉를 세가지로 구분한다. 하나님에 대한 효와 조상에 대한 효와 부모에 대한 효가 바로 그것이다. 이러한 3효 중 인간이 하나님에게 돌리는 효를〈천효(天孝)〉라 하고, 자기 조상과 부모에게 돌리는 효를〈인효(人孝)〉라고 부른다(종래의 효도사상은 인효만을 강조하고, 천효에 대해서는 소홀히 하는 오류를 범해 왔다).

이와같이 효에는 세가지가 있거니와, 이러한 3효는 바로 가정윤리의 뿌리가 된다. 그러므로 인간은 누구나 천효와 인효를 다하는 효자·효녀가 되도록 항상 힘써야 한다. 이러한 효자·효녀들이 모여사는 아름다운 세계가 바로 이상사회요, 천국이요, 극락이 아니겠는가?

그러나 효도란 말로만 되는 것이 아니다. 참 효도는 말보다 행함이 앞서야 한다. 성서에도 행함이 없는 믿음은 죽은 것이라고 했거니와(약 2:17), 행함이 없는 효도 역시 죽은 것임을 깨달아야 한다. 따라서 우리가 진정으로 효자·효녀가 되기를 원한다면, 우리는 모두 효도의 실천자가 되어야 한다.

그러면 우리가 실천해야 할 효도의 장소는 어딘가? 그곳은 바로 〈가정〉이다. 따라서 우리는 모두 자기 가정에서부터 효도를 실천해야 한다. 그래야만 그 가정은 참으로 아름답고 행복한 사랑의 보금자리로 변화될 것이다.

지난 역사를 돌이켜 보면, 모범적인 효행을 남기고 간 사람들이 많이 있었다. 그 중 예수님은 하나님의 뜻에 순종하시기 위해 십자가의 길을 가심으로써 가장 모범적인 효행을 남기셨으니, 이제 그 예를 성서에서 직접 살펴보기로 하자.

* 예수께서 제자들과 함께 겟세마네라 하는 곳에 이르러 제자들에게 이르시되…내 마음이 심히 고민하여 죽게 되었으니 너희는 여기 머물러 나와 함께 깨어 있으라 하시고 조금 나아가사 엎드려 기도하여 가라사대, 내 아버지여 만일 할만 하시거든 이 잔을 내게서 지나가게 하옵소서. 그러나 나의 원대로 마옵시고 아버지의 원대로 하옵소서(마26:36~39).

* 다시 두 번째 나아가 기도하여 가라사대, 내 아버지여 만일 내가 마시지 않고는 이 잔이 내게서 지나갈 수 없거든 아버지의 원대로 되기를 원하나이다 하시고…다시 세 번째 나아가 동일한 말씀으로 기도하신 후 제자들에게 오사 이르시되, 이제는 자고 쉬라. 보라 때가 가까웠으니 인자가 죄인의 손에 팔리우느니라(마 26:42~45).

위의 말씀을 보면, 겟세마네 동산에서 안타깝게 기도하시던 주님의 모습이 너무도 애처러워 견딜 수가 없다. 굳게 믿었던 자기 백성에게 오히려 버림을 받아 죽음의 길을 가실 수 밖에 없었던 주님! 그 마음이 너무도 슬프고 아프셨기에 「내 마음이 심히 고민하여 죽게 되었다」는 말씀까지 토로하시던 주님! 그 주님을 우리는 이제라도 간절한 믿음과 사랑으로 위로해 드리며, 또 기쁨으로 영접해야 할 것이다.

십자가의 길은 너무도 비참한 죽음의 길이였다. 이 길만은 주님도 가시고 싶지 않았다. 더구나 억울한 죄인의 누명을 쓰고 죽음의 길을 간다는 것은 도저히 참을 수 없는 고통이었다. 그러나 주님은 「나의 뜻대로 마옵시고 아버지의 뜻대로 하옵소서」 하고 조용히 기도하셨다.

이와같이 예수님은 죽음의 길을 가시면서까지 아버지의 뜻대로 사는 효자가 되기를 원하셨으니, 그 누가 주님의 효행을 따를 수 있겠는가? 참으로 주님은 천효를 다한 효자 중의 효자가 아닐 수 없다.

※ 일찍이 한국을 가리켜〈동방예의지국〉이라고 말했거니와, 예로부터 한국 민족은 충·효·열을 높이 숭상해 온 선한 민족이었다. 그래서 우리나라에는 예로부터 아름다운 효행을 남기고 간 효자·효녀들이 수없이 많았다. 이러한 그들의 효행을 들을 때마다 내 마음은 나도 모르게 뜨거워지고 그들이 한없이 그리워지기만 한다.
조선시대(광해군 6년)에 편찬된 『동국삼강행실(東國三綱行實)』에는 742명의 효자·효녀가 수록되어 있는데, 필자는 이러한 효자·효녀들이 오늘 이 시대에도 많이 나타나기를 간절히 기원하는 바이다.

주님의 십자가! 그 고난의 십자가에서 우리는 피보다 진한 주님의 사랑과 효성을 보았다. 우리는 바로 그러한 주님의 사랑과 효성을 본받아 모두가 효

자 · 효녀가 됨으로써 주께서 이루시려던 아름다운 윤리사회를 속히 이 지상에 건설해야 할 것이다.

제4절 십계명의 윤리

* 어떤 사람이 주께 와서 가로되, 선생님이여 내가 무슨 선한 일을 하여야 영생을 얻으리이까? 예수께서 가라사대 네가 생명에 들어가려면 계명들을 지키라(마 19:16~17).
* 그러므로 누구든지 이 계명 중에 지극히 작은 것 하나라도 버리고, 또 그같이 사람을 가르치는 자는 천국에서 지극히 작다 일컬음을 받을 것이요, 누구든지 이를 행하며 가르치는 자는 천국에서 크다 일컬음을 받으리라(마 5:19).

위의 말씀에서도 알 수 있듯이, 우리가 영생을 얻는 비결은 바로 하나님이 주신 계명들을 충실히 지키는 데 있다. 그 계명이 비록 작은 것이라고 할지라도, 그대로 행하는 자는 천국에서 오히려 큰 자가 된다고 말씀하셨으니, 우리는 그 계명 중에 어느 것 하나라도 버리거나 소홀히 해서는 결코 안 된다(약 2:10~11). 혹자는 어리석게 믿음만을 강조하지만, 행함이 없는 믿음은 이미 그 자체가 죽은 것임을 알아야 한다(마 7:21, 눅 6:46, 약 2:17).

◉ 하나님의 십계명

십계명은 모세가 시내 산에서 하나님으로부터 받은 계명으로서, 인간의 기본적인 생활규범(윤리)이 된다. 십계명은 율법의 핵심을 담아 요약한 것인에, 1계명에서 4계명까지는 하나님과 인간의 신앙관계를 규정하고 있으며, 5계명에서 10계명까지는 인간 상호간의 윤리관계를 규정하고 있다.

일부 기독교 성도들은 십계명을 율법시대의 부산물로 보고 가볍게 여기는 경향이 있지만, 이는 매우 위험하고 그릇된 생각이 아닐 수 없다. 왜냐하면 예수님은 율법을 완전하게 하셨을 뿐, 그것을 폐하신 일은 전혀 없기 때문이다(마5:17~18). 따라서 십계명은 예나 지금이나 인간이 항상 지켜야 할 기본적인 생활규범임을 알아야 한다(마 7:21, 요 15:10). 하나님의 십계명은 「출애굽기」 20장과 「신명기」 5장에 자세히 기록되어 있는데, 여기에 그 내용을 간추려 소개하면 다음과 같다.

제1계명 : 너는 나(하나님)이외에 다른 신을 네게 두지 말라(막 12:29~30, 눅 10:27).

제2계명 : 너는 무슨 우상이든지 만들거나 숭배하지 말라(마 4:10, 요일 5:21).

제3계명 : 네 하나님 여호와의 이름을 망녕되이 일컫지 말라(레 19:12, 레 24:16).

제4계명 : 안식일을 기억하여 그 날을 거룩하게 지키라(눅 4:16, 눅 23:56, 출 31:13~17, 사 58:13~14).

제5계명 : 네 부모를 공경(효도)하라(마 15:4, 엡 6:1~3).

제6계명 : 살인하지 말라(롬 13:9, 요일 3:15).

제7계명 : 간음하지 말라(고전 6:15~18, 히 13:4).

제8계명 : 도적질을 하지 말라(엡 4:28, 벧전 4:15).

제9계명 : 네 이웃을 해하려고 거짓 증거 하지 말라(마 19:18, 계 21:8).

제10계명 : 네 이웃에 있는 모든 것을 탐내지 말라(눅 12:15~21, 딤전 6:7~10, 약 1:15).

위에서 필자는 십계명의 내용을 간추려 소개하였다. 그러면 이러한 십계명의 기본정신은 무엇인가? 그것은 바로〈하나님에 대한 사랑〉과 〈인간에 대한 사랑〉이라고 말할 수 있다.

그러기에 예수님도 「네 마음을 다하고 목숨을 다하고 뜻을 다하여 주 너의 하나님을 사랑하라고 이르셨으니(신 6:5), 이것이 가장 크고 첫째되는 계명이요, 둘째는 네 이웃을 네 몸과 같이 사랑하라 하셨으니(레19:18), 이 두 계명이 모든 율법과 선지자의 강령이니라」(마 22:36~40)고 교훈하셨던 것이다(롬 13:8~10, 벧전 4:8).

이와 같이 십계명은 우리에게 위로는 하나님을 사랑하고, 아래로는 내 이웃과 세계인류를 사랑할 것을 가르치고 있다. 따라서 우리 성도들은 누구나 이러한 십계명의 가르침을 그대로 실천함으로써, 이 지상에 아름다운 윤리사회를 속히 이루도록 해야 한다. 하나님이 우리에게 십계명을 주신 목적은 바로 이러한 선하고 아름다운 윤리사회를 건설하는 데 있음을 우리 성도들은 잠시도 잊지 말아야 할 것이다.

◉ 사랑의 십계명

기독교는 사랑의 종교다. 그러면 기독교가 추구하는 사회는 어떤 사회인가? 그 사회는 바로〈사랑〉으로 이루어진 사회다. 다시 말해 그 사회는 우리 모두가 한 가족이 되어 서로 사랑하고 위하며 살아가는 사회다. 민중사상은 온 인류가 한 가족으로 살아가는 그 아름다운 가족주의사회를 실현하기 위해, 다음과 같이〈사랑의 십계명〉을 주장한다.

제1계명 : 서로 사랑하라(요 13:34, 벧전 4:8, 롬 13:8-10).

제2계명 : 서로 용서하라(마 18:21-22, 눅 17:3-4).

제3계명 : 서로 축복하라(롬 12:14, 벧전 3:8-9).

제4계명 : 서로 화목하라(마 5:23-24, 막 9:50).

제5계명 : 서로 진실하라(롬 12:10, 골 3:9, 요일 3:18).

제6계명 : 서로 존중하라(롬 12:10, 벧전 2:17).

제7계명 : 서로 겸손하라(빌 2:3, 벧전 5:5-6).

제8계명 : 서로 위로하라(고후 1:3-4, 살전 4:18).

제9계명 : 서로 협조하라(행 20:35, 빌 4:3).

제10계명 : 서로 봉사하라(벧전 4:10, 엡 4:12).

위에서 보는 바와 같이, 〈사랑의 십계명〉에는 예수님과 사도들의 주옥같은 교훈의 말씀이 그대로 담겨 있다. 그러므로 우리 성도들은 하나님의 십계명과 함께 사랑의 십계명도 역시 충실히 지키도록 힘써야 한다. 일찍이 예수님도 「네가 생명에 들어가려면 계명들을 지키라」(마 19:17)고 말씀하셨으니, 우리 성도들은 두 계명을 모두 충실히 지켜야 마땅할 것이다(요 15:10, 마 5:19, 계 12:17).

✝ 새 계명을 너희에게 주노니 서로 사랑하라. 내가 너희를 사랑한 것 같이 너희도 서로 사랑하라(요 13:34).

✝ 누가 우리를 그리스도의 사랑에서 끊으리요, 환난이나 곤고나 핍박이나 기근이나 적신이나 위험이나 칼이랴(롬8:35).

✝ 무엇보다도 열심으로 서로 사랑할지니, 사랑은 허다한 죄를 덮느니라(벧전 4:8).

✝ 사랑은 이웃에게 악을 행치 아니하나니 그러므로 사랑은 율법의 완성이니라(롬 13:10).

✝ 그런즉 믿음, 소망, 사랑, 이 세 가지는 항상 있을 것인데 그 중에 제일은 사랑이라(고전 13:13).

인 간은 바로 가치를 추구하고 실현하는 가치적 존재이다. 그러기에 인간은 항상 그 가치관에 따라 사고하고 판단하며 행동한다. 올바른 가치관을 지닌 사람은 올바른 행동(선하고 의로운 행동)을 하며, 그릇된 가치관을 지닌 사람은 그릇된 행동(악하고 불의한 행동)을 한다(마 12:35). 이처럼 인간은 그 가치관을 세우고 살아가지 않으면 안 된다.

그런데 지금까지 인간은 불행히도 가치관의 빈곤과 혼란 속에서 살아 왔다. 그 결과 인간은 아름다운 이상사회(윤리사회)를 이루지 못하고, 반대로 추악한 타락사회(범죄사회)를 이루고 말았다. 이러한 타락사회는 하나님을 중심으로 한 절대적 가치관이 세워지지 않는 한 끝나지 않을 것이다. 왜냐하면 지금 우리 사회에 만연되고 있는 가치관의 혼란과 분열은 오직 하나님을 중심으로 한 절대적 가치관에 의해서만 그 해결이 가능하기 때문이다.

그러므로 민중사상은 언제나 하나님을 중심으로 한 가치관에 기초하여 모든 문제를 풀어나간다. 인간을 중심으로 한 가치관은 시대의 변천과 사람에 따라 항상 변하기 때문이다. 사실상 인간의 가치관은 지금까지 계속 변하고 분열해 왔다. 그리하여 우리 사회는 온갖 사회악이 난무하는 추악한 범죄사회가 되고 말았던 것이다. 따라서 인간은 언제나 하나님을 중심으로 한 절대적 가치관을 세우고 살아가지 않으면 안 된다. 그러면 이 문제를 다음과 같이 나누어 알아보기로 하자(본 「가치론」은 주로 성서에 기초해서 다룬 것임을 미리 밝혀 두는 바이다).

제1절 창조본연의 가치

인간은 종교·문화·예술 등 모든 분야에서 항상 그 가치를 추구하며 살아간다. 인간은 누구나 가치 있는 삶을 원하기 때문이다. 그런데 우리 사회는 예나 지금이나 그 가치관이 제각기 다름으로써, 서로 대립·분쟁하고 있는 안타까운 실정에 있다. 따라서 오늘 이 시대는 그 어느때 보다 새로운 가치관의 수립이 시급히 요청되는 때라고 하겠다. 그러면 이제〈창조본연의 가치〉에 대해 상고해 보기로 하자.

피조세계의 모든 존재물은 반드시 주체와 대상의 상대적 관계를 맺으며 존재한다. 왜냐하면 주체와 대상은 서로가 필요하기 때문이다. 즉 주체는 대상이 필요하고, 그 대상은 주체가 필요한 것이다. 이러한 주체와 대상 간의 상호 필요성을〈가치〉라고 하며, 이 가치는 그 주체와 대상이 서로 불가분의 상대적 관계를 맺을 때 생긴다. 따라서 주체가 없는 대상의 가치나, 대상이 없는 주체의 가치는 있을 수 없다.

이와 같이 가치란 주체와 대상 간의 상호 필요성이므로, 모든 피조물에는 반드시 그에 상응한 가치가 있다. 주체와 대상의 상대적 관계를 맺지 않고 존재하는 피조물은 하나도 없기 때문이다. 그런데 흔히 사람들은 자기에게 필요해야만 그 가치가 있다고 말한다. 그러나 이러한 이기적이고 배타적인 가치관은 매우 위험하고 그릇된 사고방식이 아닐 수 없다. 모든 가치는 그 성격상 자기만을 기준으로 평가할 수 없는 것이므로, 우리는 항상 모든 사물을 가치 있게 보고 소중히 여길 줄 알아야 한다(창 1:31).

그러면 〈창조본연의 가치〉란 무엇인가? 그것은 바로 하나님을 중심으로 한 가치로서, 이 가치는 주체와 대상이 하나님을 중심으로 한 가치적 4위기대를 조성할 때 성립된다. 바꾸어 말하면, 이 가치는 하나님에게 기쁨을 돌려드리는 가치를 의미한다.

하나님은 인간의 부모이시며, 인간은 그의 자녀이다. 자녀는 먼저 그 부모에게 기쁨을 돌려드리고 나서 기뻐할 줄 알아야 한다. 이것이 바로 자녀의 도리이다. 그러므로 자녀된 인간이 추구하는 모든 가치는 반드시 하나님도 함께 기뻐하실 수 있는 가치여야 한다.

이와같이 하나님을 중심으로 한 가치가 바로 창조 본연의 가치라면, 그 가치의 절대기준도 역시 하나님에게 있음을 알 수 있다. 그런데 지금까지 인간은 모든 가치의 기준을 사람이나 물질에 두는 경우가 많았다. 그 결과 인간은 항상 가치관의 혼란 속에서 방황하게 되었고, 또 부단히 서로 대립·분쟁하게 되었다.

일찍이 예수님은 이르시되 「하나님 한 분 외에는 선한 이가 없느니라」 (막 10:18)고 말씀하셨다. 이 말씀은 예수님도 선하신 분이시지만(히 4:15, 요일 3:5), 그 가치(선의 가치)의 절대 기준만은 반드시 하나님에게 두어야 하기 때문에 하신 말씀이었다.

이와같이 인류의 구주로 오신 예수님도 선의 가치기준을 하나님에게 두셨거니와, 인간은 누구나 그 가치의 절대기준을 오직 하나님에게 두어야 한다. 그래야만 인간은 비로소 올바른 가치관을 세우고 참다운 인생을 살아갈 수 있을 것이다.

제2절 가치의 추구와 실현

이미 전술한 바와 같이, 가치란 바로 주체와 대상간의 상호필요성을 말한다. 따라서 주체와 대상을 이루고 존재하는 모든 피조물은 저마다 고유한 가치를 지니고 있는 바. 이것을〈잠재적 가치〉라고 한다. 그런데 모든 인식의 주체인 인간이 그 대상(사물)의 잠재적 가치를 발견하여 인식하면, 그 가치는 비로소 구체적인 가치로 나타나는 바, 이것을〈현실적 가치〉라고 부른다. 인류사회는 바로 이러한 현실적 가치의 실현을 통해 부단히 발전하는 것이다.

인간은 본래 자기의 가치관에 따라 사고하고 행동하는 가치적 존재이다. 그러므로 인간에게는 항상 가치를 추구하는 마음과 또 그 가치를 실현하려는 마음이 있다. 이 중 전자를 〈가치추구욕〉이라 하고, 후자를 〈가치실현욕〉이라고 한다. 그런데 인간의 마음에는 〈지·정·의〉의 3대작용이 있다. 이러한 지·정·의 작용은 그 가치의 추구욕에 따라 〈진·선·미·애〉의 4대 가치를 추구한다.

한편 인간의 지·정·의 작용은 그 가치의 실현욕에 따라 진·선·미·애의 가치를 실현하고자 한다. 그 결과 과학과 종교 및 가정과 예술이 나왔다. 즉 과학과 종교 및 가정과 예술은 인간이 추구하는 지적인 진의 가치와, 의적인 선의 가치와, 정적인 사랑의 가치와 미의 가치를 각각 실현하기 위해 나온 것이다.

그런데 지금까지 많은 사람들은 종교와 과학을 서로가 양립할 수 없는 대립물로 생각해 왔다. 특히 무신론자들은 과학의 만능을 부르짖고, 아예 종교를 불필요한 것으로 보았다. 그리고 과학이 고도로 발달하면 신의 존재도 부인될 것이며, 이에 따라 종교도 자연히 그 자취를 감추게 될 것이라고 그들은 굳게 믿었다. 그러나 이러한 그들의 생각이 잘못된 것임은 두말 할 나위도 없다. 종교와 과학은 어디까지나 인간이 추구하는 가치를 실현하기 위해 나온 것이기 때문이다.

하나님은 인간의 마음의 주체이시다. 때문에 하나님은 〈지·정·의〉의 주체이시기도 하다. 그러므로 인간의 지·정·의를 비롯하여, 진·선·미·애의 가치추구와 종교·과학·가정·예술 등의 가치실현은 모두 하나님을 중심으로 한 것이어야 한다. 그래야만 비로소 하나님이 바라시는 창조 본연의 세계(이상세계)는 이루어질 것이다.

위에서 필자는 진·선·미·애의 가치를 논했는데, 그 중에 제일은 〈사랑의 가치〉이다(롬 13:8~10, 고전 13:13). 특히 가정에서 실현해야 할 사랑의 가치는 모든 가치의 기초(토대)가 된다. 그런데 이러한 가정에서의 사랑은 반드시 아름다운 가정윤리를 통해서만 그 가치가 온전히 실현될 수 있음을 알아야 한다(제7장 「윤리론」 참조).

사랑의 가치! 그것은 바로 인간이 모든 분야에서 실현해야 할 최고의 가치이다. 이러한 사랑의 가치를 실현하지 않고는 어느 누구도 인간다운 삶의 길을 갈 수 없다. 그러므로 인간이 추구하는 모든 가치는 반드시〈사랑의 가치〉위에 세워져야 할 것이다.

제3절 사랑과 미의 가치

* 내가 사람의 방언과 천사의 말을 할지라도 사랑이 없으면 소리나는 구리와 울리는 꽹과리가 되고, 내가 예언하는 능이 있어 모든 비밀과 모든 지식을 알고, 또 산을 옮길 만한 모든 믿음이 있을지라도 사랑이 없으면 내가 아무 것도 아니요, 내가 내게 있는 모든 것으로 구제하고, 또 내 몸을 불사르게 내어 줄 지라도 사랑이 없으면 내게 아무 유익이 없느니라(고전13:1~3).

모든 존재는 주체와 대상으로 되어 있다. 이러한 주체와 대상이 서로 합성·일체화하기 위해 주체가 대상에게 주는 정적인 힘을〈사랑〉이라하고, 그 대상이 주체에게 돌리는 정적인 힘을〈미〉라고 한다.

이와같이 주체와 대상이 서로 사랑과 미를 주고 받음으로써 합성·일체화되면, 사랑에도 미의 요소가 깃들고 미에도 사랑의 요소가 깃들게 된다. 이러한 사랑과 미의 목적은 바로 주체와 대상이 서로 합성·일체화하여〈4위기대〉를 조성함으로써, 하나님의 창조목적을 이루는 데있다.

일찍이 사도 바울은 사랑의 가치성을 여러모로 강조한 다음(고전13:1~3), 그 사랑의 아름다운 속성을 다음과 같이 증거하고 예찬하였다(우리 믿음의 성도들은 바로 이러한 사랑의 속성을 항상 배우고 본받아야 한다).

* 사랑은 오래 참고, 사랑은 온유하며, 투기하는 자가 되지 아니하며, 사랑은 자랑하지 아니하며, 교만하지 아니하며, 무례히 행치 아니하며 자기의 유익을 구치 아니하며, 성내지 아니하며, 악한 것을 생각지 아니하며, 불의를 기뻐하지 아니하며, 진리와 함께 기뻐하고 모든 것을 참으며, 모든 것을 믿으며, 모든 것을 바라며, 모든 것을 견디느니라(고전 13:4~7).

하나님과 인간에게 있어서 하나님은 사랑의 주체요, 인간은 미의 대상이며, 인간과 만물에 있어서는 인간이 사랑의 주체요, 만물은 미의대상이 된다. 그리고 남녀를 놓고 볼 때는 남자의 사랑의 주체가 되고, 여자는 미의 대상이 된다.

한편 대인관계에 있어서는 윗사람의 사랑에 대해 아랫사람이 돌리는 미를 〈충〉이라 하고, 부모의 사랑에 대해 자녀가 돌리는 미를 〈효〉라고 하며, 남편의 사랑에 대해 아내가 돌리는 미를 〈열〉이라고 한다.

다음은 하나님의 사랑에 대해 알아보기로 하자. 하나님은 인간의 부모이시며, 인간은 그의 자녀이다. 그런데 자녀는 항상 그 부모의 사랑을 닮고 배우는 법이다. 인간의 가장 기본적인 사랑에는 세 가지가 있다. 그것은 바로 부모의 사랑과 부부의 사랑과 자녀의 사랑이다. 이것을 〈가정애〉라고 하거니와, 이러한 가정의 사랑은 인간이 하나님을 중심으로 한 가정적 4위기대를 조성할 때만이 그 본연의 가치가 실현된다.

예컨대 아담과 하와가 하나님을 중심으로 한 가정을 이루어 자녀를 번식하게 되면, 그들은 부모의 사랑과 부부의 사랑과 자녀의 사랑을 이루어 체휼하게 된다. 하나님의 사랑은 바로 이러한 가정애를 총합한 그 주체적(근원적)인 사랑을 말한다.

이처럼 하나님의 사랑은 가정을 통하여 실현되므로, 그 가정은 바로 하나님에게 무한한 기쁨을 돌려드리는 미의 대상으로서, 하나님의 창조목적을 이루는 선의 근본적인 기대가 된다. 따라서 인간은 누구나 아름다운 가정을 이루어야 하며, 결코 홀로 사는 독신자가 되어서는 아니될 것이다(창2:8).

※ 다음에 소개하는〈복음성가〉에는 사도 바울이 모든 성도들에게 전하는 아름다운 사랑의 메시지가 담겨 있습니다(고전 13장)

- 사 랑 -

① 사랑은 언제나 오래 참고 / 사랑은 언제나 온유하며
   사랑은 시기하지 않으며 / 자랑도 교만도 아니하며
   사랑은 모든 것 감싸주고 / 바라고 믿고 참아내며
   사랑은 영원토록 변함없네.
   믿음과 소망과 사랑은 / 이 세상 끝까지 영원하며
   믿음과 소망과 사랑 중에 / 그 중에 제일은 사랑이라.

② 사랑은 무례히 행치 않고 / 자기의 유익을 구치 않고
   사랑은 성내지 아니하며 / 진리와 함께 기뻐하네.
   사랑은 모든 것 감싸주고 / 바라고 믿고 참아 내며
   사랑은 영원토록 변함없네.
   믿음과 소망과 사랑은 / 이 세상 끝까지 영원하며
   믿음과 소망과 사랑 중에 / 그 중에 제일은 사랑이라.

제4절 선과 악의 개념

* 보라 의인이라도 이 세상에서 보응을 받겠거든 하물며 악인과 죄인이리요
  (잠 11:31).
* 선인은 여호와께 은총을 받으려니와, 악을 꾀하는 자는 정죄하심을 받으리
  라(잠 12:2).
* 하나님을 경외하고 그 명령을 지킬지어다. 이것이 사람의 본분이니라. 하나
  님은 모든 행위와 모든 은밀한 일을 선악간에 심판하시리라(전 12:13~14).

예로부터 선과 악에 대한 도덕적 판단은 시대의 변천과 사람에 따라 언제
나 그 각도를 달리해 왔다. 그 결과 인간은 항상 선악의 혼돈 속에서 무엇이
선이고 악인지를 명확히 구별할 수 없게 되었다. 이러한 선악관의 시대적 변
화는 바로 선악에 대한 판단기준을 하나님에게 두지 않고 인간에게만 두었
기 때문이다. 그러나 일찍이 예수님도 선의 기준을 하나님에게 두셨거니와
(막 10:17~18) 선악에 대한 판단기준은 먼저 하나님에게 두어야 한다. 따라
서 인간을 중심으로 한 종래의 선악관은 크게 수정되지 않으면 안 된다.

민중사상은 바로〈하나님과 사람중심의 사상〉이다. 그러므로 민중사상은
다음과 같이 하나님과 사람중심의 선악관을 주장한다.

① 하나님을 중심으로 한 선악관

하나님은 창조의 주체이시며, 또 모든 선의 근본이 되신다(막 10:17-18).
그러므로 민중사상은 하나님의 뜻과 말씀에 합당한 행위나 그 행위의 결과
를 〈선〉이라고 하고, 하나님의 뜻과 말씀에 배치되는 행위나 그 행위의 결과
를 〈악〉이라고 한다(마 4:4, 마 7:21), 지금은 이 세상의 법이 인간의 선악문
제를 판단하지만, 장차 이 땅에 하나님의 나라가 이루어지면, 그 때는 새로운
천법(天法)이 나와 이 세상의 법을 대신할 것이다.

② 양심을 중심으로 한 선악관

인간은 누구나 그 마음 속에 선한 양심을 지니고 살아가는 양심적 존재다 (히 13:18, 롬 2:14-15). 그러므로 민중사상은 인간의 양심적인 행위나 그 행위의 결과를 〈선〉이라 하고, 반대로 비양심적인 행위나 그 행위의 결과를 〈악〉이라고 한다. 물론 타락한 인간의 양심이 완전무결 할 수는 없다. 그러나 인간은 본래 양심적 존재이므로 우리는 언제나 그 양심을 따라 선하게 살아가도록 힘써야 한다(롬 12:21, 암 5:15).

그러면 우리가 악의 길을 버리고 선의 길을 가야 하는 이유는 무엇인가? 그것은 바로 선의 길이 생명의 길이요 악의 길은 사망의 길이 되기 때문이다. 따라서 인간은 누구나 악의 길을 버리고 선의 길을 가는 지혜로운 자가 되어야 하며, 결코 선의 길을 버리고 악의 길을 가는 어리석은 자가 되어서는 아니될 것이다(렘 17:10, 시 62:12).

* 무덤 속에 있는 자가 다 그의 음성을 들을 때가 오나니, 선한 일을 행한 자는 생명의 부활로, 악한 일을 행한 자는 심판의 부활로 나오리라(요 5:29).
* 그런즉 우리는 거하든지 떠나든지 주를 기쁘시게 하는 자 되기를 힘쓰노라. 이는 우리가 다 반드시 그리스도의 심판대 앞에 드러나, 각각 선악간에 그 몸으로 행한 것을 따라 받으려 함이라(고후 5:9~10).
* 하나님은 만홀히 여김을 받지 아니하시나니, 사람이 무엇으로 심든지 그대로 거두리라. 자기의 육체를 위하여 심는 자는 육체로부터 썩어진 것을 거두고, 성령을 위하여 심는 자는 성령으로부터 영생을 거두리라(갈 6:7~8).

위의 말씀에서 알 수 있듯이, 선의 길은 생명과 축복의 길이 되고, 악의 길은 사망과 심판의 길이 된다. 이것은 성경의 일관된 가르침이다. 그러기에 사도 바울은 「선으로 악을 이기라」(롬 12:21)고 일렀고, 또 「악은 그 모양이라도 버리라」 (살전 5:22)고 간곡히 당부했던 것이다(엡 4:29, 골 3:25, 살후 1:8~9, 시 92:7).

일찍이 예수님은 이르시되 생명으로 인도하는 문은 좁고 그 길이 협착하여 찾는 이가 적고, 멸망으로 인도하는 문은 크고 그 길이 넓어 들어가는 자가 많다고 말씀하셨다(마 7:13~14). 이 말씀대로 생명으로 인도하는 선의 길은 좁고 험난하며, 멸망으로 인도하는 악의 길은 넓고 평탄하여, 사람들은 선보다 악의 길을 더 많이 찾고 있는 것이 오늘의 현실이다.

그러나 우리 성도들은 지금 가는 선의 길이 아무리 어렵고 고달프다 해도 반드시 그 길을 가야만 한다(살후 3:13). 그 길은 바로 우리가 가야 할 약속의 땅(천국)으로 이어진 영광의 길이요, 또 우리를 영원한 생명과 구원으로 인도해 주는 승리의 길이기 때문이다.

지금까지 인류 역사는 선악의 두 길을 가는 타락한 인간에 의해 엮어져 왔다. 그런데 선과 악은 그 본질상 서로 공존할 수 없기 때문에(고후 6:14~16) 그것들은 언제나 역사의 무대에서 서로 대립·투쟁하게 된다.

그러므로 민중사상은 인류 역사를〈선악의 투쟁역사〉로 본다. 이처럼 인류 역사는 바로 선악의 투쟁역사이거니와, 이러한 죄악의 역사를 청산하고 새로운 선의 역사를 출발시키려면, 우리는 모름지기 그 역사의 현장에서 비양심적이고 반사회적인 악의 세력들을 속히 몰아내야 할 것이다(롬 12:21, 요일 3:8, 벧전 5:8~9).

제5절 죄의 종류

* 내가 죄악 중에 출생 하였음이여, 모친이 죄 중에 나를 잉태하였나이다(시 51:5).

* 죄의 삯은 사망이요, 하나님의 은사는 그리스도 예수 우리 주 안에 있는

영생이니라(롬 6:23)

* 죄를 짓는 자마다 불법을 행하나니 죄는 불법이라. 그가 우리 죄를 없이 하려고 니타내신 바 된 것을 너희가 아나니, 그에게는 죄가 없느니라(요일 3:4~5).

일찍이 예수님은 누구든지 죄를 범하면 죄의 종이 된다고 말씀하셨다(요 8:34). 또 사도 바울도 죄의 삯은 사망이요, 하나님의 은사는 영생이라고 증거하였다(롬 6:23).

그런데 이 죄는 인간이 하나님을 불신하고, 또 그의 계명과 법도를 위반할 때 성립된다(요 16:9, 요일 3:4). 그러므로 인간이 죄의 종이 되지 않고 영원한 생명을 얻으려면, 반드시 하나님을 믿고, 또 그의 계명과 법도를 충실히 지켜야 한다(마 19:16~17, 눅 10:25~28, 요 15:10).

한편 죄는 인간이 마땅히 해야 할 하나님의 일들을 행하지 않아도 성립되다. 그러기에 성서에서 이르기를 , 행함이 없는 믿음은 죽은 것이라고 하였고(약 2:26, 요일 3:~6), 또 선을 행할 줄 알고도 행치 아니하면 죄가 된다고 하였다(약 4:17, 창 4:7, 요일 2:3~6). 그런데 이 죄를 분류하면 다음과 같다.

첫째는 〈원죄〉가 있다. 이 죄는 인간이 하나님을 불신하고 불순종함으로써 이루어지는 죄로서 모든 죄의 뿌리가 된다(마 12:31~32). 일찍이 아담 가정이 범한 죄는 바로 이 죄였다. 인간이 원죄를 청산하면 모든 죄를 극복할 수 있거니와, 이 죄를 청산하는 길은 오직 하나님과 주님에 대한 절대적인 믿음과 순종뿐이다.

둘째는 〈유전죄〉가 있다. 이 죄는 혈통적인 인연으로 해서 그 후손들이 물려받는 선조의 죄를 말한다(시 51:5). 예컨대 부모가 지은 죄가 여러 대에 이르는 경우는 여기에 해당된다(출 20:5~6).

셋째는 〈연대죄〉가 있다. 이 죄는 자신이 직접 범한 죄는 아니지만, 연대적으로 책임을 짐으로써 이루어지는 죄이다(롬 5:19). 이러한 연대죄로 인하여 인류는 아담 가정이 범한 원죄를 바롯하여, 예수님의 수난에 대한 책임을 공동으로 지게 되었다(마 27:25~26).

넷째는 〈자범죄〉가 있다. 이 죄는 원죄를 제외한 그 밖의 죄를 자신이 직접 범함으로써 이루어지는 죄이다(요 8:32, 약 1:15). 원죄도 역시 자범죄에 속하지만 원죄는 모든 죄의 뿌리가 되므로, 자범죄와 구별하기로 한다.

위에서 열거한 죄의 종루를 나무에 비유한다면, 각각 원죄는 뿌리에 유전죄는 줄기에, 연대죄는 가지에, 자범죄는 그 잎에 해당한다고 할 수 있다. 여기에서 알 수 있듯이 모든 죄는 그의 뿌리가 되는 원죄로 인하여 생긴다. 따라서 이러한 원죄를 완전히 청산하지 않고는 다른 죄도 역시 근본적으로 청산할 수 없는 것이다.

민중사상은 하나님에 대한 불신과 불순종을 모든 죄의 뿌리인〈원죄〉로 본다. 그런데 성적 타락론자들은 그 원죄를 천사와의 성적 관계(혈연관계)로 풀이한다. 그리고 그 원죄는 오직 재림주의 선한피를 이어 받아야만 근본적으로 청산할 수 있다고 주장한다. 그러나 이러한 그들의 주장은 애당초 잘못된 것이므로, 필자는 우리 성도들이 그러한 거짓교리에 미혹되지 않기를 간곡히 당부하는 바이다.

◉ 사랑의 찬가

기독교는 사랑의 종교다. 필자는 〈가치론〉을 마치며 그 숭고한 사랑의 가치를 노래한 〈복음성가〉를 싣기로 하였다. 비록 민중가요는 아니지만, 이 노래도 민중을 사랑하는 마음으로 부른다면, 우리에게 더 큰 사랑의 감동을 안겨줄 것이다.

- 사랑의 송가 -

① 천사의 말을 하는 사람도 / 사랑이 없으면 소용이 없고
   심오한 진리 깨달은 자도 / 울리는 징과 같네.

하나님 말씀 주님의 말씀 / 전한다 해도
사랑이 없으면 소용이 없고 / 아무것도 아닙니다.

② 진리를 알고 기뻐합니다. / 무례와 사심 품지 않으며
모든 것 믿고 바라는 사랑 / 모든 것 덮어주네
하나님 말씀 주님의 말씀 / 전한다 해도
사랑이 없으면 소용이 없고 / 아무 것도 아닙니다.

- 참 사 랑 -

① 반짝이는 별빛처럼 / 우리들의 참사랑은 아름다워라.
굳게 맺은 우리 사랑 / 영원히 위하여 살아가는 참사랑
눈보라가 몰아치는 / 고통스런 날이 와도
영원한 태양처럼 / 우리들의 참사랑은 변함없어라
우리 모두 참사랑으로 / 영원히 위하여 살아가리라.

② 미소 짓는 달빛처럼 / 우리들의 참사랑은 아름다워라
변치 않는 우리 사랑 / 영원히 위하여 살아가는 참사랑
거센 파도 몰아치는 / 고통스런 날이 와도
우리 서로 굳게 맺은 / 참사랑의 그 언약은 변함없어라
우리 모두 참사랑으로 / 영원히 위하여 살아가리라.

✟ 우리 민중의 사상적 무기와 투쟁의 무기인 민중사상은 바로 민중을 사랑하는 사상이며 또 고통받는 민중과 사회를 해방하기 위해 투쟁하는 사상이다.

✟ 기독교의 존재 이유는 바로 고통받는 민중과 사회를 해방하고, 이 땅에 하나님의 나라와 민중의 나라를 건설하는 데 있다.

✟ 민중은 바로 나라의 주인이며 역사의 주체다. 그러므로 그 민중과 유리된 종교는 참 종교가 될 수 없으며, 그런 종교는 차라리 문을 닫아야 한다.

✟ 전세계의 민중세력은 모두 일어나라! 그리고 세계전역에서 민중의 적들과 끝까지 맞서 투쟁하라. 이것만이 역사의 주체인 우리 민중이 세계를 변혁하고 해방할 수 있는 유일한 길이다.

민 중사상은 지배계급을 반대하고 기독교를 〈민중의 종교〉로 규정한다. 기독교는 바로 민중의 하나님의 민중의 메시아를 신봉하는 종교이기 때문이다. 만일 기독교가 민중의 종교가 아니라면, 그 기독교는 결국 모든 민중으로부터 버림받고 스스로 몰락의 길을 가게 될 것이다. 그러므로 기독교는 어디까지나 민중을 위한 민중의 종교가 되어야 하며, 결코 지배계급의 종교가 되어서는 안된다.

그러면 〈민중〉은 누구인가? 민중은 바로 나라의 주인이며 역사의 주체다. 그러므로 민중과 유리된 종교는 참 종교가 될 수 없으며, 그런 종교는 차라리 문을 닫아야 한다(말 1:10). 교회도 마찬가지다. 민중과 유리된 교회는 참 교회가 아니며, 그런 교회는 예수님도 떠나실 수 밖에 없다. 따라서 모든 교회는 언제나 민중을 사랑하고, 또 언제나 민중을 위해 봉사하는 〈민중의 교회〉가 되어야 한다.

지금까지 지배계급은 우리 민중을 부단히 억압·착취해 왔으며, 이러한 만행은 아직도 그대로 계속되고 있다. 그러므로 민중사상은 언제나 지배계급을 반대하고 〈민중해방〉을 주장한다. 고통받는 민중과 사회를 해방하지 않고는, 우리 모두가 평등하게 살아가는 새 시대 새 사회를 건설할 수 없기 때문이다.

민중해방과 세계해방! 그것은 바로 하나님과 주님의 뜻이며, 또한 우리 민중의 간절한 소망이다. 기독교는 바로 이러한 민중해방과 세계해방을 위해 부름받은 종교다. 그러므로 오늘의 기독교는 더 이상 영적인 구원에만 매달리지 말고, 이제는 모두가 민중해방과 세계해방을 위해 투쟁하는 〈민중의 종교〉로 속히 거듭나야 할 것이다.

제1절 민중의 개념

민중은 누구인가? 민중은 바로 나라의 주인이며 역사의 주체다. 그러므로 종교는 언제나 그 민중을 위해 복무해야 하며, 결코 지배계급을 위해 복무해서는 안된다. 그리고 모든 종교는 고통받는 민중과 사회를 해방하기 위해 언제나 앞장서 투쟁해야 한다. 이처럼 민중사상은 민중을 나라의 주인과 역사의 주체로 보는 기본입장에서〈민중론〉을 전개한다. 그러면 먼저 민중사상이 주장하는 민중의 개념부터 알아보기로 하자.

① 민중은 노동계급이다.

민중사상은 자신과 사회를 위해 성실히 일하며 살아가는 자들을〈민중〉또는〈노동계급〉이라고 한다. 이처럼 민중사상은 민중과 노동계급을 동일한 계급으로 본다.

인간은 본래 일하며 살아가도록 창조된 존재다. 모든 생명체가 그러하듯, 인간도 역시 일하지 않고는 살아갈 수 없다(잠 6:6). 그러므로 하나님은 우리에게 「힘써 일하라」 (출 20:9)고 말씀하셨고, 또 사도바울도 「일하기 싫어하는 자는 먹지도 말라」 (살후 3:10)고 말했던 것이다.

인간은 홀로 살아갈 수 없는 사회적 존재다. 그러므로 인간은 누구나 자신과 사회를 위해 살아가야 하며, 결코 자기만을 위해 살아가서는 안된다. 민중은 바로 자신과 사회를 위해 살아가는 자들이다. 민중은 개인주의와 이기주의를 반대하고 공동체주의로 살아가는 자들이다. 그리고 민중과 지배계급을 반대하는 자들이다.

그러면 지배계급은 누구인가? 그들은 바로 민중의 정당한 생존과 권익을 부당하게 침해하는 자들이다. 다시 말해 지배계급은 우리 민중을 부단히 억압·착취하는 반민중세력을 가리킨다. 그런데 이러한 지배계급에는 정치적 지배계급과 경제적 지배계급이 있다. 그러므로 민중사상은 언제나 민중의 정치적 해방과 경제적 해방을 주장한다.

② 민중은 억압받고 착취받는 자들이다.

민중사상은 사회적 약자인 억압받고 착취받는 자들을 〈민중〉이라고 한다.
다시 말해 민중은 사회적 강자인 지배계급으로부터 온갖 착취와 억압을 받
으며 살아가는 자들을 말한다. 이처럼 민중은 비록 사회적 약자이지만, 그들
은 모두가 나라의 주인이며 역사의 주체다. 그러므로 모든 종교는 언제나 민
중의 편에 서야 하며, 결코 지배계급의 편에 서서는 안된다. 만일 어느 종교
가 민중을 떠나 지배계급의 편에 선다면, 우리는 그 종교를 참 종교가 아닌
거짓종교로 보아야 할 것이다.

우리 민중의 온갖 고통과 불행은 바로 지배와 피지배 및 착취와 피착취의
계급적 모순에서 발생한다. 그렇다면 우리는 반드시 그러한 계급적 모순을
타파해야 하며, 그러기 위해서는 나라의 주인이며 역사의 주체인 우리 민중
이 반동세력(반민중세력)인 지배계급과 끝까지 맞서 투쟁해야 할 것이다.

③ 민중은 가난하고 소외된 자들이다.

민중사상은 사회적 약자인 가난하고 소외된 자들을 〈민중〉이라고 한다. 이
러한 민중을 구약에서는 〈히브리〉라 하였고, 신약에서는 〈오클로스〉라고 하
였다. 그런데 예로부터 가난하고 소외된 민중은 지배계급으로부터 온갖 착취
와 억압, 그리고 온갖 멸시와 천대를 받으며 살아왔다. 하나님은 이처럼 고
통받는 민중과 사회를 해방하시기 위해 이 땅에 메시아를 보내셨으니, 그가
바로 예수님이었다. 그러므로 기독교는 그 본질상 언제나 민중해방과 세계해
방을 위해 투쟁해야 하며, 결코 그 투쟁을 포기해서는 안된다(롬 12:21, 딤전
6:12).

우리 민중의 온갖 고통과 불행은 주로 불평등한 자본주의 사회의 구조적
모순에서 발생한다. 그렇다면 우리는 반드시 그러한 구조적 모순을 타파해야

하며, 그러기 위해서는 그 자본주의가 지배하는 불평등한 사회구조(약육강식의 먹이사슬로 이루어진 사회구조)를 전면적으로 바꾸어야 할 것이다.

④ 민중은 지배계급을 반대하는 자들이다.

민중사상은 지배계급을 반대하는 자들을 모두 민중세력으로 본다. 지배계급은 바로 우리 민중을 부단히 억압 · 착취하는 반민중세력이기 때문이다. 이처럼 지배계급이 반민중세력이라면, 우리는 그 지배계급을 반대하는 자들을 모두 민중세력으로 인정해야 한다. 그러나 그 지배계급을 옹호하는 자들은 모두 〈지배계급의 앞잡이〉로 보아야 한다. 왜냐하면 지배계급은 언제나 그들의 지지자들을 앞잡이로 내세워 온갖 착취와 억압을 자행하기 때문이다. 그렇다면 우리는 모두가 지배계급을 반대하는 자가 되어야 하며, 결코 그 지배계급을 옹호하는 자가 되어서는 아니될 것이다(롬 12:2, 고후 6:14-16).

⑤ 민중은 자본주의를 반대하는 자들이다.

민중사상은 자본주의를 반대하는 자들도 모두 민중세력으로 본다. 왜냐하면 자본주의는 바로 지배계급이 인간착취의 도구로 사용하는 〈지배계급의 이데올로기〉이기 때문이다. 이처럼 자본주의가 반민중세력인 지배계급의 이데올로기라면, 우리는 그 자본주의를 반대하는 자들을 모두 민중의 지지세력으로 보아도 무방할 것이다(막9:40).

예나 지금이나 지배계급이 옹호하는 자본주의는 〈인간착취의 도구〉가 되고 있으며, 또 인간과 사회를 끊임없이 타락시키는 〈만악의 뿌리〉가 되고 있다(딤전 6:10). 그렇다면 우리는 그 사악한 자본주의를 역사의 무대에서 반드시 몰아내야 하며, 그러기 위해서는 사회와 역사의 주체인 우리 민중이 세계 전역에서 반자본주의 운동을 더욱 강력히 전개해야 할 것이다.

제2절 민중의 주체성

우리 민중이 지배계급의 온갖 착취와 억압에서 벗어나 인간답게 살아가려면, 우리는 먼저 민중의 주체성이 무엇인가를 알아야 한다. 자기의 주체성을 모르는 민중은 결코 인간답게 살아갈 수 없으며, 또 지배계급과의 투쟁에서 승리할 수도 없다. 민중사상이 민중의 주체성을 강조하는 이유는 바로 여기에 있다. 그러면 이러한 민중의 주체성에 대해 좀더 자세히 알아보기로 하자.

① 민중은 나라의 주인이다.

민중사상은 지배계급을 반대하고 민중을 〈나라의 주인〉으로 본다. 민중은 바로 나라의 근본이기 때문이다. 이처럼 민중은 나라의 근본이며 주인이지만, 그 민중을 부단히 억압·착취하는 지배계급은 결코 나라의 주인이 될 수 없다. 생각해 보라. 한 나라에서로 대립·투쟁하는 두 주인이 있어서야 되겠는가?

그러므로 민중이 존재하는 한, 나라의 주인은 오직 민중이어야 한다. 그런데 우리는 아직도 지배계급이 나라의 주인으로 행세하는 거꾸로 된 세상에서 살아가고 있으니, 이 얼마나 안타까운 일인가?

지금까지 지배계급은 나라의 주인으로 행세하며, 우리 민중을 부단히 억압·착취해 왔다. 그러나 이제는 우리 민중이 나라의 주인이 됨으로써, 다시는 지배 계급의 착취와 억압이 없는 새 나라(민중의 나라)를 건설해야만 한다. 이러한 새 나라를 건설하기 위해, 전세계의 민중세력은 모두 일어나 힘차게 투쟁해야 할 것이다.

② 민중은 역사의 주체다.

민중사상은 지배계급을 반대하고 민중을 〈역사의 주체〉로 본다. 민중은 바로 나라의 주인이기 때문이다. 혹자는 지배계급도 나라의 주인이라고 주장할는지 모르지만, 민중사상은 그 지배계급을 반대하는 민중계급만을 역사의 주체로 본다. 만일 민중이 역사의 주체가 아니라면, 우리는 그 역사의 무대에서 지배계급을 몰아낼 수 없으며, 또 새로운 민중의 역사를 창조할 수도 없다.

그러므로 민중이 살아있는 한, 역사의 주체는 오직 민중이어야 한다. 그런데 우리는 아직도 지배계급이 역사의 주체로 행세하는 거꾸로 된 역사 속에서 살아가고 있으니, 이 얼마나 안타까운 일인가?

지금까지 지배계급은 역사의 주체로 행세하며, 그 역사를 수많은 민중의 피로 물들여 왔다. 그러나 이제는 우리 민중이 역사의 주체가 됨으로써, 다시는 지배계급의 착취와 억압이 없는 새 역사(민중의 역사)를 창조해야만 한다. 이러한 새 역사를 창조하기 위해 전세계의 민중세력은 모두 일어나 힘차게 투쟁해야 할 것이다.

③ 민중은 변혁의 주체다.

민중사상은 지배계급을 반대하고 민중을 〈변혁의 주체〉로 본다. 민중은 바로 반동세력이 지배하는 이 세계를 변혁할 수 있는 유일한 계급이기 때문이다. 만일 민중이 변혁의 주체가 아니라면, 우리는 결코 세계를 변혁할 수 없으며, 또 이 땅에 하나님의 나라와 민중의 나라를 건설할 수도 없다. 그러므로 세계변혁의 주체는 어디까지나 민중이어야 한다. 그리고 우리 민중의 변혁투쟁은 세계를 변혁하는 승리의 그 날까지 부단히 계속되어야 할 것이다.

지금까지 지배계급은 변혁의 주체로 행세하며, 이 세상을 제멋대로 지배해 왔다. 그러나 이제는 우리 민중이 세계변혁의 주체가 됨으로써, 다시는 지배계급의 착취와 억압이 없는 새 세상(민중세상)을 만들어야만 한다. 그 날이 올 때까지 우리 민중은 세계변혁의 기치를 높이 들고 힘차게 투쟁해야 할 것이다.

④ 민중은 해방의 주체다.

민중사상은 지배계급을 반대하고 민중을〈해방의 주체〉로 본다. 민중은 바로 반동세력이 지배하는 이 세계를 해방할 수 있는 유일한 계급이기 때문이다. 만일 민중이 해방의 주체가 아니라면, 우리는 결코 세계를 해방할 수 없으며, 또 우리 모두가 고대하는 평등한 사회를 건설할 수도 없다. 그러므로 민중해방과 세계해방의 주체는 어디까지나 민중이어야 한다. 그리고 우리 민중의 해방투쟁은 고통받는 민중과 세계를 해방하는 승리의 그 날까지 잠시도 멈추지 말아야 할 것이다.

지금까지 지배계급은 해방의 주체로 행세하며, 우리 민중을 부단히 억압·착취해 왔다. 그러나 이제는 우리 민중이 민중해방과 세계해방의 주체가 됨으로써, 다시는 지배계급의 착취와 억압이 없는 새 사회(민중사회)를 건설해야만 한다. 그 날이 올 때까지 우리 민중은 모두가 민중해방과 세계해방의 기치를 높이 들고 힘차게 투쟁해야 할 것이다.

⑤ 민중은 생산과 건설의 주체다.

민중사상은 지배계급을 반대하고 민중을 〈생산과 건설의 주체〉로 본다. 민중은 바로 나라의 주인이며, 또 모든 생산과 건설의 주역이기 때문이다. 그럼에도 불구하고 우리 민중은 아직도 생산의 주체가 아닌 생산의 노예가 되어 살아가고 있으니, 그 이유는 무엇인가? 그것은 바로 지배계급이 모든 생산수단을 독점하고 있기 때문이다. 그렇다면 우리는 반드시 그러한 생산수단의 독점을 막아야 하며, 그러기 위해서는 지배계급이 옹호하는 자본주의제도를 전면적으로 바꾸어야 할 것이다.

지금까지 지배계급은 생산수단의 독점을 통해, 우리 민중을 부단히 억압·착취해 왔다. 그러나 이제는 생산과 건설의 주체인 우리 민중이 모든 생산수단을 공유(共有)함으로써, 다시는 지배계급의 착취와 억압이 없는 평등한 사회(공동체 사회)를 건설해야만 한다. 그 평등한 사회를 건설하기 위해, 우리는 세계 전역에서 반자본주의 운동을 더욱 힘차게 전개해야 할 것이다 (딤전 6:10, 요 2:13~16).

제3절 민중의 사명

민중이여 세계를 변혁하고 해방하라!!

이미 논한 바와 같이, 민중은 나라의 주인이며 역사의 주체다. 그러면 이러한 우리 민중이 천명(天命)을 받들어 완수하고 가야 할 시대적 사명은 무엇인가? 그것은 바로 고통받는 민중과 사회를 해방하고, 이 땅에 하나님의 나라와 민중의 나라를 건설하는 것이다. 그러면 이러한 민중의 시대적 사명에 대해 좀더 구체적으로 알아보기로 하자.

① 민중은 세계를 변혁하고 해방해야 한다.

민중은 세계변혁과 세계해방의 주체다. 그러면 우리는 지금 어떤 세계에서 살아가고 있는가? 우리는 지금 낡고 부패한 자본주의가 세계를 지배하고, 또 지배계급의 온갖 착취와 억압이 벌어지는 추악한 범죄세계에서 살아가고 있다. 그러면 우리는 이러한 범죄세계를 그대로 바라보고만 있어야 하는가? 아니다. 우리는 그 추악한 범죄세계를 반드시 변혁하고 해방해야 한다. 그래야만 우리는 이 땅에 하나님의 나라와 민중의 나라, 그리고 평등한 사회를 건설할 수 있다. 그렇다면 우리는 세계를 변혁하고 해방하는 승리의 그날까지, 반동세력인 지배계급과 끝까지 맞서 투쟁해야 할 것이다.

세계를 변혁하고 해방하기 위한 민중의 투쟁! 그것은 바로 고통받는 민중과 사회를 해방하기 위한 지극히 정의로운 투쟁이다. 그러므로 우리 민중의 투쟁은 이 땅에 새 날이 밝아 올 때까지 부단히 계속되어야 한다. 필자는 이러한 민중의 투쟁(해방투쟁)이 세계 전역에서 횃불처럼 타오르기를 간절히 기원하는 바이다.

② 민중은 하나님의 나라를 건설해야 한다.

일찍이 예수님은 제자들에게 「너희는 먼저 하나님의 나라와 그의 의를 구하라」(마 6:33)고 말씀하셨다. 이 말씀대로 하나님의 구원 섭리의 최종목표는 바로 세계 인류를 해방하고 이 땅에 하나님의 나라를 건설하는 데 있다(단 2:44, 단 7:18, 계 11:15), 그러면 누가 이 땅에 하나님의 나라를 건설해야 하는가? 하나님의 나라는 그 성격상 지배계급을 반대하는 우리 민중이 앞장서 건설해야 한다. 하나님은 바로 민중해방과 세계해방을 위해 섭리하시는 민중의 하나님이시기 때문이다.

그러므로 이제는 전세계의 민중세력이 모두 일어나 강력히 투쟁함으로써, 이 땅에 하나님의 나라를 반드시 건설해야 한다. 특히 민중의 종교인 기독교는 하나님의 나라(신정국가)를 건설하기 위해, 언제나 민중의 선봉에서 더욱 헌신적으로 투쟁해야 할 것이다(롬 12:21, 딤전 6:12).

③ 민중은 민중의 나라를 건설해야 한다.

민중은 나라의 주인이다. 그러면 우리 민중이 고대하는 나라는 어떤나라인가? 그 나라는 지배계급의 나라가 아닌 민중의 나라다. 민중의 나라는 바로 민중이 주도하는 나라이며, 또 지배계급의 착취와 억압이 없는 평등한 나라이다. 우리 민중은 바로 이러한 민중의 나라를 건설해야만, 나라의 참 주인이 되어 사람답게 살아갈 수 있다. 그런데 우리는 아직도 그러한 민중의 나라를 건설하지 못한채, 지배계급의 온갖 착취와 억압 속에서 살아가고 있으니, 이 얼마나 안타까운 일인가?

그러므로 이제는 전세계의 민중세력이 모두 일어나 강력히 투쟁함으로써, 이 땅에 민중의 나라를 반드시 건설해야 한다. 특히 민중의 종교인 기독교는 그 새로운 민중의 나라를 건설하기 위해, 언제나 민중의 선봉에서 더욱 헌신적으로 투쟁해야 할 것이다.

④ 민중은 평등한 사회를 건설해야 한다.

인간은 평등한 존재다. 그러므로 인간은 누구나 평등하게 살아갈 권리가 있다. 그러면 우리 민중이 고대하는 사회는 어떤 사회인가? 그 사회는 불평등한 사회가 아닌 평등한 사회다. 평등한 사회는 바로 착취와 억압이 없는 사회이며, 또 우리 모두가 서로 돕고 위하며 살아가는 공동체 사회다. 그런데 우리는 아직도 온갖 착취와 억압이 벌어지는 불평등한 사회에서 살아가고 있으니, 그 이유는 무엇인가? 그것은 바로 인간착취의 도구로 전락한 자본주의가 세계를 지배하고 있기 때문이다.

그러므로 이제는 전세계의 민중세력이 모두 일어나 강력히 투쟁함으로써, 그 사악한 자본주의를 속히 몰아내야 한다. 그리고 다시는 착취와 억압이 없는 평등한 사회(공동체사회)를 반드시 건설해야 한다. 특히 민중의 종교인 기독교는 그 평등한 사회를 건설하기 위해, 세계 전역에서 반자본주의 운동을 더욱 힘차게 전개해야 할 것이다.

⑤ 민중은 아름다운 도덕사회를 건설해야 한다.

인간은 도덕적인 존재다. 그러므로 인간은 누구나 도덕적으로 살아가야 할 의무가 있다. 그러면 우리 민중이 고대하는 사회는 어떤 사회인가? 그 사회는 추악한 범죄사회가 아닌 아름다운 도덕사회다. 도덕사회는 바로 법과 질서를 지키는 사회이며, 또 우리 모두가 서로 사랑하고 위하며 살아가는 공동체사회다. 그런데 우리는 아직도 그 아름다운 도덕사회를 건설하지 못한 채, 온갖 퇴폐적인 자본주의문화(범죄문화)가 판을 치는 추악한 범죄사회에서 살아가고 있으니, 이 얼마나 안타까운 일인가?

그러므로 이제는 전세계의 민중세력이 모두 일어나 강력히 투쟁함으로써, 그 추악한 범죄사회를 속히 몰아내야 한다. 그리고 우리 모두가 사람답게 살아가는 아름다운 도덕사회를 반드시 건설해야 한다. 특히 민중의 종교인 기독교는 그 아름다운 도덕사회를 건설하기 위해, 세계전역에서 도덕성 회복운동을 더욱 힘차게 전개해야 할 것이다.

제4절 민중의 유형

민중사상은 지배계급을 반대하고 민중을 나라의 주인과 역사의 주체로 보는 사상이다. 그런데 민중사상은 우리 민중을 그 성격상 세 가지 유형으로 구분한다. 〈잠자는 민중〉과 〈깨어난 민중〉과 〈투쟁하는 민중〉이 바로 그것이다. 이것을 〈민중의 3대유형〉이라고 부르거니와, 그 내용을 설명하면 다음과 같다.

① 잠자는 민중

민중사상은 자기의 주체성과 시대적 사명을 깨닫지 못한 민중을 〈잠자는 민중〉이라고 부른다. 다시 말해 잠자는 민중은 지배계급에 대한 저항의식과 투쟁의지가 없는 민중을 가리킨다. 예나 지금이나 지배계급은 잠자는 민중을 좋아한다. 왜냐하면 지배계급은 민중이 잠들어 있어야만 그 민중을 마음대로 지배할 수 있기 때문이다.

잠자는 민중은 부끄러운 민중이다. 잠자는 민중은 나라의 주인이 될 수 없으며, 또 지배계급의 온갖 착취와 억압에서 벗어날 수도 없다. 그러므로 우리 민중은 모두 깨어난 민중이 되어야 하며, 결코 잠자는 민중이 되어서는 아니될 것이다.

② 깨어난 민중

민중사상은 자기의 주체성과 시대적 사명을 깨달은 민중을 〈깨어난 민중〉이라고 부른다. 다시 말해 깨어난 민중은 지배계급에 대한 저항의식과 투쟁의지가 살아있는 민중을 가리킨다. 예나 지금이나 지배계급은 깨어난 민중을 싫어한다. 깨어난 민중은 아무리 강한 지배계급이라도 마음대로 지배할 수 없기 때문이다.

잠자는 민중은 죽은 민중이다(약2:26). 그래서 지배계급은 언제나 잠자는 민중을 좋아한다. 그러나 깨어난 민중은 살아있는 민중이다. 그래서 지배계급은 언제나 깨어난 민중을 싫어한다. 민중은 깨어날수록 강해지고 승리의 날이 다가오지만, 지배계급은 갈수록 약해지고 패망의 날이 다가오게 된다. 따라서 이 시대의 민중들은 모두가 지배계급에 대한 저항의식과 투쟁의지가 살아있는 강인한 민중으로 속히 깨어나야 할 것이다.

③ 투쟁하는 민중

민중사상은 자기의 주체성과 시대적 사명을 깊이 깨닫고, 언제나 헌신적으로 투쟁하는 자들을 〈투쟁하는 민중〉 또는 〈행동하는 민중〉이라고 부른다. 예나 지금이나 지배계급은 투쟁하는 민중을 가장 싫어하고 두려워 한다. 투쟁하는 민중은 언제나 지배계급과 맞서 싸울 수 있으며, 또 그들을 모두 타도할 수도 있기 때문이다.

투쟁하는 민중은 자랑스런 민중이다. 이 시대의 진정한 영웅은 바로 투쟁하는 민중이다. 왜냐하면 투쟁하는 민중만이 세계를 변혁하고 해방할 수 있으며, 또 이 땅에 하나님의 나라와 민중의 나라를 건설할 수 있기 때문이다. 따라서 우리 민중은 언제나 뜨거운 사명감과 정의감에 불타는 〈투쟁하는 민중〉이 되어야 한다. 그래야만 우리는 지배계급과의 투쟁에서 반드시 승리할 수 있는 것이다(수 1:7, 롬 12:21, 딤전 6:12, 약 4:7, 벧전 5:8-9)

◉ 민중의 적은 누구인가?

〈손자병법〉에 적을 알고 나를 알면 반드시 이긴다는 말이 있다. 이 말대로 모든 승리의 비결은 바로 적을 아는 데 있다. 그러면 우리 민중이 끝까지 맞서 싸워야 할 적은 누구인가?

민중사상은 지배계급을 반대하고 그들을 모두 〈민중의 적〉으로 규정한다. 지배계급은 바로 우리 민중을 부단히 억압·착취하는 반민중세력이기 때문이다. 이처럼 지배계급이 반민중세력이라면, 그들이 바로 민중의 적이 아니고 무엇이겠는가?

한편 민중사상은 지배계급을 〈하나님의 적〉으로도 규정한다. 왜냐하면 지배계급은 하나님을 대적하는 사탄의 앞잡이가 되어 온갖 착취와 억압을 자행하기 때문이다. 이처럼 지배계급이 사탄이 앞잡이 노릇을 하고 있다면, 그 지배계급은 어느모로 보나 하나님의 적이 아닐 수 없다.

그뿐 아니라 민중사상은 지배계급을 〈그리스도의적〉으로도 규정한다. 왜냐하면 예수님은 바로 민중의 적인 지배계급으로부터 그 민중을 해방하시기 위해 오신〈민중의 메시아〉이기 때문이다(눅 4:16~19). 이처럼 예수님이 민중의 해방자로 오신 민중의 메시아라면, 그 민중의 적인 지배계급이 어찌 그리스도의 적이 되지 않겠는가?

일찍이 예수님은 사탄을 원수(적)라고 말씀하셨다(마 13:36-39). 그리고 사도들도 역시 그 사탄을 우리 성도들이 언제나 맞서 싸워야 할 적이라고 하였다(벧전 5:8-9, 엡 6:11-12, 약 4:7). 그런데 지배계급은 바로 이러한 사탄의 앞잡이가 되어 우리 민중을 부단히 억압·착취하기 때문에, 민중사상은 그 지배계급을 모두〈하나님의적〉과 〈그리스도의적〉과 〈민중의적〉으로 규정하는 것이다.

예나 지금이나 우리 민중을 부단히 억압·착취하는 주범은 바로 지배계급이다. 그러므로 지배계급은 그 본질상 모두가 민중의 적이 된다. 그러나 누구든지 그 지배계급을 반대하고 민중의 품으로 돌아올 경우, 우리는 그들을 적이 아닌 동지로 따뜻이 맞이해야 한다. 그러나 누구든지 그 지배계급을 옹호하고 그들의 앞잡이가 될 경우, 우리는 그들을 모두 민중의 적으로 보아야 할 것이다.

◉ 민중의 적들을 추방하라!!

우리 모두가 평등하게 살아가는 새 세상! 다시는 지배계급의 착취와 억압이 없고 빈부와 귀천의 차별이 없는 새 세상! 그리고 우리 모두가 한가족이 되어 서로 사랑하고 위하며 사람답게 살아가는 새 세상! 그 새로운 세상은 나라의 주인이며 역사의 주체인 우리 민중이 그 역사의 무대에서 하나님과 그리스도와 민중의 적들을 모두 추방하고 세계인류를 해방할 때만이 비로소 찾아올 것이다.

그러므로 민중사상은 언제나 우리 민중의 〈단결과 투쟁〉을 강조한다. 역사의 주체인 우리 민중의 단결과 투쟁은 바로 민중해방과 세계해방을 앞당기는 원동력이 되기 때문이다.

위에서 논한 바와 같이, 민중은 나라의 주인이며 역사의 주체이기도 하다. 우리 민중은 바로 이러한 〈민중의 주체성〉을 잠시도 잊지 말아야 한다. 그리고 우리는 모두가 사명감에 불타는 〈투쟁하는 민중〉이 되어야 한다. 그래야만 우리는 고통받는 민중과 사회를 속히 해방하고, 이 땅에 하나님의 나라와 민중의 나라를 건설할 수 있는 것이다.

새 시대를 열망하는 전 세계의 민중세력은 굳게 단결하라! 그리고 이제는 모두가 민중해방의 기치를 높이 들고, 세계 전역에서 민중의 적들과 끝까지 맞서 투쟁하라. 이것만이 역사의 주체인 우리 민중이 세계를 변혁하고 해방할 수 있는 유일한 길이다.

제5절 민중의 노래

민중을 사랑하는 뜨거운 마음으로!!

우리 민중이 걸어가는 고난의 행군길에는, 언제나 우리와 고락을 함께 하는 〈민중의 노래〉가 있다. 그 노래를 부르며 우리는 지금까지 고난의 행군을 계속해 왔다. 그러나 그 고난의 행군은 아직도 끝나지 않았다. 그러므로 우리는 그 고난의 행군이 끝나는 승리의 그날까지 다함께 민중의 노래를 부르며 더욱 힘차게 투쟁해야 할 것이다.

- 민 중 가 -

① 민중이 외치는 민주화를 위하여
　한 평생 싸우자던 뜨거운 맹세
　민중의 깃발 아래 동지들은 모였다
　새 날이 올 때까지 힘차게 싸우자
　투쟁의 가시밭길 멀고 험해도
　민주화를 위하여 우린 나섰다
　우리 모두 나섰다 민주화를 위하여
　우리 모두 나섰다 민주화를 위하여

② 민중이 고대하는 새 시대를 위하여
　한 평생 싸우자던 뜨거운 맹세
　민중의 깃발 아래 동지들은 모였다
　승리의 그날까지 힘차게 싸우자
　온갖 고난 핍박이 몰아쳐 와도
　새 시대를 위하여 우린 나섰다
　우린 모두 나섰다 새 시대를 위하여
　우린 모두 나섰다 새 시대를 위하여

- 승 리 가 -

① 우린 승리하리라 핍박해도 승리하리라
　우린 모두 나가 싸운다 승리의 그 날까지
　전진하라 동지들이여 최후 승리를 위하여
　민중의 깃발을 높이 들고
　민중의 해방 위해 싸우는 우리
　새 나라 건설 위해 나선 우리

죽음을 각오하고 나섰다
우린 승리하리라 핍박해도 승리하리라.
우린 모두 나가 싸운다 승리의 그날까지

② 우린 승리하리라 억압해도 승리하리라
우린 모두 나가 싸운다 승리의 그날까지
전진하라 동지들이여 최후 승리를 위하여
민중의 깃발을 높이 들고
민중의 전사 되어 싸우는 우리
새 사회 건설 위해 나선 우리
죽음을 각오하고 나섰다
우린 승리하리라 억압해도 승리하리라
우린 모두 나가 싸운다 승리의 그날까지

- 새 날이 올 때까지 -

① 새 날이 올 때까지 새 날이 올 때까지
우리의 투쟁을 멈출 순 없다
새 나라 건설에 나선 동지들이여
강철같이 단결하여 싸워 나가자
민주화를 외치면서 싸워 나가자

② 새 날이 올 때까지 새 날이 올 때까지
우리의 전선을 떠날 순 없다
새 사회 건설에 나선 동지들이여
강철같이 단결하여 싸워 나가자
승전가를 부르면서 싸워 나가자

-민중의 깃발-

① 민중의 깃발을 높이 들고 앞으로 앞으로
　승전가를 부르면서 우리는 전진한다
　민중해방 세계해방 이루는 그 날까지
　민주화를 외치면서 우리는 전진한다.

② 통일의 깃발을 높이 들고 앞으로 앞으로
　승전고를 울리면서 우리는 전진한다.
　아시아통일 세계통일 이루는 그날까지
　민주화를 외치면서 우리는 전진한다.

- 민중의 해방 -

① 우리의 가는 그 길이 / 고난의 길이라 해도
　고통받는 민중의 해방을 위해 / 우리는 달려가리라.
　투쟁의 가시밭길 멀고 험해도 / 불길처럼 타오르는
　우리의 투쟁 우리의 강고한 투쟁 / 해방을 쟁취하리라.
　투쟁이 깊어 갈수록 / 해방은 다가오리니
　우리의 길 험난하고 멀지라도 / 우리는 달려가리라.

② 우리의 가는 그 길이 / 가시밭 길이라 해도
　억압받는 민중의 해방을 위해 / 우리는 달려가리라.
　투쟁의 가시밭길 멀고 험해도 / 횃불처럼 타오르는
　우리의 투쟁 우리의 강고한 투쟁 / 해방을 쟁취하리라
　투쟁이 깊어 갈수록 / 새 날은 밝아오리니
　우리의 길 험난하고 멀지라도 / 우리는 달려가리라.

제 10 장
통 일 론

✞ 민중사상은 〈One Family Under God〉의 꿈을 실현하기 위한 새로운 〈공동체사상〉이다.

✞ 민중사상은 세계의 모든 종교와 사상을 하나로 통일하고, 이 땅에 하나님의 나라와 민중의 나라를 건설하기 위한 새로운 〈통일사상〉이다.

✞ 민중은 나라의 주인이며 역사의 주체다. 그 뿐 아니라 민중은 새 시대가 요구하는 〈통일의 주체〉이기도 하다. 그러므로 장차 도래할 새로운 민중시대와 통일시대는 반드시 우리 민중이 앞장서 개척해야만 한다.

✞ 전세계의 민중세력과 통일세력은 모두 일어나라! 그리고 세계 전역에서 반민중·반통일·반평화세력과 끝까지 맞서 투쟁하라. 이것만이 통일의 주체인 우리 민중이 새로운 민중시대와 통일시대 그리고 새로운 평화시대를 앞당기는 유일한 길이다.

인간은 홀로 살아갈 수 없는 사회적 존재다. 그러면 우리 인간이 본래 이루고 살아가야 할 사회는 어떤 사회인가? 그 사회는 바로 지배계급의 사회가 아닌 민중의 사회이며, 또 분열의 사회가 아닌 통일의 사회다. 그런데 우리는 아직도 민중의 사회가 아닌 지배계급의 사회에서, 또 통일의 사회가 아닌 분열의 사회에서 온갖 고통을 받으며 살아가고 있으니, 이 얼마나 안타까운 일인가?

그러므로 민중사상은 언제나 새로운 민중사회와 통일 사회의 건설을 주장한다. 그런데 이러한 민중사회와 통일사회는 지배계급이 옹호하는 자본주의가 세계를 지배하는 한 결코 도래할 수 없다. 왜냐하면 오늘도 세계 전역에서 온갖 착취와 억압, 그리고 온갖 분열과 분쟁의 씨를 뿌리는 주범은 바로 자본주의이기 때문이다(딤전 6:10). 그렇다면 우리는 반드시 그 사악한 자본주의의 세계지배를 막아야 하며, 결코 그 자본주의를 옹호해서는 아니될 것이다.

기독교는 지배계급을 반대하는 민중의 종교이며, 또 분열을 반대하는 통일의 종교다. 그 뿐 아니라 기독교는 고통받는 민중과 사회를 해방하기 위해 부름받은 종교다. 그러므로 새로운 민중사회와 통일사회, 그리고 민중해방과 세계해방은 반드시 기독교가 앞장서 이루어야 하며, 결코 그 사명을 포기해서는 아니될 것이다.

새로운 민중사회와 통일 사회의 건설! 그것은 바로 하나님과 주님의 뜻이며, 또한 인류의 간절한 소망이다. 또 그것은 기독교가 반드시 완수하고 가야 할 섭리적 목표이기도 하다. 그렇다면 오늘의 기독교는 모름지기 모든 교파의 장벽을 헐어버리고, 이제는 모두가 새로운 민중사회와 통일사회의 건설을 위해, 그리고 민중해방과 세계해방을 위해 한결같이 떨쳐 나서야 할 것이다.

제1절 사상통일과 계급통일

민중은 나라의 주인이며 역사의 주체다. 그뿐 아니라 민중은 세계해방과 세계통일의 주체이기도 하다. 그러므로 장차 도래할 새로운 민중사회와 통일사회는 반드시 우리 민중이 앞장서 건설해야만 한다. 민중사상이 지배계급을 반대하고, 민중계급을 중심으로 한〈민중론〉과 〈통일론〉을 주장하는 이유는 바로 여기에 있다.

현재 민중사상의 통일론에서는 사상통일과 계급통일을 비롯하여, 정치통일 · 경제통일 · 종교통일 · 기독교통일 · 세계통일 · 언어통일 등을 다루고 있다. 그러면 먼저 사상통일과 계급통일에 대해 알아보기로 하자(제1장 「민중사상론」 참조).

1. 사상통일

◉ 사상통일은 〈민중사상〉을 중심으로!

인간은 어떤 존재인가? 인간은 바로 자기사상에 따라 사고하고 행동하며 살아가는 〈사상적 존재〉이다. 인간이 빵만으로 살아갈 수 없는 이유는 바로 여기에 있다. 그러므로 우리 모두가 사람답게 살아가려면, 우리는 언제나 물질적인 빵보다 정신적인 사상을 앞세우고 살아가야만 한다(마4:4).

그러나 여기에도 문제는 있다. 〈사상의 분열〉이 바로 그것이다. 온갖 분쟁을 초래하는 사상의 분열과 혼돈 속에서는, 어느 누구도 사람답게 살아갈 수 없기 때문이다. 그런데 우리는 아직도 그러한 사상의 분열과 혼돈 속에서 끝없는 대립과 분쟁을 하며 살아가고 있으니, 이 얼마나 안타까운 일인가?

일찍이 예수님은 제자들에게 「스스로 분쟁하는 나라마다 황폐해질것이요, 스스로 분쟁하는 동네나 집마다 서지 못하리라」 (마 12:25)고 말씀하셨다. 이 말씀대로 스스로 분쟁하는 개인과 가정, 그리고 사회와 국가는 온전히 설 수 없으며, 마침내는 파멸의 길을 가게 된다. 그런데 그 모든 분쟁은 주로 사상의 분열에서 비롯되므로. 인간의 사상은 세계평화를 위해서도 반드시 하나로 통일되어야 할 것이다(고전 1:10).

인간의 사상은 그 성격상 민중을 옹호하는 〈민중사상〉과 지배계급을 옹호하는 〈반동사상〉으로 구분할 수 있다. 그러면 우리는 그 중에 어느 사상을 중심으로 사상통일을 해야 하는가? 그것은 바로 민중사상이다. 왜냐하면 민중사상은 지배계급을 반대하고 민중을 옹호하는 사상이며, 또 민중해방과 세계해방을 위해 투쟁하는 사상이기 때문이다.

민중사상은 민중을 사랑하는 사상이며 또 민중을 나라의 주인과 역사의 주체로 보는 〈민중계급중심의 사상〉이다. 그뿐 아니라 민중사상은 고통받는 민중과 사회를 해방하고, 이 땅에 다시는 지배계급의 착취와 억압이 없는 〈민중의 낙원〉을 건설하기 위한 사상이다. 우리는 바로 이러한 민중사상으로 사상통일을 이루어야만, 모든 민중세력을 하나로 결집시킬 수 있으며, 또 새로운 민중사회도 건설할 수 있는 것이다.

지배계급을 옹호하는 반동사상! 그것은 언제나 지배계급의 앞잡이가 되어 우리 민중을 부단히 억압·착취하는 사상적 도구로 복무해 왔다. 그렇다면 우리는 반드시 그러한 반동사상을 타파해야 하며, 그러기 위해서는 모든 분야에서 지배계급에 대한 〈사상투쟁〉을 힘있게 벌임으로써, 그들이 인간착취의 사상적 도구로 악용해 온 온갖 잡사상(반동사상)들을 속히 몰아내야 할 것이다. 이것만이 통일의 주체인 우리 민중이 사상통일을 앞당겨 이루는 지름길이 될 것이다.

2. 계급통일

◉ 계급통일은 〈민중계급〉을 중심으로!

인간은 사상적 존재인 동시에 〈계급적 존재〉이다. 예나 지금이나 인간이 계급사회를 이루고 살아가는 이유는 바로 여기에 있다. 마르크스는 무계급사회의 도래를 주장했지만, 우리가 바라는 사회는 그러한 무계급사회가 아니라, 모든 분야에서 계급적 차별이 없는 〈평등한 사회〉임을 마르크스주의자들은 깨달아야 할 것이다. 인간은 본래 계급적 존재인데, 어떻게 무계급사회가 도래할 수 있겠는가?

예로부터 인간은 불평등한 사회가 아닌 평등한 사회에서 서로 돕고 위하며 사람답게 살아가기를 원했다. 그런데 우리는 아직도 평등한 사회가 아닌 불평등한 사회에서 온갖 착취와 억압을 받으며 살아가고 있으니, 그 이유는 무엇인가? 그것은 바로 〈계급의 분열〉 때문이다. 이처럼 계급의 분열은 온갖 착취와 억압이 벌어지는 불평등한 계급사회를 초래하므로, 모든 계급은 반드시 하나로 통일되어야 할 것이다.

인간의 사회적 계급은 그 성격상 서로 대립·투쟁하는 두계급으로 구분할 수 있다. 〈민중계급〉과 〈지배계급〉이 바로 그것이다. 그러면 우리는 그 중에 어느 계급을 중심으로 계급통일을 해야 하는가? 그것은 바로 민중계급이다. 왜냐하면 민중은 나라의 주인이며 역사의 주체이지만, 지배계급은 그 민중을 부단히 억압·착취하는 반민중세력이기 때문이다.

그러므로 계급통일은 반드시 민중계급을 중심으로 이루어야 하며, 결코 지배계급을 중심으로 해서는 안된다. 만일 지배계급을 중심으로 계급통일을 이룬다면, 우리 민중은 그 지배계급의 온갖 착취와 억압에서 영원히 벗어나지 못할 것이다.

민중사상은 사회발전의 최종단계를 〈민중사회〉 또는 〈노동계급사회〉라고 부른다. 다시 말해 민중사회는 나라의 주인이며 역사의 주체인 민중계급만으로 이루어진 공동체사회를 가리킨다. 계급통일의 목적은 바로 이러한 민중사회를 건설하는 데 있거니와, 우리는 민중이 주도하는 그 새로운 민중사회(노동계급사회)를 건설해야만, 지배계급의 온갖 착취와 억압에서 완전히 해방될 것이다.

하나님과 민중의 적인 지배계급! 그들은 언제나 사탄의 앞잡이가 되어 우리 민중을 부단히 억압·착취해 왔으며, 이러한 그들의 만행은 지금도 계속되고 있다. 그렇다면 우리는 반드시 그러한 반동세력을 타도해야 하며, 그러기 위해서는 모든 분야에서 지배계급에 대한 〈계급투쟁〉을 힘있게 벌임으로써, 그들을 역사의 무대에서 속히 몰아내야 할 것이다. 이것만이 통일의 주체인 우리 민중이 계급통일을 앞당겨 이루는 지름길이 될 것이다.

제2절 정치통일과 경제통일

민중은 누구인가? 민중은 바로 나라의 주인이며 역사의 주체다. 그러므로 모든 정치와 경제는 언제나 민중을 위해 복무해야하며, 결코 지배계급을 위해 복무해서는 안된다. 그런데 지금까지 모든 정치와 경제는 도리어 지배계급을 위해 복무함으로써 우리 민중에게 온갖 고통을 안겨 주었다. 그렇다면 우리는 마땅히 기존의 낡은 정치와 낡은 경제를 모두 버리고, 이제는 민중이 주도하는 새 정치와 새 경제를 전면적으로 실시해야 할 것이다. 민중사상은 바로 이러한 새 정치와 새 경제를 실현하기 위해, 다음과 같이 정치통일과 경제통일을 주장한다.

1. 정치통일

◉ 정치통일은 〈민주정치〉를 중심으로!

인간은 사회적 존재인 동시에 〈정치적 존재〉이다. 그러므로 인간은 언제나 정치활동을 하며 살아간다. 그런데 지금까지의 정치는 불행히도 민중의 정치가 아닌 지배계급의 정치였다. 그 결과 우리 민중은 그 지배계급으로부터 온갖 착취와 억압, 그리고 온갖 멸시와 천대를 받으며 살아왔다.

그러므로 민중사상은 언제나 민중의 〈정치적 해방〉을 주장한다. 우리 민중은 바로 이러한 정치적 해방을 통해서만 지배계급의 종살이에서 벗어날 수 있으며, 또 나라의 참 주인이 되어 사람답게 살아갈 수 있기 때문이다. 그렇다면 우리는 언제나 민중의 정치적 해방을 위해 투쟁해야 하며, 결코 그

투쟁을 포기해서는 아니 될 것이다.

모든 정치는 그 성격상 민중이 주도하는 〈민주정치〉와 지배계급이 주도하는 〈독재정치〉로 구분할 수 있다. 그러면 우리는 그 중에 어느 정치를 중심으로 정치통일을 해야 하는가? 그것은 바로 민주정치다. 왜냐하면 민주정치는 바로 민중이 주도하는 정치이며, 또 그것은 민중의 정치적 해방을 실현하기 위한 정치이기 때문이다. 그뿐 아니라 민주정치는 지배계급을 반대하고, 민중이 주도하는 정의로운 민주사회와 민주국가를 건설하기 위한 정치이기 때문이다.

그러므로 정치통일은 반드시 민주정치를 중심으로 이루어야 하며, 결코 독재정치를 중심으로 해서는 안된다. 만일 지배계급이 주도하는 독재정치를 중심으로 정치통일을 이룬다면, 우리 민중은 언제나 지배계급이 판을 치는 독재사회에서 그들의 온갖 착취와 억압을 받으며 노예처럼 살아가게 될 것이다.

지배계급이 주도하는 독재정치! 그것은 언제나 인간탄압의 도구가 되어 우리 민중을 부단히 억압·착취해 왔다. 이러한 독재정치가 그대로 계속되는 한 우리 민중의 정치적 해방은 불가능하다. 그렇다면 우리는 반드시 그러한 독재정치를 타도해야 하며, 그러기 위해서는 모든 분야에서 지배계급에 대한 정치투쟁(민주화 투쟁)을 더욱 힘차게 전개해야 할 것이다. 이것만이 우리가 민중의 정치적 해방과 새로운 민중사회를 앞당기는 지름길이 될 것이다.

2. 경제통일

◉ 경제통일은 〈민중경제〉를 중심으로!

인간은 정치적 존재인 동시에 〈경제적 존재〉이다. 그러므로 인간은 언제나 경제활동을 하며 살아간다. 그런데 지금까지의 경제는 불행이도 민중의 경제가 아닌 지배계급의 경제였다. 그 결과 우리 민중은 지금까지 그 지배계급의 온갖 착취와 억압 속에서 말할 수 없는 고통을 받으며 살아 왔다.

그러므로 민중사상은 언제나 민중의 〈경제적 해방〉을 주장한다. 우리 민중은 바로 이러한 경제적 해방을 통해서만 지배계급의 종살이에서 벗어날 수 있으며, 또 착취와 억압이 없는 평등한 사회(공동체 사회)를 건설 할 수 있기 때문이다. 그렇다면 우리는 언제나 민중의 경제적 해방을 위해 투쟁해야 하며, 결코 그 투쟁을 중단해서는 아니 될 것이다.

모든 경제는 그 성격상 민중이 주도하는 〈민중경제〉와 지배계급이 주도하는 〈자본주의 경제〉로 구분할 수 있다. 그러면 우리는 그 중에서 어느 경제를 중심으로 경제통일을 해야 하는가? 그것은 바로 민중경제이다. 왜냐하면 민중경제는 바로 나라의 주인인 민중이 주도하는 경제이며, 또 그것은 민중의 경제적 해방을 실현하기 위한 경제이기 때문이다. 그 뿐 아니라 민중경제는 자본주의를 반대하고, 우리 모두가 평등하게 살아가는 아름다운 공동체사회를 건설하기 위한 경제이기 때문이다.

민중이 주도하는 민중경제는 인간의 경제적 평등과 해방을 위해 생산수단의 사회적 소유(공유)를 주장한다. 그러나 지배계급이 옹호하는 자본주의 경제는 반대로 인간의 경제적 착취와 불평등을 초래하는 생산수단의 사적인소유(독점)를 주장한다.

그러므로 우리는 반드시 민중이 주도하는 민중경제를 중심으로 경제통일을 이루어야 하며, 결코 자본주의경제를 중심으로 해서는 안 된다. 생각해보라. 생산수단의 사적인 소유는 필연적으로 인간의 경제적 착취와 불평등을 초래하게 되는데, 우리가 어찌 그러한 자본주의 경제를 중심으로 경제통일을 할 수 있겠는가?

지배계급이 주도하는 자본주의 경제! 그것은 언제나 인간착취의 도구가 되어 우리 민중을 부단히 억압·착취해 왔다. 이러한 자본주의 경제가 세계를 지배하는 한 우리 민중의 경제적 해방은 불가능하다. 그렇다면 우리는 반드시 그러한 자본주의 경제를 타파해야 하며, 그러기 위해서는 세계 전역에서 반자본주의 투쟁을 더욱 강력히 전개해야 할 것이다(딤전6:10). 이것만이 우리가 민중의 경제적 해방과 새로운 민중경제를 앞당기는 지름길이 될 것이다.

제3절 종교통일과 기독교통일

기독교는 바로 이 땅에 하나님의 나라를 이루기 위해 부름받은 종교다(마 6:33). 그러면 기독교가 추구하는 하나님의 나라와 세계평화는 어떻게 이룰 수 있는가? 그것은 반드시 모든 종교가 하나로 통일되어야만 그 실현이 가능할 것이다. 왜냐하면 인간의 정신세계를 선도해 온 종교가 통일되지 않고는 인류를 통일할 수 없고, 이러한 인류의 통일이 없이는 하나님의 나라와 세계평화도 모두 불가능하기 때문이다. 오늘의 기독교는 이 사실을 깊이 인식하고, 이제는 모두가 종교통일에 앞장서 나서야 할 것이다.

1. 종교통일

◉ 종교통일은 〈기독교〉를 중심으로!

마르크스가 종교를 〈민중의 아편〉이라고 비판한 것은, 모든 종교가 참다운 〈민중의 종교〉가 되지 못했기 때문일 것이다. 그런데 그 종교가 지금 또 다시 큰 위기를 맞고 있다. 〈종교계의 분열〉이 바로 그것이다. 이러한 종교계의 분열이 그대로 계속된다면, 모든 종교는 마침내 스스로 몰락의 길을 가게 될 것이다(마 12:25).

그러므로 오늘의 모든 종교는 반드시 하나로 통일되어야 한다. 그래야만 우리는 이 땅에 하나님의 나라를 건설할 수 있으며, 또 우리 모두가 바라는 세계평화와 세계통일도 가능할 것이다. 그런데 오늘의 모든 종교는 도리어 극도의 분열 속에서 온갖 대립과 분쟁을 일삼고 있으니, 이 얼마나 안타까운 일인가?

이 지구상에는 기독교를 비롯하여 불교·유교·이슬람교 등 수많은 종교가 있다. 그러면 우리는 그 많은 종교 중에 어느 종교를 중심으로 종교통일을 해야 하는가? 이 문제를 신학적인 관점에서 말한다면, 모든 종교는 반드시 기독교를 중심으로 통일되어야 할 것이다. 왜냐하면 기독교는 바로 인류의 구주로 오신 예수님이 직접 세우신 종교이기 때문이다(마16:18).

모든 종교는 그 성격상 〈유신종교〉와 〈무신종교〉로 구분할 수 있다. 전자는 유대교·기독교·이스람교와 같이 하나님을 믿는 종교를 말하고, 후자는 불교와 유교처럼 하나님을 믿지 않는 종교를 가리킨다. 그런데 기독교는 그 많은 유신종교 가운데서도 인류의 구주로 오신 예수님이 직접 세우신 유일한 종교이기 때문에, 모든 종교는 반드시 그 기독교를 중심으로 통일되어야 마땅할 것이다(엡 1:10).

그러면 기독교의 창시자인 예수님은 어떤 분이신가? 그 분은 바로 가난한 민중의 아들이었으며, 또 진정으로 민중을 사랑하신 민중의 지도자였다. 그뿐 아니라 그는 고통받는 민중과 사회를 해방하고 이 땅에 하나님의 나라와 민중의 나라 그리고 우리 모두가 평등하게 살아가는 민중의 낙원을 건설하시기 위해 오신 〈민중의 메시아〉였다.

누가복음에 보면 예수님은 새로운 메시아사역을 시작하실 때, 유대인의 회당(예배당)에서 첫 설교를 하셨다. 그런데 그 설교는 놀랍게도 〈민중해방〉에 관한 것이었다(눅 4:16~19). 이 사실만을 보더라도 우리는 예수님이 어디까지나 민중해방을 위해 오신 민중의 메시아임을 부인할 수 없다.

이처럼 예수님이 민중의 해방자로 오신 민중의 메시아라면, 오늘의 모든 종교는 반드시 그가 세우신 기독교를 중심으로 통일되어야 할 것이다. 생각해 보라. 우리가 진정으로 민중을 사랑하고, 또 진정으로 민중해방을 원한다면, 우리 모두가 민중의 종교인 기독교를 중심으로 통일하지 못할 이유가 어디 있겠는가?

필자는 새 시대가 요구하는 민중해방과 세계해방을 위해, 그리고 이 땅에 하나님의 나라와 민중의 나라를 건설하기 위해, 오늘의 모든 종교가 민중의 종교인 기독교를 중심으로 통일되는 그 날이 속히 오기를 주님의 이름으로 간절히 기원하는 바이다.

2. 기독교통일

⦿ 기독교통일은 민중사상과 민중신학을 중심으로!

이미 논한 바와 같이, 모든 종교는 하나로 통일되어야 하며, 그 통일은 반드시 기독교가 앞장서 이루어야만 한다. 그러나 오늘의 기독교는 불행히도 수많은 교파로 분열됨으로써, 그 사명을 감당할 수 없게 되었다. 따라서 그 사명을 감당하려면, 먼저 오늘의 기독교가 모든 교파의 장벽을 헐어 버리고 하나로 통일되어야 할 것이다(고전 1:10).

기독교는 본래 한 하나님과 한 주님과 한 성경을 믿는 종교다. 그러므로 기독교는 반드시 하나로 통일되어야 하며, 결코 분열되어서는 안된다. 그럼에도 불구하고 오늘의 기독교는 도리어 수많은 교파로 분열되어 서로 분쟁하고 있으니, 이 얼마나 안타까운 일인가?

그러므로 오늘의 기독교는 모름지기 그 부끄러운 집안싸움을 어서 속히 끝내고, 이제는 모두가 하나가 되어야 한다. 그러기 위해서는 「묵은 땅을 갈아 엎으라」는 하나님의 말씀대로(렘 4:3, 호 12:10), 우리의 묵은 신앙을 모두 갈아 엎기 위한 전면적인 신앙개혁과 교회개혁을 속히 단행해야 할 것이다.

현재 전세계의 기독교는 2만 여개의 교파로 분열되었다고 한다. 참으로 부끄럽고 안타까운 일이 아닐 수 없다. 이러한 기독교의 분열은 바로 그 기독교를 지배해 온 서구신학의 오류에서 비롯된 것으로 볼 수 있다. 따라서 오늘의 기독교가 하나로 통일되기 위해서는, 먼저 구시대의 낡은 교리인 서구신학의 굴레에서 속히 벗어나야 할 것이다.

그러면 우리는 무엇으로 오늘의 기독교를 그 낡은 서구신학의 굴레에서 벗어나게 함으로써, 그 기독교를 다시금 하나로 통일할 것인가?

필자는 서구신학에 오염된 기독교를 근본적으로 개혁하고 통일하기 위해 새 시대가 요구하는 가장 진보적이고 개혁적인 새 사상과 새 신학을 제시하는 바 〈민중사상〉과 〈민중신학〉이 바로 그것이다. 여기에 그 민중사상과 민중신학을 간단히 소개하면 다음과 같다.

① 민중사상과 민중신학은 예수님을 민중의 해방자로 오신 〈민중의 메시아〉로 규정함으로써, 오늘의 기독교를 새로운 민중의 종교로 거듭나게 하였다.

② 민중사상과 민중신학은 민중을 나라의 주인과 역사의 주체로 규정함으로써, 우리 민중을 혁명과 건설의 참다운 주체가 되게 하였다.

③ 민중사상과 민중신학은 서구신학을 반대하고 새로운 사상체계와 신학체계를 확립함으로써, 민중해방과 세계해방의 새 길을 열어 놓았다.

④ 민중사상과 민중신학은 새 시대가 요구하는 새 복음(민중복음)을 전함으로써, 모든 성도들이 새 신앙과 새 말씀으로 다시 무장할 수 있게 하였다.

⑤ 민중사상과 민중신학은 새 시대의 종교혁명을 선도함으로써, 서구신학이 지배하는 기독교를 근본적으로 개혁할 수 있게 하였다.

⑥ 민중사상과 민중신학은 사회발전의 최종단계를 〈민중사회〉로 규정함으로써 혁명과 건설의 주체인 우리 민중이 그 새로운 민중사회를 주도적으로 건설할 수 있게 하였다.

⑦ 민중사상과 민중신학은 인류역사를 〈민중해방과 세계해방의 역사〉로 규정함으로써 역사의 주체인 우리 민중이 그 역사의 수레바퀴를 더욱 힘차게 떠밀고 나아가게 하였다.

위에서 언급한 바와 같이, 민중사상과 민중신학은 서구신학을 반대하고 새로운 사상체계와 신학체계를 확립함으로써, 이제는 그 낡은 서구신학의 대안으로 급속히 떠오르고 있다. 그 뿐 아니라 민중사상과 민중신학은 새 시대가 요구하는 종교혁명을 강력히 추진함으로써, 이 땅에 하나님의 나라와 민주의 나라를 더욱 앞당기게 하였다.

그렇다면 오늘의 기독교는 더 이상 그 낡은 서구신학에 매달리지 말고 이제는 모두가 새로운 민중사상과 민중신학으로 다시 무장하고 가야할 것이다. 이것만이 오늘의 기독교가 새로운 〈민중의 종교〉로 거듭나는 최선의 길이 될 것이며, 또 모든 교파의 장벽을 헐어버리고 다시금 하나로 통일할 수 있는 지름길이 될 것이다.

재4절 세계통일과 언어통일

인류역사는 수많은 전쟁으로 이어져 온 전쟁의 역사였다. 그런데 이러한 전쟁의 드라마는 아직도 끝나지 않았다. 세계의 화약고인 중동에서는 오늘도 세계평화를 위협하는 전쟁의 포성이 계속 울려 퍼지고 있다. 인류역사를 전쟁의 역사로 부르는 이유도 여기에 있거니와, 이러한 전쟁의 드라마는 세계인류가 하나로 통일되지 않는 한 그대로 계속될 것이다. 따라서 오늘의 인류는 세계평화와 세계공동체를 위해 반드시 하나로 통일되어야 할 것이다.

1. 세계통일

민중사상은 바로 〈One Family Under God〉의 꿈을 실현하기 위한 사상이다. 다시 말해 민중사상은 세계인류를 통일하고, 이 땅에 하나님의 나라와 민중의 나라, 그리고 우리 모두가 한가족·한민족·한국민으로 살아가는 세계공동체사회를 건설하기 위한 사상이다. 그러므로 민중사상은 언제나 세계통일을 주장한다. 그러면 이제 민중사상이 주장하는 세계통일의 원칙에 대해 알아보기로 하자(여기서는 가장 기본이 되는 일곱가지 원칙만을 논하기로 한다.)

① 세계통일은 〈하나님〉을 중심으로!
민중사상은 하나님을 〈창조의 주체〉로 보는 기본입장에서. 세계인류는 반드시 하나님을 중심으로 통일되어야 한다고 주장한다. 왜냐하면 하나님은 바로 모든 만물을 지으신 창조의 주체이시기 때문이다(사 40:26, 사 45:12, 롬

1:20). 이처럼 하나님은 천지만물을 지으신 창조의 주체이므로, 민중사상은 언제나 하나님을 중심으로 한 세계통일을 주장하는 것이다.

이 지구상에는 수많은 종교가 있지만, 민중사상은 그 중에 기독교가 신봉하는 하나님만을 참 하나님으로 본다(사 44:6, 요 17:3). 하나님은 그 본질상 언제나 유일신으로 존재하시기 때문에(신 6:4, 딤전 1:7), 민중사상은 다신론을 반대하고 오직 기독교가 신봉하는 그 하나님만을 이 우주의 영원한 창조주로 인정한다. - 제2장〈유신론〉참조.

② 세계통일은 〈메시아〉를 중심으로!

민중사상은 메시아를 〈구원의 주체〉로 보는 기본입장에서, 세계인류는 반드시 메시아를 중심으로 통일되어야 한다고 주장한다. 왜냐하면 메시아는 바로 인류의 구주로 오신 구원의 주체이시기 때문이다(마 1:16, 요 17:3). 이처럼 메시아는 온 인류를 구원하시는 구원의 주체이므로 민중사상은 언제나 메시아를 중심으로 한 세계통일을 주장하는 것이다(엡 1:10, 계 11:15).

이 지구상에는 수많은 종교가 있지만, 민중사상은 그 중에 기독교가 신봉하는 예수님만을 참 메시아로 본다(요 14:6). 왜냐하면 하나님이 온 인류의 구원자로 세우신 분은 어디까지나 예수님 뿐이시기 때문이다. 그러므로 민중사상은 오직 그 예수님을 온 인류의 구주로 오신 참 메시아로 인정한다(행 2:36, 행 4:12).

오늘날 세계 곳곳에선 자칭 재림주로 행세하는 이단자들이 무수히 나타나고 있거니와, 우리 성도들은 그들이 아무리 큰 이적과 권능을 행한다 해도, 그들은 다만 말세에 나타나는 거짓 선지자와 거짓 그리스도임을 지혜롭게 깨달아야 할 것이다.(마 7:15, 마 7:22~23, 마 24:23~24).

③ 세계통일은 〈기독교〉를 중심으로!

민중사상은 기독교를 〈구원의 종교〉로 보는 기본입장에서, 세계인류는 반드시 기독교를 중심으로 통일되어야 한다고 주장한다. 왜냐하면 기독교는 바로 인류의 구주로 오신 예수님이 직접 세우신 구원의 종교이기 때문이다(마 16:18). 이처럼 기독교는 온 인류를 구원하기 위한 구원의 종교이므로, 민중사상은 언제나 기독교를 중심으로 한 세계통일을 주장하는 것이다.

이 지구상에는 수많은 종교가 있지만, 온 인류의 구주로 오신 메시아가 직접 세우신 구원의 종교는 오직 기독교뿐이다(요 14:6). 어찌 모든 종교가 다 구원의 종교가 되겠는가. 그렇다면 오늘의 인류는 반드시 그 기독교를 중심으로 통일되어야 마땅할 것이다. 필자는 그 영광스러운 통일의 날이 속히 오기를 주님의 이름으로 간절히 기원하는 바이다.

④ 세계통일은 〈가족주의〉를 중심으로!

민중사상은 세계인류를 〈한 가족〉으로 보는 기본입장에서 세계인류는 반드시 〈가족주의〉를 중심으로 통일되어야 한다고 주장한다. 그러면 가족주의란 무엇인가? 그것은 바로 인종·혈통·민족·국가의 장벽을 모두 초월하여 세계인류를 한 가족으로 보는 주의이며(마 12:50, 행 17:26), 또 그것은 우리 모두가 한 가족이 되어 서로 사랑하고 돕고 위하며 살아가는 아름다운 공동체사회를 건설하기 위한 주의를 말한다.

이처럼 가족주의는 인종과 혈통, 그리고 민족과 국가의 정벽을 모두 초월하여 세계인류를 한 가족으로 본다. 그러므로 우리는 이러한 초인종적이고 초혈통적인 가족주의를 중심으로 세계인류를 통일해야만 그 실현이 가능할 것이다.

가족주의는 사랑주의다. 다시 말해 가족주의는 세계인류를 한가족으로 보고 언제나 「서로 사랑하라」는 주의다(요 13:34, 벧전 4:8, 롬 13:8~10). 우리는 바로 이러한 가족주의를 통해서만 세계인류를 한가족으로 만들 수 있으며, 또 이 땅에 사랑이 넘치는 아름다운 가족사회(공동체 사회)를 건설할 수 있다. 민중사상이 가족주의를 주장하는 이유도 여기에 있거니와, 오늘 이 시대는 그 어느 때보다 이러한 가족주의가 시급히 요청되는 때라고 하겠다.

⑤ 세계통일은 〈민주주의〉를 중심으로!

민중사상은 민중을 〈나라의 주인〉으로 보는 기본입장에서, 세계인류는 반드시 〈민주주의〉를 중심으로 통일되어야 한다고 주장한다. 그러면 민주주의란 무엇인가? 그것은 바로 민중을 주인으로 보는 주의이며, 또 그것은 지배계급의 온갖 착취와 억압으로부터 민중과 사회를 해방하고, 민중이 주도하는 정의로운 민주사회와 민주국가를 건설하기 위한 주의를 말한다.

이처럼 민주주의는 지배계급을 반대하고, 오직 민중계급만을 나라의 주인으로 본다. 그러므로 세계인류는 반드시 그 민주주의를 중심으로 통일되어야 한다. 그래야만 우리는 지배계급의 온갖 착취와 억압으로부터 완전히 벗어날 수 있으며, 또 민중이 주도하는 정의로운 민주사회와 민주국가를 건설할 수 있는 것이다.

오늘날 정치인들은 모두가 민주주의를 들고 나서지만, 지배계급이 주도하는 정치만은 결코 민주정치로 인정할 수 없다. 왜냐하면 나라의 주인은 바로 민중이며, 지배계급은 그 민중을 부단히 억압·착취하는 반민중세력이기 때문이다. 따라서 우리의 민주화투쟁(해방투쟁)은 이 땅에 민중이 주도하는 새로운 민주사회와 민주국가를 건설하는 승리의 그날까지 부단히 계속되어야 할 것이다.

⑥ 세계통일은 〈사회주의〉를 중심으로!

민중사상은 민중을 〈생산과 건설의 주체〉로 보는 기본입장에서, 세계인류는 반드시 〈사회주의〉를 중심으로 통일되어야 한다고 주장한다. 그러면 사회주의란 무엇인가? 그것은 바로 민중을 모든 생산과 건설의 주체로 보는 주의이며, 또 그것은 인간의 경제적 평등을 위해 생산수단의 사적인 소유를 반대하고 사회적 소유(공유)를 주장하는 주의다. 그 뿐 아니라 사회주의는 인간착취의 도구가 된 자본주의의 지배로부터 민중과 사회를 해방하고, 우리 모두가 평등하게 살아가는 새로운 공동체 사회를 건설하기 위한 주의를 말한다.

이처럼 사회주의는 자본주의가 주장하는 생산 수단의 사적인 소유를 반대하고 사회적 소유를 주장한다. 왜냐하면 생산수단의 사회적 소유(공유)는 바로 인간 평등과 사회평등의 기초(토대)가 되기 때문이다. 그러므로 세계인류는 반드시 그 사회주의를 중심으로 통일되어야 한다. 그래야만 우리는 인간 착취의 도구인 자본주의의 지배로부터 완전히 벗어날 수 있으며, 또 우리 모두가 평등하게 살아가는 아름다운 〈민중의 낙원〉을 건설할 수 있는 것이다.

사회주의는 바로 평등주의이며 공동체주의다. 그런데 우리는 지금 그 사회주의를 반대하는 자본주의사회에서 살아가고 있다. 그러면 자본주의사회는 어떤 사회인가? 그 사회는 바로 무자비한 정글의 법칙(약육강식의 법칙)이 지배하는 사회이며, 또 지배계급의 온갖 착취와 억압이 벌어지는 불평등한 사회다. 그 뿐 아니라 그 사회는 언제나 개인주의 · 이기주의 · 물질주의 · 향락주의가 판을 치는 추악한 범죄사회다. 이러한 낡고 부패한 자본주의사회가 그대로 계속되는 한, 우리 민중은 결코 지배계급의 온갖 착취와 억압에서 벗어날 수 없으며, 또 사람답게 살아갈 수도 없다(딤전6:10). 따라서 우리 민중의 해방투쟁은 이 땅에 다시는 지배계급의 착취와 억압이 없는 새로운 〈민중사회〉를 건설하는 승리의 그날까지 부단히 계속되어야 할 것이다.

◉ 민주주의와 사회주의의 두 얼굴

민주주의와 사회주의는 비유컨대 수레의 두 바퀴와 같다. 민주주의가 실종된 사회주의나, 사회주의가 배제된 민주주의는 모두가 고장난 수레와 같다. 그러므로 민주주의와 사회주의는 언제나 함께 실시해야하며, 결코 분리해서는 안된다.

민중은 나라의 주인이다. 그러므로 민중사상은 민중이 주도하는 민주주의만을 참다운 민주주의로 규정한다. 사회주의도 마찬가지다. 민중사상은 민중이 주도하는 사회주의만을 참다운 사회주의로 규정한다. 그러나 지배계급이 주도하는 민주주의와 사회주의는 모두 사이비 민주주의와 사이비 사회주의로 규정한다. 왜냐하면 지배계급은 나라의 주인이 아니며, 또 그들은 우리 민중을 부단히 억압·착취하는 반민중세력이기 때문이다.

이처럼 민주주의와 사회주의는 어느 계급이 주도하느냐에 따라 그 위상이 달라지게 된다. 그러므로 진정한 민주주의와 사회주의는 반드시 나라의 주인인 민중이 주도해야 하며, 결코 지배계급이 주도해서는 한된다. 지배계급은 애당초 민주주의와 사회주의를 말할 자격도 없는 자들인데, 그들이 그 민주주의와 사회주의를 주도해서야 되겠는가?

민중사상은 민중이 주도하는 민주주의와 사회주의를 〈민중민주주의〉와 〈민중사회주의〉라고 한다. 그러나 지배계급이 주도하는 민주주의와 사회주의는 그 성격상 〈독재민주주의〉와 〈독재사회주의〉라고 부른다. 그런데 이러한 독재민주주의와 독재사회주의는 결코 민중이 요구하는 평등한 사회를 건설할 수 없다. 과거 소련이 사회주의 건설에 실패한 것은, 그들이 프롤레타리아 독재를 빙자하여 반민주적인 독재사회주의를 실시했기 때문이었다. 오늘날 우리 민중이 또 다시 새로운 사회주의건설에 나서야 하는 이유는 바로 여기에 있다.

우리는 지금 자본주의가 세계를 지배하는 매우 암울한 시대에 살고 있다. 때문에 우리가 가야 할 민주주의와 사회주의의 길은 멀고도 험난 할 수 밖에 없다. 그러나 우리는 민중의 정치적 해방과 경제적 해방을 위해 결코 그 민주주의와 사회주의를 포기할 수 없다. 그것을 포기한다는 것은 곧 민중해방을 포기하는 것과 같기 때문이다. 그렇다면 우리는 마땅히 그 민주주의와 사회주의를 끝까지 수호해야 하며, 또 그것을 실현하기 위해 모든 분야에서 민주화 투쟁을 더욱 강력히 전개해야 한다. 이것만이 우리가 민중의 정치적 해방과 경제적 해방을 앞당기는 지름길이 될 것이다.

⑦ 세계통일은 〈통일국가〉를 중심으로!

민중사상은 세계인류를 〈한국민〉으로 보는 기본입장에서, 세계인류는 반드시 〈통일국가〉를 중심으로 통일되어야 한다고 주장한다. 여기서 통일국가는 바로 세계의 모든 나라를 하나로 통합한 세계공동체국가를 의미한다. 이처럼 통일국가는 온 인류가 한가족·한민족·한국민으로 살아가는 공동체국가이므로 우리는 반드시 그 통일 국가를 중심으로 세계인류를 통일해야 할 것이다.

현재 이 지구상에는 230여개의 나라가 있다고 한다. 그러므로 새로운 통일국가를 건설하려면, 우리는 반드시 그 모든 나라를 하나로 통합해야만 한다. 혹자는 이러한 통일국가의 건설을 불가능한 것으로 보고 있지만, 그것은 결코 불가능한 것이 아니다. 새 시대를 열망하는 전 세계의 민중세력과 통일세력이 모두 나선다면, 우리는 반드시 이 땅에 새로운 통일국가를 건설할 수 있다. 생각해보라. 세계인류는 본래 한 가족이며 한 형제인데, 우리가 그러한 통일국가를 건설하지 못할 이유가 어디 있겠는가?

구약의 예언서인 다니엘서에 보면, 이 열왕의 때에 하나님이 모든 나라를 쳐서 한 나라를 세우신다 하였고(단 2:44), 또 신약의 예언서인 계시록에 보면, 장차 이 세상의 모든 나라는 그리스도의 나라가 되어 그가 세세토록 왕 노릇하신다고 하였다(계 11:15). 이러한 성경의 예언을 보더라도 우리 모두가 고대하는 통일국가는 반드시 이 땅에 이루어질 것이다(단 7:18).

그런데 민중사상은 〈세계민주화〉와 〈세계복음화〉를 통일국가건설의 선결조건으로 본다. 왜냐하면 우리는 민중해방을 위한 세계민주화를 통해서만 민중이 주도하는 통일국가를 건설할 수 있으며, 또 우리는 주께서 명하신 세계복음화를 통해서만 기독교가 주도하는 통일국가를 건설할 수 있기 때문이다(막 16:15).

이처럼 세계민주화와 세계복음화는 바로 통일국가건설의 선결조건이 되므로, 우리의 민주화투쟁과 복음화투쟁은 이 땅에 새로운 통일국가를 건설하는 승리의 그날까지, 잠시도 멈추지 말아야 할 것이다. 특히 민중의 종교인 기독교는 민중해방을 위한 세계민주화와 세계복음화를 위해 더욱 헌신적으로 투쟁해야 할 것이다.

위에서 필자는 세계통일의 7대원칙에 대해 논했거니와, 다음은 통일국가건설의 7대원칙에 대해 간단히 살펴보기로 하자(민중사상은 세계통일의 원칙을 통일국가건설의 원칙에도 그대로 적용한다).

◉ **통일국가건설의 7대원칙**

① 통일국가는 〈하나님〉을 중심으로 건설해야 한다. 왜냐하면 하나님은 바로 모든 만물을 지으신 〈창조의 주체〉이시기 때문이다(창 1장)

② 통일국가는 〈메시아〉를 중심으로 건설해야 한다. 왜냐하면 하나님이 세우신 메시아는 바로 온 인류를 구원하시는 〈구원의 주체〉이시기 때문이다(요 14:6).

③ 통일국가는 〈기독교〉를 중심으로 건설해야한다. 왜냐하면 기독교는 바로 온 인류의 구주로 오신 예수님이 세우신 〈구원의 종교〉이기 때문이다(마 16:18).

④ 통일국가는 〈가족주의〉를 중심으로 건설해야 한다. 왜냐하면 우리는 세계인류를 한 가족으로 보는 가족주의를 통해서만, 우리 모두가 서로 사랑하고 위하며 한 가족으로 살아가는 아름다운 가족사회를 건설할 수 있기 때문이다.

⑤ 통일국가는 〈민주주의〉를 중심으로 건설해야 한다. 왜냐하면 우리는 민중을 나라의 주인으로 보는 민주주의를 통해서만, 민중이 주도하는 정의로운 민주사회를 건설할 수 있기 때문이다.

⑥ 통일국가는 〈사회주의〉를 중심으로 건설해야 한다. 왜냐하면 우리는 생산 수단의 사회적 소유(공유)를 주장하는 사회주의(공동체 주의)를 통해서만, 우리 모두가 평등하게 살아가는 공동체사회를 건설할 수 있기 때문이다.

⑦ 통일국가는 〈한국〉을 중심으로 건설해야 한다. 왜냐하면 한국은 바로 주께서 재림하실 새로운 〈선민의 나라〉이기 때문이다. 다시 말해 주님은 반드시 하나님이 예비하신 선민의 나라로 다시 오시는데, 그 새로운 선민의 나라는 바로 한국이기 때문이다-주님의 재림에 관해서는 제2권 〈민중신학〉에서 자세히 논하기로 한다.

◉ 통일국가는 12연방으로!

통일국가는 바로 세계평화와 세계통일, 그리고 우리 모두가 한가족으로 살아가는 세계공동체를 이루기 위해 세우는 나라다. 그런데 이 지구촌은 여러 대륙으로 되어 있기 때문에, 우리는 그 통일국가를 연방제로 구성하는 것이 좋을 것이다. 이러한 연방제는 세계에서 가장 오래된 한민족의 고대사에도 등장하고 있다.

한민족의 고대사를 거슬러 올라가면, 인류최초의 연방국가인 〈환국〉이 나오는데, 그 나라는 모두 12연방으로 구성되었다고 한다(환단고기 참조). 지금까지 가장 오래 되었다는 수메르문명은 바로 그 12연방 가운데 하나인 〈수밀이국〉에서 비롯된 것으로 학자들은 보고 있다.

한편 성경에 보면, 과거 이스라엘왕국도 12지파로 구성되었다고 한다(삼하 5:1~5). 그뿐 아니라 예수님은 장차 이루어질 하나님의 나라도 12지파로 구성될 것으로 말씀하셨다(마 19:28). 그렇다면 우리는 장차 이루어질 통일국가도 역시 12지파 형을 갖춘 12연방으로 구성하는 것이 가장 좋을 것이다.

민중사상은 〈통일국가〉를 국가발전의 최종단계(완성단계)로 본다. 민중이 주도하는 통일국가는 바로 온 인류가 한가족·한민족·한국민으로 살아가는 가장 이상적인 공동체국가이기 때문이다. 민중사상이 통일 국가건설을 주장하는 이유도 여기에 있거니와, 이러한 통일국가는 반드시 민중의 종교인 기독교가 앞장서 건설해야 할 것이다.

영원한 통일국가의 건설! 그것은 바로 하나님과 주님의 뜻이며, 또한 인류의 간절한 소망이다. 또 그것은 기독교가 지향하는 섭리적 목표이기도 하다. 그렇다면 우리는 반드시 그 새로운 통일국가(공동체국가)를 건설해야 하며, 그러기 위해서는 먼저 전세계의 민중세력이 모두 일어나, 세계민주화와 세계복음화를 위해 더욱 헌신적으로 투쟁해야 할 것이다. -제9장〈민중론〉참조

2. 언어통일

◉ 언어통일은 〈한국어〉를 중심으로!

인간은 〈말〉을 하며 살아가는 존재다. 그러므로 인간에게는 그 말이 생명처럼 소중하다. 그런데 인간의 언어는 불행히도 민족의 이동과 분산에 따라 수많은 언어로 분열되고 말았다. 그 결과 인류는 본래 한가족과 한 민족임에도 불구하고 나라마다 서로 다른 말을 하며 온갖 대립과 분쟁 속에서 살아가게 되었으니, 이 얼마나 안타까운 일인가?

그러므로 인간의 언어는 세계평화와 세계화합을 위해 반드시 하나로 통일되어야 한다(고전 1:10). 그 뿐 아니라 이러한 언어통일은 세계통일과 새로운 통일국가의 건설을 위해서도 반드시 실현되어야 할 것이다.

학자들에 따르면, 이 지구상에는 약 3000여개의 언어가 분포되어 있다고 한다. 그러면 우리는 그 중에 어느 언어를 중심으로 언어통일을 해야 하는가? 이문제를 신학적인 관점에서 말한다면, 언어통일은 반드시 〈한국어〉를 중심으로 이루어져야 할 것이다. 왜냐하면 모든 언어는 그 성격상 주께서 재림하시는 나라의 언어를 중심으로 통일되어야 하는데, 이 지구상에 주께서 재림하실 수 있는 섭리적 조건과 지리적 조건을 모두 갖추고 있는 나라는 오직 〈한국〉뿐이기 때문이다-제2권 〈민중신학〉 참조

그러면 한국어는 과연 세계의 공용어로 삼아도 좋을 만큼 우수한 언어인가? 한국어의 우수성은 이미 전세계의 언어학자들이 모두 인정하고 있으며, 또 그들은 한국어 문자인 〈한글〉의 우수성도 높이 평가하고 있다. 왜냐하면 한국어와 한글은 세계의 모든 언어를 자유자재로 표현하고 표기할 수 있기 때문이다.

이처럼 세계의 언어학자들은 모두가 한국어와 한글의 우수성을 높이 평가하고 있다. 그러므로 지금 세계 각국에서는 한국어를 배우려는 사람들이 갈수록 늘어나고 있다(현재 전세계의 60여개국 660여개 대학에서 한국어를 가르치고 있다고 한다). 필자는 이러한 한국의 언어와 문자를 중심으로 언어통

일과 문자통일이 이루어지는 그날이 속히 오기를 간절히 기원하는 바이다.

※ 다음은 한민족이 주도하고 완수해야 할 〈세계통일〉의 메시지를 담은 노래입니다. 모두
가 뜨거운 마음으로 불러 주시기 바랍니다.

- 통일열차 -

① 긴 잠에서 깨어나라 동방의 등불이여
한민족은 하나님이 택하신 민족이다.
아시아통일 세계통일 이루는 그날까지
통일열차 달려간다 세계로 달려간다.

② 두만강을 건너서 러시아로 유럽으로
통일열차 달려간다. 세계로 달려간다.
아시아통일 세계통일 이루는 그날까지
통일열차 달려간다 세계로 달려간다.

◉ 중동에도 한국어 열풍!

중동지역에서 최초로 한국어과를 개설한 이집트 카이로 아인샴스대에 한
국어 열풍이 불고 있다. 지난해 9월 이 대학에서 외국어 학과로는 13번째로
문을 연 한국어과는 5개월만에 인기 학과로 떠올랐다.

교내에선 〈안녕하세요〉라는 한국어 인사말을 쉽게 들을 수 있다. 이달 초
2학기를 시작한 학생들의 입에 어느새 인사말이 붙었기 때문이다.

1학기 때 한국어과 주임교수로 활동한 박재원 교수는 「한국어과 학생들은
첫 학기중에 모두 깨쳐 읽고 쓰는 것이 가능해졌다」고 소개했다.

이 학과 학생 33명은 20일 주이집트 한국대사관이 마련한 학습기자재 기
증식에 참석해, 한국어를 배워 온 소감과 미래의 꿈을 펼쳐 보였다. 한국어
로 자기소개를 해 보라는 주문에 앞다퉈 그동안 배워 온 한국어 실력을 뽐내

기도 했다.

한국어과에서는 박교수 외에 부인인 김주희씨와 한국국제협력단의 봉사
단원으로 나와 있는 이윤지, 안은영씨가 한국어를 가르치고 있다.

이 대학 마크람 알 가미리 언어대학장은 23일 전화통화에서 「수업이 아주
성공적으로 진행되고 있다」며, 「양국간 경제교류가 늘면서 이집트에 진출
한 한국기업에 취직을 원하는 학생들이 많아 한국어과 전공이 인기가 높
다」고 말했다. 그는 「조만간 한국문화의 날 같은 행사를 열 계획」이라고
덧붙였다(이하생략). 2006.2.24. 〈동아일보〉

◉ 〈한글〉은 세계의 알파벳!

「한글은 세계의 알파벳입니다. 한글보다 뛰어난 문자는 없습니다.」로버
트 램지 메릴랜드대 교수는 6일(현지시간) 워싱턴 주미 한국대사관의 한국문
화원에서 열린 한글날 563돌 기념 특별강연에서 이같이 강조했다.

언어학자인 램지교수는 「한글발명은 어느 문자에서도 찾을 수 없는 위대
한 성취이자 기념비적인 사건」이라고 평가했다. 이어 그는 「한글은 소리와
글이 체계적인 연계성을 지닌 과학적인 문자」라면서 「한글은 한국의 높은
문화수준을 보여주는 상징이기도 하지만, 어느 한 나라를 뛰어 넘는 중요한
의미가 있다는 점에서 세계의 선물이기도 하다」고 말했다.

램지교수는 이날 세종대왕이 훈민정음에서 보여주는 인본주의 정신을 강
조했다. 그는 「세종대왕은 백성이 누구나 읽고, 쓰고, 여성들까지도 글을 깨
쳐야 한다는 보편주의적인 시대정신을 갖고 있었다」면서 「이런 생각은 지
금은 당연 하지만 당시 지배계급의 눈에는 시대 착오적이고 위험한 것」이
라고 설명했다(중략).

그는 「한글은 중국어를 표기하는 데 가장 효율적이어서 한글을 도입하면
중국인이 쉽게 배우고 쓸 수 있지만 중국은 민족적 자존심을 이유로 그렇게
하지 않으려고 할 것」이라고 내다 봤다. 2009.10.8. 〈동아일보〉.

✞ 인간과 사회를 끊임없이 타락시키고 오염시키는 주범은 바로
자본주의다. 그러므로 자본주의가 지배하는 사회는 언제나
개인주의·이기주의·물질주의·향락주의가 판을 치는 추악한
범죄사회가 되고 만다. 우리 모두가 자본주의의 세계지배를
막아야하는 이유는 바로 여기에 있다.

✞ 민중사상은 사회발전의 최종단계를 〈민중사회〉라고 한다.
민중사회는 바로 사회와 역사의 주체인 민중이 주도하는
사회이며, 또 지배계급의 착취와 억압이 없는 평등한 사회다.
그렇다면 우리는 그 평등한 민중사회를 반드시 건설해야 하며,
그러기 위해서는 먼저 낡고 부패한 자본주의 사회를 전면적으로
개혁해야 할 것이다.

✞ 세계자본주의의 종주국인 〈미국〉은 회개하라!
그리고 이제는 그 낡고 부패한 자본주의의 굴레에서 속히 벗어나라.
이것만이 오늘의 미국이 새로운 기독교국가로 거듭날 수 있는
유일한 길이다.

인간은 누구나 홀로 살아갈 수 없으며, 반드시 모든 이웃과 더불어 살아가야만 한다. 왜냐하면 인간은 본래 서로 돕고 위하며 살아가도록 창조된 사회적 존재이기 때문이다. 다시 말해 인간은 사회 속에 태어나 그 사회와 밀접한 연관을 맺고 살아가야 하는 사회적 존재인 것이다.

이와같이 인간은 언제나 그 사회와 더불어 살아가야 하는 사회적 존재이건만, 우리는 지금까지 이 사회가 어떻게 시작되었으며, 또 어디를 지향해 가고 있는지를 자세히 모르고 살아왔다. 그리하여 우리는 불행히도 사회발전에 역행하는 반사회적인 일들을 되풀이하게 되었고, 그 결과 인류사회는 예나 지금이나 아름다운 이상사회가 되지 못하고 반대로 추악한 범죄사회가 되고 말았던 것이다.

그럼에도 불구하고 지금까지 민주진영에서는 자본주의 사회를 이상적인 사회로 보았고, 또 공산진영에서는 공산주의 사회를 이상적인 사회로 보았다. 그러나 우리는 결코 그러한 두 사회를 우리가 건설해야 할 모범적인 사회로 볼 수 없다. 생각해보라, 온갖 사회악이 난무하는 그러한 범죄사회를 우리가 어찌 모범적인 사회로 볼 수 있겠는가?

민중사상은 오늘의 자본주의사회와 공산주의사회를 우리가 또다시 개혁하고 가야 할 낡은 사회로 본다. 그것들은 어디까지나 사회발전의 최종단계가 아니며, 또 온갖 사회악이 벌어지는 범죄사회이기 때문이다. 그러면 이제 민중사상이 추구하는 인간사회는 어떠한 사회이며, 또 그 사회는 어떠한 사회적 단계를 거친 후 오게 되는가를 알아보기로 하자(본 「사회론」은 사회발전의 6단계 과정만을 간단히 논한 것임을 미리 밝혀두는 바이다).

제1절 사회계급론

인간은 어떠한 존재인가? 인간은 바로 사회적 존재인 동시에 계급적 존재이다. 그러므로 인간은 예로부터 계급사회를 이루고 살아왔다. 그런데 지금까지의 인류사회는 불행히도 평등한 계급사회가 아니고 불평등한 계급사회였다. 오늘날 인간사회에서 벌어지는 온갖 사회악은 모두가 이러한 불평등한 계급사회가 지닌 계급적 모순으로부터 발생되고 있다. 그러면 이제 인류사회는 어찌하여 평등한 계급사회에서 불평등한 계급사회로 전락하게 되었는가를 간단히 알아보기로 하자.

민중사상은 인류사회를 어디까지나 〈계급사회〉로 본다. 그리고 인간은 본래 자신과 사회를 위해 일하며 살아가는 〈노동계급〉으로 창조되었다는 기본입장에서 계급론을 전개한다(출 20:9, 요 5:17, 살후 3:10, 계 22:12).

그러면 계급이란 무엇인가? 민중사상은 인간의 사회적 신분과 그 지위를 〈계급〉이라 하고, 그 계급을 구성하는 각 사람이 사회의 각 분야에서 차지하는 다양한 삶의 위치를 〈계층〉이라고 한다. 인간의 사회적 계급은 그 성격상서로 대립·투쟁하는 두 계급, 즉 노동계급과 착취계급으로 양분할 수 있거니와, 이것을 좀더 구체적으로 설명하면 다음과 같다. -제9장 〈민중론〉 참조

1. 노동계급

인간은 본래 〈노동〉을 하며 살아가는 사회적 존재다. 그러므로 민중사상은 자신과 사회를 위해 성실히 일하며 살아가는 자들을 〈노동계급〉 또는 〈민중계급〉이라고 한다. 다시 말해 노동계급은 정치·경제·사회 등 모든 분야에서 언제나 주인다운 태도를 가지고, 하나는 전체를 위하고 전체는 하나를 위해 일하는 모범적인 일꾼들을 가리킨다. 이러한 노동계급에는 정신노동계급과 육체노동계급이 있다.

마르크스주의자들은 주로 육체노동을 하는 근로자들만을 노동계급으로

보고 정신노동을 하는 자본가들은 모두 착취계급으로 보고 있지만, 이것은 매우 그릇된 사고방식이 아닐 수 없다. 인간은 본래 정신과 육체로 구성된 존재이거니와, 만일 인간이 모두 육체노동만을 한다면, 사회발전에 필요한 정신노동은 누가 한단 말인가?

민중사상은 선량한 노동계급만을 사회와 역사의 주체로 보며 또 새 시대, 새 사회를 건설하기 위한 혁명과 건설의 참다운 주인으로 본다. 따라서 우리 노동계급은 언제나 혁명과 건설의 주인답게 세계 전역에서 민중해방과 세계 해방의 기치를 높이 들고 영웅적으로 투쟁함으로써, 우리 모두가 평등하게 살아가는 새 시대, 새 사회를 반드시 건설해야 할 것이다.

2. 착취계급

민중사상은 노동계급(민중)의 정당한 생존과 권익을 부당하게 침해하는 자들을 〈착취계급〉 또는 〈지배계급〉이라고 한다. 다시 말해 착취계급은 선량한 노동계급을 부당하게 억압·착취하는 비양심적인 악질 자본가들과, 또 폭력을 휘두르며 온갖 사회악을 일삼는 모든 범죄자들을 가리킨다. 인류사회 는 바로 이러한 불법적이고 반사회적인 착취계급이 역사의 무대에 등장함으 로써, 마침내 평등한 계급사회에서 불평등한 계급사회로 전락하게 되었던 것 이다.

마르크스주의자들은 주로 생산수단을 소유한 자본가들만을 착취계급으로 보고 있지만, 민중사상은 비양심적인 악질 자본가들은 물론, 자기의 부당한 이익을 위해 법과 질서를 함부로 파괴하는 반사회적인 범죄자들까지도 모두 착취계급으로 본다. 따라서 이러한 착취계급은 우리 노동계급이 언제나 민중 의 이름으로 반드시 타도해야 할 적대계급이 아닐 수 없다.

한편 민중사상은 착취계급을 〈사탄계급〉이라고 부르기도 한다. 착취계급 은 바로 하나님을 대적하는 사탄의 앞잡이가 되어, 온갖 사회악을 일삼는 추 악한 범죄자들이기 때문이다(요일3:8). 따라서 우리는 언제나 자랑스러운 하늘편 노동계급이 되어야 하며, 결코 사탄편 착취계급이 되어서는 아니될 것이다.

3. 계급투쟁

민중사상은 사회와 역사의 주체인 노동계급이 반동세력인 착취계급을 타도하기 위한 모든 투쟁을 〈계급투쟁〉 또는 〈해방투쟁〉이라고 한다. 다시 말해 계급투쟁은 하늘편 노동계급이 사탄편 착취계급을 몰아냄으로써, 세계인류를 온갖 착취와 억압으로부터 해방하기 위한 모든 투쟁을 가리킨다. 이러한 계급투쟁의 최종목표는 바로 사회발전의 최종단계인 〈민중사회〉를 건설하는 데 있으며, 이러한 민중사회(노동계급사회)가 이 지상에 모두 실현되었을 때 우리 노동계급이 착취계급을 타도하기 위한 모든 계급투쟁은 비로소 끝나게 된다(본장 제7절 「민중사회의 단계」 참조).

민중사상은 〈계급투쟁〉을 어디까지나 사회발전의 원동력으로 본다. 계급투쟁은 바로 민중해방과 세계해방을 쟁취하기 위한 정의로운 투쟁으로서, 우리 노동계급은 바로 이러한 계급투쟁을 통해서만이 온갖 착취와 억압을 일삼는 계급적 원수들을 역사의 무대에서 속히 몰아낼 수 있기 때문이다.

그러므로 전 세계의 노동계급은 모두 하나로 굳게 단결하여, 우리 모두가 평등하게 살아가는 새 시대, 새 사회를 건설하는 승리의 그날까지, 모든 분야에서 반동세력인 착취계급에 대한 계급투쟁(해방투쟁)을 더욱 힘차게 벌여 나아가야 할 것이다.

위에서 논한 바와 같이, 민중사상은 인간의 사회적 계급을 〈노동계급〉과 〈착취계급〉으로 양분한다. 그리고 민중사상은 선량한 노동계급만을 사회와 역사의 참다운 주체(주인)로 본다. 그러나 착취계급은 우리 노동계급이 반드시 몰아내야 할 반사회적인 적대계급으로 규정한다. 왜냐하면 인간사회에서 벌어지는 온갖 사회악은 모두가 착취계급으로부터 발생되기 때문이다.

그러면 우리 노동계급은 어떻게 온갖 사회악을 일삼는 반동적인 착취계급을 속히 몰아내고, 오늘의 불평등한 계급사회를 평등한 계급사회로 만들 수 있는가? 두말 할 나위도 없이 그것은 어디까지나 민중해방과 세계해방을 쟁취하기 위한 〈계급투쟁〉을 통해서만 이룰 수 있는바, 우리노동계급은 이 사실을 잠시도 잊지 말아야 할 것이다.

제2절 원시공동사회의 단계

인류사회는 인간의 출현으로부터 시작되었다. 그러면 인간은 어떻게 이 지상에 출현하게 되었는가? 이에 대해 무신론자(유물론자)들은 인간이 멀리는 아메바로부터 가까이는 원숭이에서 진화되어 출현하게 되었다고 주장한다. 그러나 민중사상은 이러한 그들의 주장을 단호히 배격하며, 인간은 어디까지나 하나님의 창조에 의해 출현하게 된 것으로 본다(제2장 「유신론」 및 제4장 「인간론」 참조).

인류사회의 첫 출발은 원시 공동사회로부터 시작되었다. 이 시대의 사람들은 모두 씨족과 부족단위로 모여 살면서, 생존에 필요한 모든 문제들을 언제나 공동으로 해결해 나갔다. 따라서 이러한 공동사회에서는 네 것과 내 것의 구별이 없었으며, 또 빈부와 귀천의 차별도 없었다. 특히 그 사회는 서로가 공동의 목표를 위해 열심히 일하는 선량한 노동계급만으로 이루어진 평등한 노동계급 사회였기 때문에 이 시대의 사람들은 비인간적인 착취와 억압을 모르고 모두가 평화롭게 살아갈 수 있었다.

이미 전술한 바와 같이, 타락한 인간사회에는 언제나 서로 대립·투쟁하는 두 계급이 존재한다. 〈노동계급〉과 〈착취계급〉이 바로 그것이다. 여기서 노동계급이란 자신과 사회를 위해 성실히 일하며 살아가는 자들을 말하며, 착취계급이란 노동계급의 정당한 생존과 권익을 부당하게 침해하는 자들을 가리킨다.

이와 같이 타락한 인간사회에는 언제나 서로 대립·투쟁하는 두 계급이 존재하지만, 타락 전 원시 공동사회에는 선량한 노동계급만이 있었을 뿐, 착취와 억압을 일삼는 착취계급은 전혀 없었다. 한마디로 원시공동사회는 선량한 노동계급만이 그 사회의 주인이 되어 살아가던 아름답고 평화로운 사회였다.

그러면 이러한 원시 공동사회는 어찌하여 무너지게 되었는가? 그것은 바로 〈착취계급의 출현〉과 〈생산수단의 사적인 소유〉 때문이다. 다시 말해 원시 공동사회는 그 사회의 지배계급으로 등장한 착취계급이, 그들이 소유한 생산수단을 인간 착취의 도구로 삼아 노동계급을 부당하게 억압·착취함으로써 무너지게 되었던 것이다.

이처럼 원시 공동사회는 착취계급이 노동계급을 부당하게 억압·착취함으로써 무너지게 되었거니와, 예나 지금이나 사리사욕에 눈이 먼 착취계급은 그들이 소유한 생산수단을 언제나 인간 착취의 도구로 악용한다. 그럼에도 불구하고 자본주의는 아직도 생산수단의 사회적 소유를 반대하고, 사적인 소유만을 주장한다. 그 결과 오늘의 자본주의 사회는 언제나 비정하고 냉혹한 정글의 법칙(약육강식의 법칙)이 지배하고, 또 온갖 착취계급이 판을 치는 추악한 범죄사회가 되고 말았으니, 이 얼마나 안타까운 일인가?

그러므로 민중사상은 자본주의가 주장하는 생산수단의 사적인 소유를 모두 반대하고, 그 대신 생산수단의 공유(공동소유)를 주장한다. 인간이 추구하는 평등한 사회(공동체사회)는 오직 사회와 역사의 주체인 노동계급이 모든 생산수단을 공유하고 그것을 선용할 때에만 그 실현이 가능하기 때문이다.

그러면 모든 생산수단을 공유하고 평등하게 살아가던 원시 공동사회에서, 반동세력인 착취계급이 출현하게 된 근본 원인은 무엇인가? 그것은 바로 인간의 도덕적 타락과 생산수단의 사적인 소유로 볼 수 있다(약 1:15, 눅 12:15, 딤전 6:7~10).

그렇다면 우리는 반드시 인간의 도덕성을 회복해야 하며, 또 착취계급이 악용하는 생산수단의 사유제도를 모두 폐지하고, 그 대신 민중이 요구하는 생산수단의 공유제도를 전면적으로 실시해야 한다. 이것만이 우리 노동계급이 반동세력인 착취계급을 속히 몰아내고, 만민이 평등하게 살아가는 새로운 공동체사회를 앞당겨 건설하는 지름길이 될 것이다.

원시 공동사회는 비록 생활수준이 낙후된 사회였지만, 그 사회는 선량한 노동계급만이 하나가 되어 서로 돕고 위하며 살아가던 아름답고 평화로운 사회였다. 이러한 원시공동사회에 비인간적이고 반사회적인 착취계급이 출현함으로써, 그 평화로운 사회는 깨어지고 인류사회는 온갖 착취와 억압이 난무하는 추악한 범죄사회로 전락되고 말았던 것이다.

제3절 노예사회의 단계

노예사회는 원시 공동사회가 무너진 다음에 나온 사회였다. 원시 공동사회는 동일한 노동계급만으로 이루어진 사회였으나, 노예사회는 언제나 서로 대립·투쟁하는 두 계급, 즉 노동계급과 착취계급으로 이루어진 사회였다. 그리고 노예사회는 착취계급이 지배계급으로 군림하던 사회였기 때문에 그 사회에서는 언제나 노동계급에 대한 착취와 억압이 뒤따르게 되었다.

인간은 본래 일하며 살아가는 〈노동계급〉으로 창조된 계급적 존재이다(출 20:9, 요 5:17, 살후 3:10, 계 22:12). 따라서 예나 지금이나 인류사회의 참다운 주인은 어디까지나 노동계급(민중)이어야 한다. 그런데 노예사회에서는 반대로 소수의 착취계급이 그 사회의 주인으로 행세하였고, 다수의 노동계급은 미천한 노예로 전락됨으로써 언제나 가혹한 착취와 억압을 당하였다.

노예사회에서 주인으로 행세하던 착취계급은 바로 노예 소유자들이었다. 그들은 자기의 권력을 악용하여 노동계급이 소유해야 할 생산수단을 모두 독차지하였고, 또 온갖 폭력을 휘두르며 노동계급에 대한 착취와 억압을 일삼았다.

노예 소유자들은 수많은 노예들을 거느리고 그들에게 항상 무거운 강제노동을 시켰으며, 또 그들을 짐승이나 물건처럼 사고 팔기도 하였다. 그 뿐만 아니라 노예소유자들은 노예들을 효과적으로 억압·착취하기 위해 그들의 이마에 낙인을 찍었고 발에는 쇠사슬을 달았다. 또 그들이 피와 땀으로 생산한 물건들을 모조리 빼앗고, 그들에게는 겨우 굶어죽지 않을 정도의 먹을 것을 주는 등 온갖 비인간적인 만행을 자행하였다.

과거 이집트의 바로왕은 수많은 노예들을 강제로 동원하여 자신의 무덤으로 쓰기 위한 거대한 피라미드를 쌓게 하였고, 또 중국의 진시황제도 역시 수많은 노예들을 강제로 동원하여 거대한 만리장성을 쌓게 하였다. 이러한 대규모의 공사과장에서 대부분의 노예들은 그 혹독한 강제노동을 견디지 못하고 비참한 죽음의 길을 가고 말았다.

이와 같이 노예사회의 착취계급은 선량한 노동계급을 모두 미천한 노예로 전락시키고 그들을 무자비하게 억압·착취함으로써, 그들에게 말할 수 없는 고통과 불행을 안겨주었다. 그리하여 노예사회는 언제나 노동계급으로부터 타도의 대상이 되었으며, 그들은 마침내 착취계급을 몰아내기 위한 항쟁의 길로 나서게 되었다. 비인간적인 착취계급이 선량한 노동계급이 부당하게 억압·착취하는 그 사회에서는 잠시도 인간답게 살아갈 수 없었기 때문이다.

인간은 본래 하나님의 자녀로 지음받은 고귀한 존재이다. 때문에 인간은 그 본질상 모두가 평등하며, 결코 어느 누구도 비인간적인 착취와 억압의 대상이 될 수 없다. 그럼에도 불구하고 노예사회의 착취계급은 언제나 선량한 노동계급을 무자비하게 억압·착취해 왔으니, 이 얼마나 무서운 범죄행위인가? 한마디로 착취계급은 스스로 인간이기를 거부한 범죄자들이며, 또 인간의 탈을 쓰며 나타난 가장 포악한 짐승들이 아닐 수 없다.

그러면 착취계급이 지배하던 노예사회가 무너지게 된 주요 원인은 무엇인가? 그것은 바로 착취계급에 대한 노동계급(민중)의 결사적인 〈투쟁〉이었다. 만일 이러한 노동계급의 강력한 투쟁(해방투쟁)이 없었다면, 아무리 부패한 노예사회라 해도 그 사회는 무너지지 않고 더욱 오래도록 지속되었을 것이다.

이와 같이 착취계급이 지배하던 노예사회를 무너뜨린 원동력은 바로 노동계급의 결사적인 투쟁이었다. 요컨대 이러한 노동계급의 강력한 투쟁만이 역사의 무대에서 반동세력인 착취계급을 속히 몰아내고 착취와 억압이 없는 새 시대, 새 사회를 앞당겨 건설할 수 있는 지름길임을 우리 노동계급은 잠시도 잊지 말아야 할 것이다.

제4절 봉건사회의 단계

봉건사회는 노예사회가 무너진 다음에 나온 사회였다. 봉건사회는 노예사회보다 한 단계 발전한 사회였지만, 노예사회가 그러하듯 봉건사회도 역시 서로 대립·투쟁하는 두계급, 즉 노동계급과 착취계급이 존재하는 사회였다. 그렇기 때문에 봉건사회에서는 노동계급에 대한 착취계급의 비인간적인 착취와 억압은 그대로 계속되었다.

노예사회가 무너지고 봉건사회가 들어서자, 노예 소유자들 대신에 봉건 영주들이 나타났고 노예들 대신에 농노들이 나타났다. 그리하여 봉건사회도 역시 노예사회처럼 온갖 착취와 억압이 난무하는 추악한 범죄사회가 되고 말았던 것이다.

봉건사회에서 지배계급으로 등장한 착취계급은 바로 봉건 영주들이었다. 그들은 자기의 토지와 농노들을 빼앗기지 않기 위해 큰 성을 쌓고 그 안에 많은 병사들을 두었다. 봉건사회에서는 한 나라 안에도 이러한 영지가 수십 개씩 있었으며, 영주들은 자기 영지에서 모든 권력을 틀어쥐고 농노들을 제멋대로 억압·착취하였다.

이와 같이 봉건사회의 영주들은 그 사회의 가장 기본적인 생산수단인 토지를 모두 독차지하고, 그 토지에 얽매여 일하는 농노들은 가혹하게 억압·착취하였다. 예컨대 영주들은 농노들에게 토지를 빌려주고 추수 때에는 그들이 생산한 농산물을 절반 이상 받아갔으며, 때로는 조금만 남기고 모두 빼앗아 가기도 하였다. 과거 우리나라에도 악독한 지주들이 많이 있었거니와, 그들은 언제나 가난한 소작인들을 짐승처럼 부리고 착취하였다.

그뿐 아니라 영주들은 성을 쌓고 다리를 놓는 등 힘든 노역에 농노들을 강제로 동원시키고, 또 나라에 무거운 세금을 바치게 함으로써 가난한 농노들은 이중 삼중으로 착취와 억압을 당하게 되었다. 이 밖에도 영주들은 농노들을 노예처럼 마음대로 사고 팔기도 하였으며, 또 농노들이 자신에게 잘 복종하지 않을 때에는 그들을 사정없이 때리며 무서운 형벌을 가하는 등 온갖 만행을 자행하였다.

한편 봉건사회에서는 엄격한 신분제도를 만들어 지배계급에 대한 피지배계급의 절대적인 복종을 강요하였다. 예컨대 유럽의 봉건사회에서는 지배자인 영주들이 제1신분에 속하였고, 교회의 성직자들과 승려들은 제2신분에 속했으며, 가난한 농노들은 제3신분에 속하였다.

과거 조선시대의 봉건사회에도 양반과 상민이라는 신분제도가 있었거니와, 이러한 신분제도는 어디까지나 지배계급이 피지배계급으로 하여금 무조건 복종케 함으로써, 그들을 보다 효과적으로 억압·착취하기 위해 만들어낸 매우 비인간적이고 반민주적인 사회제도가 아닐 수 없다.

위에서 보는 바와 같이, 봉건사회의 착취계급은 노예사회와 조금도 다름없이 온갖 폭력을 휘두르며 선량한 노동계급을 무자비하게 억압·착취하였다. 다시 말해 봉건사회의 착취계급은 그들이 독차지한 토지를 착취와 억압의 도구로 악용하여 선량한 노동계급을 마치 노예나 짐승처럼 강제로 혹사하고 그들에게 온갖 비인간적인 만행을 서슴없이 자행했던 것이다.

그러면 착취계급이 지배하던 봉건사회는 어찌하여 무너지게 되었는가? 노예사회가 그러하듯 봉건사회도 역시 반동세력인 착취계급에 대한 노동계급(민중)의 강력한 〈투쟁〉에 의하면 무너지게 되었다. 만일 이러한 노동계급의 영웅적인 투쟁이 없었다면, 온갖 착취와 억압으로 얼룩진 봉건사회는 아직도 그대로 유지되었을 것이다.

이와 같이 착취계급과 착취사회를 타도하기 위한 노동계급의 정당한 투쟁(해방투쟁)은 언제나 사회발전의 원동력이 된다. 이러한 정당하고도 강력한 투쟁이 없이는 우리 노동계급은 결코 반동세력인 착취계급과의 투쟁에서 승리할 수 없으며, 또 그들을 몰아낼 수도 없다. 봉건사회의 노동계급은 이 사실을 깊이 자각하고 모든 분야에서 착취계급에 대한 해방투쟁을 강력히 전개함으로써, 마침내 비인간적이고 반민주적인 봉건사회를 해방할 수 있었던 것이다.

제5절 자본주의사회의 단계

자본주의사회는 봉건사회가 무너진 다음에 나온 사회이다. 그럼에도 불구하고 자본주의사회는 아직도 온갖 사회악이 난무하는 범죄사회의 탈을 벗지 못하고 있다. 그 까닭은 노예사회와 봉건사회가 그러하듯, 자본주의사회도 역시 서로 대립·투쟁하는 두 계급(노동계급과 착취계급)이 존재하는 사회이기 때문이다. 이 사실은 바로 자본주의사회도 사회발전의 최종단계가 아님을 보여주는 산 증거가 아닐 수 없다.

자본주의사회의 기본구조는 바로 자본가와 노동자로 되어 있다. 그러면 이 중에 노동계급과 착취계급은 누구인가? 이에 대해 공산주의자들은 한 결같이 노동자만을 노동계급으로 보고, 생산수단을 소유한 자본가는 모두 착취계급으로 규정한다. 그들이 자본가의 타도를 소리 높이 외치는 이유는 바로 여기에 있다.

그러나 민중사상은 이러한 그들의 주장을 반대한다. 왜냐하면 자본가들 중에는 자기보다 먼저 노동자의 권익을 위해 일하는 양심적인 자본가들도 많이 있기 때문이다. 따라서 민중사상은 자기의 이익만을 추구하기 위해 선량한 노동계급을 부당하게 억압·착취하는 비양심적인 악질 자본가들만을 착취계급으로 규정한다(본장 제1절 「사회계급론」 참조).

그러면 자본주의 사회에서 자본가들은 노동자들을 어떻게 착취하고 있는가? 예나 지금이나 자본가들은 모든 생산수단을 독차지하고 노동자들의 노동력을 값싸게 이용함으로써 그들을 착취한다. 다시 말해 자본가들은 자기 마음대로 노동시간과 노동량을 늘려가며 노동자들을 혹사하면서도, 그들에게는 가장 낮은 임금을 주는 방법으로 노동자들을 부단히 착취하고 있는 것이다.

이와 같이 자본가들은 언제나 자기의 이익만을 높이기 위해 노동자들에 대한 임금은 계속 낮추려고 한다. 이것은 자본가들의 변함없는 속성이다. 그리하여 자본가들은 갈수록 부자가 되고, 반대로 노동자들은 갈수록 가난하게 되어 그 가족들은 항상 굶주리게 된다. 한 마디로 착취와 억압을 일삼는 악질 자본가들은 노동자들의 피를 빨아먹고 살아가는 더러운 흡혈귀가 아닐 수 없다.

마르크스의 추종자인 레닌은 자본주의의 마지막 단계를 〈제국주의〉라고 하였다. 그는 「제국주의는 죽어가는 자본주의이며 프롤레타리아혁명의 전야」라고 하면서, 자본주의 사회의 패망을 역설하였다. 이러한 그의 주장은 자본주의 사회의 경제적 모순이 제거되지 않는 한 그대로 적중할 것이다.

자본주의 사회의 경제적 모순은 무엇보다도 〈생산수단의 독점〉에 있다고 하겠다. 왜냐하면 자본가들은 생산수단을 독차지함으로써 사회적 이익보다는 사적인 이익을 더욱 추구하게 되고, 그 결과 그들은 노동자들을 부단히 억압·착취하게 되기 때문이다. 따라서 이러한 경제적 모순을 근본적으로 해결하려면, 먼저 생산수단의 독점을 방지할 수 있는 새로운 사회제도를 속히 수립해야 할 것이다.

이와 같이 자본주의 사회의 경제적 모순은 바로 생산수단의 독점과 그로 인한 착취와 억압의 발생에 있다. 다시 말해 자본가들이 지배하는 자본주의 사회에서는 그들이 모든 생산수단을 독차지하고 있기 때문에, 그 사회에서는 마르크스가 지적한 〈자본집중의 현상〉과 〈빈곤증대의 현상〉이 계속 일어나게 되며, 그 결과 그 사회는 이른바 〈부익부·빈익빈〉의 불평등한 사회가 되고 만다. 그리하여 우리 노동계급은 마침내 초보적인 생존의 권리마저 짓밟는 현대판 노예로 전락하게 된다(본장 제8절 「현대판 노예사회」참조).

그러므로 전 세계의 노동계급은 모름지기 하나로 굳게 단결하여, 모든 분야에서 반동세력인 착취계급을 몰아내기 위한 〈해방투쟁〉을 힘차게 전개해야 한다. 이것만이 우리 노동계급이 부익부·빈익빈의 경제적 모순과 온갖 사회악이 판을 치는 낡고 부패한 자본주의사회를 속히 청산하고, 우리 모두가 평등하게 살아가는 새로운 민중사회(공동체사회)를 앞당겨 건설하는 지름길이 될 것이다.

  ※ 인간착취의 주범이며 사회불평등의 주범인 자본주의 !!

그 자본주의는 지금 세계를 지배하며 온 지구촌을 그들의 경제적 식민지로 만들고 있다. 그렇다면 우리는 반드시 그 사악한 자본주의의 세계지배를 막아야 하며, 그러기 위해서는 그 자본주의와 끝까지 맞서 투쟁함으로써 그 낡고 부패한 자본주의를 역사의 무대에서 모두 추방해야 할 것이다. 그리고 우리는 반드시 이 땅에 하나님의 나라와 민중의 나라를 건설해야 할 것이다.

◉ 자본주의사회는 부자들의 천국인가?

황금만능을 자랑하는 자본주의사회는 부자들의 천국인가? 끝없는 약육강식의 먹이사슬로 이루어진 자본주의사회는 도대체 누구를 위한 사회인가? 온갖 착취와 억압이 벌어지는 그 추악한 자본주의사회를 옹호하는 자들은 또 어떤 자들인가? 그들은 민중의 고통과 눈물을 아는 자들인가 모르는 자들인가?

지난 2000년 3월 22일자 〈동아일보〉는 우리에게 너무나 충격적인 뉴스를 전했다. 그것은 미국의 3대부자가 소유한 재산이, 가난한 48개국의 GDP(국내총생산)보다 많다는 뉴스였다. 필자는 이러한 자본주의사회의 모순과 불평등을 고통받는 민중과 역사 앞에 고발하는 심정으로 여기에 그 기사를 다시 공개하기로 하였다.

■ 세계 3대부자들이 48개국의 6억명이 일년동안 노동해서 버는 돈보다 더 많은 재산을 보유하고 있는 것으로 나타났다고 유엔개발계획(UNDP)이 20일 밝혔다. 스위스 제네바에 본부를 둔 UNDP는 이 날 발표한 세계빈곤통계에서 세계인구 가운데 10분의1인 6억명이 48개 빈국에 살고 있으나, 이들 국가가 세계무역에서 차지하는 비중은 0.3%에 불과하며, 이것은 20년전에

비해 절반으로 떨어진 수치라고 설명했다. 그 결과 48개국의 국내 총생산(GDP)을 다 더해도, 세계 3대부자의 순 재산 평가액보다 적은 상황이 되었다고 UNDP는 밝혔다.

UNDP는 미국의 경제잡지 포브스를 인용, 세계 3대부자가 마이크로소프트사의 빌게이츠회장(44)과 전설적인 주식투자가 워런 버핏(69), 그리고 마이크로소프트사의 공동창업자였던 폴 앨런(47)이라고 전했다 이들의 재산은 모두 1560억달러에 이른다(이하생략).

◉ 자본주의사회는 거꾸로 된 사회인가?

지난 2017년 1월 17일자 〈동아일보〉에는 극에 달한 자본주의사회의 불평등(양극화)을 소개하는 충격적인 기사가 실렸다. 그 내용은 8명의 세계부자들이 소유한 전재산이 세계인구의 50%인 약 35억명의 가난한 민중들이 소유한 재산과 비슷하다는 섯이었다. 필자는 그 기사를 읽으면서 〈인간착취의 주범〉이며 〈사회양극화의 주범〉인 자본주의에 대한 치솟는 분노를 금할 수가 없었다. 그리고 〈자본주의가 망해야 민중이 산다〉는 생각이 파도처럼 밀려왔다. 이것이 어찌 필자만의 생각이겠는가?

요컨대 인간착취와 사회불평등의 주범인 자본주의가 세계를 지배하는 한, 우리 민중의 〈해방투쟁〉은 부단히 계속되어야 할 것이다.

제6절 공산주의사회의 단계

독일의 철학자 마르크스가 주장한 공산주의 사회는 어떠한 사회인가? 그 사회는 서로 대립 · 투쟁하는 계급이 없는 평등한 사회이기 때문에 모든 사람들이 착취와 억압을 모르고 살아가는 가장 이상적인 사회라고 한다. 그런데 마르크스는 이러한 공산주의 사회는 제1단계(낮은단계)를 사회주의 사회라고 하였고, 제2단계(높은단계)를 공산주의 사회라고 하였다. 그러면 먼저 사회주의 사회에 대해 살펴보기로 하자(공산주의에 대한 이론적 비판은 제12장 「반공론」에서 자세히 다루기로 한다).

1. 사회주의사회의 단계

사회주의사회는 1917년 10월 레닌이 사회주의혁명에 성공함으로써 제일 먼저 시작되었다. 그리하여 소련은 모든 사회주의 국가의 종주국이 되어, 세계 도처에서 자본주의 사회를 타도하기 위한 정치적인 계급투쟁과 폭력혁명을 선동해 왔다.

그러면 그들이 말하는 사회주의 사회는 어떠한 사회인가? 그 사회는 인간에 의한 인간의 착취와 억압을 없애기 위해 모든 생산수단을 사회적 소유로 하는 사회이며, 또 모든 사람들이 능력에 따라 일하고 노동에 따라 분배를 받는 평등한 사회라고 한다. 이에 대해 소련의 〈경제학 교과서〉는 다음과 같이 말하고 있다.

「사회주의 혁명은 생산수단의 사적인 소유를 사회적 소유로 고치고 인간에 의한 인간의 착취를 모두 일소하는 것을 목적으로 하고 있다.」

「사회주의를 건설하기 위하여는 공업적 생산수단의 사회주의적 사회화를 실시하여 나라를 공업화할 뿐만 아니라, 농업의 사회주의적 개조를 하는 것도 필요하다. 사회주의란 생산수단의 사회주의적 소유와 집단노동에 기초하여 공업과 농업을 통합하고 있는 사회 경제체제이다.」

「소규모 생산은 그것이 사적인 소유에 기초를 둔 것인 한, 자연발생적이고 또한 대규모로 자본주의적 요소를 산출한다. 그러므로 농민경영의 사회주의적 협동조합화는 경제 안에 있는 자본주의의 뿌리를 없애기 위한 필수조건이다.」

「사회주의 하에서의 개인적인 물질적 관심은 노동의 양과 질에 따라 지불이 이루어짐으로써 보장되고 있다. …그렇게 함으로써 노동에 따른 분배는 생산을 발전시키는 강력한 힘으로 되고 있다.

이와 같이 사회주의란 생산수단의 사적인 소유를 반대하고 오직 사회적 소유만을 인정하는 제도이기 때문에 이 제도를 따르는 사회주의 국가들은 모두 사유재산의 국유화와 농업의 집단화를 실시하고 있다.

마르크스의 사회주의는 구소련에서 사상 처음으로 실시되었는데, 이것을 〈소련식 사회주의〉라고 한다. 그러면 이러한 소련식 사회주의는 과연 노동자·농민을 진정으로 위한 제도인가? 아니다. 그것은 노동자·농민을 위하기보다 오히려 그들에게 말할 수 없는 고통과 절망을 안겨 주는 낡은 사회제도가 아닐 수 없다. 왜냐하면 민주주의가 실종된 소련식 사회주의는 결코 노동자·농민을 위한 참다운 민주사회와 민주국가를 건설할 수 없기 때문이다.

요컨대 우리가 진정으로 노동자·농민을 위한 민주사회와 민주국가를 건설하려면, 우리는 반드시 민주주의와 사회주의를 함께 실시해야 하며, 결코 그것을 분리해서는 아니될 것이다.

2. 공산주의사회의 단계

마르크스주의자들은 한결 같이 공산주의 사회를 사회발전의 마지막 단계로 본다. 다시 말해 공산주의사회는 사회주의사회를 거친 다음에오는 마지막 이상사회라고 한다. 따라서 이러한 공산주의 사회를 건설하기 위해서는 먼저 자본주의사회를 타도하고 사회주의사회를 건설해야 한다는 것이 그들의 끈질긴 주장이다.

그러면 그들이 말하는 공산주의 사회는 어떠한 사회인가? 그 사회는 바로 계급 없는 사회로서 착취와 억압이 없으며, 또 모든 사람들이 능력에 따라 일하고 필요에 따라 분배를 받는 풍요로운 사회라고 한다. 이에 대해 소련의 〈공산당 강령〉과 〈경제학 교과서〉는 다음과 같이 말하고 있다.

「공산주의란 어떤 것인가? 공산주의는 생산주의에 대한 단일의 전 인민적 소유와 사회의 전 성원이 완전히 사회적 평등을 누리는 계급 없는 사회제도이다. …공산주의하에서는 제 계급이 없어지고 도시와 농촌사이의 사회·

경제상 및 문화·생활상의 차이가 소멸할 것이다」(소련 공산당 강령).

「공산주의 건설은 모든 사람들의 욕구를 채우기 위한 물질적 재화와 문화재가 완전히 쓰고 남을 만큼 생산되고, 모든 사람들이 사회의 부(富)를 증대·축적하기 위하여 그 능력을 발휘해서 일하는 데 익숙해져서, 〈각 사람은 능력에 따라서, 각 사람들에게는 욕망에 따라서〉라는 공산주의적 원칙이 실현되었을 때에 완성된다」(경제학 교과서).

이와 같이 공산주의 사회는 모든 계급이 사라지고 착취와 억압도 없으며, 또 모든 사람들은 능력에 따라 일하고 필요에 따라 분배를 받는 풍요로운 사회라고 한다. 한 마디로 공산주의사회는 인류가 도달할 수 있는 최고의 이상사회라는 것이다.

그러면 공산주의의 종주국으로 자처해 온 소련에서는 과연 그러한 공산주의 사회가 모범적으로 실현되었는가? 아니다. 소련사회는 오히려 봉건적인 관료주의가 팽배한 새로운 계급사회가 되었고, 또 온갖 사회악이 난무하는 범죄사회가 되었으며, 또 선진 자본주의 사회보다도 더 낙후되어 더 못사는 가난한 사회가 되었을 뿐이다.

지금까지 마르크스주의자들은 한결같이 공산주의 사회를 건설하기 위해서는 반드시 자본주의 사회를 타도해야 한다고 소리 높이 외쳐 왔다. 그러나 우리 모두가 인간답게 살아갈 수 있는 새로운 이상사회를 건설하려면, 우리는 먼저 무신론과 유물론에 오염된 공산주의 사회부터 몰아내야 할 것이다. 왜냐하면 무신론과 유물론에 오염된 공산주의 사회는 모든 종교를 탄압하는 반종교적 사회로서 오늘의 자본주의 사회보다도 더 위험한 독재사회이며 더 자유를 억압하는 통재사회이기 때문이다(제12장「반공론」참조).

3. 가난한 공산주의사회

소련은 공산주의의 종주국으로서 이른바 사회주의 건설을 추진해 왔지만, 그 나라는 경제난을 극복하지 못함으로써 결국은 붕괴되고 말았다. 이러한

소련의 경제난에 대해 지난 1990년 11월 17일자 「조선일보」 는 다음과 같이
보도했다. 필자는 이것을 기록으로 남겨서 공산주의 사회의 허구성을 독자
여러분에게 널리 알리기 위해 여기에 그 기사를 다시 옮겨 싣기로 하였다.

　■ 소련은 금년 경제적으로 최악의 겨울을 맞고 있다. 소련이 당면한 경제
적 위기는 민족분규와 정치권력의 혼란을 앞지르면서 국민들의 의식주를 파
탄에 가까운 상황으로 몰아넣고 있다.
　시장경제를 이행하기 위한 고르바초프 대통령의 4단계 청사진이 첫걸음을
떼자마자 모스크바의 상가에는 부족했던 물건마저도 자취를 감추고 말았다.
「이제 기다리기만 하면 언젠가 가격은 오를 것」 이라고 믿는 사람이 많아
지면서, 상인들은 그 때를 기다려 선반에서 창고로 물건을 치우고 시민들은
사재기에 열을 올리고 있다.
　상점들이 개점휴업 상태에 빠지고 거리가 텅 비면서 본격적인 강성 시즌
이 시작된 러시아공화국 주민들은 〈암울한 겨울〉을 기다리고 있다. 수도 모
스크바 시가 식량배급을 계획하고 있는 가운데, 인구 5백만 명의 소련 제2도
시 레닌그라드는 다음 달 1일부터 육류, 설탕, 달걀, 버터, 밀가루 등에 대해
전면 배급제를 실시하기로 결정했다.
　이 도시의 아나톨리 소브차크 시장은 배급제에 실패할 경우 금년 겨울 시
민폭동이 있을 것이라고 비관했다. 그는 지난 1914~1944년까지 나치 독일의
봉쇄로 60만 명의 희생을 치뤘던 시민들이 다시는 배고픔을 용서치 않을 것
이라고 말했다.
　이 같은 상황에서 14일 연방 최고회의는 돌연 정해진 의사일정을 취소하
고 〈경제파탄 비상대책회의〉 소집을 결의했으며, 16일 속개된 이 비상회의에
서 고르바초프는 현 내각을 대폭 교체하겠다고 약속하기에 이른 것이다.
　이어 등단한 옐친도 〈특별위기관리위〉의 구성을 제안하면서 현 내각에 대
한 신임투표를 촉구, 당면한 경제적 파탄국면을 돌파하기 위한 비상처방을
제시했다. 그러나 고르바초프가 야조프 국방장관의 경질을 포함한 군부 개혁

까지 언명했음에도 불구하고, 이미 경제위기로 말미암아 등을 돌린 민심을 어느 정도 수습할 수 있을지도 불투명하다.

이번 주에 발간된 시사주간지 「모스크바 뉴스」지도 고르바초프와 그의 정책에 대해 확고했던 종전의 자기입장을 철회했다. 이번 호에는 「소련은 기다리는 데 지쳤다」, 「비극은 피할 수 없다」, 「고르비, 결연한 향동능력을 보이든지 아니면 사임하라」는 거친 경고문구가 수두룩했다. 심지어 정부 관영 『이즈베스티야』지도 「열매 없는 민주주에 실망한 인민들은 〈강한 손〉을 기다리고 있다」면서 「파국의 징표는 이미 나타났다」고 말했다.(중략).

『이즈베스티야』지는 14일 자유가격 체제에 속해 있는 과일·채소·고기 등 농장 생산품이 금년 들어 평균 40% 인상됐다고 보도했다. 그러나 레닌그라드 시민들은 이러한 식료품을 배급량 이외에 추가로 구입하려면, 암시장에서 열 배 값을 치러야 한다고 불평하고 있다. 러시아공화국과 우크라이나에서는 배급 쿠폰이 화폐처럼 통영되는 지역도 있다. 카르코프 시에서는 배급제에 항의하는 시위대가 도로를 점거하기도 했다.

종전의 중앙계획 시스템이 붕괴되면서 잠재적 인플레이션과 사재기 악령이 물자난과 식량부족을 더욱 부채질하고 있는 것이다. 독일, 미국, 일본 등이 금년 겨울에 긴급 식량지원을 약속했거나 검토하고 있지만, 주민들은 「썩지 않는 것이면, 무엇이든 일단 사두라」는 이웃의 충고에 더 귀를 기울이고 있다.

수확-운송-저장 등의 마비증세로 금년 곡물생산량 중 약20%가 들판에서 그대로 썩고 있으며, 석유생산도 작년 수준을 크네 밑돌고 있다. 금년 가을 자체 조직을 정비한 석탄노동자들의 분위기도 심상치 않다. 육가공품이 풍부한 아르메니아, 그루지야, 발틱 3국 등은 고기·우유·귤 등의 타 공화국 수출을 중단했다.

전 연방 여론조사연구소는 14일 최근 실시한 조사에서 응답자 중 62%가 금년 겨울의 기근을 걱정하고 있다고 발표했다. 그리고 고르바초프에 대한 지지도는 작년 12월 52%였던 것이 금년5월엔 39%로, 그리고 지난달에 21%로 급락했다고 밝혔다. 14일 영국의 로이터통신은 어쩌면 고르바초프가 지금「페레스트로이카의 마지막 겨울」을 맞고 있는지도 모른다고 타전했다.
〈김광일 기자〉

> ※ 세계공산주의의 종주국〈소련〉이 붕괴한지도 20여년이 지났지만, 그 공산주의는 아직도 소멸되지 않고 도리어 새로운 부활을 꿈꾸고 있으니, 그 이유는 무엇인가? 그것은 바로 인간착취의 도구로 전락한 자본주의가 세계를 계속 지배하고 있기 때문이다. 따라서 이러한 자본주의의 세계지배가 그대로 계속되는 한, 그 자본주의를 타도하려는 공산주의도 역시 세계적화를 포기하지 않을 것이다.

제7절 민중사회의 단계

가자 새로운 민중사회로!!

인류사회는 원시 공동사회로부터 출발하여 노예사회와 봉건사회를 거친 후, 지금은 자본주의사회와 공산주의사회의 단계까지 왔다. 그럼에도 불구하고 오늘의 인류사회는 아직도 온갖 전쟁과 폭력 및 착취와 억압이 벌어지는 범죄사회의 탈을 벗지 못하고 있는 안타까운 실정에 있다. 따라서 오늘의 자본주의 사회와 공산주의 사회는 결코 사회발전의 마지막 단계로 볼 수 없으며, 우리는 또다시 새로운 약속의 땅(이상사회)을 찾아 어서 속히 그 발걸음을 옮겨야 할 것이다.

민중사상은 사회발전의 최종단계를 〈민중사회〉라고 부르며, 또 민중사회는 역사의 참다운 주체인 노동계급만으로 이루어진 사회이므로 〈노동계급사회〉라고도 부른다. 그 뿐만 아니라 민중사회는 전체 노동계급이 한 가족이 되어 서로 돕고 위하며 살아가는 사회이므로 〈가족주의사회〉라고도 한다.

한편 민중사상은 자본주의사회와 공산주의사회에서 갓 태어난 민중사회가 구시대의 낡은 사상적·제도적 잔재를 청산하고 모든 분야에서 새로운 자립적 토대를 세우는 데 필요한 그 기간을 〈과도기〉라고 한다.

이처럼 과도기는 민중사회건설의 초기단계를 말하거니와, 이러한 과도기에서 우리 노동계급이 수행해야 할 주요 임무는 바로 종래의 낡은 사상과 제도를 전면적으로 개혁하고, 또 온갖 착취와 억압을 되풀이하는 착취계급의 잔당들을 깨끗이 몰아냄으로써, 민중사회건설의 토대를 튼튼히 세우는 일이다.

그러면 사회발전의 최종단계인 민중사회는 어떠한 사회인가? 그 사회는 한마디로 〈착취와 억압〉이 없는 사회라고 말할 수 있다. 왜냐하면 민중사회는 바로 온갖 착취와 억압을 일삼던 착취계급이 모두 사라지고, 선량한 노동계급(민중계급)만으로 이루어진 사회이기 때문이다. 이러한 민중사회를 좀 더 구체적으로 설명하면 다음과 같다.

① 민중사회는 온 민중이 하나님을 모시고 믿음으로 살아가는 〈신앙사회〉이다.

② 민중사회는 온 민중이 하나님의 뜻과 말씀대로 살아가는 〈진리사회〉이다.

③ 민중사회는 온 민중이 나라의 주인이 되어 살아가는 〈민주사회〉이다.

④ 민중사회는 온 민중이 한 국민이 되어 동일한 사상과 언어를 가지고 살아가는 〈통일사회〉이다.

⑤ 민중사회는 온 민중이 한가족이 되어 서로 사랑하고 위하며 살아가는 〈가족사회〉이다.

⑥ 민중사회는 온 민중이 인류도덕과 미풍양속을 지키며 살아가는 〈윤리사회〉이다.

⑦ 민중사회는 온 민중이 전쟁과 폭력 및 착취와 억압이 없이 살아가는 〈평화사회〉이다.

⑧ 민중사회는 온 민중이 인종과 인권 및 빈부와 귀천의 차별이 없이 살아가는 〈평등사회〉이다.

⑨ 민중사회는 온 민중이 하나는 전체를 위하고 전체는 하나를 위해 살아가는 〈공동체사회〉이다.

⑩ 민중사회는 온 민중이 서로 사랑과 진실을 꽃피우며 살아가는 정의로

운 〈양심사회〉이다.

⑪ 민중사회는 온 민중이 안락한 사회환경을 이루고 살아가는 풍요로운 〈복지사회〉이다.

⑫ 민중사회는 온 민중이 찬란한 정신문화를 꽃피우며 살아가는 아름다운 〈예술사회〉이다.

위에서 보는 바와 같이, 민중사회는 바로 인간에 의한 인간의 착취와 억압이 없는 평등한 사회이며, 또 모든 사람들이 진실한 믿음과 사랑으로 서로 돕고 위하며 살아가는 아름답고 평화로운 사회이다. 그 뿐 아니라 민중사회는 전 세계의 노동계급이 한가족이 되어, 하나는 전체를 위하고 전체는 하나를 위해 살아가는 정의로운 공동체사회이다(행 2:44~45, 행 4:21).

그러므로 민중사회의 건설을 예나 지금이나 우리 노동계급의 간절한 소망이 아닐 수 없다. 그런데 우리 노동계급이 그러한 민중사회를 건설하려면, 우리는 먼저 온갖 착취와 억압을 일삼는 착취계급을 이 지상에서 깨끗이 몰아내야 할 것이다.

지금까지의 인류사회는 원시 공동사회를 제외하고는 모두가 반동세력인 착취계급이 우리 노동계급을 부단히 억압·착취 해온 추악한 범죄사회였다. 오늘의 자본주의사회와 공산주의사회도 역시 온갖 사회악이 난무하는 범죄사회임은 두 말 할 나위도 없다. 따라서 오늘의 자본주의 사회와 공산주의 사회는 반드시 사회발전의 법칙에 따라 착취와 억압이 없는 새로운 사회로 또다시 변혁되어야 할 것이다.

민중사상은 바로 사회발전의 최종단계인 〈민중사회〉를 건설하기 위해 나온 사상이다. 다시 말해 민중사상은 온갖 착취와 억압을 일삼는 착취계급을 속히 몰아내고, 우리 모두가 평등하게 살아가는 새로운 〈민중사회〉를 건설하기 위해 나온 새 시대의 혁명사상이다(제1장 「민중사상론」 참조).

그러므로 전 세계의 노동계급은 바로 이러한 민중사상으로 튼튼히 무장하고, 인간에 의한 인간의 착취와 억압이 없는 새로운 민중사회·노동계급 사회를 건설하기 위해 모든 분야에서 억세게 싸워 나아가야 할 것이다(롬

12:21, 딤전 6:12, 눅 22:36).

민중사상은 사회발전의 최종단계를 〈민중사회〉 또는 〈노동계급사회〉라
고 한다. 그런데 이러한 민중사회를 속히 건설하려면, 우리는 먼저 「묵은 땅
을 갈아 엎으라」는 하나님의 말씀대로, 온갖 잡초(죄악)가 무성한 묵은땅
(범죄사회)을 모두 갈아 엎어야 할 것이다(렘 4:3, 호 10:12).

한편 민중사상은 사회와 역사의 주체인 노동계급(민중)이 사회발전의 최
종단계인 민중사회를 건설하기 위해, 구시대의 낡은 사회를 계급투쟁(해방투
쟁)을 통해 새로운 사회로 변혁시키는 것을 〈민중혁명〉 또는 〈계급혁명〉이
라고 한다.

이처럼 민중혁명은 바로 노동계급이 사회발전의 최종단계인 민중사회(노
동계급 사회)를 건설하기 위한 지극히 정당한 사회혁명이므로, 우리 노동계
급은 모름지기 혁명과 건설의 주인답게 세계 전역에서 자랑스러운 민중혁명
의 깃발을 높이 들고 위대한 민중사회 건설에 모두가 앞장서 투쟁해야 할
것이다.

전 세계의 노동계급이여, 강철같이 단결하라! 그리고 세계 전역에서 민중
해방과 세계해방을 쟁취하기 위한 〈해방투쟁〉을 힘차게 전개하라! 이것만이
우리 노동계급이 온갖 착취와 억압을 일삼는 지배계급을 속히 몰아내고, 새
시대가 요구하는 새로운 민중사회 · 노동계급사회를 앞당겨 건설할 수 있는
유일한 길이다.

※ 다음에 소개하는 〈민중가요〉에는 새로운 민중시대가 속히 도래하기를 바라는 우리 민
중의 간절한 열망이 담겨 있습니다.

- 민중의 낙원 -

① 사막에 물이 넘쳐 흐르리라 / 사막에 예쁜 꽃이 피어 나리라
　　민중이 다스릴 새 시대가 오면은 / 사막이 낙원되리라
　　적의 무리 모두 사라지고 / 민중만이 주인이 되는
　　정의로운 민중의 새 시대를 / 우리는 건설하리라

② 사막에 푸른 숲이 우거지리라 / 사막이 예쁜 새들 노래하리라
　민중이 다스릴 새 나라가 오면은 / 사막이 낙원되리라
　착취 억압 모두 사라지고 / 우리 모두 평등히 사는
　정의로운 민중의 새 나라를 / 우리는 건설하리라

③ 사막에 푸른 초원 펼쳐지리라 / 사막에 양떼들이 노래하리라
　민중이 다스릴 새 시대가 오면은 / 사막이 낙원되리라
　온 인류가 한 가족이 되어 / 서로 돕고 서로 위하는
　아름다운 민중의 새 낙원을 / 우리는 건설하리라

제8절 현대판 노예사회

소련을 비롯한 동구의 공산주의 국가들이 차례로 몰락하자, 자본주의 사회의 우월성을 주장하는 사람들이 늘고 있다. 그러나 필자는 자본주의 사회도 역시 역사의 무대에서 속히 사라져야 할 낡고 부패한 범죄사회(착취사회)로 본다. 그런데 지난 1992년 5월 6일자 「뉴스위크」(한국판)는 자본주의 사회가 만들어 낸 현대판 노예들의 참상을 자세히 보도하여 많은 사람들에게 큰 충격과 슬픔을 안겨 주었다. 이에 필자는 그 기사를 다시금 공개하여, 자본주의사회는 현대판 노예사회임을 역사 앞에 고발하기로 하였다.

■ 세계에서 가장 오래된 인권기관인 영국의 반노예 국제기구는 지구상에 아직도 1억이 넘는 사람들이 노예로 고통받고 있다고 주장한다. 이 숫자는 어린이 노동자도 포함된다. 「뉴스위크」는 1년에 걸쳐 세계4대 대륙에서 이 문제에 대해 조사했다. 가재(家財)로서의 노예나 부채에 대한 담보로서의 노예 등 좁은 의미에서의 노예만 치더라도 수백 만에 이른다.

종교나 전통, 그리고 경제적 필요가 아직도 노예제의 근간이 되고 있다는 것이 놀라운 일이다. 대부분의 서양인들은 이 문제가 이미 19세기에 해결되었다고 생각한다. 모리타니에서만도 수만 명의 아프리카인들이 재산으로 간주되어 자유를 잃고 있다. 언제 누구와 결혼할 것인가를 결정하는 것도 주인이고, 그들의 아이들도 주인의 소유다. 노예가 죽으면 그 재산은 주인의 것이 된다.

그러나 더 흔한 것은 부채에 대한 담보로서의 노예다. 이 경우에는 전 가족이 강제노역을 해야 하고, 때로는 대를 물려 종살이를 해도 빚을 못 갚는 경우도 있다. 위장 결혼과 가짜 노동계약서로 강제노동을 눈가림하기도 한다. 단순히 유괴당해 노예가 된 사람도 있다.

노예를 부리는 곳에서는 어디서나 예외 없이 구타·강간, 굶주림, 고문이 자행된다. 노예들은 어떤 형태의 강제행위도 거부할 수가 없다. 가장 기본적인 인간의 권리, 타인의 소유물이 되지 않을 권리가 그들에게는 없는 것이다.

모리타니 이슬람공화국은 노예제를 철폐하기보다 대충 거짓말로 얼버무리고 있다. 1905년, 1960년 독립 당시, 그리고 최근 1980년까지 수 차례에 걸쳐 노예제는 불법이라고 규정했다. 그러나 처벌규정이 마련된 적도 없고, 노예들에게 이들 법규를 알려준 적도 없다.(중략)

모리타니에서는 딱 한 번 노예를 해방시킨 일이 있다. 가뭄이 들어 노예를 더 이상 먹일 수 없었기 때문이다. 〈하라틴〉으로 불리는 이들 해방노예들은 수도 외곽의 광대한 빈민촌에 거주하며 해방운동을 시작했다. 더 이상 일을 할 수가 없어 노예상태에서 벗어난 경우도 있다. 음베야리크(76)는 「그들이 나를 부려 먹을대로 부려먹고는 쓰레기처럼 버렸다」고 말했다. 그는 지금 쓰레기를 뒤지거나, 역시 노예인 두 아들이 주인상에서 주어오는 음식찌꺼기로 연명하고 있다.

모리타니에서는 12세기 아랍인들에게 정복당했던 아프리카인의 후손 10여 만 명이 아직도 옛날식 노예살이를 계속하고 있는 것으로 알려졌다. 빈민

촌과 세네갈 강변의 좁은 땅의 주민들을 제외한 거의 모든 흑인들이 노예이고, 그 수는 인구의 반 이상을 차지한다. 1980년에 제정된 노예제 칠폐관련 법령에 대해서는 많은 사람들이 들어본 적도 없다(중략).

모리타니를 옹호하는 자들은 전통적인 관행을 폐지하는 데는 시간이 걸리게 마련이며, 최소한 노예매매 행위는 불법화되었다고 주장한다. 그러나 옴바레크(25)는 자신이 두 번이나 팔려 왔다고 했다. 그는 하루종일 우물에서 물을 길어 채소밭으로 나른다. 주인은 수도에 살며 수확기에 와서 노예들이 연명할 만큼만 남기고 모두 거둬간다. 「주인은 여러 대의 차와 15명의 노예를 갖고 있다」고 음바레크는 말했다.(중략)

모리타니 정부는 진실을 감추기 위해 무진 애를 쓰고 있다. 경찰은 노예에게 말을 걸거나 일반인에게 노예제에 대한 질문을 하는 외지인들을 체포하라는 명령을 받고 있다. 백인 민간인들이 개입하기도 한다. 슐레이카(여 · 10)를 찾으러 사막의 오지로 들어갔을 때 기자는 주인의 이웃들 때문에 해질녘 사막에서 길을 잃을 뻔했다. 노예제 조사를 위해 파견된 유엔 사절단은 조직적인 방해를 받았다.(중략)

모리타니의 노예제는 사라지지 않았다. 오히려 사하라 동부지역에서는 실제로 노예제가 되살아나고 있다. 한때 사실상 노예제가 사라졌던 수단에서는 반군 지도자 존 가랑이 비옥한 남부의 아프리카 부족들을 규합, 회교 엘리트 집단에 맞서 싸우기 시작한 이후, 과거 노예제의 구악이 되살아났다. 정부는 반란 진압전술의 일환으로 회교지역인 북부와 애니미즘을 믿는 남부 사이의 단층선에 사는 아랍 부족민들을 무장시켰다. 그 결과 오래 전부터 해온 것처럼 아랍 부족민들이 아프리카 부족들을 습격, 노예로 잡아가는 등의 사태가 다시 벌어지고 있다고 인권단체들은 비난하고 있다.

아랍 세계에서는 외국인 노동자들이 노예들이 맡았던 역할을 떠맡으면서 노예와 별반 다를 바 없는 대우를 받는 지역도 있다. 수세기 동안 페르시아만 왕국들은 유럽과 아프리카에서 노예를 사들였다. 사우디아라비아는 1962년에야 노예제를 금지했다. 그러나 지금도 이름만 다를뿐 계약노동과 허위결혼으로 위장한 노예제가 계속되고 있다. 노예는 필리핀 · 인도 · 파키스탄 · 방글라데시 · 서아프리카 사람들이다. 이들은 보수도 받지 못하고 그들이 일하는 집에 감금되어 있기도 하다. 몸이 묶여 있지 않으면 여권을 빼앗긴다. 그리고 몇 시간이든 주인이 정하는 대로 일을 한다. 늘 구타를 하면서 복종을 강요하는 예도 많다.

「그들은 나를 수백 번 노예라고 불렀다.」 이것은 잡으러 온 사람들을 런던에서 따돌리고 경찰에 신고한 인도인 하녀 락스미 스와디의 말이다. 쿠웨이트 왕의 두 자매가 그녀를 4년간 거의 굶긴 상태로 철창 속에 가두고 매일 전선으로 때렸다고 그녀는 말한다.

그들은 폭행을 시인하고 손해배상으로 54만 달러를 지불했다. 스와디는 자매 중에 한 명이 뜨거운 다리미로 다른 하녀의 손을 지질 때 빠져나와 이웃사람들이 경찰에 신고했다.

이 두 하녀는 항상 굶주렸으며 종종 부엌 창문의 철창 사이로 손을 뻗어 바깥의 쓰레기통에서 음식 찌꺼기를 주워먹기도 했다고 말했다. 법정에 제출된 증거에 따르면, 5년간의 매질로 스와디의 몸에는 93개의 두드러진 흉터가 남아 있었다.

안나 팀바(여 · 26)는 두 번 팔렸다고 말한다. 첫 번째 가이드가 그녀와 두 아이를 오하네스버그 교외의 템비사 흑인 자치구로 데려갔다. 그녀를 산 남자가 섹스를 요구, 이를 거절하자 그녀를 집 밖에 세워둔 채 문을 잠갔다. 그녀가 자신을 데려온 가이드에게 다시 찾아가자, 그는 그녀를 다른 남자에게 165달러 상당의 돈을 받고 팔았다고 그녀는 말한다. 이 두 번째 남자는 처음 이틀밤 그녀를 강간했고, 그녀가 계속 거부하자 거의 매일 때리기 시작했다. 그녀는 어느 날 온 몸에 멍이 들도록 얻어맞은 후 인근 난민촌으로 도망쳐 나와 경찰에 신고했다. 경찰은 가이드와 두 번째 남자를 구속했지만, 그 후 1년이 넘도록 아무런 재판을 받지 않았다. 잠비아 교사 샐리 매키빈은 「그녀는 모잠비크인이기 때문에 그녀의 문제는 뒷전으로 밀려 있다」고 말했다.

어느 나라에서든 여자를 거래하는 사람들은 대부분 아예 결혼으로 위장하지도 않는다. 인도와 방글라데시의 국경에서는 방글라데시 여자의 시세가 소 여섯 마리 꼴이다. 일자리를 약속받고 따라나선 여자들은 고약한 냄새가 나는 캘커타와 봄베이의 홍등가에 나타난다. 번창 일로에 있는 태국의 매춘업은 전통적으로 태국 북부지방, 미얀마, 그리고 인도차이나의 여성들을 제물로 삼았다.…그러나 수요가 공급을 앞지르게 되자 이웃나라에서 여자를 납치하는 사례가 급증했다. 이에 충격을 받은 방콕 주재 외교관들은 본토의 중국 여자들이 사실상 노예로 매매되고 있다는 사실을 작년 처음으로 시인했다.

납치는 어느 나라에서나 범죄가 되므로, 사람을 납치해 노예로 만드는 데는 위험이 따른다. 따라서 일꾼들이 빚을 지도록 만들어 그 빚을 모두 갚을 때까지 붙잡아 두는 것이 훨씬 수월한 수법이다. 인도와 파키스탄은 말로만 개혁을 외칠 뿐, 부모의 빚이 자녀에게까지 전가될 수 있는 부채노예문제에 대한 해결노력을 전혀 보이지 않고 있다. 어느 경우에나 그 기본공식은 간단하다. 글을 읽을 줄 모르고 절망에 빠진 일꾼에게 일자리를 주고, 최저 생계비에도 못 미치는 보수를 주는 것이다.

수 세기동안 〈자마다르〉라고 불리는 인도의 노동인력 알선업자들은 외진 곳을 찾아다니면서 대게 〈밑바닥 천민〉이나 땅 없는 농민들에게 좋은 일자리를 약속했다. 따라서는 사람이 있으면 그 가족에게 보너스를 지급한다. 일단 일자리를 잡으면, 일꾼들은 연장과 음식을 구할 돈을 빌려야 하므로 빚을 지게 된다. 일꾼들이 종종 글을 읽을 줄 모른다는 점을 이용해 대부증서를 위조하는 고용주들도 많다.

「돌아가겠다고 하는 경우 고용주들은 빚에다 이자까지 갚으라고 한다」고 노예노동해방전선이라는 운동단체의 카일라시 사티아르티 사무장은 말한다. 이 단체는 8대에 걸쳐 내려오고 있는 빚을 갚기 위해 노예생활을 하는 노동자들도 발견했다. 또 아직도 5백만의 성인과 1천만의 아이들이 그 굴레에서 허덕이고 있다고 추산한다.

부채를 진 노예들은 바위 깨기 같은 가장 혹독한 일에 종사한다. 「구타와 고문의 증거도 흔히 찾아볼 수 있다. 시뻘겋게 달군 인두로 낙인이 찍힌 아이도 있었다.」 사타아르티의 말이다.

사드람과 그의 아내인 데브쿠마리는 46달러를 빌린 후 뉴델리 교외의 한 채석장에서 8년간 일했다. 이제 그 빚은 88달러로 불어났다. 작년 그 부부는 돈을 갚지 않은 상태에서 집으로 돌아가고 싶다고 불평을 늘어 놓았다. 그것이 실수였다. 술 취한 자마다르의 하수인 네 명이 자정이 지나 그들의 토담집에 들이닥쳤다고 사드람 부부는 말했다. 그 불량배들은 쇠몽둥이로 부부를 구타, 사드람의 머리가 깨지고 코뼈가 부러졌다. 부상에서 회복되자 그들은 다시 일을 시작했다. 카스트제도 아래에서 밑바닥 천민인 그들로서는 별 도리가 없었다. 그들의 일은 큰 바위를 잘게 깨뜨려 트럭에 싣는 것이다. 데브쿠마리는 흙을 나뭇가지로 엮어 만든 바구니로 실어 나른다. 그들이 받는 월급은 25달러, 그 돈은 거의 식비로 쓰이고 남은 돈은 일에 필요한 폭발물을 사는 데 쓰인다. 빠져나올 길이 전혀 없는 것이다.

파키스탄에서는 빚으로 사람을 묶어두는 방법을 〈페슈기〉라고 부르는데, 이것도 대동소이한 방법이다. 역시 피해자들 대부분이 사회에서 냉대받는 소수계층으로, 기독교도나 최근에 회교도로 개종한 〈셰이크회교도〉들이다. 카펫 제조업계에서의 아동학대는 새삼스러운 이야기가 아니다. 작년 9월 한 공장주는 8세와 10세의 두 형제를 납치, 그들을 직조기에 사슬로 묶어놓고 하루 12시간 작업을 시켰다. 약 5백만 명의 노예노동자들이 역시 노예노동으로 유명한 벽돌 제조공장에서 일하고 있다. 88년 파키스탄 대법원은 이 벽돌 제조업계에 노예노동이 있음을 인정하고 벽돌공들이 민사법원의 판결을 얻어 공장을 떠날 수 있다고 선포했다. 그러나 88년 이후 법원의 판결로 자유를 얻은 예는 10여 건 뿐이라고 라호르의 변호사와 노동운동가들은 말한다. 「그러는 사이 2천만 명의 파키스탄 사람들이 노예상태에서 조금씩 죽어가고 있다.」 노동운동가 에사눌라칸의 말이다.(중략)

반노예 국제기구(ASI)와 다른 단체들은 아마존 강 유역에서 부채로 인해 노예가 되는 관습과 강제노동이 계속되고 있다고 거듭 지적해 왔다. 페루 고원지방의 어린 10대들은 꾐에 빠져 금광에 일하러 간다. 일단 열대우림에 들어가면 대부분 급료를 한 푼도 못받는다. 계약서나 보증서도 없고, 그만 두려는 아이들은 종종 현지 경찰의 도움으로 다시 끌려와 흠씬 두들겨 맞기 일쑤다. 많은 아이들이 죽어 넘어지면 그 자리에 묻어 버린다. 광견병이 창궐해 병에 걸린 아이들은 「나무에 묶여 상상을 초월하는 비참한 고통 속에서 최후를 맞는다」고 인권단체인 〈잉카지역 아동의 권리〉는 보고서에서 폭로했다. 「계약서도 없고 급료도 못 받기 십상으로 노예제도와 진배 없다. 정글이라 탈출할 수 없기 때문에 사슬도 필요없다」고 이 단체의 책임자 세셀리아 토레스는 말한다. (중략)

현대판 노예의 전형적인 예는 다음과 같다. 거짓 약속에 넘어가 취업한 후엔 식료품과 반강제로 구입하게 되는 낫 등 생필품값이 엄청나게 비싸 빚을지지 않을 수 없다. 빚을 갚을 때까지는 총으로 협박당하거나 심지어 족쇄에 묶여 있기 때문에 빠져나갈 수가 없다.

목장을 만들기 위해 산림을 개간하는 일에 3주간 75달러를 주겠다는 꾐에 빠졌다는 루이스 바르보사 발레(29)도 그런 케이스다. 다른 노동자들과 함께 트럭을 타고 목장에 당도하자 급료가 반으로 깎였고 무장감시원들이 감시했다. 그는 감시원이 탈출하려는 한 근로자를 늘씬하게 두들겨 패고 탈출자들을 죽인 적도 있다고 자랑하는 것을 들었다. 그들이 잠든 틈을 타 도망쳐 나온 발레는 회상했다. 「매점에서는 모든 것이 너무 비싸 그곳에서 일하는 것은 마치 거꾸로 가는 것 같았다. 일을 하면 할수록 빚은 불어났다.」 (중략)

아이티의 직업 알선업자들은 좋은 직장을 소개해 준다는 달콤한 약속으로 노동자들을 도미니카 접경지역으로 유인한다. 거기서 도미니카 군인들은 알선업자에게 노동자 한명에 몇 달러씩 지불하고 노동자들을 트럭에 태워 〈바테예〉로 알려진 사탕수수 농장으로 실어간다. 말로는 일당 3달러 정도 벌 수 있다지만 집세, 식대, 심지어 반 강제로 빌려써야 하는 벌채용

칼, 임대료 등으로 곧 빚을 안게 된다. 엽총을 휘두르는 감시원들에게 얻어 맞는 것은 다반사이나 음식이 더 효과적인 채찍이다. 수확량이 신통치 않 으면 저녁밥을 주지 않기 때문이다. 마음대로 떠날 수 없음은 말할 나위도 없다(이하생략).

현대판 노예사회를 해방하자!!

정글의 법칙에 지배하는 동물의 세계처럼, 끝없는 먹이사슬로 이루어진 현대판 노예사회!! 그 속에서 사회적 약자로 내몰린 가난한 민중들은 현대판 노예가 되어 하루하루를 힘겹게 살아가고 있다. 이처럼 우리 민중은 오늘도 세계 곳곳에서 지배계급의 온갖 착취와 억압을 받으며 살아가고 있는데, 오 늘의 모든 종교는 어찌하여 그 민중의 고통을 바라보고만 있는가?

이 지상에는 수많은 종교가 있다. 그러나 고통받는 민중과 사회를 해방하 기 위해 투쟁하지 않는 종교는 결코 참 종교로 볼 수 없으며, 그런 종교는 차라리 문을 닫아야 마땅할 것이다. 고통받는 민중과 사회를 외면하고 입으 로만 구원을 외치는 종교는 이미 그 존재가치를 모두 상실한 죽은 종교이기 때문이다(마 7:21, 약 2:26 계 3:1).

새 시대는 입으로만 구원을 외치는 종교를 원치 않는다. 새 시대가 요구하 는 종교는 바로 고통받는 민중과 사회를 해방하기 위해 민중의 적들과 끝까 지 맞서 싸우는 종교다. 교회도 마찬가지다. 그러므로 오늘의 모든 종교는 언제나 민중을 사랑하고 또 언제나 민중해방과 세계해방을 위해 투쟁하는 〈민중의 종교〉가 되어야 한다. 이것만이 온갖 착취와 억압이 벌어지는 현대 판 노예사회를 속히 해방하고 우리 모두가 서로 돕고 위하며 평등하게 살아 가는 새로운 〈민중사회〉를 앞당기는 지름길이 될 것이다.

◉ 아프리카민중의 비참한 노예살이!!

인간착취의 주범으로 등장한 자본주의! 그 자본주의는 오늘도 세계곳곳에서 온갖 착취와 억압의 씨를 뿌리고 있다. 그러므로 자본주의가 세계를 지배하는 한, 기독교가 추구하는 하나님의 나라와 평등한 사회는 결코 도래할 수 없다. 민중사상이 자본주의를 반대하고 민중해방과 세계해방을 주장하는 이유는 바로 여기에 있다. 그러면 이제 그 사악한 자본주의가 지배하는 인간착취의 현장 속으로 잠시 들어가 보기로 하자. -여기서는 아프리카에 관한 기사만을 간단히 소개하기로 한다. 그리고 이 기사는 지난 2005년 3월 16일자 〈동아일보〉에서 간추려 옮긴 것임을 미리 밝혀두는 바이다.

■ 아프리카 서쪽 모리타니에 사는 16세 소녀 스카이라는 하루종일 족쇄가 채워져 있다. 그가 족쇄에서 벗어나는 시간은 일할 때 뿐이다. 5년전 노예로 팔려와 뼈빠지게 일했건만 주인에게서 거의 한 푼도 받지 못했다. 고향 집에 전화를 걸 돈을 마련하는 데만 3년이 걸렸다.

모리타니에는 스카이라처럼 육체적, 정신적, 성적 착취대상으로 전락한 노예가 전체 인구의 14%에 달하는 40만 명에 이르지만, 정부는 공식적으로 노예제가 존재하지 않는다고 주장한다.

영국 주간 이코노미스트 최근호는 오래 전 사라진 노예제도가 아프리카 대륙에서 아직 번성하고 있는 실태를 보도했다.

국제 인권단체인 「반노예국제기구(ASI)」에 따르면, 아프리카 53개국 중 노예제가 남아 있는 나라는 20여개, 특히 사하라 사막의 빈국인 나이지리아, 수단, 모리타니, 베냉, 말리 등이 대표적인 노예제 존속 국가이다.

이 나라들은 국제인권단체의 조사를 거부하고 있기 때문에, 정확한 노예 규모는 알려지지 않았지만 모리타니에 40만여 명, 수단에 30만여 명, 나이지리아에 10만여 명의 노예가 있는 것으로 추산되고 있다.

◉ 아프리카민중의 고통과 눈물!!

지난 2011년 8월 13일자 〈동아일보〉는, 대기근으로 고통받는 아프리카 민중의 눈물겨운 참상을 보도해 독자들에게 큰 충격과 슬픔을 안겨 주었다. 이처럼 우리 민중은 오늘도 세계 곳곳에서 온갖 고통을 받으며 죽어가고 있거늘, 오늘의 모든 종교는 지금 무엇을 하고 있으며, 또 어디로 가고 있는가?

필자는 지금도 계속되는 아프리카 민중의 그 고통과 눈물을 잊지 않기 위해 여기에 그 기사의 일부만이라도 다시 옮겨 싣기도 하였다.

▢ 소말리아에 살던 유수프씨(29여)는 한 살배기 딸을 등에 업고 네 살난 아들의 손을 잡은 채 케냐를 향해 떠났다. 아프리카 동부를 덮친 60년만의 가뭄으로 그의 마을엔 자고 나면 사망자가 속출했다. 앉은 채로 죽을 바에는 차라리 유엔이 제공한 캠프가 있다는 케냐로 목숨 걸고 가야겠다고 결심했다.

먼지만 날리는 사막을 2주 동안 걸었다. 용케 따라오던 아들이 끝내 타는 듯한 태양아래 쓰러졌다. 얼마 남지 않는 물을 아들의 얼굴에 뿌려 봤지만 아무런 반응도 없었다. 유수프는 결국 어떤 부모도 감당할 수 없는 결정을 해야 했다.

「결국 아들을 신의 뜻에 맡기고 길에 버려두고 올 수밖에 없었어요. 날마다 그 애를 생각하면서 고통 속에 밤을 보내지만 그 아이가 죽었다고 절대 생각하지 않아요. 아들 또래의 다른 아이들을 볼 때마다 가슴이 찢어집니다.」 유수푸는 케냐 다다브 난민촌에서 AP통신 기자에게 이렇게 심정으로 토로했다(중략).

AP통신이 12일 전한 다다브 난민촌의 비극은 지금 제3세계 곳곳에서 벌어지는 애끓는 아픔의 일부에 지나지 않는다. 극심한 가뭄으로 지금 소말리아를 비롯한 동아프리카 지역에선 1200만 명의 주민이 기근에 시달리고 있다.(이하생략).

제 12 장
반 공 론

✞ 지금은 바로 새로운 〈민중사회〉를 건설하기 위해, 낡고 부패한
자본주의와 공산주의를 역사의 무대에서 모두 추방해야 할 대변혁의
시대다.

✞ 오늘의 자본주의와 공산주의는 이미 자기수명을 다한 구시대의
낡은 이데올로기로 전락되었기 때문에, 그것들은 더 이상 새 시대
의 지도이념이 될 수 없다. 그렇다면 우리는 마땅히 그 낡은 자본
주의와 공산주의를 모두 버리고, 이제는 새 시대가 요구하는 새로운
이데올로기로 다시 무장 해야 할 것이다.

✞ 인간착위의 주범이며 사회불평등의 주범인 자본주의!
그 자본주의는 바로 인간과 사회를 끊임없이 타락시키고 오염
시키는 〈민중의 아편〉이다.

✞ 세계화란 미명아래 오늘도 세계 곳곳에서 온갖 착취와 억압의 씨를
뿌리는 자본주의! 그 사악한 자본주의가 세계를 지배하는 한, 우리
민중의 해방투쟁은 부단히 계속되어야 할 것이다.

공산주의의 창시자 마르크스가 죽은 지도 이미 100여 년이 지났건만 그의 망령은 아직도 사라지지 않고 있으며, 오히려 세계적화를 꿈꾸고 있다. 그가 조작한 공산주의는 입으로만 자유와 평화를 외치고 있을 뿐 행동으로는 오히려 그 자유와 평화를 마구 짓밟고 있으며, 오늘도 세계도처에서 전쟁과 폭력 및 착취와 억압의 씨를 뿌리고 있다.

마르크스의 공산주의는 하나님을 부인하고 모든 종교를 아편으로 매도하는 가장 호전적인 이단사상이다. 따라서 공산주의는 우리의 적이기에 앞서 하나님의 적이 아닐 수 없다. 이러한 이단사상이 그대로 남아 있는 한 세계 평화는 결코 찾아올 수 없다. 그렇다면 우리는 마땅히 그 공산주의를 비판하고 그를 이 지상에서 영원히 추방해야 할 것이다.

우리가 공산주의를 올바로 비판하려면, 먼저 그들의 주장을 정확히 알고 비판하지 않으면 안 된다. 그런데 우리는 공산주의를 비판함에 있어서, 흔히 이성보다 감정을 앞세우는 경우가 많았다. 정확한 이론적 근거도 없이 공산주의는 나쁘니까 무조건 반대해야 한다는 식이었다. 그러나 이러한 감정적인 반대만으로는 결코 그 공산주의를 물리칠 수 없다. 왜냐하면 공산주의는 매우 조직적인 이론체계를 가지고 있기 때문이다.

공산주의는 마르크스의 3대 이론, 즉 유물론과 역사론(유물사관)과 경제론(자본론)으로 그 골격이 짜여져 있다. 따라서 이러한 3대 이론을 모르고서는 공산주의의 정체를 밝힐 수 없으며, 또 그들의 사상적 침투를 효과적으로 막아낼 수도 없다. 이에 필자는 마르크스의 3대 이론을 중심으로 공산주의를 비판하기로 한다(본장의 원고는 모두 구소련이 붕괴되기 전에 작성한 것임을 미리 밝혀두는 바이다.)

제1절 공산주의 유물론 비판

유물론은 무신론에 근거하여 세계의 1차적이고 근원적인 존재를 〈물질〉이라고 주장하는 이론이다. 특히 공산주의 유물론은 모든 사물을 물질의 운동과정에서 이해하려고 한다. 그리하여 인간의 정신은 물질(뇌수)의 운동에서 발생한 것으로 보며, 또 신이라는 관념은 다만 공상의 산물에 불과하다고 본다. 이러한 유물론은 애당초 일고의 가치도 없는 것이지만, 필자는 공산주의를 비판하기 위해 그 이론의 모순성과 허구성을 논하기로 한다.

1. 기계적 유물론과 포이엘바하 유물론

공산주의 유물론은 18세기의 기계적 유물론과 포이엘바하의 유물론을 새로운 관점에서 비판하고 재조명함으로써 성립되었다. 이에 필자는 먼저 기계적 유물론과 포이엘바하의 유물론을 다루고, 이어서 공산주의 유물론을 비판하기로 한다.

(1) 기계적 유물론

기계적 유물론은 인간을 비롯하여 자연계에서 일어나는 모든 현상들을 다만 물질적인 자연현상으로 보는 이론이다. 이러한 기계적 유물론을 주장한 대표적인 인물로는 프랑스의 라메트리와 돌바크 등이 있는데, 이제 그들의 주장을 좀 더 들어보기로 하자.

라메트리는 그가 저술한 『인간 기계론』에서 인간은 일종의 기계와 다를 것이 없다고 하였다. 그리고 그는 인간의 정신현상을 다만 뇌수의 기능이라고 하였고, 또 인간의 영혼은 육신과 더불어 성장하다가 그 육신의 소멸과 함께 없어진다고 하였다. 그뿐만 아니라, 그는 우주에 뇌가 없는 이상 정신도 없으며, 또 우주정신으로서의 신도 없다고 주장하였다.

돌바크는 그가 저술한 『자연의 세계』에서 세계는 물질과 운동 이외에 아무 것도 없다고 하면서, 초감각적이라는 것과 초자연적인 존재라는 것은 어디까지나 인간의 상상력이 만들어낸 것에 불과하도 하였다. 그리고 그는 자연이나 인간은 모두 기계적인 물질의 법칙에 지배되고 있기 때문에 인간에게는 사실상의 자유라는 것도 없는 것이라고 주장하였다.

이러한 기계적 유물론에 대해 변증법적 유물론자인 모리스 콘포스는 다음과 같이 비판하였다.

① 세계가 마치 기계와 같은 것이라면 그 기계의 제작자와 시동자가 있어야 하듯이, 이 세계의 제작자와 시동자도 있어야 한다는 문제에 부딪히게 된다.
② 기계적 유물론은 운동을 인정하지만, 그것은 기계적 반복운동에 지나지 않는 것으로서, 새로운 질이 출현하는 발전운동은 인정하지 않았다.
③ 자연계의 발전운동을 무시한 기계적 유물론은, 역사의 발전법칙을 포착하지 못하여 사회혁명을 인정하지 않았다.

(2) 포이엘바하 유물론

포이엘바하는 유물론의 입장에서 기독교 신학과 헤겔의 관념론을 철저히 비판함으로써, 마르크스와 엥겔스에게 큰 영향을 주었다. 그는 자신이 저술한 『기독의 본질』에서, 지금까지의 철학은 신이라는 것을 미리 가정해서 세워 놓고, 그로부터 세계와 인생을 설명해 왔다고 지적하였다. 그리고 그는 사람이 자신의 소원과 행복욕을 상상으로 이상화하여 거기에 인격을 부여한 것이 선이고, 그것을 신앙하고 있는 것이 종교라고 주장하였다.

한편 포이엘바하는 『철학개혁을 위한 잠정적 명제』 속에서 헤겔의 관념론을 비판하고, 인간의 사유(정신)는 존재(물질)로부터 나오는 것이라고 다음과 같이 말하였다.

『헤겔철학을 포기하지 않는 사람은 신학을 포기하지 않는다. 자연, 즉 실재는 이념에 의해서 정립된다고 하는 헤겔의 학설은, 자연은 하나님에 의해서, 그리고 물질적인 존재는 비물질적인, 즉 추상적인 존재에 의해서 창조된다고 하는 신학의 학설의 합리적인 표현에 지나지 않는다. …사고와 존재의 참된 관계는 다만 다음과 같을 뿐이다. 즉 존재(물질)는 주어이고 사고(정신)는 술어이다. 사고는 존재로부터 나오지만 존재는 사고로부터 나오지 않는다.』

이와 같이 포이엘바하는 「사고는 존재로부터 나온다」고 하였으나, 그의 유물론은 자연과 사회를 모두 물질적 현상으로 설명하려는 기계적 유물론은 아니었다. 그는 인간을 육체적이고 감각적인 존재로 보면서도 인간의 본성을 사랑이라고 말하고, 그 사랑을 중심으로 한 사회생활을 강조하였다. 그리하여 그는 사회문제의 해결이나 역사발전의 원동력을 인간의 의지와 사랑에서 구하려고 하였다.

그러나 마르크스와 엥겔스는 포이엘바하의 유물론을 비판하고 나섰다. 그들은 포이엘바하가 〈현실적이고 역사적인 인간〉을 다루지 않고 다만 〈인간〉이라는 추상물을 다루었다고 하면서, 그는 「이론에서는 유물로자이지만 활동적 측면에서는 관념론자이며」(마르크스) 또 「하반신은 유물론자이고 상반신은 관념론자였다」(엥겔스)고 맹렬히 비난하였다.

2. 변증법적 유물론과 그 비판

공산주의 유물론은 변증법적 유물론이다. 마르크스와 엥겔스는 18세기의 기계적 유물론과 포이엘바하의 유물론을 모두 반대하고, 그 대신 변증법적 유물론을 내세웠다. 그러면 이제 이러한 변증법적 유물론의 정체가 무엇인가를 다음과 같이 나누어 알아보기로 하자.

(1) 헤겔의 관념 변증법

변증법은 본래 대화술 또는 변론술을 의미한 것인데, 그리스의 철학자 헤라클라이토스는 그것을 대립과 투쟁의 의미로 사용하였다. 그는 만물의 생성·발전이 그 속에 있는 대립물의 투쟁에 의해서 이루어지는 것으로 보고, 「투쟁은 만물의 아버지이며 만물의 왕」이라는 말까지 하였다. 그런데 헤겔은 이러한 헤라클레이토스를 참된 변증법의 창시자라고 하였다.

헤겔의 철학체계는 전적으로 관념론이었으며, 그 방법은 변증법이었다. 그는 헤라클레이토스의 변증법을 그대로 이어받아, 그것을 사물의 발전과 역사 발전의 법칙으로 삼았다. 그에 의하면 모든 사물은 그 속에 모순을 내포하고 있기 때문에, 그 사물은 항상 대립과 투쟁의 과정을 통해서 발전된다고 한다. 이러한 발전과정을 헤겔의 변증법에서는 〈정·반·합〉 또는 〈긍정·부정·부정의 부정〉 등 3단계 과정으로 설명한다.

그러나 우리는 그러한 헤겔의 변증법을 결코 그대로 받아들일 수 없다. 그가 말한 변증법이란 다만 모순을 빙자하여 대립과 투쟁만을 합리화시킨 거짓 이론으로서, 사물의 발전과는 아무런 관련도 없기 때문이다.

헤겔은 기독교 신학을 공부한 철학자였다. 그럼에도 불구하고 그가 모든 사물은 모순과 대립과 투쟁에 의해서 발전한다는 매우 비성서적이고 반기독교적인 변증법을 들고 나왔다는 것은 참으로 불행한 일이 아닐 수 없다(마 12:25, 고전 1:10).

(2) 마르크스의 유물 변증법

마르크스는 헤겔의 관념 변증법을 비판하고, 그 대신 유물 변증법을 내세웠다. 그는 자기의 변증법이 헤겔의 변증법과는 정반대의 것이라고 말했지만, 변증법은 헤겔의 것이든 마르크스의 것이든 애당초 잘못된 이론이므로 우리는 결코 그것을 정당한 이론으로 받아들일 수 없다.

마르크스의 유물 변증법은 세 가지 법칙으로 짜여져 있다. 첫째는 〈대립물의 통일과 투쟁의 법칙〉이요, 둘째는 〈양적 변화의 질적 변화로의 전화법칙〉이요, 셋째는 〈부정의 부정의 법칙〉이다. 그러면 이제 이러한 유물 변증법의 3대 법칙에서 제기되는 여러 가지 문제점들을 살펴보기로 하자.

① 대립물의 통일과 투쟁의 법칙 비판

마르크스의 유물 변증법은 사물의 발전을 다음과 같이 설명한다. 즉, 모든 사물은 그 내부의 모순으로 인한 대립물의 통일과 투쟁에 의해서 부단히 발전된다고 한다. 이에 대해 소련에서 『철학교정』은 다음과 같이 말하고 있다.

「모순은 오직 투쟁 속에서, 그리고 투쟁에 의해서만 해결된다. 모순은 화해되는 것이 아니라 극복되는 것이다. 모순의 발전·전개·증대의 과정은 투쟁의 과정이며, 이것이 그 해결의 합법칙적인 계기를 준비하는 것이다. 」

「레닌이 말한 바와 같이, 대립물의 통일은 상대적·일시적·과정적이고, 대립물의 투쟁은 절대적이다.…대립물의 투쟁은 현상에 대하여 변화와 발전으로 향하는 충동을 주어, 낡은 형태의 새로운 형태에 의한 영원한 교체를 조건지우는 창조력이다.」

이와 같이 마르크스주의자들은 그들이 바라는 정치적인 계급투쟁과 폭력혁명을 정당화하기 위해 대립물의 통일보다 대립물의 투쟁을 더욱 강조한다. 그리하여 공산주의자가 가는 곳에는 항상 피를 부르는 무서운 투쟁과 폭력이 뒤따르게 된다.

엥겔스는 대립물(모순)의 예로서 자석과 연충을 들어 다음과 같이 말하였다. 즉 자석은 두 부분으로 나누어도 각각의 부분에 반드시 대립물인 북극과 남극이 나타나며, 또 연충을 나누어도 역시 각각의 부분에 대립물인 입과 항문이 나타난다는 것이다.

그러나 자석의 N극과 S극은 그 자석의 고유한 물질적 특성이므로, 그것은 결코 상극적인 대립물로 볼 수 없다. 모든 자석은 N극과 S극이 서로 작용해야만 오히려 자석다운 것이며, 또 온갖 자기현상도 일으킬 수 있는 것이다. 그리고 연충에게 나타나는 특이한 현상도 볼 이유가 전혀 없다.

이 밖에도 엥겔스는 물체의 운동과 인간의 삶, 그리고 죽음까지도 모순과 대립의 현상이라고 말했지만, 이것은 대자연의 운동 원리와 생존 원리를 스스로 무시하고 왜곡시키는 매우 어리석은 견해가 아닐 수 없다.

한편 레닌은 「통일적인 것을 둘로 나누어 그 모순된 두 부분을 인식하는 것은 변증법의 본질이다」 라고 말하면서, 다음과 같은 것들을 예로 들었다. 즉 그는 수학에서는 플러스와 마이너스, 역학에서는 작용과 반작용, 물리학에서는 양전기와 음전기, 화학에서는 원자의 화합과 분해, 그리고 사회과학에서는 계급투쟁을 모순의 예로 들었다.

그러나 레닌이 말한 모순의 예는 다만 계급투쟁을 제외하고는 모두 부당하고 불합리한 것임을 알아야 한다. 그러면 그가 모순의 예로 굳이 계급투쟁을 든 이유는 무엇일까? 그것은 바로 자본주의를 타도하기 위한 정치적인 계급투쟁과 폭력혁명의 필요성을 더욱 강조하기 위함이었다.

위에서 논한 바와 같이, 모든 사물은 결코 대립물의 투쟁에 의해서 발전하는 것이 아니다. 모든 사물은 대립물이 아닌 주체와 대상의 상대물에 의해서, 그리고 투쟁이 아닌 조화로운 상호작용(상생작용)에 의해서 부단히 발전하는 것이다(제3장 「존재론」 참조). 따라서 마르크스의 변증법에서 주장하는 〈대립물의 통일과 투쟁의 법칙〉은 모두 버려야 할 것이다.

② 양적 변화의 질적 변화로의 전화법칙 비판

마르크스의 변증법에 의하면, 모든 사물의 발전과정은 반드시 〈양적변화의 질적 변화로의 전화법칙〉에 따른다고 한다. 즉 모순·대립·투쟁에 의한 양적 변화가 점차로 일어나는데, 모든 사물은 이러한 변화과정을 거쳐 발전된다고 한다. 이에 대해 소련에서 발간한 『철학교정』 과 스탈린은 다음과 같이 말하였다.

「양적 변화는 각기 사물에 있어서 일정한 단계에 도달함으로써 질적 변화를 불러 일으킨다」(철학교정).

「처음에는 눈에 뜨이지 않는 양적 변화가 점차로 집적되어 어떤 단계에 이르면, 대상의 도량(존재의 한도)을 파기하고 근본적인 질적 변화를 불러 일으켜, 그 결과 대상은 변화해서 낡은 질은 소멸되고 새로운 질이 출현한다」(철학교정).

「만약 완만한 양적 변화가 돌연 급속한 질적 변화로 이행하는 것이 발전의 법칙을 이루고 있다면, 피억압 계급이 행하는 혁명적 변혁이 전혀 자연스런 불가피적인 현상이라는 것은 명백하다. 말하자면 자본주의로부터 사회주의로의 이행과 자본주의적 억압으로부터 노동자계급의 해방은 완만한 변화나 개량에 의해서가 아니고 다만 자본주의 제도의 질적 변화, 즉 혁명에 의해서만 실현될 수 있다는 것이다」(스탈린).

위의 내용을 자세히 분석해 보면, 마르크스의 변증법에서 말하는 〈양적 변화의 질적 변화로의 전화법칙〉이란, 다만 그들이 추구하는 폭력혁명을 이론적으로 정당화하기 위해 조작된 거짓 법칙임을 분명히 알 수 있다. 그런데 엥겔스는 이러한 거짓 법칙을 진짜 법칙으로 위장하기 위해 다음과 같은 물의 비등현상을 예로 들고 있다.

「표준기압 하에서 물은 섭씨 0도에서 액체 상태로부터 고체 상태로 이행하며 섭씨 100도에서는 액체 상태로부터 기체 상태로 이행한다. 따라서 이 경우에 이들 두 전환점에서는 물이 온도의 단순한 양적 변화에 의해 질적으로 변화한 상태를 일으키는 것이다.」

그러나 물이 수증기나 얼음으로 변화하는 현상은 다만 물이 온도에 따라 물리적으로 작용하는 상태의 변화일 뿐 질적인 변화는 아니다. 왜냐하면 물은 고체나 액체나 기체의 상태로 아무리 변한다 해도 그 질적인 요소는 그대로 물이기 때문이다.

한편 모리스 콘포스도 그들의 거짓 법칙을 진짜 법칙으로 속이기 위해 다음과 같이 밧줄의 단절과 보일러의 폭발 등을 예로 들고 있다.

「무거운 것을 들어올리는 밧줄에는 점점 무거운 짐을 달아 맬 수는 있지만, 무한정으로 짐의 무게를 늘려도 그것을 끌어올릴 만한 밧줄은 없다. 어떤 일정한 점까지 오면, 밧줄은 끊어지지 않을 수 없다. 보일러는 증기의 압력이 어느 정도 강해져도 그것에 견딜 수 있다. 그러나 어떤 점까지 오면 즉시 폭발해 버린다.」

그러나 밧줄이 끊어지고 보일러가 파괴되는 현상은 결코 양적 변화의 질적 변화로 볼 수 없다. 만일 그들의 법칙이 사실이라면, 밧줄이나 보일러의 양적 변화가 어떤 한계점에 도달했을 때 그 밧줄과 보일러는 파괴되지 않고 오히려 질적 변화를 일으켜 새로운 밧줄이나 새로운 보일러가 되어야 한다. 그러나 이러한 현상들은 애당초 불가능한 일이 아닌가? 따라서 우리는 그들이 말하는 〈양적 변화의 질적 변화로의 전화법칙〉이 전적으로 잘못된 것임을 밝히 깨달아야 할 것이다.

③ 부정의 부정의 법칙 비판

마르크스의 변증법은 사물의 발전을 설명하는 데 있어서, 이른바 〈부정의 부정의 법칙〉이라는 것을 또 적용한다. 이 법칙에 대해 소련의 『철학교정』은 다음과 같이 말하고 있다.

「사물의 내적 모순은 그 사물 가운데에 그 자신의 타자, 즉 그의 부정적 측면·경향이 있음을 뜻한다. …부정은 발전의 내재적인, 즉 내적으로 필연적인 모멘트이다. …부정은 자연·사회 및 사고의 모든 과정에서 중요한 역할을 한다.」

「부정의 부정의 변증법적 법칙은 발전의 법칙이므로, 변증법이 부정에 대하여 말할 때에는 그것을 모든 것의 부정이 아니라, 발전의전제 조건으로서 소용되는 부정만을 생각하는 것이다.」

「발전은 어떤 현상의 긍정(존재)의 단계, 그에 이어서 그 부정의 단계, 그리고 끝으로 부정의 부정의 단계를 경과한다. 이 보다 높은 단계에 있어서, 처음 두 단계에 있었던 가치 있는 것이 종합되고 점취되고 개작되며, 그리고 이들 처음의 제 단계의 수명을 마친 요소가 사라지고 점멸됨으로써, 전체로서 발전이 상향선을 더듬어 단순한 것으로부터 복잡한 것으로, 낮은 것으로부터 높은 것으로 나아가는 것이다. 부정의 부정의 법칙이 발전의 기본적 경향을 설명하는 데 중요한 의의를 갖고 있는 이유가 바로 여기에 있다.」

위에서 보는 바와 같이, 마르크스의 변증법에서 말하는 부정은 바로 발전을 위한 부정으로서, 그것은 자연과 사회 및 사고의 모든 과정에서 중요한 역할을 한다고 하였다. 그리고 사물의 발전은 그 사물을 이중으로 부정(부정의 부정)함으로써 이루어진다고 하였다.

그러면 이러한 그들의 주장은 과연 올바른 것인가? 아니다. 그것은 다만 그들이 바라는 정치적인 계급투쟁과 폭력혁명을 합리적으로 이끌어내기 위한 말의 속임수에 불과하다. 부정이란 말 속에는 모순·대립·투쟁 등의 배타적인 의미가 숨어 있음에도 불구하고, 그들이 이 용어를 즐겨 사용하는 것을 보면, 그들이 노리는 본래의 목적이 무엇인가를 분명히 알 수 있다.

그들은 발전이라는 미명 아래 사물에 대한 부정을 미화시키고 있지만, 우리가 바라는 조화로운 발전은 어디까지나 부정이 아닌 긍정 속에서 찾아야 한다. 만일 부정이 발전의 필수적 요소라면, 우리는 항상 모든 분야에서 부정과 반대를 일삼는 어리석은 자가 되어야 할 것이다.

그런데 엥겔스는 부정의 부정의 법칙을 설명하는 데 있어서, 다음과 같이 보리와 나비의 성장과정을 예로 들고 있다.

「보리알을 생각해 보자. 몇 조의 이러한 보리알은 맷돌로 타지고 삶아지고 양조되어 소비된다. 그러나 만일 그러한 보리알 하나가 그것에 알맞은 조건이 갖추어져서 적당한 지면에 떨어지면, 열과 습기의 영향을 받아서 스스로 변화가 거기에 일어난다. 말하자면 발아하게 된다. 보리알은 그것 자체로서는 소멸하고 부정되며, 그 대신에 그 보리알로부터 발생한 식물이, 즉 보리알의 부정이 나타난다.

그러나 이 식물의 정상적인 생애는 어떠한 경과를 취하는가? 그것은 성장하여 꽃이 피고 수분하며, 그리고 나중에 다시 보리알이 생긴다. 그리고 이 보리알이 익으면 곧 줄기가 말라버리고 이번에는 그것이 부정된다. 이 부정의 부정의 결과로서 우리들은 다시 최초의 보리알을 얻게 되는데, 그것은 한 알이 아니고 10배, 20배, 30배의 수인 것이다.」

「보리알의 경우와 마찬가지로 이 과정은 대개의 곤충, 예를 들면 나비의 경우에도 행하여진다. 나비는 알의 부정에 의해서 알로부터 생기며, 그 여러 가지의 변태를 경과하여서 성적 성숙에 도달하여 교미하고, 그리고 이 교미 과정이 끝나면 암컷은 많은 알을 낳고 곧 죽어버림으로써 다시 부정된다.」

위에서 보는 바와 같이, 엥겔스는 보리알이 발아하여 식물이 되는 것을 보리알의〈부정〉이라 하였고, 그 식물이 자라서 새로운 보리알을 맺은 후 말라버리는 것을 〈부정의 부정〉이라고 하였다. 그런데 이러한 부정은 바로〈대립물의 통일과 투쟁의 법칙〉에 따라 일어나는 필연적인 현상이라고 한다.

그러면 그들의 주장대로 과연 보리알은 그 속에 있는 대립물의 투쟁에 의해서 부정됨으로써 발아하는 것인가? 아니다 그것은 식물의 성장원리에 전적으로 어긋나는 매우 그릇된 주장이다. 보리알 속에 있는 배아와 배유는 어디까지나 대립물이 아닌 상대물이기 때문에, 그들은 투쟁이 아닌 상호 협력에 의해서 조화롭게 발아하는 것이다. 그리고 보리와 같은 일년생의 식물이 부정되어서 마르는 것이 아니라 그 생존의 목적을 다 이루었기 때문에 스스로 마르는 것이다.

한편 엥겔스는 나비의 예를 들어 알이 부화하여 나비가 되는 것을 알의 〈부정〉이라 하였고, 이어 나비가 알을 낳은 후 죽어버리는 것을 〈부정의 부정〉이라고 하였다. 그러나 이것도 역시 곤충의 성장원리에 전적으로 어긋나는 엉터리 주장이 아닐 수 없다. 왜냐하면 나비의 알은 결코 그 속에 있는 배자와 영양분의 투쟁에 의해 부정됨으로써 부화하는 것이 아니기 때문이다. 그리고 나비는 알을 낳은 후 부정되어서 죽는 것이 아니라, 그 생존의 목적을 다 이루었기 때문에 스스로 죽어 가는 것이다.

위에서 필자는 마르크스의 변증법에서 주장하는 세 가지 법칙, 즉 〈대립물의 통일과 투쟁의 법칙〉과 〈양적 변화의 질적 변화로의 전화법칙〉과 〈부정의 부정의 법칙〉에 대해 논하였다. 그 결과 유물 변증법의 3대 법칙은 모두가 엉터리 이론으로 조작된 가짜 법칙임을 알게 되었다. 따라서 이러한 가짜 법칙으로 짜여진 공산주의 유물론이 비 진리임은 두말 할 나위도 없다. 그럼에도 불구하고 마르크스주의자들은 아직도 그 유물론을 만고 불변의 진리로 굳게 믿고 있으니, 이 얼마나 어리석고 안타까운 일인가?

요컨대 공산주의 유물론은 어디까지나 정치적인 계급투쟁과 폭력혁명을 일으켜 세계적화를 이루기 위한 사상적 무기로 날조된 매우 위험한 이단사상임을 우리 성도들은 밝히 깨달아야 한 것이다.

제2절 공산주의 역사론 비판

공산주의 역사론은 바로 마르크스의 변증법을 사회발전(역사발전)에 적용시킨 〈유물사관〉을 말한다. 이러한 유물사관에 따라 마르크스주의자들은 한결같이 자본주의는 패망하고 공산주의는 반드시 승리할 것으로 믿고 있다.

그러나 이러한 그들의 생각은 매우 그릇된 것임을 알아야 한다. 왜냐하면 인류사회는 결코 변증법적으로 발전하는 것이 아니기 때문이다. 그러면 이제 유물사관에서 제기되는 여러 가지 문제점들을 다음과 같이 나누어 살펴보기로 하자.

1. 생산력과 생산관계

　유물사관은 생산력의 발전에 의해서 인류사회가 발전한다고 주장한다. 그리고 생산력과 생산관계는 일체가 되어서 생산양식을 형성한다고 한다. 그러면 생산력과 생산관계는 무엇인가? 이에 대해 소련에서 발간한 『철학교정』은 다음과 같이 말하고 있다.

　「사회적 생산력이란 사회에 의해서 만들어진 노동수단과 생산용구 및 일정한 생산상의 경험과 노동의 숙련을 몸에 익히고, 물질적 재화와 생산을 실현하는 인간을 말한다.」

　「생산력 가운데에는 노동수단과 노동력이 포함된다. …생산을 위해 필요한 것은 노동용구 뿐만이 아니라, 이들 용구를 생산하고 사용할 수 있는 인간이다. …물질적 재화의 생산자인 근로 대중은 결정적이며 주요한 생산력이다.」

　「생산관계의 개념은 넓은 의미로는 사람과 사람의 경제적 관계의 모든 형태를 파악하고 있다. …마르크스는 가장 좁은 의미로 생산과정에서 직접적으로 형성되는 관계를 가려낼 때 이 개념을 쓰고 있다.」

　한편 『철학교정』은 생산력이야말로 사회발전의 근본 원인이며 원천이라고 다음과 같이 강조하고 있다.

　「인류 역사는 무엇보다도 먼저 생산 발전의 역사이며, 생산력과 생산관계의 발전의 역사이다. 생산의 발전법칙, 생산력과 생산관계의 발전법칙의 연구는 인류사회의 역사적 발전과정을 과학적으로 인식하기 위한 열쇠이다.」

　「외적 자원과 인구의 증가는 사회발전의 전제에 지나지 않는다. 사회적 생산력의 증대가 결국 사회생활에서의 모든 변화의 근본원인이며 원천이다. 레닌은 생산력의 발전이야말로 사회진보의 근본적인 기준이라고 가르쳤다.」

이와 같이 생산력의 발전이 바로 사회발전의 원동력이라면 그 생산력 자체는 무엇에 의해서 발전하는가? 이에 대해 『철학교정』은 다음과 같이 쓰고 있다.

　「생산관계는 생산력의 발전에 의존해서 변화한다. 그러면 생산력 자체의 발전은 무엇에 의존하고 있는가? 지리적 환경이나 인구밀도, 사람들의 욕구 증대, 과학적 지식의 성과 등 많은 제 요인이 생산력의 발전에 영향을 미친다. 그러나 이들 제 요인 가운데 어느 하나도 생산력 발전의 근본적이고도 주요한 원인은 없다.…그 원천은 생산의 제 요소, 특히 생산력의 제 요소의 변증법적인 상호작용 그 내적인 제 모순이며, 또 주로 생산력과 생산관계의 상호작용이다.」

　이와 같이 『철학교정』은 유물사관에 기초해서, 생산력이 변증법적으로 발전한다는 점이 강조하고 있다. 여기서 변증법적인 발전이란 바로 대립물(모순)의 투쟁에 의한 발전을 의미한다. 그러나 이미 논한 바와 같이 마르크스의 유물 변증법은 사물의 발전과는 아무런 관련도 없는 거짓 법칙이므로, 우리는 유물사관에서 주장하는 생산력의 변증법적인 발전을 전적으로 부인하지 않을 수 없다.

　그러면 생산력은 무엇에 의해서 발전하는가? 생산력은 그 성격상 주체적 조건과 대상적 조건의 밀접한 상호작용에 의해서 발전한다. 여기서 주체적 조건이란 인간의 창조적인 능력(창조력)을 말하고, 대상적 조건이란 사회적·물질적인 조건을 말한다. 사회발전에 필요한 능력(창조력)을 말하고, 대상적 조건이란 사회적·물질적인 조건을 말한다. 사회발전의 필요한 생산력은 바로 이러한 주체적 조건과 대상적 조건의 밀접한 상호작용에 의해서 부단히 발전하는 것이다.

2. 생산력의 발전에 대한 생산관계의 조응

유물사관은 생산력의 발전에 조응해서 생산관계가 발전한다고 주장한다. 이에 대해 스탈린은 다음과 같이 말하였다.

「먼저 사회의 생산력이 변화하고 발전하며, 그 후에 그것들의 변화에 의존하고 조응하면서 인간의 생산관계, 인간의 경제관계가 변화한다.」

「역사상 사회의 생산력의 변화와 발전에 따라서 인간의 생산관계도 발전하였다. 역사상으로는 생산관계의 다섯 가지 기본적인 형, 즉 원시 공동체적, 노예제적, 봉건적, 자본주의적, 사회주의적인 형이 알려져 있다.」

이와 같이 생산력의 발전에 따라 생산관계가 발전한다는 것이 유물사관의 기본 입장이다. 예컨대 인류사회는 생산력의 발전에 따라 원시공동체사회로부터 출발하여, 노예제 사회와 봉건사회를 거쳐 자본주의 사회로 발전해 왔다고 한다. 그런데 이 자본주의 사회도 역시 그 생산력이 더욱 발전하게 되면, 그에 따라 사회주의 사회로 발전하고, 마침내는 공산주의 사회로 발전한다는 것이다.

그러나 이러한 마르크스주의자들의 주장은 이론과 현실이 전혀 맞지 않는 매우 그릇된 것임을 알아야 한다. 만일 그들의 주장이 사실이라면, 사회주의 사회나 공산주의 사회의 생산력은 자본주의사회의 생산력보다 더욱 발전되었어야 한다. 그리고 오늘의 공산주의 국가들은 먼저 자본주의 사회의 단계를 거친 다음에 세워졌어야 한다. 그러나 오늘날 소련을 비롯한 공산주의 국가들의 생산력은 선진 자본주의 국가들의 생산력에 비해 훨씬 낙후되어 있으며, 또 그들은 자본주의 사회의 단계를 하나도 거치지 않고 다만 폭력혁명에 의해 세워짐으로써, 그들 스스로 유물사관의 기만성과 허구성을 밝히 드러내고 있다.

3. 생산력의 발전에 대한 생산관계의 질곡화

유물사관은 생산력의 발전이 어느 단계에 도달하면, 생산관계는 그 발전에 대해 질곡(속박)을 변한다고 주장한다. 이에 대해 마르크스는 다음과 같이 말하였다.

「사회의 물질적 생산 제력은 그 발전이 어느 단계에 도달하면, 지금까지 그것이 그 안에서 움직여 온 기존의 생산 제 관계, 또는 그 법적 표현에 지나지 않는 소유 제 관계와 모순을 일으키게 된다. 이들의 제 관계는 생산 제력의 발전 제 형태로부터 그 질곡으로 변한다. 이때 사회혁명의 시기가 시작되는 것이다.

이와 같이 마르크스는 생산력의 발전이 어느 단계에 이르면, 생산관계의 질곡화 현상이 일어나 사회혁명이 초래된다고 하였다. 이것으로 보아〈생산관계의 질곡화〉는 바로 사회혁명의 불가피성을 이끌어내기 위한 조작된 정치적인 계급투쟁과 폭력혁명의 한 이론임을 분명히 알 수 있다.

유물사관에 의하면 생산력의 발전을 담당하는 자들은 피지배계급인 근로대중이며, 생산관계는 지배계급이 피지배계급을 착취하는 사회구조를 가르킨다. 따라서 생산력의 발전에 대한 생산관계의 질곡화는 바로 지배계급과 피지배계급과의 투쟁을 의미한다. 이러한 계급투쟁(혁명)에 의한 기존의 낡은 생산관계는 타파되고, 새로운 생산관계가 세워진다는 것이 바로 유물사관의 끈질긴 주장이다.

그러면 유물사관의 주장대로 생산관계의 질곡화 현상은 과연 자본주의 사회에서 일어나고 있는가? 그리하여 자본주의 사회는 점차로 타도되어 공산주의 사회로 바뀌고 있는가? 아니다. 오늘날 자본주의 사회에서는 노사간의 분쟁은 일어나도 정치적인 계급투쟁과 폭력혁명을 부르는 생산관계의 질곡화 현상은 일어나지 않는다. 더구나 자본주의 사회가 타도되어 공산주의 사회로 바뀌는 현상은 전혀 일어나지 않고 있다. 이 사실은 마르크스의 혁명이론이 이제는 구시대의 낡은 이론이 되었음을 보여주는 산 증거가 아닐 수 없다.

오늘날 자본주의 사회에서는 크고 작은 노사분쟁이 많이 일어난다. 이러한 노사분쟁은 물론 계급투쟁의 한 형태이지만, 이것을 모두 자본가를 타도하기 위한 계급투쟁으로 보는 사람은 아무도 없다. 오늘의 노사관계는 지배와 피지배의 적대적 대립관계가 아니라, 서로의 권익을 보장하기 위한 협력관계이기 때문이다. 그리고 노사분쟁은 다만 노사관계에서 발생한 문제점들을 조속히 해결하기 위한 선의의 분쟁이므로, 건전한 노사분쟁은 오히려 발전의 계기로 삼아야 한다. 자본주의사회는 바로 이러한 노사분쟁을 항상 새로운 화합과 발전의 계기로 삼기 때문에 아직도 그 낡은 체제를 유지하고 있는 것이다.

유물사관의 주장대로 생산관계의 질곡화에 따르는 계급투쟁과 폭력혁명에 의해 인류사회가 발전되고, 또 자본주의 사회의 다음 단계가 바로 사회주의 사회와 공산주의 사회라고 한다면, 오늘날 소련을 비롯한 공산주의국가들은 모두 자본주의사회의 단계를 거친 다음에 나왔어야 한다. 그러나 그들은 모두 유물사관의 이론과는 정반대의 길을 걷지 않았던가?

오늘날 마르크스주의자들은 자본주의 사회의 타도를 세계 도처에서 정치적인 계급투쟁과 폭력혁명을 선동하고 있지만, 그러한 계급투쟁과 폭력혁명은 민주사회인 자본주의 사회보다도 오히려 독재사회인 공산주의 사회에서 먼저 일어나야 할 것이다.

4. 토대와 상부구조

유물사관은 인간사회를 마치 지상에 세워진 건축물의 경우와 같이, 〈토대〉와 〈상부구조의 두 부분으로 나누어 설명한다. 그러면 토대와 상부구조란 무엇인가? 이에 대해 마르크스와 스탈린은 다음과 같이 말하였다.

「이 생산 제 관계의 총체는 사회의 경제적 기구를 형성하고 있으며, 이것이 현실의 토대가 되어서 그 위에 법률적·정치적 상부구조가 세워지고 또 일정한 사회적 의식 제 형태는 이 현실의 토대에 대응한다」 (마르크스).

「토대란 그 주어진 발전단계에 있어서의 사회의 경제제도이다. 그리고 상부구조란 사회의 정치적·법률적·종교적·예술적·철학적인 견해와 이에 조응한 정치적·법률적·기타의 기관이다」 (스탈린).

「상부구조는 어떤 경제적 토대가 살아서 일하는 한 시대의 산물이다. 그러므로 상부구조가 살아 있는 것은 긴 것이 아니고, 어떤 경제적 토대의 근절과 더불어 근절되며 소멸한다」 (스탈린).

위에서 보는 바와 같이, 유물사관은 사회의 경제제도를 〈토대〉라 하고 정치·종교·예술 등 사회의 의식형태를 〈상부구조〉라고 한다. 유물사관은 유물론이 정신을 물질(뇌수)의 산물로 보듯이, 상부구조를 하부구조인 토대의 산물로 본다. 그리고 상부구조는 어디까지나 경제적 토대 위에 세워지는 것이기 때문에, 그 토대가 무너지면 그와 더불어 상부구조도 역시 소멸된다고 한다.

그러면 이러한 유물사관의 주장은 과연 올바른 것인가? 아니다. 그것은 한마디로 엉터리 주장이 아닐 수 없다, 왜냐하면 유물사관은 유물론에 기초해서 토대와 상부구조의 관계를 모두 거꾸로 설명하고 있기 때문이다.

유물사관은 말하기를 경제적 토대가 무너지면 그 위에 세워진 상부구조도 역시 소멸된다고 주장하지만, 사실은 그렇지 않다. 그 예로 우리는 상부구조의 하나인 종교의 경우를 살펴보자.

기독교, 불교, 유교는 지금으로부터 2천 년 전에 세워진 종교들이다. 그런데 그 당시의 경제적 토대는 이미 모두 사라졌지만, 그 위에 세워졌다는 기독교, 불교, 유교는 아직도 그대로 남아 있다. 이 사실만을 보더라도 상부구조는 토대에 조응하지 않는다는 것을 분명히 알 수 있다. 만일 유물사관의 주장대로 상부구조가 토대에 조응한다면, 2천 년 전에 세워진 종교가 어떻게 지금까지 그대로 남아 있을 수 있단 말인가?

그러면 경제적 토대 위에 세워진 상부구조의 역할(목적)은 무엇인가? 이에 대해 스탈린은 다음과 같이 말하였다.

「상부구조는 생겨나면 최대의 능동적인 힘이 되어서, 자기의 토대가 형성되고 그것이 강해지도록 능동적으로 협력한다. …상부구조가 토대에 의해서 만들어지는 것은 토대에 봉사하기 위해서이며, 토대가 형성되어 강해지는 것을 능동적으로 원조하기 위해서이며, 수명이 다한 낡은 토대를 그 낡은 상부구조와 함께 근절하고자 능동적으로 싸우기 위해서이다.」

이와 같이 스탈린은 상부구조가 경제적 토대를 위해 존재한다고 말했는데, 이것이 사실인가? 정말 상부구조는 경제적 토대에 봉사하기 위해서, 또 낡은 토대와 낡은 상부구조를 근절하고자 능동적으로 싸우기 위해서 만들어진 것인가? 아니다. 경제적 토대(물질)는 오히려 상부구조(정신)를 위해 존재해야 한다. 그래야만 인간은 비로소 인간답게 살아갈 수 있다. 만일 스탈린의 주장대로 상부구조가 경제적 토대를 위해 존재한다면, 인간은 다만 의식주를 얻기 위해 살아가는 동물적인 존재로 전락되고 말 것이다.

5. 국가와 혁명

유물사관에 의하면, 원시 공동체사회는 계급이 없으므로 착취와 억압이 없었는데, 생산력의 발전에 따라 분업이 생기고 그 결과 사유재산이 생김으로써 착취하는 계급(지배계급)과 착취당하는 계급(피지배계급)이 생겨나게 되었다고 한다. 이에 대해 마르크스와 엥겔스는 『도이치 이데올로기』 에서 다음과 같이 말하였다.

「어느 정도까지 한 국민의 생산력이 발전하고 있는가는 분업이 발전하고 있는 정도에 따라서 가장 명백히 표시된다. 어떠한 새로운 생산력일지라도, 이것이 지금까지 이미 알려진 생산력의 단지 양적인 확장 -예를 들면 소유지의 개간- 이 아닌 한, 분업의 새로운 발달을 결과로서 동반하는 것이다.」

「분업의 내부에서는 인격적인 관계가 필연적 및 불가피적으로 계급단계로 육성되며 고정화된다.」

한편 소련에서 발간한 『철학교정』은 계급의 발생과 계급투쟁에 대해 다음과 같이 말하고 있다.

「사회적 노동의 생산성이 중대한 결과 잉여생산물이 나타나게 되기까지는 계급이 생길 수가 없었다. 그러나 잉여생산물이 나타남으로써 만들어져 나온 것은 사회가 계급에로 분열될 가능성 뿐이고, 사회가 적대적 계급에로 분열한 직접적 원인이었던 것은 생산수단에 대한 사유의 출현이었다.」

「계급투쟁은 계급사회의 발전의 합법칙성이며 그 원동력이다. 모든 역사상의 투쟁은 비록 정치·철학·기타 이데올로기의 분야에서 일어난다 하더라도, 실은 사회계급의 투쟁을 많건 적건 명확하게 표현한 것에 지나지 않는다.」

그러면 유물사관의 주장대로 모든 계급은 생산수단의 사유화, 즉 사유재산에 의해서 발생된 것인가? 그리고 인류사회는 반드시 계급투쟁에 의해서만 발전되는 것인가? 아니다. 그것은 현실과 전혀 맞지 않으며, 또 맞아서도 안 된다. 왜냐하면 모든 계급은 사유재산의 유무에 따라 발생되는 것이 아니며, 또 인류사회의 발전도 언제나 계급투쟁만으로 이루어지는 것은 아니기 때문이다.

만일 유물사관이 주장하듯 사유재산으로 말미암아 계급이 발생되었다면, 사유재산이 없다고 자랑하는 공산주의 사회에서는 아무런 계급도 없어야 한다. 그러나 오늘의 공산주의 사회는 사유재산을 인정하고 보호하는 자본주의 사회보다도 오히려 더 무서운 계급사회를 이루고 있지 않은가?

민중사상은 민중해방을 위한 계급투쟁을 사회발전의 원동력으로 보고, 그것을 적극 지지한다. 그러나 유물사관에 기초한 계급투쟁은 반대한다. 왜냐하면 마르크스의 유물사관은 애당초 잘못된 이론이기 때문이다.

한편 유물사관은 지배계급이 피지배계급을 억압하고 착취하기 위해 만든 지배기관이 바로 〈국가〉라고 한다. 그러나 공산주의 혁명에 의해 모든 계급이 없어지면, 그와 함께 국가도 역시 소멸된다고 주장한다. 이에 대해 마르크스주의자들은 다음과 같이 말하였다.

「국가는 계급대립을 제어할 필요에서 생긴 것이며, 그것은 동시에 이들의 계급 항쟁의 한가운데서 생긴 것이므로, 그것은 보통 가장 유력한 경제적으로 지배하는 계급의 국가이다. 그리고 이 계급은 국가를 통해서 정치적으로도 지배하는 계급이 되며, 이러하여 피압박계급을 억제하며 착취하기 위한 새로운 수단을 획득한다. 그리하여 고대국가는 무엇보다도 먼저 노예를 억제하기 위한 노예 소유자의 국가였으며, 마찬가지로 봉건국가는 농노와 노예적 농민을 억제하기 위한 귀족의 기관이었으며, 근대적 대의제 국가는 자본에 의한 임금노동의 착취의 도구인 것이다」 (엥겔스).

「마르크스에 의하면 국가는 계급지배의 기관이며, 한 계급에 의한 다른 계급의 억압의 기관이며, 계급의 출동을 완화하면서 이 억압을 합법화하여 견고한 것으로 하는〈질서〉를 창출하는 것이다」 (레닌).

「사회적 제 관계에 대한 국가권력의 간섭은 한 분야에서 다른 분야로 순차로 여분의 것이 되며, 이어서 스스로가 잠들게 되어 버린다. 인간에 대한 통치에 대신하여 물건의 관리와 생산과정의 지도가 나타난다. 국가는 폐지되는 것이 아니라 〈사멸〉하는 것이다」 (레닌).

이와 같이 레닌은 국가의 사멸을 말하면서도, 다른 한편으로는 부르주아지(자본가계급)를 억압하기 위한 프롤레타리아트(노동자계급)의 독재국가가 필요하다는 것을 다음과 같이 강조하였다.

「프롤레타리아에게는 국가가 필요하다. …국가는 특수한 권력조직이며, 어떤 계급을 억압하기 위한 폭력조직이다. 그러면 프롤레타리아는 어떤 계급을 억압하지 않으면 안 되는 것인가? 말할 것도 없이 착취계급, 즉 부르주아지 뿐이다. 근로자에게는 착취자의 반항을 억압하기 위해서만 국가가 필요한 것이다」(레닌).

위에서 보는 바와 같이, 유물사관에서 말하는 국가라는 것은 지배계급 (유산계급)이 피지배계급(무산계급)을 억압하고 착취하기 위해 만든 지배 기관이라고 한다. 따라서 지배계급이 장악하고 있는 국가는 피지배계급의 폭력혁명에 의해 반드시 타도되어야 한다는 것이 유물사관의 주장이다.

그러나 이러한 유물사관의 계급적 국가론은 예나 지금이나 독재국가에 만 해당될 뿐, 진정한 민주국가에는 전혀 해당되지 않는다. 민중에 의한, 민중을 위한 민중의 정부로 탄생한 민주국가는 어디까지나 민중을 위해 일 하는 봉사기관이므로, 여기서는 어떠한 억압이나 착취도 있을 수 없다. 따 라서 유물사관은 더 이상 계급적 국가론을 내세워 노동자 농민을 기만하고 선동하지 말아야 할 것이다.

한편 유물사관은 계급적 국가론에 이어 국가의 소멸론을 내세우고 있는 데, 이것 역시 정치적인 계급투쟁과 폭력혁명을 선동하기 위한 것임은 두 말 할 나위도 없다. 물론 국민이 불신하고 반대하는 독재국가는 반드시 소 멸되어야 한다. 그러나 국민이 전적으로 믿고 지지하는 민주국가는 반드시 그대로 존속되어야 한다. 만일 유물사관의 주장대로 계급의 소멸과 함께 국가도 소멸된다면, 계급이 없다고 자랑하는 공산주의 국가들은 어찌하여 그대로 남아 있단 말인가?

유물사관은 부르주아지를 억압하고 타도하기 위해 프롤레타리아의 독재 도 역시 반대한다는 사실을, 오늘의 마르크스주의자들은 밝히 깨달아야 할 것이다.

제3절 공산주의 경제론 비판

공산주의 경제론은 전적으로 자본주의를 타도하기 위해 만들어진 혁명이론이라고 말할 수 있다. 즉 자본가는 항상 노동자를 억압·착취하고 있으므로, 전체 노동자는 단결하여 자본가를 타도함으로써, 착취와 억압이 없는 공산주의 사회를 건설해야 한다는 것이다.

마르크스는 노동자를 혁명의 주도세력으로 보고, 그들을 앞세워 자본가를 타도하려고 하였다. 그러기 위해 그는 여러 가지 경제이론을 만들어 노동자의 단결과 투쟁을 선동하였다. 그러나 오늘날 그의 경제이론은 오히려 노동자로부터 외면을 당하는 낡은 이론이 되고 말았다. 그러면 이제 공산주의 경제론에서 제기되는 여러 가지 문제점들을 살펴보기로 하자.

1. 노동가치설의 오류

마르크스의 〈노동가치설〉은 공산주의 경제론에서 가장 기본이 되는 이론이다. 그에 의하면 모든 상품의 가치는 그 상품을 생산하는데 소요된 노동의 양에 의해서 결정되며, 또 노동의 양은 그 상품에 소요되는 노동시간에 의해서 결정된다고 한다. 이에 대해 마르크스는 다음과 같이 말하였다.

「그러므로 어떤 사용가치 또는 재화가 가치를 갖는 것은, 다만 추상적 인간 노동이 그것에 대상화 또는 물질화되어 있기 때문인 것이다. 그러면 그것의 가치의 크기는 어떻게 잴 수 있는 것일까? 그것에 포함되어 있는〈가치를 형성하는 실체〉의 양, 즉 노동의 양에 의해서이다. 노동의양 그 자체는 노동의 계속 시간으로 재어지며, 또 노동시간은 한 시간이라든가 하루라든가 하는 따위의 일정한 시간부분을 그 도량표준으로 하고 있다.」

그러면 마르크스의 주장대로 과연 모든 상품의 가치는 그 상품을 생산하는데 투입한 노동량에 의해서 결정되는 것인가? 아니다. 그것이 부당하다는 사실은 다음의 몇가지 예만 보더라도 분명히 알 수 있다.

① 마르크스의 노동가치설에 따르면, 모든 상품은 투입된 노동량이 많을수록 좋은 상품이 되어야 한다. 그러나 아무리 많은 노동량을 투입한다 해도, 기술이 없거나 시설이 나쁘면 좋은 상품을 만들 수가 없다. 이것으로 보아 상품의 가치는 단순한 노동량에 의해서만 결정되는 것이 아니라, 노동·기술·기계·재료 등의 여러 가지 조건에 의해서 결정되는 것임을 알 수 있다 -지금 선진국에는 컴퓨터와 로봇으로 자동화된 무인공장까지 등장하고 있다.

② 마르크스의 노동가치설에 따르면, 노동력이 투입되지 않은 상품은 아무런 가치도 없어야 한다, 그러나 이 세상에는 투입된 노동력이 없어도, 유용한 상품의 가치를 지닌 것들이 많다. 예를 들어 석탄·석유·천연가스·다이아몬드와 같은 자연물들이 바로 그것이다.

만일 마르크스의 노동가치설이 사실이라면,그러한 자연물들은 어떠한 노동력이 투입되었기에 그 가치를 지니고 있단 말인가?

③ 마르크스의 노동가치설에 따르면, 투입된 노동량의 변동이 없는 한 그 상품의 가치는 항상 일정해야 한다. 그러나 모든 상품의 가치는 때와 장소에 따라 항상 변한다. 특히 희귀한 상품들은 노동력을 가하지 않고 그대로 보관해 두기만 해도, 그 가치가 계속 오른다. 따라서 이러한 면에서도 노동가치설은 부정되어야 할 것이다.

위에서 보는 바와 같이, 마르크스의 노동가치설은 어느 모로 보나 부당하고 불합리한 것임에도 불구하고, 그가 굳이 노동가치설을 주장한 이유는 무엇인가? 그것은 바로 자본가를 노동력의 착취자로 만들어 노동자로 하여금 그 자본가를 타도하도록 선동하기 위함이었다. 그러나 이러한 마르크스의 사고방식이 매우 잘못된 것임을 두말 할 나위도 없다. 오늘의 자본가와 노동자는 대립과 투쟁만을 일삼던 지난날의 자본가와 노동자가 아니다. 그들은 서로의 생존과 권익을 보장하는 가운데 서로 화합하고 협력함으로써, 부단히 새로운 경제발전을 도모하고 있는 것이다.

2. 잉여가치설의 오류

마르크스의 잉여가치설은 노동가치설과 함께 공산주의 핵심을 이룬다. 그에 의하면 모든 상품의 잉여가치(이윤)는 어디까지나 노동력에 의해서만 생산된다고 한다. 이에 대해 마르크스와 엥겔스는 다음과 같이 말하였다.

「이윤은 그것들의 상품을 그 가치로서, 즉 그것들의 상품에 체현된 노동량에 비례해서 판매함으로써 얻어지는 것이다」 (마르크스).

「기계는 자기가 소모에 의해서 평균적으로 잃어가는 가치보다도 많은 가치를 결코 부가하지 않는다」 (마르크스).

「노동과정만이 새로운 가치를 부가한다」 (엥겔스).

한편 마르크스는 상품을 생산하는 데 소요되는 자본을 다음과 같이 불변자본과 가변자본으로 구분하였다.

「생산수단인 원료 · 재료 및 노동수단 등에 전화된 자본 부분은 생산과정 안에서 그 가치의 크기가 변화하지 않는 것이어서…나는 이것을 불변의 자본 부분 또는 간단히 불변자본이라고 부르고, 반대로 노동력에 전화된 자본 부분은 생산과정 안에서 그 가치가 변화하며 잉여가치를 생산한다.…그러므로 나는 이것을 가변의 자본 부분 또는 간단히 가변자본이라고 부른다」 (자본론).

그러면 마르크스의 주장대로, 과연 모든 상품의 잉여가치(이윤)는 가변자본인 노동력에 의해서만 생산되는 것인가? 아니다. 그것이 부당하다는 사실은 다음의 몇 가지 예만 보더라도 분명히 알 수 있다.

① 마르크스의 잉여가치설에 따르면, 불변자본인 기계에 의해서는 상품의 잉여가치가 전혀 생산될 수 없어야 한다. 그러나 실제로는 모든 상품의 잉여가치는 가변자본인 노동력뿐만 아니라, 불변자본인 기계에 의해서도 생산된다. 이에 대해 마르크스는 『자본론』에서 다음과 같이 말하였다.

「기계는 잉여가치 생산의 수단이다」

「기계의 직접적인 결과는 잉여가치의 증대와 동시에 그것을 대표하는 생산물의 양도 증대시키는 것이다」

「기계는 생산하는 일에서 노동자보다도 훨씬 더 중요한 역할을 한다.」

「자본가는 서로 다투어 가면서 노동력에 대신할 개량기계와 새로운 생산방법을 도입하게 된다.」

「근육노동을 감소시키는 것이 목적인 기계의 개량이 거의 매일같이 이루어지고 있다.」

이와 같이 기계도 인간의 노동력을 대신하여 잉여가치(이윤)를 생산한다면, 그것은 어디까지나 불변자본이 아닌 가변자본으로 보아야 한다. 따라서 인간의 노동력만을 가변자본이라고 주장한 마르크스의 잉여가치설이 전적으로 잘못된 것임은 두말 할 나위도 없다. 만일 모든 상품의 잉여가치가 노동력에 의해서만 생긴다면, 자본가는 어찌하여 상품생산을 위한 기계설비에 많은 투자를 하고 있으며, 또 노동자는 어찌하여 육체노동보다 기계노동을 더 원한단 말인가?

② 마르크스의 잉여가치설에 따르면, 노동력이 많이 투입된 상품일수록 그 이윤이 많이 남아야 한다. 그러나 실제로는 노동력이 많이 투입된 상품은 적게 투입된 상품보다 오히려 생산단가가 높아짐으로써, 이윤은 낮아지고 때로는 손해를 보는 경우도 많다. 따라서 모든 상품의 잉여가치는 노동력에 의해서만 생산된다는 잉여가치설의 주장은 매우 그릇된 것이 아닐 수 없다.

③ 마르크스의 잉여가치설에 따르면, 노동력이 투입되지 않은 상품은 어떠한 잉여가치도 남길 수 없어야 한다. 그러나 실제로는 노동력을 투입하지 않고도 잉여가치를 남기는 상품은 얼마든지 있다. 그 예로 석탄·석유·다이아몬드와 같은 자연상품은 채굴해서 팔기만 하면 높은 잉여가치를 남길 수 있으니, 이러한 면에서도 잉여가치설은 부정

되어야 할 것이다.

위에서 보는 바와 같이, 마르크스의 잉여가치설은 현실에도 사리에도 모두 맞지 않는 매우 그릇된 이론이 아닐 수 없다. 그럼에도 불구하고 마르크스는 잉여가치설을 강력히 주장했으니, 그 이유는 무엇인가? 그것은 바로 자본가를 잉여가치의 착취자로 만들어, 노동자로 하여금 그 자본가를 타도하도록 선동하기 위함이었다. 이 사실을 소련의 〈경제학 교과서〉는 다음과 같이 기록하고 있다.

「자본주의적 생산의 직접적인 목적은 잉여가치를 생산하는 것이다. 잉여가치의 추구는 자본주의적 생산의 주요한 추진력이며, 자본주의의 경제적 운동법칙으로서 자본주의적 모순의 성장과 심각화가 피할 수 없게 되는 원인으로 되어 있다. 마르크스는 자본주의적 착취의 본질을 폭로함으로써 노동자 계급에게 자본의 멍에로부터 해방되기 위한 강력한 정신적 무기를 주었다.」

이와 같이 마르크스의 잉여가치설은 어디까지나 자본주의를 타도하기 위한 정치적 목적에서 조작된 이론이었다. 그러나 그가 타도하려던 자본주의는 아직도 망하지 않았으며, 오히려 정치·경제·사회 등 모든 분야에서 공산주의보다도 더욱 발전하고 있으니, 이것은 마르크스의 잉여가치설이 전적으로 잘못되었음을 보여주고 있는 산 증거가 아닐 수 없다.

3. 자본집중의 법칙 비판

마르크스는 자본주의의 패망을 필연적인 것으로 주장하기 위해 세 가지 법칙을 만들어 냈다. 〈자본집중의 법칙〉과 〈빈곤증대의 법칙〉과 〈이윤율저하 경향의 법칙〉이 바로 그것이다. 그러면 먼저 자본집중의 법칙에 대해 알아보기로 하자.

마르크스에 의하면, 대자본가와 소자본가의 경쟁에서 소자본가는 패배하여 몰락을 당하고, 그들의 자본은 모두 소수의 대자본가의 수중으로 집중하게 된다고 한다. 이것을 〈자본집중의 법칙〉이라고 부른다. 이에 대해 마르크스는 『자본론』과 『공산당 선언』에서 다음과 같이 말하였다.

「사유자로부터의 더욱 진행된 수탈은 하나의 새로운 형태를 취하게 된다. 이제야 수탈을 당하는 자는 이미 자가 경영적인 노동자가 아니라 자본가인 것이다. 이 수탈은 자본의 집중에 의하여 완성된다. 항상 한 사람의 자본가가 여러 사람의 자본가를 때려 죽인다」(자본론).

「중류계급의 하층 - 즉 소상인과 소점주, 일반 은퇴상인, 수공업자, 농민들 - 은 점차로 프롤레타리아로 영락하는 바, 그 일부 원인은 그들의 소자본이 근대적 산업경영의 규모에는 부족하여 대자본가들과의 경쟁에서 패퇴하기 때문이며, 또 일부 원인은 그들의 전문화한 기술이 새로운 생산방법에 의하여 무가치하게 되기 때문이다」(공산당선언).

그러면 마르크스의 주장대로 과연 자본주의 사회에서는 자본집중의 현상이 일어나 영세한 중소기업의 자본가들은 몰락하고, 그들의 자본은 모두 대기업의 자본가들에게로 집중되는가? 그리하여 자본주의 사회는 마침내 소수의 부유한 대자본가와 절대다수의 가난한 무산대중의 두 계급으로 분열되어, 서로 대립하고 투쟁하게 되는가?

아니다. 오늘의 선진 자본주의 사회는 그러한 자본집중의 모순을 방지하기 위해 여러 가지 제도적 장치를 마련하여 오히려 중소기업을 보호·육성함으로써, 대기업과 중소기업이 서로 협력하여 공존하도록 이끌고 있다.

외견상으로는 마르크스의 주장대로 모든 자본이 갈수록 소수의 대기업으로 집중되는 것처럼 보이지만, 실상은 그렇지가 않다. 왜냐하면 오늘의 대기업들은 그 대부분이 주식회사로 되어 있기 때문이다. 주식회사는 많은 주주들이 공동으로 출자하여 세운 공동소유의 회사이므로, 그 기업의 재산(자본)은 오히려 여러 사람들에게 분산된 것으로 보아야 할 것이다.

마르크스는 자본집중의 법칙을 내세워 자본주의 사회의 패망을 필연적이고 불가피한 것으로 주장했지만, 그가 만일 오늘의 자본주의 사회와 공산주의 사회를 직접 보았다면, 그가 말한 자본집중의 현상은 오히려 사유재산을 부정하는 공산주의 사회에서 더 심각하게 나타나고 있음을 발견했을 것이다.

4. 빈곤증대의 법칙 비판

마르크스에 의하면, 자본가들은 노동자들을 더 많이 착취하기 위해 그들의 노동시간을 늘리고, 그 임금은 낮추는 등 여러 가지 불리한 노동조건들을 강요하기 때문에 노동자들은 갈수록 더욱 가난하게 된다고 한다.

이것을 〈빈곤증대의 법칙〉이라고 부른다. 이에 대해 마르크스는 다음과 같이 말하였다.

「근대의 노동자들은 산업의 진보에 따라 향상하기는커녕 도리어 자기 계급의 생활조건 이하로 더욱 더 깊이 내려가는 것이다. 노동자는 빈민이 되고, 그 빈곤은 인구나 부(富)보다도 더 급속히 발전한다.」

「노동자가 많이 일하면 일할수록 더욱 더 임금을 적게 받는다.」

「자본의 급격한 증가가 노동자의 물질적 생활을 개선한다 하더라도, 그를 자본가로부터 분리하고 있는 사회적 도랑은 확대되고 있다.」

그러면 마르크스의 주장대로 과연 자본주의 사회에서는 빈곤증대의 현상이 일어나, 노동자들은 갈수록 더욱 가난해지고 있는가? 또 기업은 발전해도 자본가들의 착취로 말미암아 노동자들의 임금은 상대적으로 낮아지고 있는가?

아니다, 오늘의 선진 자본주의 사회에서는 그러한 현상들을 찾아볼 수 없으며, 오히려 그와는 정반대의 현상이 일어나고 있다. 즉 선진 자본주의 사회에서는 노동자들이 낙후된 육체노동에서 해방되어 고도의 기계노동을 함으로써, 그들은 자기가 일한 노동량보다 더 높은 임금을 받기 때문에, 그들에게는 빈곤의 증대가 아니라 부의 증대가 일어나 그들의 생활수준은 나날이 향상되고 있는 것이다.

마르크스는 빈곤증대의 법칙을 내세워 자본주의 사회의 패망을 예언했지만, 이러한 그의 예언은 모두 빗나가고 말았다. 그가 말한 반곤의 증대는 자본주의사회보다도 오히려 공산주의사회에서 더욱 만연되고 있으니, 이 사실을 오늘의 마르크스주의자들은 어떻게 설명할 것인가?

마르크스주의자들은 입만 열면 공산주의 사회를 노동자의 낙원이라고 선전하고 있지만, 이것은 다만 생활고에 지친 노동자들을 속이기 위한 선전구호에 지나지 않는다. 그들이 선진 자본주의 사회에서 일하는 노동자들을 직접 보았다면 그들은 오히려 자본주의 사회를 노동자의 낙원이라고 말했을 것이다.

5. 이윤율저하경향의 법칙 비판

마르크스에 의하면, 자본주의가 발달하면 할수록 불변자본(기계·원료 등의 구입에 지출되는 자본)은 상대적으로 축소됨으로써, 그 이윤율(노동력의 구입에 지출되는 자본)은 상대적으로 축소됨으로써, 그 이윤율(총자본에 대한 잉여가치의 비율)은 부단히 낮아진다고 한다. 이것을 〈이윤율저하 경향의 법칙〉이라고 부른다. 이에 대해 마르크스는 다음과 같이 말하였다.

「이처럼 불변자본이 점점 증가하여 간다는 것의 결과는 잉여가치율, 즉 자본에 의한 노동의 착취 정도가 불변이라고 하는 한, 필연적으로 일반적 이윤율의 감소를 불러일으키지 않을 수 없게 된다. …일반적 이윤율저하의 누진적 경향이란 것은 노동의 사회적 생산력의 누진적 발달을 나타내는 …자본제 생산방법의 본질로부터 하나의 자명적 필연사로서 논증되는 것이다.」

「이윤율의 저하에서 오는 손실을 이윤의 양에 의하여 보상할 수 있는 소수의 완성된 대자본의 수중에 자본형성이 귀속하게 되자마자, 활기에 가득 찼던 생산의 불꽃은 모두 꺼져버리고 생산은 잠들어 버릴 것이다.」

그러면 마르크스의 주장대로 과연 자본가들이 불변자본을 확대하면 할수록 그 이윤율은 상대적으로 계속 낮아지는가? 아니다 자본가들이 그 이윤율을 높이는 데는 노동력보다 기계를 사용하는 것이 더욱 효과적이기 때문이다. 이 사실을 마르크스는 『자본론』에서 다음과 같이 말하였다.

「기계는 잉여가치 생산의 수단이다.」

「기계의 직접적인 결과는 잉여가치의 증대와 동시에 그것을 대표하는 생산물의 양도 증대시키는 것이다.」

「자본가는 서로 다투어 가면서 노동력에 대신할 개량기계와 새로운 생산방법을 도입하게 된다.」

이와같이 마르크스는 기계도 잉여가치(이윤)를 생산한다고 분명히 밝혔다. 그럼에도 불구하고 그는 기계를 설비하면 할수록 오히려 그 이윤율이 낮아진다고 말했으니, 그가 말한 〈이윤율저하 경향의 법칙〉은 스스로 자기 모순을 드러낸 거짓 이론이 아닐 수 없다.

마르크스는 잉여가치설에서 가변자본인 노동력만이 잉여가치를 생산한다고 분명히 말해 놓고도, 다른 한편으로는 불변자본인 기계도 역시 잉여가치를 생산한다고 말했으니, 그가 말한 경제이론은 모두가 거짓이 아니고 무엇이겠는가?

마르크스는 〈이윤율저하 경향의 법칙〉을 내세워 자본주의 사회는 스스로 경제파탄을 일으켜 필연적으로 자멸할 것처럼 말했지만, 오늘의 선진 자본주의 사회는 오히려 이윤율의 증대현상이 일어나 나날이 발전하고 있음을, 오늘의 마르크스주의자들은 모두 깨달아야 할 것이다.

물론 오늘의 선진 자본주의 사회에도 경제적 모순은 있다. 이른바 〈부익부 · 빈익빈〉의 경제적 모순은 그 중에 하나이다. 그러나 이러한 경제적 모순은 비단 자본주의사회 뿐만 아니라, 공산주의사회에서도 시급히 해결되어야 한다. 그래야만 우리 모두가 한결같이 바라는 〈평등한 사회〉는 실현될 것이다.

제4절 공산주의 건설론 비판

이미 논한 바와 같이, 마르크스의 유물론과 역사론과 경제론은 모두가 자본주의를 타도하고 공산주의를 건설하기 위해 조작된 혁명이론 이었다. 이러한 혁명이론을 들고 지금까지 마르크스주의자들은 세계 도처에서 자본주의의 타도를 외치며 정치적인 계급투쟁과 폭력혁명을 선동해 왔다. 그러면 이제 그들이 말하는 공산주의 건설론에서 제기되는 문제점들을 간단히 살펴보기로 하자.

1. 과도기론 비판

마르크스에 의하면 자본주의로부터 공산주의로의 이행은 일시에 이루어질 수 없으며, 거기에는 반드시 일정한〈과도기〉가 있다고 한다. 이에 대해 마르크스와 레닌은 다음과 같이 말하였다.

「자본주의사회와 공산주의사회 사이에는 전자로부터 후자로의 혁명적 전화의 시기가 있다. 이 시기에 조응하여 또 정치상의 과도기가 있다」(마르크스).

「과도기는 사멸해 가고 있는 자본주의와 탄생하려고 하는 공산주의사이의 투쟁, 바꾸어 말하면 타파되었으나 전멸되지 않고 있는 자본주의와 탄생은 되었으나 아직 전혀 약한 공산주의 사이의 투쟁의 시기가 아닐 수 없다」(레닌).

한편 소련의 〈경제학 교과서〉는 과도기에 대해 다음과 같이 말하고 있다.

「자본주의로부터 사회주의로의 과도기란, 자본주의의 지배는 이미 전복되었으나 사회주의는 아직 건설되지 않은 시기를 말한다.」

「과도기는 프롤레타리아 권력의 수립에서 시작하여, 사회주의적 혁명의 임무 - 사회주의, 즉 공산주의 사회의 제1단계의 건설 - 의 실현으로 끝난다」.

이와 같이 마르크스주의자들은 자본주의로부터 사회주의로의 이행과정을 〈과도기〉라고 부른다. 그런데 그들은 이 과도기에서 해결해야 할 사회주의 건설의 전제조건으로, 생산수단의 국유화와 농업의 집단화를 들고 있다. 이에 대해 소련의 〈경제학 교과서〉는 다음과 같이 강조하고 있다.

「사회주의적 국유화란 프롤레타리아 권력이 착취자 계급의 소유를 혁명적으로 폐지하여, 그것을 국가적·사회주의적 소유 - 전 인민의 재산 - 로 전환시키는 것이다.

「사회주의 혁명은 생산수단의 사적소유를 사회적 소유로 고치고, 인간에 의한 인간의 착취를 모두 일소하는 것을 그 목적으로 하고 있다.」

「소규모 생산은 그것이 사적 소유에 기초를 둔 것인 한, 자연발생적이고 또한 대규모로 자본주의적 요소를 산출한다. 그러므로 농민경영의 사회주의적 협동조합회는 경제 안에 자본주의의 뿌리를 없애기 위한 필수조건이다.」

「그들이 모든 착취나 몰락으로부터 벗어나는 단 하나의 길은 협동조합을 통해서 사회주의의 궤도로 옮기는 것이다.」

위에서 보는 바와 같이, 마르크스주의자들은 자본주의 사회가 공산주의 사회로 이행되는 그 초기단계를 〈과도기〉라고 부르고, 그 과도기에서 그들은 생산수단의 국유화와 농업의 집단화를 실시했다. 그런데 소련의 스탈린과 후르시초프는 그 과도기를 1917년에서 1936년까지로 보았다. 그럼에도 불구하고 그들은 사회주의가 지향하는 평등한 사회를 건설하는 데 실패했으며, 그 결과 소련식 사회주의는 스스로 몰락의 길을 가고 말았다.

그러면 마르크스주의자들이 그토록 자랑하던 소련식 사회주의는 어찌하여 몰락하게 되었는가? 그것은 소련식 사회주의가 노동자·농민을 위한 사회주의가 아니라, 반대로 지배계급을 위한 관료 중심의 독재 사회주의였기 때문이다. 만일 소련식 사회주의가 진정으로 노동자·농민을 위한 사회주의였다면, 그 사회주의는 결코 스스로 몰락의 길을 가지 않았을 것이다.

이미 논한 바 있거니와, 사회주의가 지향하는 평등한 사회는 반드시 민주주의와 사회주의를 함께 실시해야만 그 실현이 가능하다. 민주주의를 실천하지 않는 사회주의나, 사회주의를 실천하지 않는 민주주의로는 그 실현이 불가능하다. 그럼에도 불구하고 마르크스주의자들은 처음부터 민주주의가 실종된 독재 사회주의를 실시했으니, 그들이 어찌 사회주의 건설에 성공할 수 있었겠는가?

유고슬라비아의 전 부통령인 밀로반 딜라스와 체코슬로바키아의 전 부수상인 오타 식은 소련식 사회주의에 대해 다음과 같은 비판의 말을 남겼다.

「물재는 점차로 국유화되었는데, 실제로는 당의 뚜렷하게 식별할 수 있는 층과 그 둘레에 결집한 관료가 이들의 재화를 사용하고 향락하며, 분배하는 권리를 통해서 자기들의 재산으로 만들어 버린 것이다」(밀로 반 딜라스).

「국유화는 엄밀한 의미로 사회주의로는 되지 않고, 관료주의화에 지나지 않았다. 노동자는 자본주의 사회에서보다도 생산과정에서 더 소외되고 있었다」(오타 식).

2. 사회주의단계론 비판

마르크스에 의하면 공산주의는 두 가지 발전단계가 있는데, 그 제1단계, 즉 낮은 단계가 〈사회주의〉이며 제2단계, 즉 높은 단계가 〈공산주의〉라고 한다. 이에 대해 마르크스는 다음과 같이 말하엿다.

「지금 겨우 자본주의 사회로부터 생겼을 뿐인 공산주의 사회, 이 공산주의 사회는 모든 점에서 경제적으로도 도덕적으로도 정신적으로도 그 공산주의 사회가 생겨난 모태인 구사회의 모반을 아직도 띠고 있다.」

「긴 출산의 고통 후 자본주의로부터 바로 출생한 공산주의 사회의 제1단계가 바로 사회주의이다.」

한편 소련의 〈경제학 교과서〉도 사회주의에 대해 다음과 같이 말하고 있다.

「단일한 사회·경제 구성체의 두 가지 단계인 공산주의와 사회주의는 경제의 발전도와 사회적 관계의 성숙도라는 점에서 서로 차이가 있다. 공산주의의 보다 낮은 단계로부터 보다 높은 단계로의 이행은 합법칙인 역사적 과정이어서, 제멋대로 이 과정을 어지럽혀서는 안 된다. …공산주의는 공산주의 구성체의 제1단계로서의 사회주의의 승리와 강화의 결과로 만들어진 기반 위에 발생하며 발전하는 것이다.」

「사회주의하에서의 개인적인 물질적 관심은 노동의 양과 질에 따라서 지불이 이루어짐으로써 보장되고 있다. 그렇게 함으로써 노동에 따른 분배는 생산을 발전시키는 강력한 힘으로 되고 있다.」

그러면 마르크스가 예언한 사회주의와 공산주의는 언제부터 시작되었는가? 이에 대해 소련의 스탈린과 후르시초프와 브레즈네프는 다음과 같은 견해들을 보였다(일본 국제문제연구소 발행,『현대 소련의 경제와 산업』참조).

스탈린은 러시아 혁명이 일어난 1917년에서 1936년까지를 사회주의 건설의 과도기라고 하였다. 그리고 그는 1936년에서 제5차 5개년 계획이 끝나는 1955년까지를 사회주의 단계로 보았으며, 그 이후를 공산주의 단계로 보았다.

후르시초프는 스탈린과 같이 1917년에서 1936년까지를 사회주의 건설의 과도기로 보았다. 그러나 그는 스탈린과 달리 1936년에서 1980년까지를 사회주의 단계로 보았으며, 그 이후를 공산주의 단계로 보았다.

브레즈네프도 스탈린과 같이 1917년에서 1936년까지를 사회주의 건설의 과도기로 인정하였다. 그러나 그는 스탈린이나 후르시초프와는 달리, 사회주의 건설의 이정표를 구체적으로 제시하지 못하였다. 그 까닭은 소련경제의 낙후성과 그로 인한 전임자들의 예상이 모두 빗나갔기 때문이다.

위에서 보는 바와 같이 스탈린, 후르시초프, 브레즈네프는 한결같이 1936

년을 사회주의 건설의 시발점으로 보았다. 그렇다면 그로부터 50여 년이 지난 오늘의 소련 사회는 세계에서 가장 살기 좋은 복지사회가 되었어야 한다.

그러나 오늘의 소련 사회는 정치 · 경제 · 사회 등 여러 분야에서 오히려 선진 자본주의 사회보다도 더 뒤떨어진 후진사회가 되었으니, 이러한 면에서도 그들이 자랑하는 소련식 사회주의의 우월성은 부정되어야 할 것이다.

3. 공산주의단계론 비판

마르크스에 의하면 자본주의로부터 출생한 사회주의의 다음 단계가 바로 〈공산주의〉라고 한다. 그러면 공산주의란 무엇인가? 이에 대해 소련 공산당 강령과 경제학 교과서는 다음과 같이 말하고 있다.

「공산주의란 어떤 것인가? 공산주의는 생산수단에 대한 단일의 전 인민적 소유와 사회의 전 성원이 완전히 사회적 평등을 누리는 계급 없는 사회제도이다. …공산주의 하에서는 제 계급은 없어지고, 도시와 농촌사이의 사회 · 경제상 및 문화 · 생활상의 차이는 소멸할 것이다」(소련 공산당 강령).

「공산주의의 보다 높은 단계에 있어서는…욕망에 따른 공산주의적 분배원칙에 이행하는 결과, 강제의 기관으로서의 국가의 필요는 없어질 것이다」(경제학 교과서).

「공산주의 건설은 모든 사람들의 욕구를 채우기 위한 물질적 재화와 문화재가 완전히 쓰고 남을 만큼 생산되고, 모든 사람들이 사회의 부(富)를 증대 · 축적하기 위하여 그 능력을 발휘해서 일하는 데 익숙해져서,〈각 사람은 능력에 따라서, 각 사람에게는 욕망에 따라서〉라는 공산주의적 원칙이 실현되었을 때에 완성된다」(경제학교과서).

위에서 보는 바와 같이, 공산주의는 바로 모든 사람이 평등을 누리는 계급 없는 사회제도라고 한다. 그리고 공산주의 사회는 모든 사람이 능력에 따라 일하고, 필요(욕망)에 따라 분배를 받는 사회라고 한다.

그러면 오늘날 공산주의의 종주국으로 자처하는 소련에서는 과연 그러한 공산주의가 모범적으로 실현되고 있는가? 아니다. 오늘의 소련사회는 계급이 없는 평등사회도 아니며, 또한 필요에 따라 분배를 받는 복지사회도 아니다. 그 사회는 오히려 자본주의 사회보다도 더 무서운 계급사회가 되었으며, 또 공산주의 건설이라는 미명 아래 부단히 노동자와 농민을 억압·착취하고 있을 뿐이다.

일찍이 스탈린은 공산주의의 출발 시기를 1955년으로 보았고, 후르시초프는 1980년으로 보았다. 그렇다면 오늘의 소련 사회는 이미 공산주의 사회가 되어, 세계에서 가장 살기 좋은 지상낙원이 되었어야 할 일이 아닌가?

소련에서 추방된 변호사 콘스탄틴 사이미스에 의하면, 공산당 중앙위원회와 각료회의, 그리고 최고회의, 간부회의 빌딩 내에는〈크레믈리요프카〉라는 고급 매점이 있는데, 그곳은 특별 패스를 가진 특권 계급 밖에 이용할 수 없다고 한다.

또 소련에는 외화를 갖고 있지 않으면 물건을 살 수 없는〈달러숍〉이 있는데, 그곳도 역시 부유한 특권 계급만이 이용할 수 있다고 한다. 그는 이러한 소련 사회의 부패상을 다음과 같이 증언하고 있다.

「나는 당 중앙위의 친구의 11년간의 직력을 더듬어 보고, 그가 직위의 계단을 올라감에 따라서 그가 향유하는 특권이 어떻게 미묘하게 점차 변화하는가를 알아챌 수 있었다. 하급의 지도관 또는 과원으로서 중앙위 기관에 착임했을 때 그에게는 매월 80루블 상당의 바우처가 주어지고 공무에서는 그 개인이 사용하는 중앙위의 자동차가 할당되었다. 모스크바 교외의 국유 다차(별장)의 사용도 인정되었다. 그렇지만 그것은 여름 동안만이었으며 심부름꾼의 서비스는 붙지 않았다.」

「…그러나 몇 년이 지나 나의 친구는 중앙위의 가장 중요하고 위신이 있는 부서의 부장대리가 되었다. 그가 부장대리라는 계층 서열에 도달했을 때, 그는 아무 제한 없이 크레믈린요프카의 식료품을 살 수 있게 되었으며, 더욱 체제 내의 보다 특권적이며 보다 굳게 닫혀진 특별 매점에서도 물품을 살 수 있게 되었다. 다차는 일 년 동안 그의 것이되며, 심부름꾼이나 쿡의 서비스도 붙게 되었다.」

「…소련에는 더욱 이들 일체의 카테고리를 초월한 일단의 엘리트가 존재한다. 실제로 국가를 통치하는 기관이며 당기구의 최상층부를 형성하는 13명 내지 14명의 정치국 멤버가 그들이다. 그들은 무제한으로, 완전히 무료로 원하는 것은 무엇이든지 얼마든지 손에 넣을 수 있다.」

위에서 보는 바와 같이, 오늘날 소련에서는 그들이 약속했던 〈노동에 따른 분배〉와 〈필요에 따른 분배〉가 하나도 실시되지 않고 있으며, 다만 〈권력에 따른 분배〉와 〈지위에 따른 분배〉만이 실시되고 있을 뿐이다.

그렇다면 이러한 부패된 사회를 우리가 어찌 계급이 없는 평등사회라고 말할 수 있으며, 또 노동자 · 농민이 나라의 주인이 되어 일하는 민주사회로 부를 수 있겠는가?

요컨대 공산주의는 입으로만 노동자 · 농민을 위할 뿐, 행동으로는 오히려 노동자 · 농민을 억압하고 착취하는 매우 가중한 폭력사상임을, 자유세계의 모든 국민들은 밝히 깨달아야 할 것이다.

제5절 몰락하는 공산주의

* 그 동안의 역사적 경험에 비추어 볼 때, 이 땅에서 생겨난 공산주의 모델은 실패했다고 단언할 수 있다 (고르바초프).
* 우리 땅(러시아)에서 그런 실험 (공산주의 실험)이 있었다는 사실은 우리 국민들에게 큰 비극이었다 (옐친).
* 공산주의는 죽었다. 다시는 소생하지 못하도록 하겠다 (옐친).

마르크스의 추종자들은 지난 70여 년 간 공산주의 이데올로기에 매달려 아름다운 지상낙원을 건설한다고 계속 선전해 왔다. 그러나 오늘의 공산주의 사회는 그들이 고대하던 지상낙원이 아니라, 오히려 자본주의 사회보다는 더 못사는 후진사회가 되었을 뿐이다. 이 사실은 바로 공산주의의 모순성과 비진리성을 스스로 보여주는 산 증거가 아닐 수 없다.

지난 1985년 소련의 마지막 통치자로 등장한 고르바초프는 낙후된 소련 경제를 되살리기 위해 정치·경제·사회 등 모든 분야에서 혁명적인 개혁을 추진했다. 예컨대 그는 정치적인 면에서는 소련이 지금까지는 금과옥조로 삼아오던 공산당의 일당독재를 포기하였고, 경제적인 면에서는 생산수단의 사유와 시장경제 체제의 도입을 허용했으며, 군사적인 면에서는 무력사용을 포기하고 군비축소를 계속 단행함으로써전 세계를 놀라게 하였다.

그러나 이러한 고르바초프의 혁명적인 개혁은 도리어 공산주의의 몰락과 소련의 붕괴를 앞당기는 결과가 되었다. 사실상 소련 붕괴의 도화선이 되었던 베를린 장벽의 붕괴와 독일의 통일, 그리고 동구 공산국가들의 잇따른 붕괴 등은 모두가 고르바초프가 몰고온 개혁과 개방의 결과였다.

한편 소련의 붕괴를 더욱 가속시킨 것은 지난 1991년 8월19일 모스크바에서 발생한 쿠데타 사건이었다. 당시 고르바초프의 개혁정책을 반대하던 보수파들의 쿠데타는 비록 실패로 끝났지만, 그것은 고르바초프의 정치생명에 치명적인 타격을 안겨 주었고, 나아가서는 공산주의의 몰락과 소련의 붕괴를 가속시키는 결정적인 계기가 되었다.

그 후 12월21일 소련의 11개 공화국 정상들은 카자흐스탄의 수도 알마아타에 모여 새로운 독립국가연합(CIS)의 창설에 합의·서명하고 소연방의 소멸을 공식 선언했다. 이어 12월 25일에는 고르바초프 대통령이 사임함으로써, 세계적화를 꿈꾸던 소련은 마침내 역사의 무대에서 사라지고 말았다.

그러면 이제 공산주의의 종주국이며 20세기의 대바벨론이었던 소련이, 스스로 자중지란을 일으키며 몰락의 길을 가던 그 격변의 현장으로 잠시 되돌아가 보기로 하자(다음의 두 기사는 지난 1991년 8월 25일자 「중앙일보」
와 8월26일자 「매일경제신문」에서 옮긴 것임을 미리 밝혀 두는 바이다).

1. 공산당과 공산주의의 몰락

모스크바의 밤은 3일간의 쿠데타를 뒤엎은 승전 분위기를 만끽하는 듯, 연
일 흥분과 환호의 도가니로 휩싸여 있다.

모스크바 시가에 투입됐던 탱크는 물러갔지만, 지난 주 쿠데타군을 저지
키 위해 세워 놓았던 바리케이드는 완전히 철거되지 않은 채 군데군데 놓여
있었다. 남녀노소 가릴 것 없이 몰려든 모스크바 사람들은 쉴새 없이 만세를
불러댔다. 모스크바의 밤은 축제의 밤 바로 그것이었다.

낮에는 군중집회가 계속되었고, 동네마다 TV앞에 모여 환호성을 지르곤
했다. 모스크바 교외 국립묘지로 가는 길도, 며칠 전 탱크대에 짓밟혀 죽은
세 명의 모스크비치들의 영령을 기리기 위한 인파로 꽉 메워져 있었다. 그들
도 승전가를 부르고 있었다.

시내 곳곳에서는 무너져 내리는 소리로 진동하고 있었다. 지난 70년간 무
소불위의 권력을 휘둘렀던 국가보안위원회(KGB) 건물은 며칠 전 부서져 내
렸던 KGB 창설자 동상조각이 흩어져 있는 가운데 을씨년스럽기까지 했다.
레닌 동상이 서 있던 자리는 철거된 채 쓸쓸히 비어 있었다.

또 이번 반쿠데타 운동의 최대 보루였던 러시아공화국 의회 빌딩에는 붉
은 소련기 대신에 백·청·홍 3색의 띠를 횡으로 배열한 제정 러시아시대의
깃발이 나부끼는 있었다. 러시아 깃발 아래 모인 모스크비치들은 신생국가
시민들처럼 희망과 흥분을 가누지 못하는 모습이었다. 이들은 공산당 해체,
신임총리 임명, 쿠데타 주역의 자살소동 등의 잇따른 충격적인 소식 앞에 박
장대소했다.

고르바초프 대통령은 지난 24일 공산당서기장직을 사임한 데 이어 25일에

는 라트비아 · 리투아니아 등 지방 공화국들도 앞 다투어 공산당 해체방침을 발표했다. 공산당 소유의 모든 재산은 국유화하며, 크레믈린 가까이 우뚝 서 있는 공산당 중앙위 건물은 잠정 폐쇄된다는 보도도 나왔다.

지난 74년 동안 소련을 지배해 왔던 공산당이 무참히 무너져 내리고 있는데 대해 시민들은 미련은 커녕 오히려 기쁨을 감추지 못하는 듯 했다.

한 퇴직 영화작가는 「당이 옛날에는 큰일을 했어요. 전쟁 중에 더더욱 그랬지요 그러나 그 후에는 당이 당만을 위해 일했어요. 인민들은 안중에 두지도 않았지요」라고 공산당에 대한 반감을 토로했다.

소련은 그러나 무너지는 것은 공산당만이 아니라, 소련연방 그 자체가 무너지고 있는 분위기이다. 돌아온 고르비에게 시민들은 지지를 보냈지만, 옐친의 모습에는 우렁찬 환호를 보냈다.

모스크바 사람들이 이같이 흥분감에서 헤어나지 못하고 있는 사이에 이미 여섯 개의 공화국들이 소련연방에서 탈퇴, 독립국가를 세우겠다고 선언했다.

몇 년 전부터 피의 독립운동을 마다하지 않았던 라트비아 · 에스토니아 · 리투아니아 등 발트 해 3국에, 우크라이나 · 그루지아 · 백러시아 등 또 다른 3개국이 독립선언에 합류했다.

이어 아르메니아 · 몰다비아 등 다른 2개 공화국들도 독립을 위한 작업에 착수했다. 15개 공화국 중 이미 8개국이 독립을 선언했거나 준비중인 셈이다.

그러나 전문가들은 이런 추세로 가다간 러시아 등 몇몇 공화국을 제외하고는 모두 떨어져 나갈 것이라고 내다봤다. 말 그대로 공산주의 종주국 소련연방의 붕괴가 시작된 것이다.

쿠데타 반대와 고르비의 복권을 열렬히 지원했던 서방세계는 이제 연방 붕괴를 지지하는 모습이다.

프랑스, 노르웨이, 덴마크 등 3개국이 발트 해 3개국을 개별국가로 인정하며 대사도 교환하겠다고 선언했다.

미국의 체니 국방장관은 미국도 금명간 프랑스 등의 뒤를 따르게 될것이라고 운을 뗐다.

이 소식을 들은 모스크바 시민들은 「올 것이 왔지만 너무 빨리 오고 있는 것 같다」며 소련 사회의 급변에 스스로 놀라는 모습을 보이기도 했다.

이에 반해 공산당원으로 보이는 사람들은 「이것은 너무 지나치다. 너무 일방적인 포기」라고 울분을 토하기도 했다.

또 다른 사람들은 「또다시 공산당이 탱크를 몰고 반격해 올지도 모른다」며 일말의 불안감을 표시하기도 했다. 보수세력이 반격작전의 일환으로 옐친을 암살할지도 모른다는 우려를 표명하는 사람도 있었다.

그러나 민주화·개혁·붕괴의 대세는 어느 누구도 막을 수 없을 것으로 보인다. 고르바초프의 대변인 이그나텐코는 「오늘 우리주변에는 공화국들의 진로선택을 방해할 아무 것도 없다」고 말했다. 그러나 고르바초프 대통령은 이 같은 독립이 소련연방의 법규정하에서 이루어지길 강력히 희망하고 있다고 이그나텐코는 한 TV인터뷰에서 강조했다.

하지만 고르비의 그 같은 희망은 문자 그대로 희망사항에 불과한 것 같다. 그는 쿠데타에서 자신의 목숨을 구했지만, 옛날의 권위를 찾기에는 아직 이른 것 같다. 모스크바 거리의 표정만을 감안하면, 고르바초프에게 설욕의 기회는 영원히 없을 것 같다.

그러나 소수 의견이지만 고르바초프가 그대로 고사할 리는 없고 힘을 재충전, 언젠가는 옐친에게 반격을 가하게 될 것이라는 관측도 나오고 있다.

「옐친, 옐친」이라는 시민들의 환호와 플래카드 속에서 옐친 대통령은 하루가 다르게 소련의 최고 실력자로 급부상하고 있다.

고르바초프와 연정을 약속한 옐친은, 국방·통신·교통·에너지에 관한 통치권만을 행사하고, 나머지 모든 권한은 지방공화국에 이양해야 한다는 입장이다.

옐친 대통령은 이와 관련 15개 공화국의 주권을 재정비하는 포고령을 금명간 발표할 예정인 것으로 알려졌다.

　그러나 인기절정의 옐친도 지금 소련을 강타하고 있는 변혁의 바람, 홍수의 수위를 조정하기에는 역부족일지도 모른다(「매일경제신문」 이동주특파원).

2. 설땅 잃어가는 공산주의

　소련 권력의 중심으로서 공산당과 그 이념인 공산주의는 이번 쿠데타의 실패로 결정적인 최후를 맞을 것으로 분석된다. 쿠데타 지도자들이 그 명분으로 공산주의 수호를 내걸지 않고 법과 질서를 내세웠으나, 그들이 모두 소련 권력의 핵인 공산당의 주요 멤버로 반개혁 골수 공산주의자였다는 점에서, 그들의 실패는 곧 공산당과 공산주의의 몰락으로 이어지고 있는 것이다. 이번 쿠데타 실패는 또 북한 등 잔존 공산국가들에게 또 다른 타격을 주며 개혁을 강요할 것으로 전망된다. 따라서 소련의 쿠데타 실패는 소련 공산주의 뿐만 아니라, 가느다란 숨을 쉬고 있는 국제 공산주의를 최대의 희생물로 만들 것이라는 점에서 그 의미가 크다고 볼 수 있다.

　소련 공산당과 공산주의가 몰락할 가장 확실한 증거는, 그렇지 않아도 빛을 잃어가던 공산당이 이번 쿠데타로 완전히 인기를 잃었을 뿐 아니라,〈옳은 일을 하지 않는 집단〉으로 소련인들에게 인식된 것이다.

　소련 공산당은 이번 쿠데타가 있기 전부터 이미 인기를 잃었으나, 고츠바초프는 당서기장을 계속 유지함으로써 대통령직과 함께 이를 자신의 권력기반으로 활용해 왔다.

　그러나 이제 권력붕괴에 직면한 고르바초프로서는 마지막 남아 있는 권력기반은 공산당을 계속 지키려 안간힘을 쓰고 있지만 성사 여부는 비관적이다.

　그는 기자회견에서 당서기장직 사임과 공산당의 장래에 대한 질문에 분명한 언급을 피했으나, 내외로부터 공산당과의 단절 압력을 거세게 받고 있어

과거와 같은 공산당과의 관계유지는 어려울 것으로 관측되고 있다.

그의 공산당과의 관계설정은 쿠데타에서 그를 구해주고 연정에서 그와 권력을 공유키로 한 옐친 러시아 대통령과의 장래 관계가 어떻게 발전하느냐에 따라 크게 좌우될 것으로 보인다.

그가 옐친과 경쟁보다 협력관계를 모색하고 유지할 수 있을 경우, 그리고 강력한 연방 대통령으로서 권력의 야심을 버릴 경우, 그의 공산당과의 결별은 빠를 것으로 보인다.

그러나 그가 옐친과 경쟁을 더 의식하고 권력기반을 공고히 하는 일에 더 관심을 갖게 되면, 기존 공산당을 계속 권력기반으로 삼으려 할 것이다.

그러나 현재 모습의 공산당이 정치장래를 위한 기반이 될 수 없음을 잘 알고 있는 그로서는, 조만간 공산당과의 결별이나 그렇지 않을 경우 공산당의 대개혁을 시도하지 않을 수 없을 것으로 보여진다.

고르바초프의 공산당과의 관계설정에서 이번 사태를 통해 소련 국내의 영웅으로 등장한 옐친의 영향력은 결정적인 요인이 될 것으로 보인다.

이미 공산당을 탈당, 당을 갖고 있지 않은 옐친은 오래 전부터 공산당의 권력독점 종식을 요구해 왔고 쿠데타 실패 후 연설에서도 이를 재 강조했다.

실패한 쿠데타는 또 옐친뿐 아니라, 다른 개혁주의자들에게 이제 자신들이 권력의 상속자가 되어야 한다는 주장에 정당성을 부여해 주었다.

고르바초프가 자신을 권좌에서 몰아내려는 음모에 앞장선 공산당에서 권력기반을 지탱해 보려는 것은 아이러니가 아닐 수 없다. 그가 공산당과 어떤 관계를 설정하려 하든, 이미 개혁파들은 그들의 세력들을 주요 권력자리에 들어 앉혔다.

스티븐 메이어 미 MIT대 교수(정치학)는 이 같은 이유로 소련의 새 정치를 〈미래의 물결〉이라고 규정하고, 「공산당이 설자리는 이제 없어졌다」고 단정하고 있다.

그는 「공산당이 과거 수년동안 국민의 불신 속에 동기를 잃고 겨우 관성의 힘으로 움직였으나 이제는 그 관성의 힘마저 잃었다」고 진단했다.

공산당의 운명과 함께 그 이념으로서 소련 공산주의도 이제 종말의 사형선고를 받았다는 것이, 윌리암 토브먼 미 엠허스트대 교수(정치학)의 분석이다.

그것을 떠받쳐 주는 공산당이 종말을 고하고 쿠데타 실패로 민주개혁이 가속되면, 개혁과 갈등관계에 있는 공산주의는 소련에서 더 이상 숨쉴 곳이 없다는 것이다.

공산주의 이념은 쿠데타 주역들이 그 수호를 명분으로 내세우지 않을 정도로 설득력을 잃고 있었는데, 이번 쿠데타 실패로 마지막 목조르기를 한 것으로 비유되고 있다.

공산주의와 공산당이 종말을 고하더라도, 그 유령은 앞으로 상당 기간 소련을 배회하며 소련의 새 지도자들을 괴롭힐 것으로 보인다.

공산주의 이념의 종주국으로 그 아이디어와 공산체제에 74년 동안 물든 사회가 하루아침에 그 유산을 청산하기는 어렵다. 왜냐하면 아직도 1천 5백만 공산당원(25%는 탈당)이 전국적인 하나의 관료체제를 형성하고 있기 때문이다.

소련 공산당과 공산주의 운명이 예고됨에 따라, 중국·북한·쿠바·베트남 등 지구상에 몇 개 남지 않은 공산주의국가들의 운명이 관심의 대상이 되고 있다.

고르바초프가 기자회견에서 미국의 부시 대통령에서부터 리비아의 국가 지도자 가다피에 이르기까지 자신의 복귀를 축하해 준 세계 국가지도자들의 이름을 나열하면서, 이들 공산국가 지도자들의 이름을 언급치 않은 것은 새겨 볼 만한 일이다.

공산국가 지도자들이 축하전화를 하지 않았다면 고르바초프의 복권에 마음이 편치 않음을 드러낸 것이고, 전화를 했는데는 고르바초프가 거명하지 않았다면 고르바초프가 그들의 이름을 기억 못할 정도로 관심이 없다는 표시다.

어느 쪽이 사실이든 한가지 분명한 것은 공산주의·공산당과 관계를 멀리할 수밖에 없는 고르바초프와 옐친이, 이들 국가들과의 관계에 별 의미나 비중을 부여할 것 같지 않다는 것이다.

많은 전문가들은 다른 공산주의 국가들과 마지막 고리역할을 했던 골수 공산주의자들이 제거된 마당에, 개혁추진을 위해선 소련의 새 권력이 과거 공산국가보다 서방과의 관계발전에 두는 비중이 지금까지보다 훨씬 클 것으로 보고 있다.

이는 소련의 한국과의 관계가 훨씬 강화되고, 북한과의 관계는 더욱 소원해질 것임을 의미한다. 중국 등 잔존 공산국가들이 어떤 대응과 반응을 보일지는 불분명하나. 중국을 제외한 북한·쿠바·베트남 등은 개혁·개방의 길을 걷지 않을 수 없을 것으로 점쳐지고 있다.

소련의 쿠데타 실패에 분명 실망했을 것이 틀림없는 이들은 소련의 공산주의 탈피를 이제 더 이상 돌이킬 수 없는 현실로 받아들이며 궤도수정을 하지 않을 수 없다는 지적이다(「중앙일보」 박준영특파원).

연 표

▪ 1818년 5월 5일	칼 마르크스 출생
▪ 1820년 11월 28일	프리드리히 엘겔스 출생
▪ 1844년 9월	마르크스와 엥겔스 파리에서 만남
▪ 1848년 1월	『공산당선언』 발표
▪ 1870년 4월 10일	레닌 출생
▪ 1883년 3월 14일	마르크스 사망
▪ 1895년 8월 5일	엥겔스 사망
▪ 1914년	제1차 세계대전 발발
▪ 1917년 10월	레닌 볼셰비키혁명에 성공
▪ 1922년 12월	소비에트연방 수립
▪ 1924년 10월 21일	레닌 사망
▪ 1939년	제2차 세계대전 발발
▪ 1948년 8월 15일	대한민국 수립
▪ 1948년 9월 9일	조선인민공화국 수립
▪ 1949년 10월 1일	중화인민공화국 수립
▪ 1950년 6월 25일	한국전쟁 발발
▪ 1953년 3월 5일	스탈린 사망
▪ 1976년 9월 9일	모택동 사망
▪ 1985년 3월 11일	고르바초프 대통령 취임
▪ 1989년 11월 9일	베를린장벽 붕괴
▪ 1990년 10월 3일	동·서독 통일
▪ 1991년 12월	공산주의 종주국 소련 붕괴

후 기

* 스스로 분쟁하는 나라마다 황폐해질 것이요, 스스로 분쟁하는 동네나 집마다 서지 못하리라(마 12:25)
* 형제들아 내가 우리 주 예수 그리스도의 이름으로 너희를 권하노니, 다 같은 말을 하고 너희 가운데 분쟁이 없이 같은 마음과 같은 뜻으로 온전히 합하라(고전 1:10).

사상의 통일! 그것은 바로 분열의 시대를 살아가는 오늘의 인류에게, 가장 절실히 요구되는 시대적 사명이 아닐 수 없다. 하나가 되지 못하는 한 인류는 언제까지나 분열과 분쟁의 길을 갈 수밖에 없다. 그리하여 인류는 마침내 스스로 파멸되고 말 것이다.

일찍이 예수님은 이르시되 「스스로 분쟁하는 나라마다 황폐해질 것이요, 스스로 분쟁하는 동네나 집마다 서지 못하리라」 (마 12:25)고 말씀하셨다. 이 말씀대로 스스로 분쟁하는 가정이나 사회나 국가는 모두 분열과 파멸의 길을 갈 수밖에 없다. 그러기에 사도 바울도 이루기를 「같은 마음과 같은 뜻으로 온전히 합하라」 (고전 1:10)고 간곡히 당부했던 것이다.

그러면 오늘의 현실은 어떠한가? 참으로 안타까운 실정이다. 온 인류는 본래 한 가족이요, 하나의 형제·자매임에도 불구하고, 그들은 사상의 분열로 말미암아 서로 남이 되어 사랑보다도 미움을, 통일보다는 분열을, 화합보다는 분쟁을 일삼고 있으니, 이 얼마나 불행한 일인가? 따라서 인간의 사상이 하나로 통일되어야 함은 너무도 당연하고 시급한 일이 아닐 수 없다.

인간은 자기사상에 따라 사고하고 행동하며 살아가는 사상적 존재다.

그런데 우리 민중은 지금까지 자기 이름으로 된 자기사상을 갖지 못함으로써, 온갖 잡사상과 잡신앙에 오염되고 말았다. 그러나 새 시대를 맞이하여 우리 민중은 마침내 자기이름(민중의 이름)으로 된 자기사상을 갖게 되었으니, 〈민중사상〉이 바로 그것이다.

이미 논한 바와 같이, 민중사상은 지배계급을 반재하고 민중을 나라의 주인과 역사의 주체로 보는 사상이며, 또 고통 받는 민중과 사회를 해방하기 위해 투쟁하는 사상이다. 그렇다면 우리 민중은 모두가 그 새로운 민중사상으로 다시 무장해야 하며, 또 그것을 우리 민중의 강력한 사상적 무기와 투쟁의 무기로 삼아야 할 것이다.

그뿐 아니라 우리는 새 시대가 요구하는 〈민중사상과 민중신학의 세계화〉도 강력히 추진해야 할 것이다. 왜냐하면 그것은 바로 우리민중이 그토록 열망하는 민중해방과 세계해방, 그리고 하나님의 나라 와 민중의 나라를 더욱 앞당기는 지름길이 되기 때문이다.

우리는 지금 계시록에 예언된 새로운 복음시대를 맞이하고 있다. 그러면 지금은 어떤 때인가? 지금은 바로 이 땅에 하나님의 나라와 민중의 나라를 건설하기 위해 모든 민중세력이 하나로 결집할 때이며, 또 지금은 모든 성도들이 서구신학의 굴레에서 벗어나 새로운 민중사상과 민중신학으로 다시 무장할 때이다.

그러므로 필자는 오늘의 모든 성도들이 그 새로운 민중사상과 민중신학으로 속히 무장하고, 이제는 그 사상과 그 신학을 세계만방에 전파하기 위한 〈민중사상과 민중신학의 세계화〉에 모두가 동참해 주시기를 간절히 호소하는 바이다.

새 시대는 새 복음의 시대다!!

모든 성도들이여 깨어나라!!

하나님의 구원섭리는 구약과 신약과 성약의 3시대를 통해서 전개된다. 구약시대는 율법시대요, 신약시대는 복음시대요, 성약시대는 계시록에 예언된 새 복음의 시대다(계 14:6). 그런데 지금은 바로 그 마지막 단계인 새로운 성약시대가 출발할 때이다. 그러므로 오늘의 모든 성도들은 반드시 새 시대가 요구하는 새 복음(민중복음)으로 다시 무장하고 가야 할 것이다.

하나님은 언제나 때를 따라 섭리하시며 역사하십니다. 그리고 하나님은 언제나 그 때를 아는 지혜로운 자들을 먼저 섭리 가운데로 부르십니다. 그러므로 오늘의 모든 성도들은 반드시 그 섭리의 때를 알아야 합니다(눅 12:56). 그래야만 우리는 하나님과 주님의 뜻대로 그 섭리에 동참할 수 있기 때문입니다. 그러면 새 시대를 맞이한 지금은 어떤 때일까요?

♣ 지금은 바로 새로운 〈민중복음〉이 출현할 때입니다.
♣ 지금은 바로 새로운 〈민중사상〉이 출현할 때입니다.
♣ 지금은 바로 새로운 〈민중신학〉이 출현할 때입니다.
♣ 지금은 바로 새로운 〈민중교회〉가 출현할 때입니다.
♣ 지금은 바로 새로운 〈종교혁명〉이 필요한 때입니다.
♣ 지금은 바로 이 땅에 하나님의 나라를 건설할 때입니다.
♣ 지금은 바로 이 땅에 민중의 나라를 건설할 때입니다.
♣ 지금은 바로 모든 민중이 세계해방을 위해 나설 때입니다.
♣ 지금은 바로 모든 성도들이 새 복음으로 다시 무장할 때입니다.
♣ 지금은 바로 모든 성도들이 새 신앙으로 다시 무장할 때입니다.
♣ 지금은 바로 모든 성도들이 새로운 종교혁명에 동참할 때입니다.
♣ 지금은 바로 모든 교회가 서구신학의 굴레에서 벗어날 때입니다.
♣ 지금은 바로 모든 교회가 새로운 민중사상으로 다시 무장할 때입니다.
♣ 지금은 바로 모든 교회가 새로운 민중신학으로 다시 무장할 때입니다.
♣ 지금은 바로 모든 교회가 새로운 민중교회로 다시 거듭날 때입니다.
♣ 지금은 바로 모든 교회가 새로운 종교혁명에 적극적으로 나설 때입니다.

* 정통과 진리란 미명아래 서구신학이 기독교를 지배하던 시대는 이미 끝났습니다. 그리고 그 낡은 서구신학의 엉터리 장단에 기독교가 춤을 추던 시대도 이미 끝났습니다. 그런데 오늘의 기독교는 아직도 그 낡은 서구신학의 굴레에서 벗어나지 못하고 있습니다. 그 결과 기독교는 불행히도 수많은 교파로 갈라졌으며, 그 신앙도 온갖 잡신앙으로 변질되고 말았습니다. 그렇다면 우리는 마땅히 새 시대가 요구하는 종교혁명으로 그 낡은 서구신학이 지배하는 기독교를 근본적으로 바꿔야 할 것입니다.

* 교회는 바로 하나님과 주님이 부단히 역사하시는 구원의 방주입니다. 이 구원의 방주를 타고 지금까지 모든 성도들은 거센 파도와 싸우며 고달픈 항해를 계속해 왔습니다. 그런데 우리가 고대하던 구원의 최종 항구에 무사히 닻을 내리려면, 우리는 반드시 구시대의 방주에서 새 시대의 방주로 다시 갈아타야만 할 것입니다.

* 지금은 아무리 세례를 받고 또 많은 은사와 권능을 받았다 해도 그것만으로는 결코 안심할 수 없는 새로운 섭리시대임을 지혜롭게 깨달아야 합니다 (마 7:21-23). 지난 날 성전에 엎드려 기도만 하다가 주님의 앞길을 가로막았던 유대인들의 어리석은 신앙을 되풀이 하지 않으려면, 우리는 반드시 구시대의 낡은 교리에서 벗어나 새 시대가 요구하는 새 진리와 새 신앙의 길을 가야할 것입니다(요 8:32, 눅 5:38).

* 민중은 나라의 주인이며 역사의 주체입니다. 그리고 모든 민중은 한 가족입니다. 그러므로 그 민중을 사랑하지 않는 종교는 참 종교가 될 수 없으며, 그런 종교는 차라리 문을 닫아야 합니다. 교회도 마찬가지입니다. 민중을 사랑하지 않는 교회는 참 교회가 아니며, 그런 교회는 하나님도 주님도 모두 떠나실 것입니다. 그러므로 이제는 모든 교회가 새로운 〈민중교회〉로 거듭나야 합니다. 민중교회는 바로 민중을 사랑하는 교회이며, 또 고통받는 민중과 사회를 해방하기 위해 투쟁하는 교회입니다. 이러한 민중교회가 바로 새 시대가 요구하는 교회이며 또 하나님과 주님이 가장 기뻐하시는 교회가 될 것입니다.

새로운 민중사상의 출현!!

새 시대의 종교혁명은 〈민중사상〉으로!!

새 시대의 혁명사상으로 등장한 〈민중사상〉은 바로 민중을 사랑하는 사상이며, 또 고통받는 민중과 사회를 해방하고 이 땅에 하나님의 나라와 민중의 나라를 건설하기 위한 사상입니다. 이러한 민중사상을 좀 더 자세히 설명하면 다음과 같습니다.

♣ **민중사상**은 바로 하나님을 〈창조의 주체〉로 보는 사상입니다.
♣ **민중사상**은 바로 메시아를 〈구원의 주체〉로 보는 사상입니다.
♣ **민중사상**은 바로 민중을 〈나라의 주인〉으로 보는 사상입니다.
♣ **민중사상**은 바로 민중을 〈역사의 주체〉로 보는 사상입니다.
♣ **민중사상**은 바로 민중을 〈변혁의 주체〉로 보는 사상입니다.
♣ **민중사상**은 바로 민중을 〈통일의 주체〉로 보는 사상입니다.
♣ **민중사상**은 바로 민중을 혁명과 건설의 주체로 보는 사상입니다.
♣ **민중사상**은 바로 민중을 정치와 경제의 주체로 보는 사상입니다.
♣ **민중사상**은 바로 모든 빈중을 〈한가족〉으로 보는 사상입니다.
♣ **민중사상**은 바로 고통받는 민중과 사회를 해방하기 위한 사상입니다.
♣ **민중사상**은 바로 이 땅에 하나님의 나라를 건설하기 위한 사상입니다.
♣ **민중사상**은 바로 이 땅에 민중의 나라를 건설하기 위한 사상입니다.
♣ **민중사상**은 바로 이 땅에 민중의 나라를 건설하기 위한 사상입니다.
♣ **민중사상**은 바로 새로운 〈민중사회〉를 건설하기 위한 사상입니다.
♣ **민중사상**은 바로 새로운 〈통일사회〉를 건설하기 위한 사상입니다.
♣ **민중사상**은 바로 새로운 〈평등사회〉를 건설하기 위한 사상입니다.
♣ **민중사상**은 바로 새로운 〈도덕사회〉를 건설하기 위한 사상입니다.
♣ **민중사상**은 바로 새로운 〈가족사회〉를 건설하기 위한 사상입니다.
♣ **민중사상**은 바로 세계평화와 세계민주화를 실현하기 위한 사상입니다.
♣ **민중사상**은 바로 세계선교와 세계공동체를 실현하기 위한 사상입니다.
♣ **민중사상**은 바로 새 시대의 종교혁명을 주도하기 위한 사상입니다.

새로운 민중교회의 출현!!

새로운 종교혁명은 시작됐다 !!

　지금은 바로 루터와 칼빈의 종교개혁을 넘어 새로운 종교혁명이 필요한 때입니다. 그 이유는 이러한 종교혁명을 통해서만 서구신학이 지배하는 기독교를 근본적으로 바꿀 수 있기 때문입니다. 그런데 루터의 종교개혁 500주년을 맞이해 〈민중교회〉가 등장함으로써, 그 새로운 종교혁명은 시작됐습니다. 한국에서 출발한 민중교회는 바로 새 시대가 요구하는 민중사상과 민중신학을 새 지도이념으로 하는 가장 진보적이고, 개혁적인 교회입니다. 이러한 민중교회를 좀 더 자세히 소개하면 다음과 같습니다.

* **민중교회**는 바로 민중을 사랑하고 지지하는 민중의 교회입니다.
* **민중교회**는 바로 하나님을 〈민중의 하나님〉으로 보는 교회입니다.
* **민중교회**는 바로 예수님을 〈민중의 메시아〉로 보는 교회입니다.
* **민중교회**는 바로 기독교를 〈민중의 종교〉로 보는 교회입니다.
* **민중교회**는 바로 민중을 나라의 주인과 역사의 주체로 보는 교회입니다.
* **민중교회**는 바로 세계의 모든 민중을 한 가족으로 보는 교회입니다.
* **민중교회**는 바로 민중해방과 세계해방을 지향하는 교회입니다.
* **민중교회**는 바로 세계평화와 세계통일을 지향하는 교회입니다.
* **민중교회**는 바로 이 땅에 하나님의 나라를 건설하긔 위한 교회입니다.
* **민중교회**는 바로 이 땅에 민중의 나라를 건설하기 위한 교회입니다.
* **민중교회**는 바로 자본주의와 공산주의를 반대하는 교회입니다.
* **민중교회**는 바로 민중사상과 민중신학을 주장하는 교회입니다.
* **민중교회**는 바로 새 시대의 〈기독교〉를 선도하는 교회입니다.
* **민중교회**는 바로 새 시대의 〈종교혁명〉을 주도하는 교회입니다.

　새 시대가 요구하는 종교혁명!! 그것은 바로 세계의 모든 종교를 근본적으로 바꾸어 하나로 통일하기 위한 혁명입니다. 그러므로 그 새로운 종교혁명은 장차 세계 전역에서 햇불처럼 타오를 것입니다. 민중교회는 이러한 종교혁명을 위해, 그리고 세계선교를 위해 새 시대의 사명자들을 찾고 있사오니, 모두가 적극적으로 동참해 주시기 바랍니다.

가자 새로운 민중의 교회로!!
연락처 : 02-888-7735

■ 저자 약력

● 경기도 김포에서 출생

● 장로교 신학교 졸업

● 민중교회 목사

● 현재 민중교회 활동

민중의 바이블

발행일 2017년 12월 25일

지은이 장 길 성

펴낸이 김 순 덕

엮은이 김 지 연

펴낸곳 민중문화사

주소 서울시 관악구 양녕로 6

전화 02 888 7735

이메일 gillssan@hanmail.net

등록번호 제2011-8호